Matthias Böhme, Wolfgang Herzberg, Gerhard Kühn, Helmut Schlick
unter Mitarbeit von: Franz Hahn, Christian Klee, Peter Möhlmann
Besonderer Dank gilt Frau Vera Neubert (Mercedes-Benz Bank) und
Herrn Ulrich Beermann (Ford Bank)

Automobil-betriebslehre

Vertrieb und Finanzdienstleistungen

Lernfelder 8, 11, 12

6. Auflage

Bestellnummer 00771

Haben Sie Anregungen oder Kritikpunkte zu diesem Produkt?
Dann senden Sie eine E-Mail an 00771_006@bv-1.de
Autoren und Verlag freuen sich auf Ihre Rückmeldung.

www.bildungsverlag1.de

Bildungsverlag EINS GmbH
Hansestraße 115, 51149 Köln

ISBN 978-3-441-**00771**-5

© Copyright 2012: Bildungsverlag EINS GmbH, Köln
Das Werk und seine Teile sind urheberrechtlich geschützt. Jede Nutzung in anderen als den gesetzlich
zugelassenen Fällen bedarf der vorherigen schriftlichen Einwilligung des Verlages.
Hinweis zu § 52a UrhG: Weder das Werk noch seine Teile dürfen ohne eine solche Einwilligung
eingescannt und in ein Netzwerk eingestellt werden. Dies gilt auch für Intranets von Schulen und sonstigen
Bildungseinrichtungen.

Vorwort

Dieses Lehr- und Arbeitsbuch geht nach dem **Rahmenlehrplan vom 1. August 1998** für den Ausbildungsberuf Automobilkauffrau/-kaufmann vor und umfasst unter der Bezeichnung **Automobilbetriebslehre – Vertrieb und Finanzdienstleistungen** die Inhalte der Lernfelder:

- 8: Kundenbezogene Maßnahmen im Rahmen einer Marketingstrategie entwickeln
- 11: An Neu- und Gebrauchtfahrzeuggeschäften mitwirken
- 12: Finanzdienstleistungen und betriebsspezifische Leistungen vermitteln (mit CD-ROM)

Die neuen Entwicklungen in der **Methodik der kaufmännischen Ausbildung** und die Ziele und Inhalte des Rahmenlehrplans wurden unter Berücksichtigung folgender Orientierungspunkte branchenbezogen umgesetzt: Bezug auf Situationen, die für die Berufsausbildung bedeutsam sind (Lernen im Handeln); selbst ausgeführte oder gedanklich nachvollzogene Handlungen als Ausgangspunkt für das Lernen (Lernen durch Handeln); selbstständige Planung, Durchführung und Kontrolle des Handelns durch die Schülerinnen und Schüler (einschließlich der Bewertung dieses Handelns) sowie Reflexion der Handlungen in Bezug auf ihre gesellschaftlichen Auswirkungen und auf ihren Beitrag zur Konfliktbewältigung.

Die einzelnen Themenbereiche werden am Beispiel des **Modellunternehmens** Autohaus Fritz GmbH erarbeitet. Dieses Unternehmen bildet die Grundlage für den Einstieg in die Sachdarstellung und bietet – im Anhang abgedruckt – einen Datenkranz für vertiefende Fragen und Aufgaben. Drei umfassende **Projektaufgaben** ermöglichen es den Schülern, die theoretischen und praktischen Zusammenhänge zu vertiefen. Ein **Methoden- und Präsentationspool** im Anhang des Buches sowie der Verweis auf den Einsatz von **EDV** unterstützen dabei den handlungsorientierten Aspekt dieses Projekts sowie der Übungsaufgaben. Auf der beigelegten **CD-ROM** finden Sie verschiedene Kalkulationsbeispiele und ein Fachlexikon zu Lernfeld 12.

Besonderer Dank geht an Herrn Ralf Mayr (Firma Kreisser, Ulm), den Arbeitskreis der Banken und Leasinggesellschaften der Automobilwirtschaft, insbesondere an Frau Kurth-Schiffbauer (Renault Leasing) und Herrn Peter Pavel (Opel Bank GmbH), für ihre tatkräftige Unterstützung bei der Erarbeitung des Lernfeldes 12.

Erläuterungen der im Buch stehenden Symbole:

Dieses Symbol verweist auf den umfangreichen **Methoden- und Präsentationspool** im Anhang des Buches. Entsprechende Begriffe und Methoden, die dort nachgeschlagen werden können, sind im Text gekennzeichnet.

Dieses Zeichen deutet auf inhaltliche Parallelen anderer Lernfelder (1 bis 12) des Rahmenlehrplans für Automobilkaufleute hin.

Dieses Symbol verweist auf angrenzende Themengebiete anderer Fächer (GK = Gemeinschaftskunde; D = Deutsch; T = Technik; DV = Datenverarbeitung). Handlungsaufträge und Aufgaben, die mit dem Hinweis auf DV gekennzeichnet sind, werden auf der **Zusatz-CD-ROM** (00755) beispielhaft gelöst.

Verlag und Autoren sind für jede Anregung und Kritik dankbar!

Die Verfasser

Inhaltsverzeichnis

Lernfeld 8
Kundenbezogene Maßnahmen im Rahmen einer Marketingstrategie entwickeln

1	**Marktübersicht**	7
1.1	**Lage und Entwicklung auf dem deutschen Automobilmarkt**	7
1.2	**Marktstellung des Ausbildungsbetriebs**	9

2	**Marketingziele und Marketingstrategien**	12
2.1	**Händlerstrategien**	14
2.2	**Herstellerstrategien**	15
2.2.1	Marktbearbeitungsstrategie am Beispiel der Marktsegmentierung	15
2.2.2	Preisstrategie am Beispiel der Penetrations- oder Skimmingstrategie	18
2.2.3	Produktstrategie am Beispiel der Portfolioanalyse	19
2.3	**Positionierung von Märkten und Modellen**	21
2.4	**Lebenszyklus von Modellen**	25

3	**Marketinginstrumente**	30
3.1	**Produktpolitik**	30
3.2	**Preispolitik**	36
3.2.1	Ziele und Strategien der Preispolitik	36
3.2.1.1	Ziele der Preispolitik	36
3.2.1.2	Strategien der Preispolitik	37
3.2.2	Einflussgrößen der Preispolitik	38
3.2.3	Konditionenpolitik	40
3.3	**Kommunikationspolitik**	44
3.3.1	Ziele der Kommunikationspolitik	44
3.3.2	Strategien der Kommunikationspolitik	45
3.3.3	Instrumente der Kommunikationspolitik	46
3.4	**Distributionspolitik**	53
3.4.1	Ziele der Distributionspolitik	53
3.4.2	Strategien der Absatzkanalpolitik	54
3.4.3	Strategien der Absatzlogistik	62

4	**Kommunikationspolitische Maßnahmen des Händlers**	66
4.1	**Dekorationen und Präsentationen**	66
4.2	**Mailings und Serienbriefe**	68
4.3	**Anzeigen**	69
4.4	**Aktionen und Events**	71

5	**Wettbewerbsrecht**	74

Lernfeldaufgabe: Ein neuer Magna ist wichtig – entscheidend ist der nächste Tara 81

Lernfeld 11
An Neu- und Gebrauchtfahrzeuggeschäften mitwirken

1	**Beziehungen zwischen Händler, Hersteller und Importeur**	85
1.1	**Entwicklung des Automobilvertriebs**	85

Inhaltsverzeichnis

1.2	**Händler-/Herstellerverträge**	86
1.2.1	Händlervertrag	87
1.2.1.1	Vertragsgegenstand	87
1.2.1.2	Aufgaben und rechtliche Stellung des Händlers	89
1.2.1.3	Leistungen des Herstellers/Importeurs	90
1.2.1.4	Vertragsdauer/Kündigung/allgemeine Bestimmungen	90
2	**Neuwagengeschäft**	91
2.1	**Fahrzeugarten**	91
2.1.1	Fahrzeuge nach DIN-Norm	92
2.1.2	Fahrzeuge aus wirtschaftlicher und rechtlicher Sicht	94
2.2	**Verkaufsplanung/Disposition**	97
2.3	**Neuwagenverkauf**	98
2.3.1	Entstehung eines Neuwagen-Kaufvertrages	100
2.3.2	Allgemeine Geschäftsbedingungen	100
2.3.3	Neuwagentransport	102
2.3.4	Kennzeichnung und Präsentation von Neufahrzeugen	102
3	**Gebrauchtwagenhandel**	104
3.1	**Gebrauchtwagenbestand**	104
3.2	**Gebrauchtwagenverkauf**	109
3.2.1	Aufbereitung und Instandsetzung	109
3.2.2	Präsentation	110
3.2.3	Verkaufspreisermittlung und -abwicklung	110
3.3	**Allgemeine Geschäftsbedingungen**	114
4	**Betreuung nach dem Verkauf (After-Sales-Betreuung)**	116
4.1	**Aktivitäten direkt nach dem Verkauf**	117
4.2	**Beratungs- und Informationsservice**	117
4.3	**Zubehör- und Serviceangebote**	119
	Lernfeldaufgabe: Verkauf eines Wagens an einen Neukunden	121

Lernfeld 12
Finanzdienstleistungen und betriebsspezifische Leistungen vermitteln

1	**Finanzierung betrieblicher Investitionen**	131
1.1	**Kapitalbedarfsrechnung**	131
1.1.1	Finanzierung und Investierung	132
1.1.2	Ermittlung des Kapitalbedarfs	133
1.1.3	Finanzplanung – alle Zahlungsströme im Griff	135
1.2	**Finanzierungsarten**	138
1.2.1	Finanzierungsarten im Überblick	138
1.2.2	Einlagen- bzw. Beteiligungsfinanzierung – Außen- und Eigenfinanzierung	139
1.2.3	Kreditfinanzierung – Außen- und Fremdfinanzierung	141
1.2.4	Exkurs: Zinsrechnung	146
1.2.5	Selbstfinanzierung – Innen- und Eigenfinanzierung	150
1.2.6	Finanzierung aus Abschreibungen – Innen- und Eigenfinanzierung	151
1.2.7	Umfinanzierung – Innen- und Eigenfinanzierung	152
1.2.8	Finanzierung aus Rückstellungen – Innen- und Fremdfinanzierung	153
1.3	**Kreditsicherungsmöglichkeiten**	159
1.3.1	Überblick – ungesicherte und gesicherte Kredite	159

1.3.2	Blankokredit – Kreditwürdigkeit entscheidet	160
1.3.3	Bürgschaftskredit – Neben- oder Selbstschuldner?	161
1.3.4	Zessionskredit – eigene Kunden als Nebenschuldner	162
1.3.5	Diskontkredit – alle Wechselbeteiligten als Nebenschuldner	164
1.3.6	Lombardkredit – Gläubiger besitzt das Pfand	166
1.3.7	Sicherungsübereignungskredit – Schuldner nutzt die Sicherheit	167
1.3.8	Grundkredit – Sicherung durch Grundpfandrecht	169

2	**Finanzdienstleistungen eines Kraftfahrzeugunternehmens**	177
2.1	**Kreditfinanzierung über die Herstellerbank**	177
2.1.1	Finanzierungsservice – ein Verkaufsinstrument des Autohauses	178
2.1.2	Abwicklung einer Finanzierung über die Herstellerbank	179
2.1.3	Zusatzvereinbarung bei der Drei-Wege-Finanzierung	188
2.1.4	Vorteile des Finanzierungsangebots für das Autohaus	188
2.2	**Leasingfinanzierung als Serviceangebot**	191
2.2.1	Was ist Leasing? – Jedenfalls kein Mietkauf!	192
2.2.2	Leasingarten – was darf es denn sein?	192
2.2.3	Vertragsmodelle beim Finanzierungsleasing	194
2.2.4	Sicherheiten und gesetzliche Vorschriften	201
2.2.5	Einflussgrößen der Kalkulation des Leasinggebers	202
2.2.6	Drei-Wege-Finanzierung und Leasing im Vergleich	203

3	**Weitere Dienstleistungen eines Kraftfahrzeugunternehmens**	214
3.1	**Vermittlung von Kraftfahrtversicherungen**	215
3.1.1	Rechtliche Grundlagen des Versicherungsverhältnisses	215
3.1.2	Kraftfahrzeug-Haftpflichtversicherung	216
3.1.3	Fahrzeugversicherung	220
3.1.4	Kraftfahrtunfallversicherung	225
3.1.5	Kraftfahrt-Rechtsschutzversicherung	227
3.1.6	Schutzbrief-Versicherung	228
3.2	**Erwerbbare Garantieleistungen – Schlüssel zur Kundenbindung**	233
3.2.1	Motive für Garantieleistungen	233
3.2.2	Neuwagenanschlussgarantie	235
3.2.3	Gebrauchtwagengarantie	235
3.2.4	Mobilitätsgarantie	238

Lernfeldaufgabe: Die neue Vermarktungsstrategie des Autohauses Fritz ... 243

Anhang ... 247
Methoden- und Präsentationspool für die Arbeit mit dem Buch ... 247
Daten des Modellunternehmens Autohaus Fritz GmbH ... 253
Sachwortverzeichnis ... 257
Bildquellenverzeichnis ... 261
Lehrplansynopse – wo verstecken sich die Lernfelder ... 262

Lernfeld 8
Kundenbezogene Maßnahmen im Rahmen einer Marketingstrategie entwickeln

1 Marktübersicht

Der Markt ist der Ort, an dem Angebot und Nachfrage nach einem Produkt aufeinandertreffen. Der Automobilmarkt ist folglich überall dort anzutreffen, wo Anbieter und Nachfrager Neuwagen, Gebrauchtwagen, Ersatzteile, Autozubehör etc. verkaufen und kaufen möchten. Dieser Markt für Automobile soll im Folgenden aus der Sicht des jeweiligen Autohauses genauer gekennzeichnet werden. Kriterien dafür sind die aktuelle Lage und Entwicklung auf dem deutschen Automobilmarkt sowie die Marktstellung des Autohauses gegenüber Wettbewerbern und Kunden.

Welchen Markt bedient Ihr Arbeitgeber?

1.1 Lage und Entwicklung auf dem deutschen Automobilmarkt

Die Situation auf dem deutschen Automobilmarkt ist in den letzten Jahren durch folgende Entwicklungen gekennzeichnet:

- Bei den Neuzulassungen in Deutschland zeigt sich nach dem starken Einbruch in den Krisenjahren 2008 – 2010 ein erfreulicher Trend zu mehr Neuzulassungen. Insbesondere bei höherwertigen und damit teuren Modellen wie Geländewagen steigen die Zulassungszahlen an.
- Die Zahl der **verkauften Fahrzeuge pro Autohaus** liegt in Deutschland zz. noch unter 200 Fahrzeugen; je Händler werden durchschnittlich knapp 300 Fahrzeuge erreicht. Diese Werte

sind, wenn man gleichzeitig die stark reduzierten Händlerrabatte berücksichtigt, zu niedrig, um auf Dauer ein rentables Geschäft zu ermöglichen. Im Vergleich dazu verkaufen in den USA ein Autohaus 350, ein Händler 800 Fahrzeuge pro Jahr.

- Als Folge davon schreitet der **Konzentrationsprozess im deutschen Autohandel** immer schneller voran. Es gibt kaum eine Branche, in der der Verdrängungswettbewerb in Verbindung mit einem starken Renditeverfall so stark ausgeprägt ist wie im Autohandel. Die Anzahl der Händler in Deutschland liegt z. z. nur noch bei ca. 10 000; damit ist ein dramatischer Rückgang in den vergangenen Jahren festzustellen. Der Konzentrationsprozess bei den Händlern könnte aber auch noch weitaus dramatischer ausfallen.

- Bei den **Vertriebskanälen** sind die klassischen Vertragshändler noch deutlich der wichtigste Vertriebskanal beim Verkauf von Neu- und Gebrauchtwagen. Allerdings nimmt die Zahl und Bedeutung der herstellereigenen Niederlassungen und der Direktvertrieb der Hersteller, insbesondere in den größeren Städten, immer mehr zu. Zukünftig wird auch der Vertriebskanal Internet eine immer größere Rolle spielen.

- Das **Werkstattgeschäft** wird durch den zunehmenden Kapitaleinsatz, z. B. für elektronische Diagnosesysteme, und durch längere Wartungsintervalle bei Neufahrzeugen immer stärker belastet. Zusätzlich beeinträchtigt die Konkurrenz von nicht herstellergebundenen Werkstätten das ursprünglich sehr profitable Geschäft.

- Das sich ständig ausweitende **Großkundengeschäft der Hersteller** nimmt den Vertragshändlern potenzielle Kunden, und durch die großzügigen Großkundenrabatte der Hersteller erwarten manche Privatkunden Rabatte, die völlig unrealistisch sind.

- Die ständig steigenden Ansprüche der Kundschaft an das Erscheinungsbild des Autohauses, speziell auch den Ausstellungsraum, zwingt die Händler zu hohen Investitionen in Gebäude und Ausstattung. Im Übrigen gibt es die klare Vorgabe vieler Markenhersteller, dass das äußere Erscheinungsbild der einzelnen Autohäuser identisch sein soll.

Beispiel Hangar-Konzept von Audi

Vor diesem Hintergrund kommt dem Marketing eine ganz entscheidende Aufgabe zu: Durch entsprechende Marketingmaßnahmen muss das einzelne Autohaus es schaffen, sich gegenüber den Wettbewerbern zu profilieren und damit das eigene Überleben zu sichern. Erforderlich sind dafür nicht einzelne unkoordinierte Maßnahmen, sondern ein koordiniertes Marketingkonzept.

1.2 Marktstellung des Ausbildungsbetriebs

Unter der Marktstellung eines Autohauses versteht man die Position, die ein Autohaus im Vergleich zu anderen Autohäusern auf einem bestimmten regionalen Automarkt hat. Um die Frage nach der aktuell angestrebten Stellung des Autohauses beantworten zu können, muss man die Machtverhältnisse auf dem regionalen Markt, die Marktchancen und die Marktrisiken sowie die Stärken und Schwächen des eigenen Autohauses analysieren. Um die Analyse erfolgreich durchführen zu können, bieten sich folgende Fragestellungen an.

1. In welcher wirtschaftlichen Lage befindet sich das Autohaus aktuell?

- Analyse der **Gewinn- und Umsatzentwicklung** der letzten Jahre absolut und im Vergleich zu Konkurrenzbetrieben innerhalb der gleichen Marke.

- Analyse der **Kostenentwicklung** der letzten Jahre absolut und im Vergleich zu Konkurrenzunternehmen innerhalb der gleichen Marke.

- Analyse der **Marktanteilsentwicklung** in den letzten Jahren. Unter Marktanteil versteht man den prozentualen Anteil eines Autohauses am Gesamtabsatz an Autos, Zubehör und Ersatzteilen innerhalb des ganzen Autokonzerns und den prozentualen Anteil innerhalb einer bestimmten Region.

- **Analyse der Umsätze und Deckungsbeiträge** in den einzelnen **Sortimentsstrukturen** aktuell und die Entwicklung in den vergangenen Jahren.

- **Kosten-/Nutzenanalysen** in den einzelnen **Geschäftsbereichen**, wie z. B. die Analyse der Ertragssituation im Werkstatt- und im Gebrauchtwagenbereich.

2. Analyse des vertikalen Vertriebssystems des Autoherstellers, in das das Autohaus als Vertragshändler eingebunden ist (vertikale Sicht)

- Ist das Autohaus **Haupt- oder A-Händler,** und damit in der Lage, selbstständig Neuwagenverkäufe abzuwickeln oder nur B-Händler, der seine Verkäufe über einen A-Händler abwickeln muss?

- Welche **Händlerrabattsätze** werden vom Hersteller aktuell und zukünftig beim Neuwagenverkauf gewährt?

- Sind **Ersatzteile** grundsätzlich über den Autohersteller zu beziehen oder ist ein eigener Einkauf möglich?

- Ist das Autohaus **Ein-Marken-Händler** oder Mehr-Marken-Händler, wobei der Trend eindeutig in Richtung Mehr-Marken-Händler geht. Dieser hat auf der Grundlage eines größeren Umsatzes mehr Chancen zu überleben.

- Welche weiteren Auflagen sind im Händlervertrag enthalten (Anzahl verkaufte Fahrzeuge pro Jahr, Auflagen bezüglich Investitionen in Gebäude und Ausrüstung etc.)?

3. Analyse des horizontalen Vertriebssystems der Wettbewerber (horizontale Sicht)

Wettbewerber sind sowohl die Autohäuser der Konkurrenzhersteller als auch die herstellerinterne Konkurrenz in der Region oder am gleichen Ort. Je mehr Wettbewerber an einem Ort sind, umso größer sind die Vergleichsmöglichkeiten der Kunden bezüglich Preis, Qualität, Service etc. Eine möglicherweise erreichte Marktstellung muss also ständig durch die Erfüllung dieser Kriterien gegenüber Wettbewerbern unter Beweis gestellt werden.

Lernfeld 8

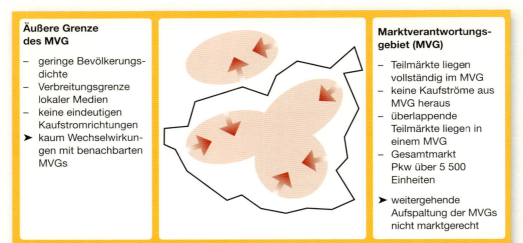

(Quelle: kfz-betrieb, Nr. 5, Mai 1998, S. 28)

Das Schaubild zeigt, nach welchen Kriterien einzelne Fahrzeughersteller ihre Verkaufsgebiete unterteilen und den Händlern bestimmte „Marktverantwortungsgebiete" (MVG) zuweisen, deren Größe und Überschneidung auch den Grad der herstellereigenen Konkurrenz in einer Region widerspiegeln.

4. Analyse der Kunden

- Entwicklung der Anzahl der Kunden
- Analyse der Kundenumsätze (Neufahrzeuge, Gebrauchtfahrzeuge, Ersatzteile, Kundendienst etc.)
- Entwicklung der Zahl der Stammkunden
- Befragung aller Kunden und Analyse der Kundenzufriedenheit mit den Leistungen des Autohauses und der Kundenwünsche bezüglich der Leistungen
- Analyse der Kundenstruktur (regionale Herkunft, Alter, soziale Schicht etc.)

Aufgaben

1. Sie sind Mitarbeiter im Autohaus Fritz in Potsdam, in dem UNICA-Automobile verkauft werden. Eines Tages kommt Herr Fritz in Ihr Büro und übergibt Ihnen Statistiken, die die Umsatzentwicklung der letzten Jahre aufzeigen. Dazu bemerkt er, dass er diese Statistiken jedem Mitarbeiter vorlege mit der Aufforderung, sich Gedanken über die Ursachen und über die Verbesserung der Situation zu machen.

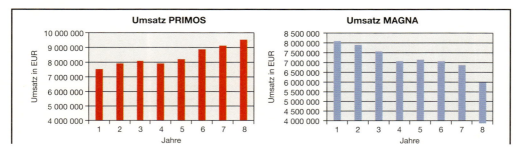

Marktübersicht 11

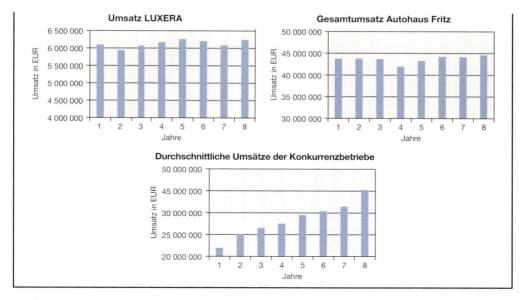

a) Analysieren Sie
   – die Umsatzentwicklung für das Modell PRIMOS (Kleinstwagen; unterste Preisklasse)
   – die Umsatzentwicklung für das Modell MAGNA (Untere Mittelklasse; „Golfklasse")
   – die Umsatzentwicklung für das Modell LUXERA (Obere Mittelklasse)
   – die Entwicklung des Gesamtumsatzes der Autohaus Fritz GmbH
   – die Entwicklung des durchschnittlichen Umsatzes der Konkurrenzbetriebe.
b) Formulieren Sie eine Gesamtbeurteilung der Lage der Autohaus Fritz GmbH.

2.

Verkürzte Gewinn- und Verlustrechnungen der vergangenen 3 Jahre der Fritz GmbH

Soll	GuV Jahr 08		Haben
Personalaufwand	5 800 000,00	Umsatzerlöse	44 000 000,00
Abschreibungen	4 600 000,00		
Aufwend. für Waren	25 700 000,00		
Instand./Reparaturen	700 000,00		
Vertriebsprovisionen	400 000,00		
Büromaterial	2 200 000,00		
sonst. betriebl. Aufw.	4 400 000,00		
Gewinn	200 000,00		
	44 000 000,00		44 000 000,00

Soll	GuV Jahr 07		Haben
Personalaufwand	5 700 000,00	Umsatzerlöse	45 600 000,00
Abschreibungen	4 700 000,00		
Aufwend. für Waren	26 900 000,00		
Instand./Reparaturen	700 000,00		
Vertriebsprovisionen	500 000,00		
Büromaterial	2 200 000,00		
sonst. betriebl.Aufw.	4 400 000,00		
Gewinn	500 000,00		
	45 600 000,00		45 600 000,00

Soll		GuV Jahr 06		Haben
Personalaufwand	5 500 000,00	Umsatzerlöse		45 045 000,00
Abschreibungen	4 300 000,00			
Aufwend. für Waren	26 900 000,00			
Instand./Reparaturen	700 000,00			
Vertriebsprovisionen	400 000,00			
Büromaterial	2 200 000,00			
sonst. betriebl. Aufw.	4 145 000,00			
Gewinn	900 000,00			
	45 045 000,00			45 045 000,00

a) Analysieren Sie neben dem Umsatz weitere wichtige wirtschaftliche Daten der vergangenen 3 Jahre aus dem Autohaus Fritz und die Veränderung dieser Daten.
b) Berechnen Sie die Umsatzrentabilität der letzten 3 Jahre (Gewinn/Umsatz).

3. Daten zur Kundenanalyse der Fritz GmbH

	Kundenzahl	Kundenumsatz	Stammkunden	Kundenzufriedenheit
Jahr 01	8 000	5 216,00 EUR	5 500	83 %
Jahr 02	8 200	5 150,00 EUR	5 420	81 %
Jahr 03	8 500	5 010,00 EUR	5 400	81 %
Jahr 04	8 500	5 050,00 EUR	5 350	79 %
Jahr 05	8 900	5 030,00 EUR	5 330	76 %
Jahr 06	9 100	4 950,00 EUR	5 330	75 %
Jahr 07	9 500	4 800,00 EUR	5 320	73 %
Jahr 08	10 000	4 400,00 EUR	5 310	70 %

Werten Sie diese Daten zur Kundenanalyse aus.

4. Unser Hersteller knüpft sein Vertriebsnetz etwas dichter, d. h., die Marktverantwortungsgebiete werden kleiner, die Käufer haben in erreichbarer Umgebung mehrere Händler der Marke LANICA. Versuchen Sie, eine Verbindung zwischen der Veränderung des horizontalen Vertriebssystems des Herstellers und den Zahlen vom Autohaus Fritz (vgl. 3.) herzustellen.

5. Analysieren Sie die Ursachen dieser Entwicklung beim Autohaus Fritz und überlegen Sie sich Vorschläge zur Verbesserung der Situation. Lösen Sie die Aufgabe in Gruppenarbeit und präsentieren Sie Ihre Ergebnisse.

2 Marketingziele und Marketingstrategien

Auf welche Autos Frauen wirklich abfahren

Wichtige Zielgruppe

Frauen sind zwar auf den Automessen rund um den Globus oft nur beliebte Staffage, um Neuwagen in ein besseres Licht zu rücken. Doch für die Autohersteller werden sie eine immer

Marktziele und Marketingstrategien

wichtigere Käufergruppe. So werden 2010 mehr als 34 Prozent aller privaten Neuwagen-Käufer Frauen sein.

Typisches Frauenfahrzeug

Das klassische Frauenauto ist und bleibt bis auf Weiteres der Mini von BMW. 53,8 Prozent aller Minis wurden in den ersten neuen Monaten des Jahres 2010 auf Frauen zugelassen. Das schafft sonst keine andere Marke.

Und der Mini ist bereits seit Jahren bei den Damen der Hahn im Korb: Zwischen 2006 und 2010 gewann er stets bei den privaten Neuwagenkäufen den ersten Platz in der Gunst des schönen Geschlechts. Die Anteile lagen zwischen 49,1 und 53,6 Prozent. Das sind Werte, von denen VW, Audi und BMW nur träumen können. Auf den weiteren Plätzen der typischen Frauenautos in der diesjährigen Statistik folgt die Marke Daihatsu ... vor Peugeot ... auf Platz drei.

Von Frauenanteilen über 40 Prozent können die klassischen Business-Limousinen-Hersteller BMW und Audi nur träumen. Hier „rächt" sich der hohe Anteil, den die Premium-Automarken am Dienstwagen-Flottenmarkt mit ganz überwiegend männlicher Kundschaft haben. Und das soll wirklich nichts für Damen sein? Klassische Männerautos, das ist statistisch belegt, sind Hochleistungssportwagen á la Ferrari, Aston Martin und Luxuslimousinen wie Rolls Royce. Und man muss noch nicht einmal zu den absoluten Exoten greifen, um das zu beweisen: Schon bei Porsche und Bentley liegt der Anteil weiblicher Kundschaft bei nur 18,8 Prozent.

Frauen werden für die Autobauer immer wichtiger: Noch vor dem Jahr 2020 wird der Frauenanteil auf 40 Prozent unter den privaten Neuwagenkäufern steigen, prognostiziert der Autoexperte Ferdinand Dudenhöffer in seiner aktuellen Studie. Und die haben auch ganz spezielle Abneigungen, das geht bis zur Antriebsart.

Liegt es am Geruch? An den fiesen Handschuhen, die man beim Tanken tragen sollte? Frauen verschmähen jedenfalls Diesel. Nur 18,2 Prozent aller Neuwagen, die ... von Frauen gekauft wurden, hatten einen Selbstzünder-Antrieb. Frauen bevorzugen Benziner: 67,3 Prozent der weiblichen Neuwagenkäufer entscheiden sich ... für den Benziner und gegen den Diesel. Bei den Männern sieht das etwas anders aus. Männer mögen Diesel: Hierzulande kaufen immerhin 31,6 Prozent ihren Neuwagen mit Diesel und bei den Firmenwagen machen die Diesel sogar satte 51,7 Prozent aus. Das liegt bei den Unternehmen natürlich an der größeren jährlichen Fahrleistung und der Subventionierung. Dieselkraftstoff wird in Deutschland deutlich geringer besteuert als Benzin.

(Quelle: Handelsblatt.com: „Auf welche Autos Frauen wirklich abfahren", veröffentlicht am 09.11.2010 unter www.handelsblatt.com/auto/nachrichten/auf-welche-autos-frauen-wirklich-abfahren/3632612.html#image)

1. Welche Aussagen zur Zielgruppe Frau enthält der Text?
2. Welchen Nutzen hat diese Käuferanalyse beispielsweise für die Marke Mini?

Nach der Analyse der allgemeinen Marktlage auf dem Automobilmarkt und der Analyse der eigenen Marktstellung müssen nun konkrete Marketingziele definiert werden, die das Autohaus erreichen will. Wichtig ist,

- dass die Marketingziele nicht in pauschaler Form formuliert werden dürfen, sondern ganz konkret die Leistungen des Autohauses nennen, die man erreichen möchte.
- dass die Zielformulierungen die Folgerungen aus der vorausgegangenen Analyse der Marktstellung des Autohauses sind.

Marketingziele können vereinbart werden bezüglich:

1. der wirtschaftlichen Lage des Autohauses:
- Im kommenden Jahr wollen wir 20 % mehr Gebraucht- und 10 % mehr Neuwagen verkaufen. Der Marktanteil im händlerinternen Wettbewerb in der Region soll von 18 % auf 20 % gesteigert werden.
- Die Personalkosten im Werkstattbereich werden um 8 % gesenkt.

2. der Leistungen und Produkte, die das Autohaus anbietet:
- Erweiterung der Produktpalette und stärkere Durchdringung des bisherigen Marktes und/oder Vordringen in neue Märkte
- keine Erweiterung der Produktpalette, stattdessen intensivere Bearbeitung des aktuell bedienten Marktes

3. Form der Marktbearbeitung:
- Unterteilung der Kunden in bestimmte Segmente (z. B. Premiumkunden, wie Käufer von Oberklassefahrzeugen und Kunden, die sehr häufig neue Fahrzeuge kaufen, und „anderen" Kunden)
- Entsprechend den unterschiedlichen Kundensegmenten werden auch die Leistungen individualisert.

Nächster Schritt bei der Entwicklung eines schlüssigen Marketingkonzepts ist die Ableitung von Marketingstrategien, mit denen die vereinbarten Marketingziele erreicht werden können.

2.1 Händlerstrategien

1. Maßnahmen zur intensiveren Bearbeitung des Marktes

Strategische Maßnahmen zur stärkeren Durchdringung des bisherigen Marktes

Hierunter versteht man alle Maßnahmen, um den bisher vom Autohaus bereits „bearbeiteten" Markt stärker zu durchdringen, d. h., höhere Stückzahlen zu verkaufen und den Marktanteil zu erhöhen. Konkrete Maßnahmen sind:
- intensiverer Kundenkontakt zu alten Kunden, z. B. durch regelmäßige Telefonaktionen, in denen neue Leistungen des Autohauses oder Sonderangebote wie Winterreifen mit Felgen etc. angeboten werden
- Anwerben neuer Kunden: Weitere Personen, die nicht zu unserem bisherigen Kundenkreis gehörten, werden zu den Vorstellungen neuer Modelle oder sonstiger Events, die vom Autohaus durchgeführt werden, eingeladen.

Strategische Maßnahmen zur Entwicklung neuer Märkte

Neben dem Ausbau des bestehenden Marktes müssen alle Möglichkeiten zur Entwicklung neuer Märkte ins Auge gefasst werden. Möglichkeiten sind u. a.:
- Kontaktaufnahme mit Firmen in der Region und systematisches „Bearbeiten" dieser Firmen
- regelmäßige Veranstaltungen für junge Erwachsene (Schüler, Auszubildende), um diese für künftige Käufe entscheidende Gruppe an das Autohaus zu binden

2. Ausdehnung des eigenen Leistungsangebotes

Diese Marketingstrategie setzt am Leistungsumfang des Autohauses an. Man versucht, mit zusätzlichen Leistungen höhere Umsätze und Erträge zu erreichen. Konkrete Maßnahmen sind:

- Erweiterung des Leistungsspektrums um Leistungen, die typisch für ein Autohaus sind und zum Kerngeschäft eines Autohauses gehören (horizontale Diversifikation)
  - Wirtschaftliche Leistungen
    Beispiel Autofinanzierung, Leasing, Versicherungen
  - Technische Leistungen
    Beispiel „Nachlackieren" von Autos mit Nanolacken

- Erweiterung des Leistungsspektrums um Leistungen, die dem Autohandel vor- oder nachgelagert sind, wie z. B. einen Reifenhandel oder Tuningangebote (vertikale Diversifikation)

- Erweiterung des Leistungsspektrums um Leistungen, die mit dem eigentlichen Autohandel nicht unmittelbar in Verbindung stehen, wie z. B. das Angebot, Busreisen zu Formel-1-Rennen durchzuführen (laterale Diversifikation)

3. Anspruch des Autohauses

Stimulierung des Marktes durch Preisführerschaft

Bei dieser Strategie versucht das Autohaus den Kunden mit sehr niedrigen Preisen von Neu- und Gebrauchtwagen oder für Serviceleistungen zu überzeugen. Die Kundenansprache erfolgt dann vor allem über den Preis der angebotenen Leistungen. Die Gefahr bei dieser Strategie besteht darin, dass man einerseits als Billiganbieter abgestempelt wird, dessen Leistungen nur über einen geringeren Preis abzusetzen sind, andererseits könnte diese Strategie einen Preisverfall auslösen, der sehr stark auf den Gewinn drückt.

Stimulierung des Marktes durch einen vermittelten Qualitätsanspruch

Diese Strategie zielt in eine andere Richtung. Das Autohaus wirbt mit der unerreichten Qualität seiner Leistungen. Beispielsweise werden dem Kunden beim Gebrauchtwagenkauf zusätzliche, bei den Konkurrenten nicht übliche, Garantien versprochen. Mit dieser „Qualitätsoffensive" kann das Autohaus auch höhere Preise gegenüber den Kunden rechtfertigen.

2.2 Herstellerstrategien

2.2.1 Marktbearbeitungsstrategie am Beispiel der Marktsegmentierung

Ein Gesamtmarkt setzt sich aus einer Vielzahl von Konsumenten zusammen, deren Bedürfnisse und Wünsche hinsichtlich der Produkte völlig unterschiedlich sind. Gelingt es nun, diesen Gesamtmarkt mittels bestimmter Merkmale und Verfahren in bestimmte Teilmärkte zu untergliedern, die ein ähnliches Kaufverhalten zeigen bzw. ähnliche Produktwünsche haben, kann auf die differenzierten Wünsche dieser Teilmärkte bezüglich des Preises, der Produkte, der Kommunikationsansprache etc. genauer eingegangen werden.

Unter **Marktsegmentierung** versteht man folglich die Aufteilung des Gesamtmarktes in homogene Teilmärkte und die differenzierte Bearbeitung dieser Teilmärkte. Marktsegmentierung umfasst somit einerseits die Aufteilung des Gesamtmarktes und andererseits die Bearbeitung der daraus entstehenden Teilmärkte.

Ziele und Aufgaben der Marktsegmentierung

Mit der Marktsegmentierung sollen im Wesentlichen folgende **Ziele** erreicht werden:

- Durch den gezielten Einsatz der Marketinginstrumente (Produkt, Preis, Kommunikation, Distribution) wird den Bedürfnissen der einzelnen Teilmärkte besser entsprochen.
- Durch die Bildung von Teilmärkten wird die Prognose von Marktentwicklungen erleichtert.

- Hauptziel der Marktsegmentierung ist es, möglichst viele Informationen über einen Teilmarkt und dessen Konsumenten zu erhalten, um aus diesen Informationen eine hohe Identifikation zwischen dem angebotenen Produkt/Dienstleistung und den Bedürfnissen der Zielgruppe zu erreichen.

Um diese Ziele zu erreichen, müssen im Rahmen der Marktsegmentierung folgende **Aufgaben** erfüllt werden:

Grundvoraussetzung für die sehr aufwendige und kostenintensive Marktsegmentierung ist, dass diese Kosten der Marktsegmentierung durch zusätzliche Erlöse aus der Marktsegmentierung zumindest kompensiert werden. Deshalb muss der Gesamtmarkt, den das Unternehmen bearbeitet, entsprechend groß sein, um die Bildung von ausreichend großen und ökonomisch interessanten Teilmärkten in diesem Gesamtmarkt zu ermöglichen.

Kriterien der Marktsegmentierung

Zur Aufteilung des Gesamtmarktes in Teilmärkte gibt es eine Reihe von verschiedenen Segmentierungskriterien, von denen die wichtigsten im Folgenden kurz erläutert werden:

1. Geografische Marktsegmentierung

Eine leicht durchzuführende Segmentierung ist die Segmentierung des Gesamtmarktes auf der Grundlage geografischer Merkmale. Bei der **makrogeografischen Segmentierung** wird beispielsweise das Bundesgebiet nach Bundesländern, Landkreisen, Städten oder Gemeinden aufgeteilt.

Das bekannteste Beispiel dafür ist die regionale Marktunterteilung des Marktforschungsinstitutes A.C. Nielsen.

Auszug aus der Nielsen-Segmentierung

Nielsen-Gebiete (Auszug)	Nielsen-Standard-Regionen	Nielsen-Ballungsräume
Gebiet 1: Hamburg, Bremen, Schleswig-Holstein, Niedersachsen	Nord: Hamburg, Schleswig-Holstein Süd: Bremen, Niedersachen	Hamburg Bremen Hannover
Gebiet 3b: Baden-Württemberg	Nord: Regierungsbezirk Stuttgart, Karlsruhe Süd: Regierungsbezirk Tübingen, Freiburg	Rhein-Neckar Stuttgart
Gebiet 7: Thüringen, Sachsen	West: Thüringen Ost: Sachsen	Halle/Leipzig Chemnitz/Zwickau Dresden

Im Rahmen der **mikrogeografischen Segmentierung** versucht man eine Segmentierung unterhalb des Stadtniveaus durch die Aufteilung der Konsumenten in Stadtviertel und Wohngebiete zu erreichen. Dem mikrogeografischen Ansatz liegt die Vermutung zugrunde, dass Personen, die in bestimmten Bezirken bzw. Wohnregionen wohnen, ähnliche Verhaltensweisen z. B. auch beim Kaufverhalten zeigen. Ergebnis dieser Analyse sind dann überregionale Wohngebietstypen, deren Bewohner homogene Lebensstile und Verhaltensmuster zeigen.

2. Soziodemografische Marktsegmentierung

Bei der soziodemografischen Segmentierung wird der Gesamtmarkt nach demografischen und sozioökonomischen Kriterien unterteilt. Zu den **demografischen Segmentierungskriterien** zählen u. a. Alter und Geschlecht der Personen.

Die Frage nach dem Geschlecht ist immer dann von Bedeutung, wenn man wissen möchte, wer in einem Haushalt die Kaufentscheidung für ein bestimmtes Produkt trifft. Beispielsweise weiß man, dass bei Gartengeräten (Schlauch, Schere etc.), entgegen landläufiger Meinung, die Kaufentscheidung hauptsächlich von Frauen getroffen wird.

Das Segmentierungskriterium Alter ist von Bedeutung, wenn Produkte oder Dienstleistungen sich an bestimmte Altersgruppen wenden. Beispiele sind hier der Gesundheitsmarkt, der Freizeitmarkt sowie die Bereiche Möbel und Bekleidung.

Zu den **sozioökonomischen Segmentierungskriterien** zählen u. a. Beruf und Einkommen. Eine berufsbezogene Marktsegmentierung ist dann von Bedeutung, wenn beispielsweise die Nachfrage nach bestimmten Produkten in engem Zusammenhang mit bestimmten Berufsgruppen steht, wie die Nachfrage nach Arbeitskleidung oder nach Werkzeug.

Bei Gütern des täglichen Bedarfs ist das Kaufverhalten nur wenig vom Einkommen abhängig; bei Gebrauchsgütern dagegen spielt das Einkommen eine große Rolle. Obwohl das Einkommen also nicht immer in einem direkten Zusammenhang mit dem Kaufverhalten der Konsumenten steht, ist es doch das am häufigsten verwendete Marktsegmentierungskriterium. Aufgrund der Vermögenszuwächse in fast allen Schichten der Bevölkerung hat das Haushaltseinkommen als das zentrale Segmentierungskriterium an Bedeutung verloren. Insgesamt verliert die klassische Segmentierung nach sozioökonomischen Kriterien an Bedeutung gegenüber der Segmentierung nach psychografischen Kriterien.

3. Segmentierung nach psychografischen Kriterien

Bei diesem Ansatz der Marktsegmentierung wird insbesondere dem Merkmal „Einstellung der Konsumenten" eine überragende Bedeutung zugeordnet. Das Konstrukt Einstellung wird in der Regel nicht als isoliertes Segmentierungskriterium, sondern in seinen verschiedenen Ausprägungen als Lebensstil-Segmentierung oder als Nutzensegmentierung verwandt. Im Folgenden soll dieser Ansatz am Beispiel der **Lebensstil-Segmentierung** erläutert werden.

Der Lebensstil einer Person beschreibt die Art, in der sie lebt, ihre Freizeit verbringt und ihr Geld ausgibt. Eine „Lifestyle-Typologie" von Konsumenten fasst folglich Personen zusammen, die gleiche oder ähnliche Lebensweisen pflegen. Die genaue Kenntnis der Lebensgewohnheiten einer Subgruppe soll dem Marketing eine spezielle, auf die Kundengruppe zugeschnittene Form der Ansprache ermöglichen.

Die Entwicklung der Lifestyle-Typologien begann, als klar wurde, dass die klassischen Segmentierungskriterien – geografische, demografische und sozioökonomische – nur sehr grobe Aussagen über das Kaufverhalten der Konsumenten zulassen. Ziel dieser Lifestyle-Typologisierung war also, die Unterteilung des Marktes in trennscharfe und wirkungsvolle Marktsegmente zu ermöglichen, damit eine effiziente Ansprache der Zielgruppen möglich wurde.

Smart: So stilorientiert ist die Zielgruppe

„Smartfahrer" haben etwas gemeinsam: Neben der Vorliebe für einen wendigen fahrbaren Untersatz wohnen sie vor allem in größeren Ballungszentren und sind als Berufstätige fast täglich mit ihrem Auto unterwegs.

Doch obwohl es in Deutschland 130000 Bundesbürger gibt, die einen Smart als Hauptfahrzeug fahren, besitzen fast 60 Prozent von ihnen noch ein weiteres Fahrzeug. Das lässt sich damit begründen, dass 79 Prozent der Befragten mit einem Partner im Haushalt leben. Zudem favorisieren zwar 68 Prozent der Frauen, aber nur 32 Prozent der Männer das Zweisitzer-Modell.

Smartfahrer wollen ihr Leben aktiv und individuell gestalten. Der Anteil der Jungen unter ihnen ist überdurchschnittlich hoch. Unter den befragten 20000 Bundesbürgern ab 14 Jahren findet man am meisten von ihnen unter den 18- bis 29-Jährigen.

Da die Mehrheit der Zielgruppe das Auto als Gebrauchsgegenstand begreift, legt sie Wert darauf, dass es zuverlässig funktioniert. Doch erweisen sich Smartfahrer in einigen Punkten auch als sehr stilorientiert. So stimmten sie beispielsweise doppelt so oft wie der Durchschnitt dafür, dass die Gestaltung eines Wagens sehr wichtig ist und dass sie sich ihrer Marke auch über das Modell, das sie fahren, hinaus verbunden fühlen.

Ihr Wertprofil unterstreicht den Wunsch nach Flexibilität sowie hoher Sozial- und Umweltverantwortung, während sie Anti-Werte wie Kostenorientierung und Sicherheitsdenken ablehnen. Das Verlangen nach Qualität sowie das Streben nach Prestige und Statussymbolen ist genauso stark ausgeprägt wie in der Gesamtbevölkerung.

(Quelle: Absatzwirtschaft, Nr. 04, 01.04.2009, S. 33)

2.2.2 Preisstrategie am Beispiel der Penetrations- oder Skimmingstrategie

Wendet ein Unternehmen bei seiner Preispolitik die **Penetrationsstrategie** an, so versucht es Massenmärkte, d. h. Märkte, auf denen große Stückzahlen verkauft werden, über einen niedrigen Produktpreis schnell zu erschließen. Insbesondere bei der Neueinführung von Produkten wird folglich nicht vom gewinnmaximalen Preis ausgegangen, sondern von einem „Penetrationspreis", der den gewinnmaximalen Preis erheblich unterschreitet.

Für die Anwendung einer Penetrationsstrategie bei der Preisbildung gelten folgende Voraussetzungen:

- Die **Nachfrageelastizität** ist sehr **groß**; folglich führen Preisvorteile zu einer erheblichen Steigerung der Nachfrage und zu Marktanteilsgewinnen, wenn Kunden von Konkurrenzprodukten abwandern. Diese Strategie ist insbesondere dann von Vorteil, wenn es auf dem Markt bereits ähnliche oder funktional gleiche Produkte gibt.

- Gibt es auf dem Markt keine ähnlichen oder funktional gleichen Produkte, kann die Penetrationsstrategie als **Markteintrittsbarriere** für mögliche eintrittswillige Konkurrenten verwendet werden.

- Nur ausreichend große Märkte garantieren bei der Penetrationsstrategie ausreichend große Stückzahlen, damit Kostenvorteile über die großen Stückzahlen ausgenutzt werden können.

- Eine Penetrationsstrategie darf nicht das Produkt- oder Unternehmensimage in der Form beschädigen, dass die Verbraucher auf minderwertige Produktqualität schließen.

Problematisch ist die Penetrationsstrategie, weil die niedrigen Preise lange Amortisationszeiten und damit lange Lebenszyklen voraussetzen. Dies ist nur bei einigen Produkten gegeben. Im Übrigen ist in der Folge der preispolitische Spielraum nach unten (aus Kostenüberlegungen) und nach oben (schwierig beim Konsumenten durchzusetzen) begrenzt.

Beispiel Einige europäische und asiatische Autohersteller wenden diese Strategie an, indem sie einige sehr preiswerte Modelle auf dem Markt anbieten und mit diesen Modellen in ganz bestimmten Märkten sehr hohe Stückzahlen verkaufen.

Bei der **Skimmingstrategie** setzt der Unternehmer ganz im Gegensatz zur Penetrationsstrategie einen relativ hohen Preis bei der Markteinführung seines Produktes an. Mit zunehmender Erschließung des Marktes und steigendem Konkurrenzdruck wird dieser Preis dann sukzessive gesenkt.

Ziel dieser Preisstrategie ist es, die hohen Neuproduktinvestitionen über den hohen Preis und die damit verbundene hohe Gewinnmarge möglichst schnell zu amortisieren.

Für die Anwendung der Skimmingstrategie bei der Preisbildung gelten folgende Voraussetzungen:

- Die Nachfrage auf dem Markt für diese hochwertigen Neuprodukte ist ausreichend groß. Es muss sich um Produkte handeln, die entweder im Trend liegen oder technische Neuheiten sind, die jeder haben will.

Beispiel neue Handys

- Die Produkte veralten sehr schnell.

Beispiele Handys, Bekleidung, Sportartikel etc.

- Die Produkte können durch andere Produkte nicht oder nur sehr schlecht ersetzt (substituiert) werden.
- Durch den hohen Einführungspreis können hohe Deckungsbeiträge erzielt werden.
- Die eigenen Produktions- und eventuell auch die Vertriebskapazitäten und vor allem auch die der Konkurrenz sind insbesondere am Anfang sehr begrenzt; d. h., die Nachfrage ist sehr viel höher als das Angebot.

Probleme der Skimmingstrategie:

- Hohe Gewinnspannen locken Konkurrenten an; bei entsprechenden Kapazitäten und vorhandenem Know-how würde das Angebot erhöht und die Gewinnspannen würden sinken. Um diesen Konkurrenzeintritt zu verhindern, muss versucht werden **Markteintrittsbarrieren** aufzubauen, wie beispielsweise Patente, Kontrolle über Beschaffungsmärkte oder Absatzkanäle.
- Ohne Markteintrittsbarrieren (Patente – vgl. Pharmaindustrie) lässt sich die Skimmingstrategie nur **kurzfristig anwenden**. In dieser Zeit müssen hohe Erträge die Kosten amortisieren und Gewinne abwerfen.

2.2.3 Produktstrategie am Beispiel der Portfolioanalyse

Bei der Portfolioanalyse werden alle Produkte, Produktlinien oder strategische Geschäftseinheiten hinsichtlich ihrer Ertrags- und Wachstumschancen bzw. ihrer Risiken untersucht. Ziel der Portfolioanalyse ist es, ein ausgewogenes Produktportfolio hinsichtlich dieser Kriterien sicherzustellen.

Produktlinien beim Autohersteller BMW sind z. B. die 1er-, 3er- 5er-, 6er-, 7er-Reihe, die Geländewagen X3 und X5, der Roadster und der Mini. Alle diese Produktlinien mit ihren einzelnen Massen- und Nischenfahrzeugen werden nun auf ihre Ertrags- und Wachstumschancen und ihre Risiken hin untersucht.

Vorgehensweise bei der Erstellung einer Portfolioanalyse

1. Festlegung der Faktoren, die den langfristigen Erfolg der Unternehmensprodukte bzw. -produktlinien bestimmen. Dabei beschränkt man sich in der Regel auf zwei zentrale Faktoren. Beispiele dafür sind entweder der Marktanteil und die Wachstumsrate des Marktes, in dem sich das Produkt befindet oder die Rentabilität und der Cashflow. Die Auswahl dieser Faktoren geschieht auf der Grundlage von Plausibilitätsüberlegungen oder empirischen Erfahrungen.

Auf die 5er-Reihe von BMW bezogen heißt dies, dass man die Entwicklung des Marktwachstums in dieser Klasse untersucht und den relativen Marktanteil der 5er-Reihe und seine Entwicklung in diesem Segment ermittelt.

2. Diese Erfolgsfaktoren werden dann in einer **zweidimensionalen Matrix** aufgestellt.

Die meisten Portfolioananlysen bauen auf den Ergebnissen des PIMS-Projekts (Profit Impact of Market Strategies) des Strategic Planning Institutes in Cambridge/Massachusetts auf, deren Portfolioanalyse auf den beiden Erfolgsfaktoren **Marktanteil** und **Wachstumsrate des Marktes** beruhen.

Zentrale Aussage dieser Portfolioanalyse ist der Zusammenhang zwischen der Marktwachstumsrate und dem eigenen Marktanteil einerseits und der Rentabilität andererseits. Je höher das Marktwachstum und der eigene Marktanteil, desto größer ist die Rentabilität dieser Produkte bzw. Produktlinien.

Bezüglich des Cashflows kommt man zu der Aussage, dass eine hohe Wachstumsrate einen Cashflow-Abfluss, ein hoher Marktanteil einen hohen Cashflow-Zufluss zur Folge hat.

Folgerungen aus diesem Marktwachstums-Marktanteils-Portfolio:
- Question-Mark-Produkte sind im Produktprogramm zu fördern und u. U. unter Hinzufügung weiterer Produkte dieser Art (Produktvariationen) in die Starphase zu bringen.

Marktziele und Marketingstrategien

- Bei Produkten in der Star- oder der Cash-Cow-Phase muss auf die Erhaltung des Marktanteils geachtet werden. Unter anderem sind, falls erforderlich, Produktvariationen vorzunehmen.

- Produkte in der Dog-Phase müssen eliminiert werden und durch Produktinnovationen ersetzt werden.

Die Vorteile der Portfolioanalyse liegen in der hohen Anschaulichkeit der Darstellung und der einfachen Darstellung. Die Probleme ergeben sich daraus, dass versucht wird, den Cashflow mit zwei Einflussfaktoren zu erklären, und dass die Reaktionen der Konkurrenten nicht in das Modell mit einfließen.

2.3 Positionierung von Märkten und Modellen

Unter einer Positionierung im Marketing versteht man ein gezieltes und strategisches Vorgehen von Unternehmen, um die Vorzüge und Stärken seines Unternehmens, seiner Marke oder seiner Produkte (Modelle) den Kunden auf den weltweiten Märkten zu verdeutlichen. Erfolgreiche Unternehmen haben sich und ihre Produkte in der Wahrnehmung der Käufer unverwechselbar positioniert. Warum ist eine Positionierung aber überhaupt so wichtig für Erfolg und Misserfolg von Unternehmen?

Die Märkte, auf denen Unternehmer ihre Produkte verkaufen, haben sich in den letzten Jahren drastisch verändert. Verantwortlich dafür sind u. a.

- ein immer stärker werdender internationaler Wettbewerb (z. B. werden asiatische Autohersteller nicht nur auf dem internationalen, sondern auch auf dem nationalen Markt immer stärkere Wettbewerber)

- sich immer schneller wandelnde Bedürfnisse der Kunden (z. B. die Wünsche der Kunden bezüglich der zukünftigen Antriebsformen von Automobilen)

In diesem Marktumfeld ist es für ein Unternehmen zwingend notwendig, sich und seinen Produkten gegenüber Kunden und Konkurrenz „ein Profil", idealerweise sogar eine Alleinstellung zu geben.

Vorgehensweise bei der Positionierung

Zuerst identifiziert die Marktforschung die spezielle **Kundengruppe** (Marktsegment) des Unternehmens und seiner Produkte (vgl. Marktsegmentierung). Anschließend werden – verantwortlich dafür ist ebenfalls die Marktforschung – die emotionalen und sachlichen **Bedürfnisse der Zielgruppe** ermittelt. Autokauf hat bei vielen Menschen wenig mit dem Preis bzw. dem Preis-Leistungsverhältnis oder dem sachlichen Nutzen des Autos zu tun; Autokäufer handeln oft nicht rational und überlegt; vielmehr werden Entscheidungen über einen Autokauf, vor allem bei Männern, nach sehr emotionalen Bewertungskriterien getroffen: Design, Image, Marke, ... sind Kriterien, nach denen eine Kaufentscheidung getroffen wird.

Als **Ergebnis der Marktforschung** darf aber kein kompliziertes Bedürfnis- und Emotionsgeflecht entstehen. Die Bedürfnisse der Kunden müssen mit wenigen Worten dargestellt werden, je kürzer und prägnanter, umso besser. Im Idealfall findet man **das zentrale Kaufargument**. Die Kenntnis und die genaue Ansprache dieses Kaufarguments ist für Autohersteller der entscheidende Wettbewerbsvorteil.

Die Erkenntnisse der Marktforschung sind im Folgenden auch die **Grundlage für die Produktpolitik** (neue Produktideen, Variation von auf dem Markt befindlichen Produkten, ...).

Diese Schritte bis zur Produktpolitik gelingen noch vielen Unternehmen, weil soweit nur präzise Datenerhebung, -auswertung und Umsetzung in der Produktpolitik nötig ist.

Der nächste Schritt ist der entscheidende und zugleich der schwierigste: das **Produkt/Unternehmen** muss am Markt so positioniert werden, dass es im Idealfall eine **Alleinstellung** hat, dass es sich von allen Wettbewerbern unterscheidet und dass die Kunden das Ziel verfolgen, dieses Produkt zu erwerben, auch wenn es preislich teurer ist als qualitativ vergleichbare Konkurrenzprodukte.

Entscheidend für jede Positionierungsstrategie ist es, den Kunden den emotionalen und/oder sachlichen Nutzen so zu kommunizieren, dass sie das Gefühl haben, diesen Nutzen nur bei diesem Produkt zu finden.

Beispiele
- Der Idealfall einer überaus gelungenen Positionierung eines Unternehmens und vor allem seiner Produkte ist Apple, mit seinen Produkten iPod, iPad, iPhone, … gelungen. Ideal auch deshalb, weil Apple zu Beginn der 90er-Jahre ein Sanierungsfall war, mit Produkten, die nur im eng begrenzten Nischenbereich zu verkaufen waren, aber im breiten Massenmarkt keine Käufer fanden. Überaus konsequent werden die Bedürfnisse der Kunden erkannt und anschließend als Produktinnovationen auf den Markt gebracht. Trotz vielfältiger Konkurrenzprodukte genießen die Produkte von Apple eine Alleinstellung, auch in preislicher Hinsicht. Es ist Apple beispielsweise gelungen, die Verbraucher davon zu überzeugen, dass sie mit dem iPhone einen weitaus höheren emotionalen und sachlichen Nutzen als mit einem anderen Handy erlangen.
- Eine weitere erfolgreiche Positionierungsstrategie ist Axe mit dem Slogan „Der Duft, der Frauen verführt" gelungen. Axe gelang es, den Kunden ein emotionales Nutzenversprechen zu kommunizieren und damit unter den Deos eine Alleinstellung zu erwerben, was sich in einer enormen Umsatzerhöhung niederschlug.

Markierung von Unternehmen und Produkten

In praktisch allen Fällen in der Praxis, in denen einem Unternehmen diese Art der Positionierung von Produkten gelang, war und ist das Unternehmen bzw. die Produkte des Unternehmens eine **Marke**.

Marken sind Namen von Produkten oder Dienstleistungen, die von Unternehmen im Geschäftsverkehr verwendet werden. Hat ein Produkt eine Marke, wird das Produkt individualisiert und vom Kunden überall auf der Welt als Marke identifiziert. Die Markierung von Produkten wird damit zum wichtigsten Mittel der Produktidentifikation national und international. Ist die Marke z. B. aufgrund ihres hohen Qualitätsanspruchs sehr bekannt, entsteht **Markentreue**. Markentreue bedeutet, dass Kunden immer wieder dasselbe Produkt kaufen. Je größer die Markentreue, desto größer der Geschäftserfolg des Unternehmens.

Zusätzlich ist mit dem Besitz bestimmter Markenprodukte für viele Käufer ein **Image**- bzw. **Prestigegewinn** verbunden. Vor allem beim Kauf von Konsumprodukten, wie beispielsweise Kleidung, Autos, Möbel, Sportartikel etc., wird sehr stark auf die Marke geachtet. Die Markierung von Produkten schafft damit **Präferenzen**. Folglich hat der Markenartikelhersteller bei seiner **Preispolitik** auch weitaus größere **Handlungsspielräume**. Absatzerfolge sind nicht zuletzt auch die Folge eines bekannten Markennamens.

Grundlagen einer internationalen Markierung sind u. a.:

- ein einheitlicher Markenname,
- ein identisches Markenzeichen,
- ein einheitliches Design,
- eine einheitliche Verpackung.

Neben den bereits beschriebenen Vorteilen bietet die internationale Marke für den Eintritt in neue Ländermärkte den Vorteil, dass mit dem Image der Marke der Markteintritt weitaus einfacher und kostengünstiger möglich ist und darüber hinaus auch der Erwerb von adäquaten Mitarbeitern einfacher ist.

Marktziele und Marketingstrategien

Neben der Entscheidung globaler oder lokaler Markenauftritt ist für ein Unternehmen, das mehrere Produkte im Produktprogramm führt, eine Entscheidung darüber notwendig, ob alle Produkte unter einer Marke geführt werden oder ob für jedes Produkt ein eigener Markenauftritt angestrebt werden soll. Diese Überlegungen bilden zusammen mit dem Konzept des Markenauftritts die Markenstrategie eines Unternehmens.

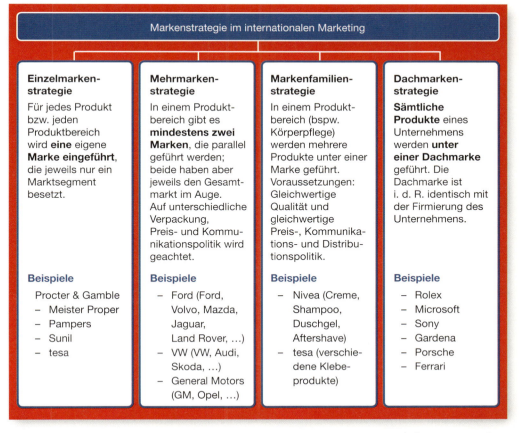

Vorteile der **Einzelmarkenstrategie** sind u. a., dass die Zielgruppen ganz präzise angesprochen (Kommunikationspolitik, Distributionspolitik etc.) werden können, dass mögliche negative Meldungen über eine Einzelmarke auf eine andere Einzelmarke nicht ausstrahlen und dass

Veränderungen beim Marketingkonzept einer anderen Einzelmarke in der gleichen Unternehmung keinen Koordinationsbedarf notwendig machen. Die Nachteile der Einzelmarkenstrategie liegen vor allem im Kostenbereich. Bei der Neueinführung jedes neuen Produkts als Einzelmarke entstehen jeweils hohe Kosten für die Markeneinführung und den Markenaufbau, die z. B. bei einer Dachmarkenstrategie nicht anfallen. Auch die hohen Kommunikationskosten sprechen eindeutig gegen eine Einzelmarkenstrategie, die konsequenterweise in den letzten Jahren bei der Neueinführung von Marken auch kaum mehr Anwendung fand.

Positiv an der **Mehrmarkenstrategie** ist die Tatsache, dass Markenwechsler auf andere Marken des Unternehmens im gleichen Produktbereich und nicht mangels Alternativen zu Produkten der Konkurrenz überwechseln. Daneben bietet die Mehrmarkenstrategie die große Chance, innerhalb eines Produktbereichs verschiedene Marken mit verschiedenen Preis- und Distributionsstrategien zu positionieren. Negativ bei der Verfolgung der Mehrmarkenstrategie ist, dass neue Marken im gleichen Bereich nicht immer die gewünschten Umsatzzuwächse bringen und man leichter die finanziellen und personellen Ressourcen auf einzelne starke Marken konzentriert. Ein weiteres Problem stellen „Kannibalisierungseffekte" innerhalb der einzelnen Marken dar.

Für das Konzept einer **Markenfamilienstrategie** spricht, dass sich ein positives Image eines Produkts der Markenfamilie auf andere übertragen lässt, dass dieses neue Produkt damit eine schnellere Akzeptanz im Handel und bei Kunden erlangt und damit das Risiko eines „Produktinnovationsflops" geringer wird. Gegen dieses Konzept spricht, dass negative Meldungen über ein Produkt sehr stark auf die anderen Produkte ausstrahlen und der Koordinationsbedarf zwischen den Produkten sehr hoch ist.

Die positiven und negativen Effekte einer **Dachmarkenstrategie** sind im Großen und Ganzen identisch mit denen der Markenfamilienstrategie.

Die weltweit bekanntesten und damit auch wertvollsten Marken sind u. a.:

Marke	Branche	Herkunftsland
Coca-Cola	Getränke	USA
Microsoft	Software	USA
Sony	Unterhaltungselektronik	Japan
Apple	Computer, Unterhaltungselektronik	USA
Disney	Unterhaltung	USA
Intel	Computerchips	USA
McDonald's	Gastronomie	USA
Marlboro	Zigaretten	USA
Mercedes	Autos	Deutschland

Markenrecht – national und international

Erhebliche Probleme bereitet die internationale Produktpiraterie. Darunter versteht man die Nachahmung von Marken ohne Einverständnis des Markenherstellers.

Wer sich einen solchen Markennamen aufgebaut hat und ihn im Geschäftsverkehr nutzt, muss sich deshalb gegen Nachahmung und Missbrauch schützen. Die Marke kann als Kennzeichnung von Waren und Dienstleistungen angemeldet und eingetragen werden. Dafür gibt es drei Möglichkeiten:

- Die nationale Markenanmeldung beim Deutschen Patentamt in München/Jena.
  Folge: nationaler Schutz der Marke

Marktziele und Marketingstrategien 25

- Die Anmeldung einer EU-Gemeinschaftsmarke in Alicante (Spanien).
  Folge: Schutz der Marke in der EU

- Die internationale Markenanmeldung bei der WIPO (World Intellectual Property Organization) in Genf.
  Folge: internationaler Schutz der Marke

Markenschutz
§ 3 Abs. 1, § 8 Abs. 1, 2, § 4 MarkenG

als Marke schutzfähige Zeichen	**absolute Schutzhindernisse**	**Entstehung des Markenschutzes**
alle Namen, Abbildungen, Buchstaben, dreidimensionalen Gestaltungen einschließlich der Form, Farbe und Verpackung der Ware	sind u. a.: – Waren/Dienstleistungen, denen jede Unterscheidungskraft fehlt. – Zeichen, die allgemein zur Bezeichnung der Menge, der Art usw. dienen können bzw. die im allgemeinen Sprachgebrauch üblich geworden sind.	durch die Eintragung eines Zeichens als Marke beim Deutschen Patent- und Markenamt in München/Jena und deren Benutzung im geschäftlichen Verkehr
Beispiele – Mercedes-Stern – Farbe „Lila" für Schokolade – der Name „Diesel" für Bekleidung – die Form der Coca-Cola-Flasche für Getränke	**Beispiele** – irgendein regelmäßiger Stern – nicht grundsätzlich die Farbe Lila – nicht grundsätzlich der Name Diesel – keine regelmäßige Form der Flasche – die Begriffe Aftershave, super, Handy usw., da sie keine Unterscheidungskraft haben	**Folge:** nationaler Schutz der Marke; nicht vom deutschen Markenrecht geregelt werden die Eintragung einer EU-Gemeinschaftsmarke in Alicante oder der internationale Markenschutz durch die Eintragung einer Marke bei der WIPO (World Intellectual Property Organization) in Genf

Die Schutzdauer einer Marke endet nach zehn Jahren und kann um jeweils zehn Jahre verlängert werden (§ 47 MarkenG).

2.4 Lebenszyklus von Modellen

Produktlebenszyklus

Mit dem Modell des Produktlebenszyklus wird versucht, die Lebensdauer eines Produkts in verschiedene Abschnitte bzw. Phasen zu unterteilen. Kennt man die einzelnen Phasen, lassen sich die verschiedenen Instrumente des Marketings sehr viel effektiver einsetzen. Allerdings ist der Verlauf der einzelnen Phasen idealtypisch; der Verlauf kann in der Praxis ganz anders sein. Die

Dauer der einzelnen Phasen kann bei verschiedenen Produkten unterschiedlich lang sein: bei modischen Bekleidungsartikeln sehr kurz, bei langlebigen Gebrauchsgütern (Beispiele: Flugzeuge, Arzneimitteln) unter Umständen sehr lang.

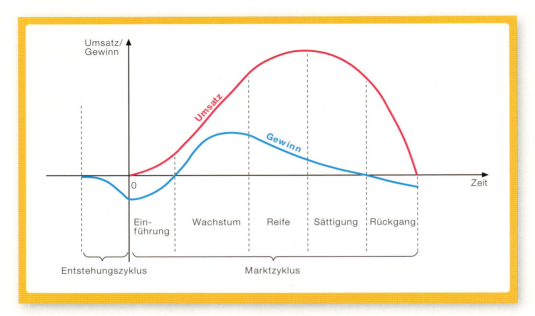

Phasen des Produktlebenszyklus

1. Einführungsphase

Wird ein Produkt auf dem Markt eingeführt, muss es zuerst einmal bekannt gemacht werden. Erst mit einer zeitlichen Verzögerung beginnt der Kunde, das Produkt zu kaufen; die Verkaufszahlen steigen so nach und nach an. In der Einführungsphase werden in aller Regel noch keine oder keine großen Gewinne erzielt, da hohe Kosten der Markteinführung (Schulung der Mitarbeiter, Ausgaben für Kommunikation etc.) entstehen.

2. Wachstumsphase

Unter der Voraussetzung, dass das Produkt eine erfolgreiche Innovation darstellt, steigen Umsatz und Gewinn in dieser Phase kräftig an. Ursache ist neben dem Umsatzanstieg auch der Rückgang der Einführungskosten. Allerdings kommen in dieser Phase bei einem erfolgreichen Produkt auch die ersten Nachahmer auf den Markt. Der Druck auf die Preise beginnt.

3. Reifephase

In dieser Phase erreicht der Umsatz seinen Höhepunkt. Zur immer größer werdenden Zahl an Konkurrenten kommt noch die Tatsache, dass das Produkt in seiner technischen Konzeption und möglicherweise in seinem Design nicht mehr auf dem aktuellen Stand ist. Beide Faktoren verlangen eine erste Veränderung des Produkts. Diese Maßnahmen gehen aber über eine verbesserte Ausstattung zum gleichen Preis oder verbesserten Kundendienst nicht hinaus, trotzdem verursachen sie Kosten. Die Folge ist ein zurückgehender Gewinn.

4. Sättigungsphase

Umsatz und Gewinn gehen stetig zurück. Als Käufer treten jetzt vor allem die Kunden auf, die in ihrem Kaufverhalten sehr konservativ, besonders markentreu oder auch nur sehr preisbewusst sind. Sie kaufen ein lange eingeführtes, am Markt bewährtes Produkt. Die Unternehmen reagieren nun mit größeren Veränderungen am Produkt. Technische Veränderungen oder Änderungen am Design werden nun vorgenommen („Face-Lifting").

Marktziele und Marketingstrategien

5. Rückgangsphase

Neben dem stark zurückgehenden Umsatz stellen sich nun auch Verluste ein. Das Unternehmen hat jetzt nur noch eine begrenzte Käuferzahl, die das Produkt nur noch unter teilweise massiven Preiszugeständnissen kauft. Der Zeitpunkt der nächsten Produktneueinführung steht schon fest; viele warten bereits auf das neue Produkt. Eine Reihe von Kunden sind bereits auf die Produkte der Konkurrenz umgestiegen.

Aufgaben

1.

Automarken – Audi ist die stärkste Automarke, Toyota schwächelt

Im aktuellen Marken-Ranking, das die Hamburger Marktforscher von Mafo.de exklusiv für W&V Online erstellt haben, wurden diesmal sechs Top-Automarken auf ihre Stärke und Positionierung bei den Verbrauchern getestet. Sieger in diesem Ranking ist Audi, knapp gefolgt von Volkswagen sowie BMW und Porsche, die sich Rang drei teilen. Etwas weiter hinten folgt Mercedes-Benz, abgeschlagener Letzter ist Toyota.

1.	Audi	7,6
2.	Volkswagen	7,5
3.	BMW	7,4
	Porsche	7,4
4.	Mercedes-Benz	7,0
5.	Toyota	6,6

In einer Kooperation mit dem Markforschungsinstitut Mafo.de beleuchtet W&V Online wöchentlich ein anderes Marktsegment. Ziel der Produkttest ist es zu zeigen, welche Imagewerte die jeweiligen Marken bei den Verbrauchern erzielen, unabhängig von deren Konsumverhalten. Mafo.de hat dafür das Tool Brand Feel entwickelt, das sowohl den klassischen Markenmehrklang misst als auch eine Reihe von qualitativ-projektiven Fragen stellt. So kann schließlich sowohl die Performance als auch die Psychologie einer Marke gezeigt werden.

Und das ist die Auswertung von Mafo.de:

„**Audi** als Sieger in dem aktuellen Ranking zeigt sich dabei mit Top-Werten in den Image-Attributen Modernität, Innovationsstärke und Attraktivität. Damit ist Audi auch als die Automarke mit der stärksten Qualitätswahrnehmung im Bewusstsein der Verbraucher verankert.

VW als Zweiter des Rankings genießt im Konkurrenzvergleich die höchsten Sympathiewerte und wird insbesondere als ehrliche und unkomplizierte Marke eingestuft. VW schafft also offenbar den Spagat zwischen Luxus- und Hochtechnologie-Marke einerseits und ‚Marke für jedermann' andererseits und verfügt zumindest im Vergleich zu den aktuell getesteten Wettbewerbern über eine Positionierungsnische.

BMW ist in den Köpfen der Verbraucher als die Automarke mit der stärksten Tradition gesetzt, die Qualitätswahrnehmung liegt zudem auf dem Spitzenlevel von Audi. Kommunikativer Pluspunkt: BMW verfügt mit ‚Freude am Fahren' über den stärksten Claim aller Konkurrenten.

Porsche hingegen glänzt vor allen Dingen mit einem herausragend dynamischen Image und der eindeutig höchsten Uniquenes (Einmaligkeit, Besonderheit) aller getesteten Marken.

Mercedes-Benz enttäuscht etwas und erzielt nur einen knapp überdurchschnittlichen Gesamt-Score … Nach langen Jahren eher diskontinuierlicher Markenkommunikation ist das Markenbild der Stuttgarter Nobelkarossen offenbar nicht mehr so klar ausgeprägt und positiv besetzt wie bei den davor rangierenden Konkurrenten.

Nichts war unmöglich, als **Toyota** noch Seriensieger in der ADAC Pannenstatistik war und als Innovationsweltmeister galt. Das ist offenbar vorbei: Toyota erzielt nicht nur in der

Qualitätswahrnehmung deutlich unterdurchschnittliche Werte, die Marke verfügt auch insgesamt über das schwächste Image der getesteten Marken."

(Quelle: W&V Online: Mafo-Marken-Ranking: Audi ist die stärkste Automarke, Toyota schwächelt, veröffentlicht am 19.05.2011 unter www.wuv.de/w_v_research/specials/automobilmarketing/ mafo_marken_ranking_audi_ist_die_staerkste_automarke_toyota_schwaechelt)

a) Welche Positionierungsstrategien verfolgen die einzelnen Automobilunternehmen?
b) Welche Werte erwartet ein Verbraucher von einer Marke?

2. Auf der Grundlage einer Marktstudie konnte die UNICA Ltd. folgendes Produktportfolio entwickeln.

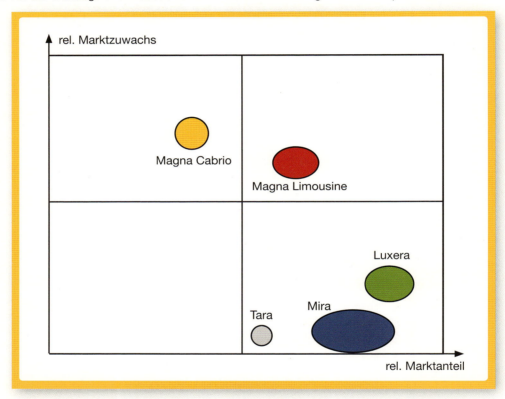

a) Beschreiben Sie mithilfe des Produktportfolios die Situation der einzelnen Modelle der UNICA Ltd.
b) Welche Strategien könnten in der derzeitigen Lage durchgeführt werden?
c) Verändern Sie das Portfolio derart, dass die UNICA Ltd. am Markt bestehen kann. Zeigen Sie der UNICA Ltd. eine sinnvolle Portfolio-Strategie auf.
d) Erläutern Sie zwei Vor- und zwei Nachteile der Portfolio-Strategie.

3. Sinus-Milieus im Automarkt
Bei den zehn Sinus-Milieus werden Menschen zu Zielgruppen mit gleichem oder ähnlichem Konsumverhalten zusammengefasst. Lebensstil und Lebensgefühl bilden die Grundlage bei dieser Marktsegmentierung. Alter, Einkommen und Bildung spielen ebenfalls eine Rolle. Vorgehensweise bei der Bildung der zweidimensionalen Sinus-Milieu-Matrix:
1. Einteilung der Bevölkerung aufgrund von Einkommen, Vermögensverhältnissen, Bildung, Status in der Gesellschaft in soziale Schichten (von Unterschicht bis Oberschicht). Die Größe der dunklen Flächen gibt die Anzahl der Personen in dieser Schicht wieder.

Marktziele und Marketingstrategien

2. Innerhalb dieser Schichten wird nun nach der Grundorientierung der Personen weiter differenziert. Bspw. wird innerhalb der Mittelschicht zwischen Traditionalisten mit den eher konservativen Werten Tradition, Pflicht und Ordnung, der bürgerlichen Mitte mit den Werten Modernisierung, Individualisierung, Selbstverwirklichung und Genuss und den Experimentalisten mit den Werten Neuorientierung, Multioptionalität und Experimentierfreude unterschieden.

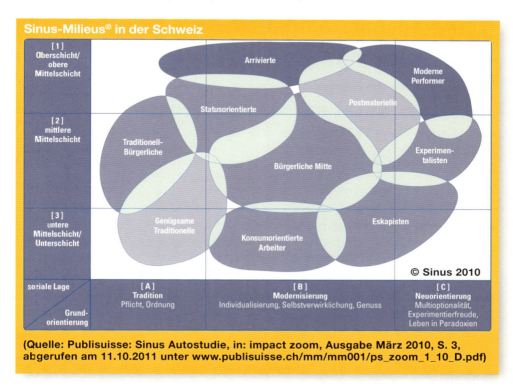

(Quelle: Publisuisse: Sinus Autostudie, in: impact zoom, Ausgabe März 2010, S. 3, abgerufen am 11.10.2011 unter www.publisuisse.ch/mm/mm001/ps_zoom_1_10_D.pdf)

Das Konsumverhalten, speziell das Verhalten der einzelnen Gruppen beim Autokauf, lässt sich folgendermaßen zusammenfassen:

Anzahl und Art der Autos
- Statusorientierte besitzen mehrere Autos; bei den Experimentalisten besitzen nur 20 % mehr als ein Auto.
- Arrivierte und Traditionell-Bürgerliche kaufen in aller Regel Neuwagen; die Eskapisten kaufen vor allem Schnäppchen (Tageszulassungen, günstige Gebrauchte).
- Moderne Performer interessieren sich für Geländewagen; diese sind auch bei den genügsamen Traditionalisten, wenn auch aus anderen Beweggründen, zu finden.
- Fahrzeuge der Oberklasse kaufen vor allem die Arrivierten, erstaunlicherweise auch die konsumorientierten Arbeiter (zumeist aber als Gebrauchte oder als Schnäppchen).

Automarken
- Statusorientierte und Arrivierte: Mercedes, BMW, Audi (vereinzelt Jaguar, Porsche etc.)
- genügsame Traditionalisten: Citroën, Honda, Toyota, Volkswagen, Opel
- Traditionell-Bürgerliche: Opel, Ford, Volkswagen, Mazda
- moderne Performer: Volvo, Nissan, BMW, Mercedes
- bürgerliche Mitte: Opel, Ford, Toyota, Volkswagen, Renault, Peugeot
- konsumorientierte Arbeiter: Audi, BMW, Mercedes, Toyota
- Eskapisten: Schnäppchen und Gelegenheiten, ohne Festlegung auf Marken

a) Fassen Sie die wesentlichen Inhalte dieser Sinus-Milieu-Studie (Kriterien bei der Bildung der Segmente und Konsumverhalten) zusammen.
b) Welche Zielgruppen nach dem Sinus-Milieu fahren bevorzugt Opel und VW?
c) Vergleichen Sie diese Studien mit den Erfahrungen in Ihrem Autohaus.

3 Marketinginstrumente

3.1 Produktpolitik

VW setzt auf Baukastenstrategie

Wolfsburg. Die globale Autobranche bricht auf zu neuen Ufern. Der Wettstreit um die Käufergunst findet dabei großteils in den aufstrebenden Schwellenländern statt. Die Autoindustrie wird sich in den kommenden zehn Jahren stärker wandeln als in den fünfzig Jahren zuvor, prophezeit Audi-Chef Rupert Stadler. Allein die VW-Tochter Audi will die Zahl ihrer Modelle bis 2020 von heute etwa 38 auf 50 erhöhen. Ein zentrales Steuerungsinstrument sieht die Konzernmutter Volkswagen dabei in einem neuen Produktionsverfahren.

Der „Modulare Querbaukasten" soll mindestens 43 Modelle von Volkswagen und Audi, Skoda und Seat mit gleichen Bauteilen bedienen: Boden, Achsen, Lenkung, Sitzgestelle und die Motor-Getriebe-Einheit. Europas größter Autobauer will damit flexibler werden, auf veränderte Käufer-wünsche schneller reagieren und rund 30 Prozent Kosten sparen. Produktionsvorstand Michael Macht spricht von einem „Meilenstein". Autoexperten sagen, der Erfolg der Autobauer wird sich auch daran entscheiden, wer die beliebtesten Kleinwagen verkaufen kann. Und in den Zukunfts-märkten werde ein günstiger Preis ein wesentlicher Faktor sein. In Westeuropa gilt der Automarkt als weitgehend erschöpft, in Ländern wie Indien, Russland, Brasilien und ihren benachbarten Re-gionen dagegen sehen die Auguren noch riesiges Wachstumspotenzial.

An den neuen Kleinwagen aber verdienen die Autobauer pro Fahrzeug weniger als bei Oberklas-semodellen und Luxusschlitten. Die neuen Zukunftstechnologien, wie der Elektroantrieb, ver-schlingen zusätzlich große Summen für Investitionen. Die Hersteller müssen daher die Produktion so günstig wie möglich gestalten. VW-Chef Martin Winterkorn weiß: „In der Autoindustrie hat der den längeren Atem, der von der Kostenstruktur her besser dasteht." Die Baukastenstrategie stelle das auch für die Zukunft sicher. Bei Audi wird bereits mit einem Baukasten gearbeitet, die künfti-ge Tochter Porsche entwickelt einen Baukasten für Sportwagen, der größte aber ist der Modulare Querbaukasten MQB. Nach seiner Einführung im nächsten Jahr soll er über Autoklassen und Mar-kengrenzen hinweg in einigen Jahren bis 3,5 Millionen Konzernautos mit gleichen Bauteilen ver-sorgen. „Es ist mehr als eine neue Fahrzeug-Technologie, es ist ein strategisches Instrument", sagt VW-Entwicklungschef Ulrich Hackenberg in Wolfsburg. …

Den „spektakulärsten Nutzen" habe der Baukasten aber bei Autos, die sonst wegen zu kleiner Stückzahlen gar nicht gebaut werden könnten. Damit könnten auch neue Nischen zügig besetzt werden. Autoexperte Ferdinand Dudenhöffer vom CAR-Institut der Universität Duisburg-Essen sieht den MQB indes kritisch. „Die Kostenvorteile werden von VW überschätzt", sagt er. Die Nachteile überwögen. Die Konzernmarken würden besser fahren, wenn sie ihre Modelle nicht auf den Konzernbaukasten abstimmen müssten. „Damit gehen Innovationen verloren." Als Beispiel führt er Audi an: Die Ingolstädter seien so erfolgreich geworden, weil sie den Slogan „Vorsprung durch Technik" konsequent umgesetzt hätten. „Das können sie jetzt nicht mehr", sagt Dudenhöffer. Den Marken werde die Gestaltungsfreiheit genommen. „Wolfsburg entscheidet über die Innova-tionsfähigkeit der Marken." …

(Quelle: dpa/Handelsblatt online: VW setzt auf Baukastenstrategie, veröffentlicht am 05.08.2011 unter www.handelsblatt.com/unternehmen/industrie/vw-setzt-auf-baukastenstrategie/4468986.html)

> 1. Was versteht man unter einer Baukastenstrategie bei der Produktion von Automobilen?
> 2. Diskutieren Sie das Für und Wider dieser Produktionsstrategie.

Die Produktpolitik beinhaltet alle Entscheidungen, die ein Unternehmen von der Entstehung der Produktidee über die Entwicklungsphase des Produkts bis hin zur Elimination des Produkts vom Markt trifft. Die Produktpolitik ist vielleicht der entscheidende Parameter in der Marketingpolitik eines Unternehmens, denn nur mit innovativen und qualitativ hochwertigen Produkten kann ein Unternehmen seinen Marktanteil und seine Gewinnmargen halten bzw. verbessern.

Gerade im Automobilbereich ist der Erfolg eines Herstellers und Händlers wesentlich von der Produktpolitik abhängig. Der Erfolg der Marke Audi in den letzten Jahrzehnten hin zum Premiumhersteller ist im Wesentlichen auf die hochwertige und sehr innovative Produktpolitik der Firma Audi zurückzuführen. Umgekehrt sind Fehler in der Produktpolitik häufig dafür verantwortlich, dass das Image eines Premiumherstellers sehr schnell leidet und dementsprechend die Verkaufszahlen zurückgehen.

Zu dieser grundsätzlichen Bedeutung der Produktpolitik kommen in den letzten Jahren – und dieser Trend wird sich in Zukunft eher noch verstärken – weitere Entwicklungen auf den Markt, die die Bedeutung der Produktpolitik als Instrument des Marketings immer wichtiger werden lassen:

1. Verschärfung der gesetzlichen Regelungen, was die **Produkthaftung** der Hersteller betrifft. Verkauft das Unternehmen auch auf ausländischen Märkten (Beispiel: USA), ist dieser Punkt aufgund der extrem hohen Haftungsrisiken von zentraler Bedeutung.

2. der steigende **Stellenwert der Umwelt** im Bewusstsein der Marktteilnehmer

   Beispiel CO_2-Ausstoß bei Fahrzeugen

3. die Bedeutung der **Hersteller-Kundenbeziehung**, u. a. für eine Verstetigung der Umsatzentwicklung und die zentrale Bedeutung der Produkte für diese Beziehung

4. die zunehmenden Qualitätsansprüche der Konsumenten: Dies spiegelt sich auch in der Verlängerung der Garantiezeiten für Produkte wider.

5. die **Ansprüche der Kunden** an die **Leistungsfähigkeit** und die **Ausstattung** von Produkten

Produktpolitische Entscheidungen

Produktpolitische Entscheidungen können Produktinnovationen, Produktvariationen oder Produkteliminierungen sein oder Entscheidungen, die sich auf den Kundendienst beziehen.
Hinweis: Im Groß- und Einzelhandel spricht man statt Produkt- von Sortimentspolitik und statt Produkten von Artikeln.

Produktinnovation

Produktinnovation bzw. Produkteinführung bedeutet, dass neue Produkte auf den Markt gebracht werden bzw. an bereits eingeführten Produkten wesentliche technische Änderungen vorgenommen werden. Die Produktinnovation kann sowohl die **Breite des Produktprogramms** (Anzahl der unterschiedlichen Produkte) als auch die **Tiefe des Produktprogramms** (Anzahl der Sorten bzw. Varianten je Produkt) verändern.

Einflussgrößen bei der Gestaltung des Produktprogramms sind:

1. die Bedürfnisse der Kunden (welches Produktprogramm erwarten die Kunden)

Lernfeld 8

2. die Vorgaben des Gesetzgebers (Welche Vorschriften z. B. bezüglich CO_2-Werten der gesamten Fahrzeugflotte werden gesetzlich vorgegeben. Muss ein Autohersteller mehr Kleinwagen anbieten, um diese Grenzwerte insgesamt einhalten zu können)

3. das Produktprogramm der Konkurrenz (welche Produkte bietet die Konkurrenz an)

Beispiel Produktprogramm eines Autoherstellers (Auszug)

Produkt-breite / Produkt-tiefe	3er-Serie	5er-Serie	6er-Serie	5er-Serie	6er-Serie
Limousine	x	x		x	
Combi	x	x			
Cabrio	x				x
Coupé	x		x		

x = jeweils mit verschiedenen Motorvarianten

Eine Sonderform der Produktinnovation ist die **Diversifikation**. Hier werden neue Produkte in das Produktprogramm aufgenommen, die auf neuen Märkten angeboten werden, d. h., es werden neue Kundenkreise angesprochen.

Ziele der Diversifikation sind:

- **Umsatzsteigerung:** Durch die Aufnahme neuer Produkte werden neue Kunden angesprochen.
- **Risikostreuung:** Das Unternehmen schafft sich ein „zweites Standbein", d. h., mögliche Absatzrückgänge bei einem oder mehreren Produkten können durch Absatzsteigerungen bei den neuen Produkten wieder ausgeglichen werden.

Die Diversifikation kann durch eigenständige Produktdiversifikation, durch den Kauf anderer Unternehmen oder durch den Zusammenschluss mit anderen Unternehmen erfolgen. Besonders in der Großindustrie ist durch die Konzernbildung die Diversifikation ziemlich verbreitet.

Arten der Diversifikation

horizontale Diversifikation	vertikale Diversifikation	laterale Diversifikation
Das Produktprogramm wird durch neue Produkte erweitert, welche produktionstechnisch oder beschaffungs- und/oder absatzwirtschaftlich mit dem bisherigen Produktprogramm in Zusammenhang stehen. Das neue Produktprogramm richtet sich an den gleichen oder an einen gleichartigen Kundenkreis.	Hier werden Produkte in das Produktprogramm mit aufgenommen, die im Produktions- und Güterabsatzprogramm vor- oder nachgelagert sind.	Dem Produktprogramm werden neue Produkte hinzugefügt, die mit dem bisherigen Produktprogramm sowohl in produktionstechnischer als auch in beschaffungs- oder absatzwirtschaftlicher Hinsicht in keinerlei Zusammenhang stehen.
Beispiel Mehr-Marken-Händler	**Beispiel** Tuningangebote für Automobile	**Beispiel** Reisen zu Formel-1-Rennen

Marketinginstrumente 33

Produktdifferenzierung

Eine weitere Maßnahme der Produktpolitik ist die Produktdifferenzierung, bei der entweder sofort mit der Einführung der Produktinnovation oder später mehrere Varianten eines Produkts angeboten werden, um auf die verschiedenen Bedürfnisse der Zielgruppen genauer eingehen zu können. Die Zahl der angebotenen Produkte wächst, das Produktprogramm wird tiefer.

Beispiel Beim BMW 3er gibt es verschiedene Motoren, Innenausstattungen, Sonderausstattungen, Lackierungen, Ausstattungspakete.

Ziele der Produktdifferenzierung sind u. a.:

* Umsatzsteigerung als Folge der Befriedigung differenzierter Kundenwünsche
* Möglichkeit einer starken Preisdifferenzierung beim gleichen Produkt

Produktvariation

Im Rahmen einer Produktvariation werden bestimmte Eigenschaften von Produkten, die bereits auf dem Markt eingeführt sind, verändert. Die **Ursachen** einer Produktvariation liegen zum einen in der Notwendigkeit, länger eingeführte Produkte den veränderten Anforderungen bezüglich der Technik, des Designs usw. anzupassen, zum anderen soll durch eine Produktvariation sich verändernden Kundenwünschen (bspw. die Ausstattung eines Autos) Rechnung getragen werden.

Arten der Produktvariation

* Veränderung der physikalischen Eigenschaften eines Produkts,
* Veränderung der funktionalen Eigenschaften eines Produkts,
* Veränderung ästhetischer Eigenschaften (Design, Farbe, Stil, Verpackung usw.),
* Veränderung des Namens bzw. der Marke eines Produkts,
* Veränderung des Gesamtnutzens durch das Anbieten von Zusatzleistungen (Kundendienst; Garantieerweiterung usw.).

Mit der Produktvariation wird das Produkt im Großen und Ganzen unverändert gelassen, trotzdem soll der Käufer das Gefühl haben, dass er etwas Vertrautes mit mehr Nutzen erwirbt. Die Produktvariation sollte so umfassend sein, dass das Produkt mit Konkurrenzprodukten, die kürzere Zeit auf dem Markt eingeführt sind, unter Nutzengesichtspunkten mithalten kann. Dies ist nicht einfach, da bei der Entwicklung von „jüngeren" Produkten neue technische Entwicklungen bzw. Designansprüche weitaus besser berücksichtigt werden konnten.

Der **zeitliche Einsatz** einer Produktvariation lässt sich am Beispiel des Lebenszyklus eines Autos zeigen. In der Sättigungsphase geht der Verkauf des Modells stark zurück. Um diesen Umsatzrückgang nicht zu stark werden zu lassen, finden bei Automobilen in diesen Phasen manchmal sogar mehrere Produktvariationen statt: während der Sättigungsphase eine leichte Veränderung des Designs und Ausstattungsverbesserungen, in der Rückgangsphase, ca. ein Jahr vor der Einführung des neuen Modells, je nach Verkaufzahlen, noch weitere Ausstattungsverbesserungen.

Produkteliminierung

Die **Produkteliminierung** bewirkt die **Bereinigung des Produktionsprogramms**, d. h., die Herstellung veralteter und unrentabler Produkte wird eingestellt, z. B. Aufgabe der Produktion des Audi A2.

Der Entscheidung, ein Produkt nicht mehr herzustellen, gehen genaue Analysen voraus, z. B. Kosten- und Rentabilitätsanalysen.

Quantitative und qualitative **Entscheidungsgesichtspunkte** können für das Herausfinden eliminierungsverdächtiger Produkte von Bedeutung sein:

Beispiele für quantitative Kriterien: sinkender Umsatz und/oder Marktanteil, geringerer Umsatzanteil am Gesamtumsatz, sinkender Deckungsbeitrag, sinkender Kapitalumschlag und sinkende Rentabilität.

Beispiele für qualitative Kriterien: Störungen im Produktionsablauf, negative Rückschlüsse auf das gesamte Produktionsprogramm bei einem überholten und veralteten Produkt, negativer Einfluss auf das Firmenimage (z. B. Reparaturanfälligkeit), nachlassende Wirkung der Marketingaktivitäten (z. B. Werbung), Änderung der Bedarfsstruktur und Änderung gesetzlicher Vorschriften (z. B. verschärfte Abgasbestimmungen bei Ölbrennern).

Die Grenze, an der ein Produkt eliminiert oder weiterproduziert werden soll, ist oft schwierig zu ziehen. Häufig geht eine Produktelimination einher mit einer Produktinnovation oder Produktvariation.

Kundendienst

Formen des Kundendienstes

Unter Kundendienst versteht man alle Serviceleistungen, die ein Unternehmen seinen Kunden vor, während und nach dem Kauf anbietet.

Dabei lassen sich folgende **Kundendienstleistungen** unterscheiden:

- **Verpflichtende Leistungen:** Hierzu zählen Leistungen, die die erstmalige Nutzung eines Produktes erst ermöglichen und ohne die ein Verkauf nicht oder nur schwer möglich wäre, beispielsweise die Lieferung der Produkte zum Kunden, deren Installation bzw. Aufbau beim Kunden sowie gesetzliche Gewährleistungen. Diese Serviceleistungen sind in der Regel im Kaufpreis enthalten.

- **Erwartete Leistungen:** Dies sind Serviceleistungen, die im Kaufpreis in aller Regel nicht enthalten sind, die aber für Kunden ein entscheidendes Kaufargument darstellen. Beispielsweise werden bei Computern, bei Bau- und Landmaschinen, bei Investitionsgütern wie Maschinen keine oder nur geringe Stillstandszeiten durch Störungen vom Kunden akzeptiert. Erwartete Serviceleistungen sind in diesen Fällen u. a. ein 24-Stunden-Service oder extrem kurze Reaktionszeiten beim Kundenservice. Mittlerweile werden in bestimmten Branchen auch Kundendienstverträge angeboten. Kundendienst wird nicht mehr nur dann angeboten, wenn die Produkte defekt sind, sondern es wird eine regelmäßige Betreuung der Produkte durchgeführt. Dadurch entsteht eine Art Vertrauensverhältnis zwischen Kundendienstpersonal und dem Kunden, was sich positiv auf die Kundenbindung auswirkt.

- **Zusatzleistungen:** Hierunter sind solche Serviceleistungen zu verstehen, die durch spezifische Kundenbedürfnisse entstehen und durch die sich das Unternehmen einen Zusatznutzen beim Kunden und eine Profilierung gegenüber den Wettbewerbern erhofft. So bringt beispielsweise ein Kunde sein Auto in die Werkstatt, braucht aber für die Zeit der Reparatur dringend ein Fahrzeug. Dies wird ihm vom Autohaus kostenlos zur Verfügung gestellt.

Art des Kundendienstes	Beispiele
Information und Beratung beim Verkauf bezüglich	– Verwendungszweck – Leistung – Qualität – Bedienung und Anwendung – Liefertermine – Zahlungsbedingungen – Finanzierungsbedingungen – Ersatzteilbeschaffung – Wartungsdienst – Garantieleistungen

Einweisung und Schulung	Bedienung, Wartungshinweise, Unfallverhütung, Reparaturanleitungen
Zustellung und Installation	Transport, Montage von Anlagen, Probeläufe
Reparatur-, Ersatzteil- und Unterhaltungsdienst	– Wartungsabonnement – Garantie bestimmter Reparaturfristen – Jahrelanger Ersatzteilservice, Einrichtung einer „Hotline"

Kundendienst war früher ausschließlich eine Nebenleistung, die notwendigerweise mit dem Verkauf von Produkten anfiel. Heute ist Kundendienst eine eigenständige Absatzleistung (Kundendienstmanagement), die von den Unternehmen aktiv zur Schaffung von Wettbewerbsvorteilen und zur Differenzierung gegenüber Wettbewerbern eingesetzt wird.

Ziele des Kundendienstmanagements

Ökonomische Ziele	1. Umsatz und Gewinn werden durch Kundendienstleistungen, u. a. durch zusätzliche Kundendienstverträge erwirtschaftet. 2. Guter Kundendienst schafft Kundenzufriedenheit; Kundenzufriedenheit erzeugt Kundenbindung; Kundenbindung bringt Umsatz- und Gewinnzuwächse.
Psychologische Ziele	1. Kundendienstzufriedenheit: Diese wird dann erreicht, wenn Art und Umfang der Kundendienstleistung, die Pünktlichkeit bei der Ausübung und der in Rechnung gestellte Preis aus der Sicht des Kunden in Ordnung sind. 2. Ein vorbildlicher Kundendienst ist ein zentraler Einflussfaktor für den Wiederkauf der Produkte durch den Kunden und damit die **Kundenbindung**. Eine stärkere Kundenbindung gilt als das zentrale Marketingziel, das mithilfe des Kundendienstes erreicht werden soll.

Aufgabe

Die Firma AHC GmbH bietet Autohäusern und freien Werkstätten alle Produkte zur Darbietung der Werbemaßnahmen, Ausstellungsstücke, Preisauszeichnungen etc. Die folgenden Produkte sind ein Auszug aus dem Produktprogramm dieses Unternehmens:

– Schlüsseltasche aus Nylon
– kleiner Rucksack
– Fahne mit Firmendruck
– Leder-/Rechenmappe
– mobile Werbetafel
– Prospektständer
– Mini-Color-Rampe fürs Auto
– Acryl-Plakattasche für die Preisauszeichnung
– Schlüsseltresor
– Felgenständer
– Präsentationszelt
– Kinderspieltisch
– Absperrkordel
– Geschäftszeiten-Schild
– Fahnenmast

a) Erstellen Sie das Produktprogramm der Firma AHC. Stellen Sie mögliche Produktlinien auf, d. h., fassen Sie die aufgeführten Produkte, die aufgrund des Bedarfszusammenhangs in enger Beziehung zueinander stehen, zusammen. Finden Sie zutreffende Bezeichnungen für die einzelnen Produktlinien.

b) Erläutern Sie an diesem Beispiel die Breite und die Tiefe eines Produktprogramms.

c) Welche Möglichkeiten der Produktpolitik stehen der Firma AHC grundsätzlich zur Verfügung? Erläutern Sie die einzelnen Möglichkeiten!

d) Die Firma AHC erweitert ihr Produktprogramm um Aufbereitungsprodukte wie Poliermaschinen, Nass- und Trockensauger, Polsterreinigungsmaschinen, Lederpflegemittel etc. Handelt es sich bei diesen Produkten um eine Verbreiterung des Produktprogramms oder um eine Diversifikation?

3.2 Preispolitik

Rabattschlachten und Sonderangebote ruinieren den Autohandel

Schleppende Verkaufszahlen, andauernde Rabattschlachten, sinkende Margen – so oder ähnlich klingen die Berichte vieler Autohändler in Deutschland. Die Umsatzrendite im deutschen Autohandel liegt zz. bei vielen Händlern unter 1 %, d. h., pro 100,00 EUR Umsatz wird weniger als 1,00 EUR verdient. Damit liegen die Gewinnmargen unter denen vieler Discounter. Für viele Händler lohnt sich das Geschäft mit Neuwagen einfach nicht mehr. Die Zahl der Autohändler in Deutschland geht in den letzten Jahren kontinuierlich zurück. Geld verdienen die meisten Händler nur noch in der Werkstatt bei Reparaturen und Garantieleistungen. Aber auch diese Quelle droht zu versiegen: Die Qualität der Autos wird immer besser; mit der Folge, dass die Inspektionsintervalle immer länger werden. Auch die Zahl der Garantiefälle geht zurück – gut für den Hersteller, schlecht für den Händler.

Nennen Sie die Ursachen für die schlechte Ertragssituation im deutschen Autohandel.

Unter **Preispolitik** versteht man alle Entscheidungen eines Unternehmens, die die Preisstellung auf dem Markt beeinflussen. In erster Linie zählt dazu die Veränderung des Produktpreises. Daneben sind aber auch die verschiedenen Formen der Rabattgewährung, die Vereinbarung bestimmter Lieferungs- und Zahlungsbedingungen sowie die Gewährung von Kundenkrediten Mittel im Rahmen der Preispolitik.

Preispolitische Entscheidungen sind notwendig im Rahmen

- der Produkteinführung (erstmalige Preisfestsetzung);

- von Kostenänderungen, z. B. Tariflohnerhöhungen;

- von Nachfrageänderungen, z. B. Umsatzrückgang;

- von Veränderungen im Konkurrenzverhalten, z. B. Preiskampf im Lebensmitteleinzelhandel.

3.2.1 Ziele und Strategien der Preispolitik

3.2.1.1 Ziele der Preispolitik

In der Praxis nimmt das Ziel der langfristigen Gewinnmaximierung immer noch eine überragende Stellung bei der Formulierung der preispolitischen Ziele ein.

Darüber hinaus sind preispolitische Ziele die Erhöhung des Absatzes, die Erhöhung von Marktanteilen, die Gewinnung neuer Kunden bzw. die Eroberung neuer Märkte bzw. Marktsegmente, die Ausschaltung der Konkurrenz oder der Aufbau eines bestimmten Preisimages (billigster Anbieter, exklusive Preispolitik im Rahmen der Markenpolitik).

Preispolitische Ziele sind in aller Regel auf den Markt (Kunden, Konkurrenz) bezogen; Preispolitik, die betriebsinterne Belange (z. B. Sicherung der Arbeitsplätze) zum Ziel hat, ist eher die Ausnahme.

3.2.1.2 Strategien der Preispolitik

Darunter versteht man die strategische Vorgehensweise eines Autoherstellers bei der Preisgestaltung seiner Modelle, um die Ziele, die er sich gesetzt hat, zu erreichen. Preispolitische Strategien zur Erreichung der gesteckten Ziele im Unternehmen sind vielfältig. Strategien sind u. a. die Skimming- und die Penetrationsstrategie (vgl. 2.2.2) und die Preisdifferenzierungsstrategie.

Preisdifferenzierungsstrategie

Preisdifferenzierung liegt dann vor, wenn gleiche Produkte zu unterschiedlichen Preisen auf dem Markt angeboten werden. Werden ähnliche bzw. nur gleichartige Produkte zu unterschiedlichen Preisen verkauft, ist dies keine Preisdifferenzierung. Bei der Preisdifferenzierung unterscheidet man folgende Arten:

Räumliche Preisdifferenzierung

Die gleichen Produkte werden auf räumlich getrennten Märkten mit teilweise erheblichen Preisunterschieden verkauft. Räumlich getrennte Märkte sind zum Beispiel der inländische Markt und ausländische Märkte. Voraussetzung dafür, dass eine Preisdifferenzierung auf ausländischen Märkten für den inländischen Markt keine Auswirkungen hat, ist, dass keine oder keine nennenswerten Reimporte aus diesen Ländern möglich sind. Die EU ist ein Binnenmarkt; ein Gebiet, in dem zwischen vielen europäischen Ländern keine Zollgrenzen mehr bestehen und in dem aufgrund eines Urteils des Europäischen Gerichtshofs jeder Autohändler in jedem EU-Land Autos an jeden Endverbraucher (auch aus einem anderen EU-Land) verkaufen kann. Darüber hinaus haben die meisten dieser EU-Länder eine einheitliche Währung, den Euro, der Preisvergleiche sehr einfach ermöglicht. Eigentlich sollte man erwarten, dass bei einer räumlichen Preisdifferenzierung der Verbraucher sein Auto in dem Land kauft, in dem es am billigsten ist oder zumindest bei einem EU-Import-Händler. Tatsächlich macht dies aber nur ein geringer Prozentsatz aus. Deshalb findet eine räumliche Preisdifferenzierung auch bei Automobilen in der Praxis statt.

Zeitliche Preisdifferenzierung

Die einzelnen Produkte werden den Kunden je nach dem Zeitpunkt der Nachfrage zu unterschiedlichen Preisen angeboten.

Beispiele

- Preise beim Telefonverkehr (Tag-, Nacht-, Sonn- und Feiertagstarife)
- Preise für elektrischen Strom (Tag-, Nachttarif)
- Preise im Fremdenverkehr je nach Saison
- Preise der Werbeminuten im Fernsehen

Mengenmäßige Preisdifferenzierung

Je nach Abnahmemenge erhalten die Kunden mehr oder weniger große Rabatte beim Kauf von Produkten.

Beispiele

- Mengenabhängige Staffelpreise beim Kauf von Produkten (Rabatte beim Autohändler an Groß- oder Firmenkunden bzw. beim Autohersteller an Autovermieter)
- Mengenabhängiger Umsatzbonus

Preisdifferenzierung nach dem Verwendungszweck

Beispiele

- verschiedene Tarife für Haushalts- und Gewerbestrom
- verschiedene Steuerbelastungen für Diesel für den privaten Autofahrer und beispielsweise für die landwirtschaftliche Nutzung

3.2.2 Einflussgrößen der Preispolitik

Einflussgrößen der Preisbildung sind u. a.

- die Kosten des Unternehmens;
- die Konkurrenzsituation;
- die Nachfragesituation;
- die unternehmerischen Zielsetzungen.

Kostenorientierte Preisbildung

Grundlage der kostenorientierten Preisbildung ist der kalkulierte Verkaufspreis, dem die Zahlen der betrieblichen Kostenrechnung zugrunde liegen. Die Ermittlung kann mithilfe der Vollkosten- oder der Teilkostenrechnung erfolgen.

Preisbildung auf Vollkostenbasis

Wird ein Verkaufspreis auf Vollkostenbasis kalkuliert, so bedeutet dies, dass durch den Verkaufspreis alle Kosten des Unternehmens gedeckt sein müssen, d. h. nicht nur die variablen Kosten (Kosten, die durch diesen Auftrag verursacht wurden), sondern auch die anteiligen fixen Kosten.

Beispiel Ein Unternehmen kalkuliert den Verkaufspreis für eine Dose „Starthilfe" auf Vollkostenbasis. Folgende Daten stehen zur Verfügung:

Variable Kosten je Dose	5,50 EUR
Fixe Kosten/Monat	500 000,00 EUR
Verkaufte Einheiten	250 000 Dosen
Verkaufspreis	10,75 EUR/Dose

Vollkostenrechnung	Pro Stück	Menge	Gesamt
Umsatzerlöse	10,75 EUR	250 000	2 687 500
− Kosten	7,50 EUR	250 000	1 875 000
= Gewinn	3,25 EUR	250 000	812 500

Problematisch ist dieses Verfahren aus kostenrechnerischer Sicht, weil die Kosten nicht verursachungsgerecht den einzelnen Produkten zugerechnet werden, und aus absatzpolitischer Sicht, weil zusätzliche Absatzmengen (z. B. über Preisdifferenzierung) auf diese Art der Preisbildung nicht zu erreichen sind.

Preisbildung auf Teilkostenbasis

Die Preisbildung auf Teilkosten-/Deckungsbeitragsbasis setzt an den Nachteilen der Vollkostenrechnung an und versucht, diese Probleme zu lösen. Aus kostenrechnerischer Sicht werden die Gesamtkosten in fixe und variable Kostenbestandteile zerlegt. Ergibt sich nach Abzug der variablen Kosten von den Nettoverkaufserlösen ein positiver Deckungsbeitrag, kann das Unternehmen die Deckungsbeitragsrechnung nicht nur im Rahmen der Sortimentspolitik, sondern auch als Instrument der Preispolitik einsetzen. Für kurze Zeit können die fixen Kosten außer Acht gelassen werden, denn diese fallen an, ob nun ein Verkauf getätigt wird oder nicht. Kurzfristig kann das Unternehmen den Preis bis auf die Höhe der variablen Kosten absenken (absolute Preisuntergrenze). Damit bieten sich folgende Möglichkeiten der Preispolitik an:

- Durchführung zeitlich befristeter Sonderaktionen

- Möglichkeit einer Preisdifferenzierung

Beispiel   Der Hersteller der „Starthilfe" erhält eine Anfrage über eine größere Lieferung dieses Artikels. Alle im Unternehmen entstehenden fixen Kosten sind durch die Verkaufserlöse der anderen Aufträge gedeckt. Ein großer Autoteilehändler würde 10 000 Dosen zu einem Preis von 7,00 EUR netto beziehen. Die variablen Kosten einer Dose betragen 5,50 EUR. Soll das Unternehmen das Angebot annehmen und die Dosen zu 7,00 EUR liefern?

Deckungsbeitragsrechnung:
Nettoverkaufserlös/Dose	7,00 EUR
− Variable Kosten/Dose	5,50 EUR
= Deckungsbeitrag/Dose	1,50 EUR

Über den zusätzlichen Deckungsbeitrag ergibt sich eine Gewinnsteigerung um 15 000,00 EUR.

Die Vorteile dieser Preispolitik liegen in den Möglichkeiten der Preisdifferenzierung. Durch die Vorgabe von Preisuntergrenzen ist die Preis- und damit die Absatzpolitik flexibler geworden. Der Unternehmer ist in der Lage, auf das Marktgeschehen einzugehen und in hart umkämpften Märkten oder bei einem Neueintritt in einen Markt zu geringeren Preisen anzubieten. Diese Preise dürfen allerdings nicht unter den variablen Kosten der Produkte liegen.

Die Hauptgefahr dieser Preispolitik ist, dass ein Unternehmen die Deckungsbeitragsrechnung grundsätzlich für die Preiskalkulation heranzieht und insgesamt zu niedrige Preise auf dem Markt verlangt. Unbedingte Voraussetzung für die Anwendung der Deckungsbeitragsrechnung ist, dass, über einen längeren Zeitraum gesehen, die fixen Kosten insgesamt gedeckt sind, d. h., es muss eine Preispolitik gewährleistet sein, die langfristig eine volle Kostendeckung ermöglicht.

Nachfrageorientierte Preisgestaltung

Die Preispolitik kann nicht nur die eigenen Kosten beachten, sondern sie muss auch die **Preisvorstellungen der Nachfrager** im Auge behalten. Die entscheidende Frage ist hier, inwieweit die

Nachfrager bereit sind, einen bestimmten Preis für ein Produkt zu bezahlen. Dabei sind u. a. folgende Punkte zu berücksichtigen:

- **Struktur der Nachfrager:** Gesamtnachfrage, Art der Nachfrager, Substituierbarkeit des Produktes, Reaktion der Nachfrager auf Preisänderungen.

- **Preisvorstellungen der Nachfrager:** Der Nachfrager ist heute durchaus in der Lage, Güter der gleichen Gattung miteinander zu vergleichen und sich eine Meinung zu bilden, was ein Produkt kosten darf. Wesentlich für ihn ist dabei, welchen Nutzen das Gut für ihn hat.

- **Einfluss von Qualität und Image:** Die Ursachen dafür, dass der Nachfrager auch einen möglichen höheren Preis für ein Gut akzeptiert, liegen vor allem in der Qualität eines Produktes und in seinem Image begründet.

Konkurrenzorientierte Preisbildung

Unter **konkurrenzorientierter Preisbildung** versteht man, dass sich der Verkaufspreis unter Berücksichtigung der eigenen Kostensituation und der Nachfrage im Wesentlichen an den Preisen der Konkurrenz orientiert. Diese Art der Preispolitik tritt hauptsächlich in zwei Formen auf:

- Das Unternehmen orientiert sich in seiner Preisgestaltung am durchschnittlichen Preis der gesamten Konkurrenz.

- Das Unternehmen orientiert sich an den Preisen des Preisführers auf dem Markt. Der Preisführer ist häufig der Anbieter mit dem überwiegenden Marktanteil.

Beide Formen der konkurrenzorientierten Preisbildung treten vor allem auf oligopolistischen Märkten, z. B. dem Kraftstoffmarkt oder dem Arzneimittelmarkt, auf.

3.2.3 Konditionenpolitik

Bei der Festlegung der Konditionenpolitik entscheidet das Unternehmen, zu welchen Bedingungen die Produkte und Dienstleistungen den Kunden angeboten werden. Instrumente der Konditionenpolitik sind die Rabattpolitik, die Absatzkreditpolitik und die Lieferungs- und Zahlungsbedingungen.

Rabattpolitik

Rabatte sind Nachlässe, die ein Lieferant seinem Kunden gewährt, wenn er bestimmte Bedingungen, z. B. bestimmte Abnahmemengen, erfüllt. Werden dem Kunden Rabatte gewährt, spricht man von einem **Bruttopreissystem**, wird grundsätzlich kein Rabatt bei der Preisstellung gewährt, handelt es sich um ein **Nettopreissystem**.

Ziele der Rabattpolitik

Unternehmensinterne Ziele
- Erhöhung der Absatz- und Umsatzzahlen
- Verbesserung der Kundenbindung durch die Rabattgewährung
- zeitliche Steuerung bestimmter Auftragseingänge, z. B. durch Zeitrabatte

Ziele gegenüber Wiederverkäufern
- Nur den Wiederverkäufern werden Rabatte gewährt. Damit wird das Image eines hochpreisigen Gutes für den Kunden hochgehalten.
- Aufbau von Markteintrittsbarrieren für neu eintretende Wettbewerber

Marketinginstrumente 41

Für die Erreichung dieser Ziele sind zwei zentrale Entscheidungen zu treffen: die Wahl der richtigen Form der Rabatte und die Höhe der Rabattgewährung.

Rabattformen

Funktionsrabatte	Mengenrabatte	Zeitrabatte	Treuerabatte

• **Wiederverkäufer-rabatt** (nur für Händler)
 	
• **Finanzierungs-rabatt**
  – **Skonto**
  (Nachlass für die Bezahlung innerhalb einer bestimmten Frist)
  – **Inkassorabatt**
  (Nachlass für den Einzug von Rechnungen)
  – **Delkredere-rabatt**
  (Nachlass für die Übernahme der Haftung bei Rechnungs-stellung)
	Erhält der Kunde, wenn er bestimmte Mengen abnimmt. Wird häufig in Form von Staffelrabatten gewährt.
	
	Beispiel
	
	ab 100 Stück 10 %
	ab 500 Stück 15 %
	ab 1 000 Stück 20 %
	
	Der Mengenrabatt kann auch in Form eines Naturalrabattes gewährt werden. Dabei ist eine Draufgabe (zusätzlich 10 Stück ohne Berechnung) oder eine Dreingabe (statt 500 werden nur 490 berechnet) möglich.
		Rabatte, die nur eine bestimmte Zeit gewährt werden.
		
		• **Einführungsrabatt** (bei der Einführung neuer Produkte)
		
		• **Auslaufrabatt** (wird gewährt am Ende des Produkt-lebenszyklus)
		
		• **Saisonrabatt** (wird bspw. für Winterartikel im Sommer gewährt)
		
		• **Messerabatt**
		
		• **Sonderaktionsra-batte** (Jubiläumsrabatte, Rabatte bei Aus- und Räumungs-verkäufen)
			Treuerabatte werden in der Regel in Form von Rückvergütun-gen an Kunden, z. B. am Jahresende, gewährt.
			
			Beispiel
			
			Bonus
			Der Bonus wird am Jahresende in Form einer Umsatz-gutschrift gewährt. Erreicht der Kunde z. B. einen Umsatz von 150 000,00 EUR, wird entweder nur für den Umsatz über 150 000,00 EUR oder für den kompletten Umsatz ein Rabatt gewährt.

Rabatthöhe

Die Rabatthöhe kann nicht für alle Kunden gleich hoch sein. Sie ist von verschiedenen Faktoren abhängig, beispielsweise von der Frage, wie viel verschiedene Rabatte ein Kunde bekommt. Werden mehrere verschiedene Rabattformen gewährt (Wiederverkäufer-, Mengen- und Treuerabatte), können die einzelnen Rabattsätze nicht so hoch sein, wie wenn der Kunde nur einen Bonus am Jahresende erhält.

Grundsätzlich ist die langfristige Rabattgewährung immer ganz wesentlich von der Höhe der Abnahmemenge (Staffelrabatte) und der Art des Kunden (etwa der Dauer der Geschäftsbeziehung) abhängig. Die kurzfristige Gewährung von Rabatten in Form von Auslauf-, Messe-, Einführungs- oder Sonderaktionsrabatten kann durchaus für alle Kunden in gleicher Höhe durchgeführt werden.

Prinzipiell ist die Rabattpolitik eine Möglichkeit der „preispolitischen Feinsteuerung", mit der ganz individuell auf den einzelnen Kunden eingegangen werden kann, ohne das strategische Preisgefüge zu verändern.

Mindestabnahmemengen

Aus Gründen der Rentabilität kann ein Unternehmen eine **Mindestabnahmemenge** festlegen, unter welcher es nicht verkauft. Der Kunde muss sich dann entweder nach einer anderen Lieferquelle umschauen oder die entsprechende Mindestabnahmemenge kaufen.

Ähnliches gilt auch für den **Mindermengenzuschlag**. Der Verkäufer verlangt einen Zuschlag zum Verkaufspreis, wenn der Abnehmer nicht mindestens eine bestimmte Menge abnimmt. Damit will der Verkäufer Kleinaufträge verhindern, die u. U. nicht kostendeckend oder wenig rentabel durchgeführt werden müssten.

Kundenkreditpolitik

Die Gewährung von Kundenkrediten spielt im Rahmen der Preispolitik insofern eine Rolle, als der Kunde durch diesen Kredit mit Kaufkraft ausgestattet wird, die er überhaupt nicht oder nicht zum jetzigen Zeitpunkt gehabt hätte.

Da die Kundenkredite der Unternehmen (Beispiel: Automobilhersteller) in der Regel auch noch günstiger sind als vergleichbare Bankkredite, müssen die Kundenkredite bei einem Preisvergleich durch den Abnehmer in die Preiskalkulation mit eingerechnet werden. Ist der Zinssatz niedriger als der Zinssatz für Spar-/Termineinlagen, ist die Inanspruchnahme des Kredits ein „Geschäft" für den Kunden, das er aus wirtschaftlichen Überlegungen heraus machen wird.

Insofern ist die Kreditpolitik ein ganz effektives Instrument im Rahmen der Preispolitik, bei der, ohne dass der Preis direkt verändert werden muss, das Produkt über den „Preis" der Finanzierung günstiger wird.

In der Praxis kommt die Kreditpolitik hauptsächlich in drei Formen vor:

- als **Lieferantenkredit**, d. h., der Lieferant stundet dem Kunden den Rechnungsbetrag für eine bestimmte Zeit
  Beispiel „3 % Skonto bei Bezahlung innerhalb von 10 Tagen; innerhalb von 60 Tagen zahlbar netto Kasse."
- als **direkter Kundenkredit**, d. h., der Kunde erhält einen Kredit, der zweckgebunden zum Kauf des Produktes verwendet werden muss
- in Form eines **Leasinggeschäftes**; hier wird der Kaufpreis in laufende Mietzahlungen umgewandelt, sodass der Kunde zum Zeitpunkt des Kaufes nicht den gesamten Kaufpreis aufbringen muss

Der in den letzten Jahren ganz massiv einsetzende Trend in Richtung Kundenkredite bzw. allgemein in Richtung Kreditpolitik hat seine Ursache darin, dass sich mit diesen Mitteln oft bessere und schnellere Ergebnisse erzielen lassen als durch den Einsatz anderer Instrumente.

Aufgaben

1. Beim Autositzhersteller Rieger ist der Absatz des bisher so erfolgreichen Autositzes „Senator" rückläufig. So konnten im vergangenen Quartal nur 1 600 Autositze dieses Modells zum empfohlenen Richtpreis von 950,00 EUR verkauft werden, was einen Absatzrückgang von 10 % bedeutet. Bei einem Einstandspreis von 600,00 EUR und anteiligen Fixkosten von 480 000,00 EUR fiel deshalb der Gewinn recht bescheiden aus.
   Der Verkaufsleiter führt diesen Umsatzrückgang auf den verschärften Wettbewerb zurück. So sei beispielsweise der Verkauf von 400 Autositzen Modell „Senator" an den langjährigen Kunden Meier gescheitert, weil auf die Forderung nach einer 20%igen Preissenkung nicht eingegangen werden konnte. Er schlägt deshalb vor, in Zukunft Preisdifferenzierung zu betreiben. In Einzelfällen sollte das Prinzip der Vollkostendeckung aufgegeben werden. Stattdessen sollte man sich mehr am Deckungsbeitrag orientieren.
   a) Erläutern Sie den Begriff „Preisdifferenzierung" und geben Sie an, unter welchen Voraussetzungen Preisdifferenzierung möglich ist.
   b) Erläutern Sie die Bedeutung des Deckungsbeitrags bei der Preispolitik.
   c) Nehmen Sie an, Köhler wäre auf die Forderung Meiers nach einer 20%igen Preissenkung eingegangen und hätte den zusätzlichen Auftrag über 400 Autositze des Modells „Senator" erhalten.
      - Weisen Sie rechnerisch nach, wie sich der Gewinn verändert hätte.
      - Nehmen Sie zu dem Ergebnis Stellung.

Marketinginstrumente 43

2. Ein Autoteilehändler überprüft bestimmte Artikel seines Warensortiments dahingehend, ob mit der derzeitigen Preisstellung ein Deckungsbeitrag erwirtschaftet wird.

Artikel	Barver-kaufspreis in EUR	Einstandspreis in EUR	Handlungskosten, davon 50 % variabel in EUR	Verkaufte Menge
Öl-Ablassgerät, fahrbar	220,00	120,00	8 600,00	1 200
Hydraulischer Wagenheber	58,00	60,00	4 200,00	540
Richt- und Ausbeul-Set, hydraulisch	450,00	300,00	5 800,00	880

a) Berechnen Sie den Deckungsbeitrag jedes Artikels und den Gesamtdeckungsbeitrag aller Artikel.

b) Welche Folgerungen ziehen Sie aus diesen Werten für die Sortimentsgestaltung der Elektro-großhandlung?

3. Welche Einflussgrößen müssen bei der Preisgestaltung berücksichtigt werden?

4. Die Feldmann AG ist ein Unternehmen aus dem Zuliefererbereich der Automobilindustrie, das sich bisher u. a. bei der Herstellung von Autofelgen einen Namen gemacht hat. Nach erfolgreichem Abschluss der Produktentwicklung will man im Frühjahr mit eigenen Autoreifen auf dem Reifenmarkt einsteigen. Geplant ist u. a. die Produktion eines Ganzjahresreifens, der sich durch folgende Merkmale auszeichnet:

– gute Wintertauglichkeit
– geringer Benzinverbrauch
– hohe Laufleistung

Für die Preisfindung des Ganzjahresreifen 205 · 16 VR stehen folgende, für dieses Produkt ermittelte Kosten zur Verfügung:

– geplante Produktion   100 000 Reifen
– Fertigungsmaterial   4 000 000,00 EUR
– Fertigungslöhne   1 000 000,00 EUR
– Abschreibung auf Sachanlagen   2 000 000,00 EUR
– Instandhaltung   250 000,00 EUR
– Energiekosten   750 000,00 EUR
– Gehälter   600 000,00 EUR
– Versicherungen   400 000,00 EUR

Handelspreise bereits am Markt eingeführter Produkte (der Aufschlag des Handels auf den Herstellerpreis beträgt im Schnitt 30 %):

Hersteller	Produkt	Preis in EUR
Continental	Ganzjahresreifen (205 · 16 VR)	130,00
Michelin	Ganzjahresreifen (205 · 16 VR)	127,00
Pirelli	Ganzjahresreifen (205 · 16 VR)	127,00
Goodyear	Ganzjahresreifen (205 · 16 VR)	123,00
Fulda	Ganzjahresreifen (205 · 16 VR)	120,00
Semperit	Ganzjahresreifen (205 · 16 VR)	117,00

a) Berechnen Sie die Kosten/Stück, die durch diese Produktinnovation entstehen.

b) Diskutieren Sie auf der Basis aller zur Verfügung stehender Daten mögliche Preisstellungen und finden Sie Pro- und Kontra-Argumente.

3.3 Kommunikationspolitik

Die Volkswagen AG hat als weltweit erster Automobilkonzern einen Sponsoringvertrag mit dem Medienunternehmen ABC Universal abgeschlossen. Der Vertrag sieht vor, dass VW mit seinen Marken VW, Audi, Skoda, Lamborghini und Bentley in den nächsten Jahren insbesondere in den Hollywood-Filmen von NBC präsent ist. Die Kosten für dieses Sponsoring werden im unteren zweistelligen Millionenbereich liegen. VW versucht auf diesem Weg, bessere Absatzzahlen, insbesondere auf dem amerikanischen Markt, zu erreichen.

Sponsorenverträge geben den Unternehmen weitgehende Mitspracherechte, in welchem Umfang ihre Produkte in den Filmen (Product-Placement) auftauchen. Sie können bereits sehr früh bei der Entwicklung der Filme bestimmen, wo und in welchem Umfang ihre Produkte im Film gezeigt werden. Auch in den NBC-Themenparks sollen die Autos des VW-Konzerns gezeigt werden. Auch der Autohersteller Ford plant einen Sponsorenvertrag mit dem Medienkonzern Disney.

> Nehmen Sie Stellung zu der Art und Weise, wie VW seine Produkte präsentieren will!

Die Kommunikationspolitik eines Unternehmens beschäftigt sich damit, Informationen an in- und ausländische Märkte weiterzugeben. Zweck der Kommunikationspolitik ist die Steuerung des Konsumentenverhaltens im Sinne einer positiven Beeinflussung. Mittel der Kommunikationspolitik sind die klassische Werbung, Instrumente der Verkaufsförderung, Public Relations und die vielfältigen Methoden des Direktmarketings.

Unter Werbung versteht man eine absichtliche Kundenbeeinflussung, um mithilfe ausgewählter Kommunikationsmittel absatzpolitische Ziele zu erreichen. Die Kommunikation mit dem potenziellen Kunden wird in der Werbung hauptsächlich mit Werbespots in bestimmten Werbemedien (Rundfunk, Fernsehen, Zeitschriften usw.), mit Sport-, Kultur- und Ökosponsoring oder mit Product-Placement durchgeführt. Diese Form der Werbung ist in aller Regel Massenwerbung, d. h., man spricht sehr viele Konsumenten gleichzeitig an.

Im Unterschied dazu sucht man beim Direktmarketing die direkte Kontaktaufnahme zum Konsumenten. Diese Form der Werbung wird in der Zukunft immer mehr zunehmen, weil Markterfolge auch von den Kriterien Kundenorientierung und Beziehungsintensität abhängen werden. Möglichkeiten des Direktmarketings sind u. a. Telefon-, E-Mail-, Fax-Marketing, daneben Event-Marketing und Marketingaktionen am Point of Sale (POS-Marketing).

Am Anfang aller Überlegungen zum Einsatz der Instrumente der Kommunikationspolitik müssen jedoch die Grundlagen für den Gebrauch dieser Instrumente gelegt werden.

3.3.1 Ziele der Kommunikationspolitik

Die Kommunikationsziele lassen sich ebenfalls in zwei Gruppen einteilen: ökonomische und psychografische Ziele. Da es in der Kommunikation eine Vielzahl von Instrumenten gibt (klassische Werbung, Verkaufsförderung, PR, Event-Marketing, Sponsoring, …), müssen die Ziele auch für die einzelnen Instrumente getrennt formuliert werden.

Marketinginstrumente 45

Vorgehensweisen zur Erreichung der Kommunikationsziele

- **Wecken von Emotionen** beim Kunden durch den Einsatz bestimmter Mittel und Methoden der Kommunikation (emotionale Kommunikation auf gesättigten Märkten; Beispiele: Pkw, Bier, Süßwaren, Zigaretten, …)

- **Reine Information über das Produkt bzw. das Unternehmen**
(Sachlich, informative Kommunikation auf noch nicht gesättigten Märkten; Beispiele: Altersvorsorgeprodukte, Pharmaprodukte, …)

3.3.2 Strategien der Kommunikationspolitik

Kommunikationsstrategien sind langfristige Pläne für die Durchführung und Ausrichtung von Kommunikation. Im Rahmen eines langfristigen Kommunikationsplans sind zunächst die Objekte der Kommunikation festzulegen. **Objekte der Kommunikation** können das Produkt, die Marke in all ihren Ausprägungen oder das Unternehmen sein. Danach gilt es, die **Ziele der Kommunikation** in Bezug auf Personen, Zeit und Raum festzulegen. Anschließend werden die **Instrumente der Kommunikation** (Werbung, PR, Sponsoring usw.), die **mediale Ausrichtung** dieser Instrumente und die **Gestaltungselemente** in Form von Musik, Farbe usw. definiert.

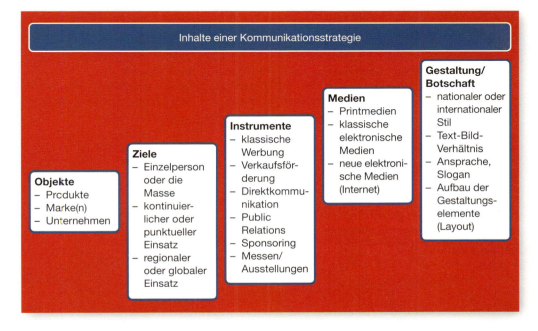

Im Rahmen der strategischen Entscheidungen bei der Kommunikationspolitik spielt zurzeit vor allem der Begriff **„Corporate Identity – CI"** eine wichtige Rolle. Unter CI versteht man ein ganzheitliches Konzept, nach dem alle Kommunikationsziele, -inhalte und -instrumente ein einheitliches Bild von der Unternehmung abgeben. Ein erfolgreiches CI-Konzept verfolgt vor allem den Zweck der Verbesserung des Unternehmensimages und der Darstellung eines einheitlichen Erscheinungsbildes gegenüber der Außenwelt. Auf diese Weise kann die Wiedererkennung des Unternehmens nach außen erhöht werden und intern eine Verbesserung der Mitarbeiteridentifikation und vielleicht auch der Mitarbeitermotivation erreicht werden.

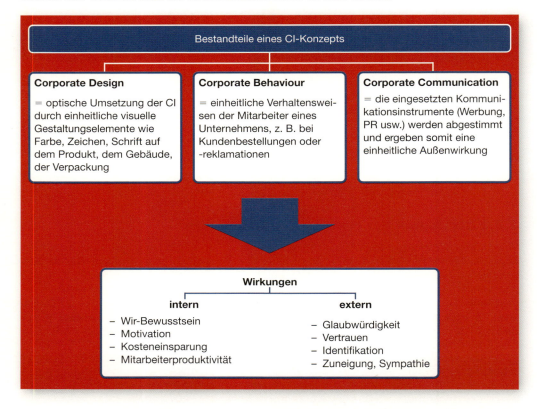

Vor allem bei Markenprodukten, wie beispielsweise bei Nivea, tesa, Milka, Audi oder auch Mercedes, wird insbesondere in den Bereichen Design und Kommunikation ein sehr konsequentes CI-Konzept verfolgt. Bei diesen Unternehmen hat die starke Unternehmensidentität auch einen erheblichen Beitrag zum Unternehmenserfolg geleistet.

3.3.3 Instrumente der Kommunikationspolitik

Werbung

Jede Werbung versucht den Menschen zu einem bestimmten Handeln zu veranlassen. Wirtschaftswerbung im Besonderen hat das Ziel, den Absatz der Produkte zu erhöhen. Der Umworbene soll durch den Einsatz besonderer Kommunikationsmittel zum Kauf der Waren bzw. der Dienstleistungen angeregt werden.

Unter den Bedingungen eines **Verkäufermarktes** würde Absatzwerbung nur eine untergeordnete Rolle spielen. Da die Nachfrage nach Produkten das Angebot übertrifft, braucht sich der Verkäufer nicht besonders um den Käufer zu bemühen; stattdessen unternimmt der Käufer alles, um an die Ware zu gelangen.

Marketinginstrumente

In der Praxis ist aber der **Käufermarkt** der Regelfall. Der Verkäufer muss versuchen, den Käufer von der Qualität seines Produktes zu überzeugen. Neben dem Produkt an sich und dem Preis ist die Werbung für ein bestimmtes Produkt oft der letzte Anstoß zum Kauf.

Aufgaben der Werbung

Wenn man nach den Aufgaben der Wirtschaftswerbung fragt, erhält man meist die Antwort: Werbung soll verkaufen. Dies ist sicher insofern richtig, als die Wirtschaftswerbung letzten Endes beim Verkauf von Waren und Dienstleistungen mitwirkt. Bevor aber verkauft werden kann, gilt es, die Existenz eines Erzeugnisses samt seiner Eigenarten, Verwendbarkeiten und Nutzen zunächst einmal bekannt zu machen. Dabei wird es in erster Linie darauf ankommen, Informationen zu bieten, Aufmerksamkeiten und Interesse zu wecken und Vertrauen zu begründen. Damit sind aber Aufgabenkreis und Ziele der Werbung noch keineswegs voll umschrieben; die Funktionen der Werbung sind weit differenzierter. Sehr häufig wird mit der Werbung der Wunsch nach Produkten erst geschaffen, u. a. durch den Einsatz von Leitbildern, welche die Entscheidungen der Verbraucher beeinflussen sollen. Manchmal kommt es darauf an, einem Erzeugnis durch Werbung „Alleinstellung", zumindest Profilierung gegenüber konkurrierenden Produkten zu geben. Zusammengefasst lassen sich die Aufgaben der Werbung mit der AIDA-Formel wiedergeben:

A = Attention = Aufmerksamkeit erregen
I = Interest = Interesse wecken
D = Desire = Wünsche nach Produkten schaffen
A = Action = der Umworbene soll das Produkt kaufen

Werbemittel und Werbeträger

Werbung kann nur erfolgreich sein, wenn die Werbebotschaft die Umworbenen erreicht. Den werbetreibenden Unternehmen stehen für diesen Zweck eine Fülle an Kommunikationsmöglichkeiten (Fernsehen, Rundfunk, Internet, Zeitungen, Illustrierte, Plakatsäulen, Verkehrsmittel usw.) zur Verfügung. Diese Kommunikationseinrichtungen, die dazu benutzt werden, die Werbung zu verbreiten, nennt man **Werbeträger**.

Über die Werbeträger gelangt die Werbebotschaft in verschiedenen Ausdrucksformen bzw. Darstellungen (Werbespot, Plakat, Brief, Inserat) an die Umworbenen. Die verschiedenen Ausdrucksformen/Darstellungen der Werbung nennt man **Werbemittel**.

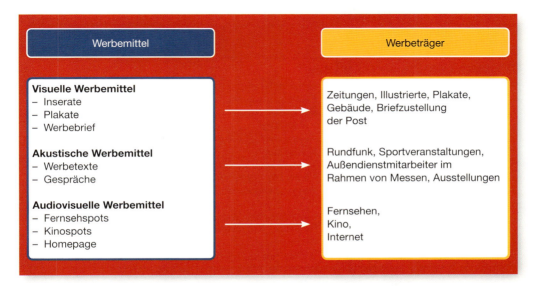

Werbearten

Die Absatzwerbung kann in den verschiedensten Erscheinungsformen auf dem Markt auftreten. Unterscheidungskriterien sind dabei u. a.:

Ziele der Werbung	– Einführungswerbung (erstmalige Einführung eines Produkts) – Expansionswerbung (Werbung, die das Ziel hat, den Umsatz, den Marktanteil oder den Bekanntheitsgrad zu steigern)
Zahl der Werbenden	– Einzelwerbung (die jeweilige Werbemaßnahme wird von einem Unternehmen durchgeführt.) – Sammelwerbung (mehrere Unternehmen, die in der Werbung teilweise auch namentlich genannt werden, schließen sich für eine Werbekampagne zusammen. Beispielsweise annoncieren alle Autohäuser eines Herstellers in einer Region.) – Gemeinschaftswerbung (mehrere Unternehmen, in der Regel aus einer Branche, werben gemeinsam: beispielsweise Optiker, Landwirte, Metzger, …)
Zahl der Umworbenen	– Einzelwerbung bzw. Direktmarketing – Massenwerbung

Werbeplanung

Nach den bisherigen Aussagen könnte der Eindruck entstehen, dass das Kernziel einer Werbekampagne, die Umsatzsteigerung, mit kreativen Werbespots oder bekannten Filmstars, die in den Medien dargeboten werden, problemlos zu erreichen ist. Tatsächlich reicht diese Strategie, so schwierig sie im Einzelfall auch sein mag, noch nicht aus, um eine Umsatzsteigerung und vor allem eine Gewinnsteigerung herbeizuführen.

Es genügt nicht, einen Filmstar in der Werbung zu präsentieren. Der Filmstar muss zielgruppengerecht sein, d. h., die Zielgruppe der Werbung muss sich mit dem Star identifizieren können. Im Übrigen müssen die Kosten der Werbung in einem angemessenen Verhältnis zum Umsatz stehen. Nicht zuletzt ist der zeitliche Einsatz einer Werbekampagne wesentlich für den Erfolg verantwortlich.

Diese Beispiele zeigen, dass vor der Durchführung einer Werbeaktion alle Details exakt geplant werden müssen. Der Werbeplan ist die systematische Vorbereitung der Werbekampagne.

Werbeplanung

Inhalte	Ziele
– Zielgruppe der Werbung	– möglichst exakte Zielgruppenplanung erleichtert die Festlegung des Werbezeitpunkts, der Werbemethode usw. **Beispiel** Vermittlung eines Qualitätskriteriums (Dittmeyers Valensina)
– Inhalt der Werbung (Werbebotschaft) – Zeitpunkt der Werbung	– Tageszeit (z. B. Werbung für Kinderspielzeug am Nachmittag) – Antizyklischer Einsatz der Werbung (z. B. geringe Nachfrage – hohe Werbeaufwendungen) – zielgruppengerechte Werbung in Sprache, Ton und Bild
– Umsetzung der Werbung (Werbemethode) – Ort/Region der Werbung	– Festlegung des Werbestreugebietes **Beispiel** Regionalradios gewährleisten eine regionale Streugebietsabdeckung ohne große Streugebietsverluste
– Mitteleinsatz	– Werbekostenplanung, z. B. in Prozent des Umsatzes

Entsprechend den Festlegungen im Werbeplan werden die Werbemittel und Werbeträger möglichst zielgruppengerecht eingesetzt. Zusätzlich werden in der Werbeplanung die Art der Werbung (Allein-, Gemeinschafts-, Massen- oder Direktwerbung) oder mögliche Kombinationen von verschiedenen Werbearten festgelegt.

Verkaufsförderung – Salespromotion

Als Ergänzung der klassischen Marketinginstrumente Werbung und Public Relations können weitere verkaufsfördernde Maßnahmen, sogenannte Promotions, von den Unternehmen eingesetzt werden. Die Zielgruppen der Promotions sind der herstellereigene Vertrieb, die Händler sowie die Verbraucher. Für jede Zielgruppe ist eine Fülle von verkaufsfördernden Maßnahmen denkbar.

Verkaufsförderung dient wie Werbung und Public Relations auch als Maßnahme, um den Absatz zu steigern. Darüber hinaus sollen verkaufsfördernde Maßnahmen, aber auch die unmittelbar am Absatzprozess beteiligten Personen (Verkäufer und Händler) zusätzlich motivieren und das Interesse der Verbraucher wecken.

Alle verkaufsfördernden Maßnahmen müssen exakt geplant werden, z. B. in Bezug auf:

- Ziel: Welcher Zweck soll mit der Maßnahme erreicht werden (z. B. Vorstellung eines neuen Produkts)?
- Zielgruppe: Wer soll angesprochen werden (z. B. bestehender Kundenstamm)?
- Zeitdauer: Über welchen Zeitraum soll sich die verkaufsfördernde Maßnahme erstrecken (z. B. zwei Tage)?

Öffentlichkeitsarbeit – Public Relations

Unter Public Relations (PR) versteht man die gesamte Palette der Marketingmaßnahmen im Bereich der Öffentlichkeitsarbeit eines Unternehmens. Ziel der Öffentlichkeitsarbeit ist es, das Ansehen bzw. das Image eines Unternehmens in der Öffentlichkeit zu verbessern.

PR-Maßnahmen

- Maßnahmen zur Vorstellung des Unternehmens
  Beispiele Tag der offenen Tür, Betriebsbesichtigungen
- Darstellung des Unternehmens in den Medien
  Beispiele TV-Spots, Zeitungs- und Zeitschriftenanzeigen, Presseberichte über soziales und kulturelles Engagement des Betriebes

- Sonstige PR-Maßnahmen

  Beispiele Geschäftsberichte, Betriebszeitschriften, Förderung von Wissenschaft, Kultur, Umweltprojekten, karitativen Zwecken und Vereinen

Werbung dient in erster Linie dazu, den Verkauf von Waren zu unterstützen. Ziel der PR-Maßnahmen ist nicht die Darstellung der Vorzüge des einzelnen Produkts (Produktwerbung), sondern die Vermittlung eines positiven Unternehmensbildes. Auch ohne den direkten Bezug zum Produkt ist Public Relations ein ausgezeichnetes Instrument im Rahmen der Absatzanbahnung, denn Produkte eines imageträchtigen Unternehmens lassen sich besser verkaufen. Das positive Image rechtfertigt auch einen höheren Preis; ja es verlangt in vielen Fällen geradezu nach einem höheren Produktpreis. Insofern lassen sich auch teure PR-Kampagnen unter Rentabilitätsgesichtspunkten durchaus rechtfertigen.

Moderne Instrumente der Kommunikation

Sponsoring

Unter Sponsoring versteht man die systematische Förderung von sportlichen, kulturellen oder sozialen Veranstaltungen oder Vereinen/Organisationen, um damit bestimmte Marketing- bzw. Kommunikationsziele zu erreichen. Die Sympathie, die der potenzielle Kunde für die gesponserte Veranstaltung bzw. den Verein/die Organisation hat, soll sich auf das Unternehmen übertragen. Durch die erhöhte Freizeitorientierung der Bevölkerung hat dieses Kommunikationsinstrument, insbesondere in den Bereichen Sport und Kultur, in den letzten Jahren erheblich an Bedeutung zugenommen.

Ziele des Sponsorings:

- Verbesserung des Unternehmensimages,
- Erhöhung des Bekanntheitsgrades,
- Verbesserung der Mitarbeitermotivation.

Erscheinungsformen des Sponsoring:

- Sportsponsoring

  Beispiele Sponsoring von Fußballvereinen, Tennisturnieren usw.

- Kultursponsoring

  Beispiele Sponsoring von klassischen oder modernen Konzerten, Ausstellungen, Museen oder Tourneen

- Sozio- bzw. Umweltsponsoring

  Beispiele einmalige Unterstützung beim Bau eines Kindergartens oder eines Schwimmbads, laufende Unterstützung z. B. einer Universität

- Programmsponsoring im Fernsehen

  Beispiele Sponsoring einzelner Sendungen, bei denen dann vor oder nach der Sendung der Name des Sponsors für maximal fünf Sekunden eingeblendet wird

- Product-Placement

  Beispiele Markenprodukte werden gezielt in einer Fernsehsendung oder einem Kinofilm gezeigt, wie z. B. neue Automodelle in James-Bond-Filmen

Eine Erfolgskontrolle wird im Wesentlichen nur so durchgeführt, dass die Medienresonanz erfasst wird. Eine weiterführende und genauere Erfolgskontrolle kann nur über eine Befragung der Teilnehmer einer Sponsoring-Aktion erreicht werden.

Event-Marketing

Beim Event-Marketing soll ein spezielles Ereignis, ein „Event", die Basis bzw. die Ausgangsform für die Präsentation eines Produkts oder eines Unternehmens sein. Event-Marketing ist also ein Kommunikationsinstrument, bei dem durch die Inszenierung eines Ereignisses die Aufmerksamkeit von anwesenden Konsumenten geweckt wird, um in der Folge ein Produkt, eine Dienstleistung oder das ganze Unternehmen vorzustellen.

Durch die Auswahl der Events kann Event-Marketing als sehr zielgruppengerechte Veranstaltung durchgeführt werden. Je nachdem, welche Zielgruppe mit dem Event angesprochen werden soll, wird der entsprechende Event organisiert. Während für jüngere Zielgruppen eher Multimedia-Shows, Videospots, Rollerblade-Nights oder Stuntshows geeignet sind, werden für ältere Zielgruppen eher „ruhigere" Events wie beispielsweise Talkshows oder Hausmessen arrangiert.

Ziele des Event-Marketings:

- Erhöhung des Bekanntheitsgrads,
- Verbesserung des Firmenimages,
- Möglichkeit eines dialogorientierten Marketings,
- Präsentation von Unternehmen und Produkten in einer erlebnisorientierten Form.

Direktkommunikation

Im Rahmen der Direktkommunikation wird vom Unternehmen aus versucht, einen direkten Kontakt zum Konsumenten herzustellen, um unter Umständen einen Dialog mit ihm einzuleiten. Neben der Gewinnung/Akquisition von Neukunden wird mit Direktkommunikation vor allem eine intensivere Betreuung des bisherigen Kundenstamms als Ziel verfolgt. Eine stärkere Kundennähe und Kundenbindung sind weitere Ziele, die mit dieser direkten Form der Kommunikation erreicht werden sollen.

Formen der Direktkommunikation:

- direkte Verkaufsförderungsmaßnahmen (zur Unterstützung der Abverkäufe bei speziellen Kunden),
- direkte Public-Relations-Maßnahmen (individuelle Ansprache bestimmter Zielgruppen),
- Direktwerbung mit direkten Medien (schriftliche Werbesendungen „Direct Mailing", Telefonmarketing, Direktwerbung im Internet),
- Direktwerbung mit Massenmedien (Zeitungs- und Fernsehwerbung mit Antwortmöglichkeiten, beispielsweise mit beiliegenden Antwortcoupons oder eingeblendeten Telefonnummern im Rahmen einer Werbesendung).

Online-Kommunikation

Die Kundenansprache über das Internet weist einige Besonderheiten auf, die bei anderen Kommunikationsinstrumenten nicht zu finden sind. Mit dem Medium Internet kann die Kommunikation als Massenkommunikation, z. B. über Standardmails, oder als Individualkommunikation mit entsprechenden individuellen Mails erfolgen. Darüber hinaus kann der Konsument selbst entscheiden, welche Information er wann und in welchem Umfang abrufen will.

Formen der Online-Kommunikation:

Electronic Mailing (E-Mail): Durch E-Mail können Nachrichten in Form von Texten und/oder Bildern an einzelne Personen oder ganze Personengruppen im Internet verschickt werden. Das Versenden von E-Mails hat folgende Vorteile gegenüber traditionellen Briefsendungen:

- E-Mails können in kürzester Zeit weltweit verschickt werden.
- Das Versenden von E-Mails ist billiger als das übliche Briefporto.
- Die Zusendung ist jederzeit (auch bei Nacht und an Sonn- und Feiertagen) und von jedem Ort aus möglich.
- E-Mails können direkt weiterverarbeitet werden, ohne dass der Text oder die Bilder noch einmal erfasst werden müssen.
- Durch regelmäßige E-Mails (z. B. mit Informationen über neue Produkte, Preise usw.) an Stammkunden kann die Kundenzufriedenheit und möglicherweise die Kundenbindung erhöht werden.

Banner Ad: Hier werden Marken- und Firmennamen auf oft besuchten Internetseiten platziert. Hinter den meisten Banner Ads verbergen sich Hyperlinks zu den Webseiten der jeweiligen Unternehmen, die diese Form der Kommunikation durchführen. Als zentrales Argument für diese Form der Online-Werbung führen Unternehmen vor allem die Erhöhung des Bekanntheitsgrades an.

Erfolgskontrolle der Online-Kommunikation:

Maßnahmen zur Erfolgskontrolle der Online-Kommunikation
1. Genaue Erfassung der Sichtkontakte mit der entsprechenden Internetseite (Pages).
2. Messung der Nutzungsintensität und -dauer bei einem Banner oder einer E-Mail (Visit).
3. Auch die Zahl der Personen, die ein Internetangebot gesehen haben, kann berechnet werden (User).
4. Zusätzlich ist eine Aufstellung der Präferenzen des Internetnutzers möglich.
5. Durch die Protokollierung der Adresse kann festgelegt werden, aus welchem Land die Anfrage kommt.

Aufgaben

1. Anlässlich einer Produkteinführung eines neuen Autos in Großbritannien soll im Rahmen einer Werbekampagne eine geeignete Zeitschrift für eine Anzeigenserie ausgewählt werden. Dem zuständigen Projektmanager liegen folgende Daten vor:

Zeitschrift	Verkaufte Auflage	Leser pro Auflage	Leser der Zielgruppe pro Auflage	Seitenpreis (EUR)
A	6 000 000	10 800 000	3 600 000	108 000,00
B	9 000 000	12 000 000	1 800 000	72 000,00
C	5 000 000	7 000 000	3 000 000	84 000,00

Der Produktmanager muss sich für eine Zeitschrift entscheiden. Welche der drei Zeitschriften wird er auswählen, wenn er
a) unter Kostengesichtspunkten auswählt
b) sein Marktsegment (Zielgruppe) mit den geringsten Streuverlusten erreichen will?

2. Worin unterscheiden sich Sammelwerbung und Gemeinschaftswerbung?

3. a) Erläutern Sie ökonomische und außerökonomische Methoden der Werbeerfolgskontrolle.
   b) Für eine Werbebriefaktion (Mailing) werden 20 000 Briefe versandt. Ein Brief verursacht 5,00 EUR Bearbeitungs- und Portokosten. Auf diese Werbemaßnahmen gingen 2 000 Bestellungen ein. Eine Bestellung bringt einen kalkulierten Gewinn von 60,00 EUR. Berechnen Sie den Werbeerfolg.

4. Der Reifenhersteller Continental beabsichtigt einen neuen Winterreifen auf den Markt zu bringen. Der Winterreifen soll bundesweit angeboten werden. In der Werbeabteilung der Continental AG werden verschiedene Möglichkeiten des Einsatzes von Werbeträgern und Werbemitteln diskutiert.

Werbeträger	Werbemittel
Programmzeitschriften (z. B. Hörzu)	ganzseitige Anzeige
Fernsehen (z. B. ZDF)	Fernsehspot
Fachzeitschrift für den Einzelhandel	ganzseitige Anzeige
Rundfunk	Rundfunkspot

a) Beurteilen Sie die Eignung obiger Werbeträger. Berücksichtigen Sie bei Ihrer Beurteilung insbesondere die Kriterien Streugebiet und Eignung des Werbemittels im Hinblick auf die Vermittlung der erwünschten Werbebotschaft.
b) Entscheiden Sie sich für einen Werbeträger unter Berücksichtigung beider Gesichtspunkte. Begründen Sie Ihre Entscheidung.

3.4 Distributionspolitik

Autohändler geraten in die Klemme

Das Sterben der Autohändler in Deutschland ist nicht aufzuhalten. Wurden im Jahr 2000 noch zwei von drei Neuwagen in Autohäusern verkauft, werden es im Jahr 2015 nur noch jeder sechste oder siebte Neuwagen sein. Dies hat vor allem zwei Gründe: erstens die Hersteller, die bereits viele Fahrzeuge über ihre Niederlassungen, vor allem in den Metropolen, verkaufen; zweitens die großen Handelsgruppen, die größere Rabatte von den Herstellern erhalten und deshalb geringere Kosten haben. Weltgrößter Autohändler ist dabei die Salzburger Porsche-Holding, die den Familien Porsche und Piech gehört und die Generalimporteurrechte für alle VW-Marken in Österreich und einigen osteuropäischen Staaten hat (diese Gruppe verkauft mehrere Hunderttausend Fahrzeuge pro Jahr). Diese Giganten unter den Autohändlern und die Hersteller nehmen die kleineren inhabergeführten Autohäuser immer mehr in die Zange. Dabei geraten die Margen dieser Händler stark unter Druck. Im Neuwagengeschäft verdienen bereits viele Autohäuser nichts mehr.

> Beschreiben Sie die Probleme vieler Autohäuser beim Vertrieb neuer Fahrzeuge.

Die **Distributionspolitik** zeigt die Möglichkeiten auf, wie ein Produkt vom Hersteller zum Handel bzw. zum Endverwender gelangt. Die Distributionspolitik beinhaltet dabei zum einen die Entscheidung über die **Vertriebswege** bzw. Absatzkanäle, die ein Unternehmen gehen möchte, zum anderen die Konzepte der **physischen Distribution** (Logistik).

Grundvoraussetzung einer funktionierenden Distributionspolitik ist, dass die Produkte/Dienstleistungen zum richtigen Zeitpunkt und in der richtigen Qualität dem Verwender zur Verfügung stehen. Insofern umfasst Distributionspolitik immer auch ein Konzept für die physische Distribution (Logistik).

3.4.1 Ziele der Distributionspolitik

Die Ziele, die ein Unternehmen in der Distributionspolitik erreichen möchte, muss man in zwei Zielebenen unterteilen: die Ziele der Absatzkanalpolitik und die Ziele der physischen Verteilung der Produkte/Waren (Absatzlogistik).

Ziele der Distributionspolitik	
Absatzkanalpolitik	**Absatzlogistik**
– Reduzierung der Vertriebskosten durch Auswahl kostengünstiger Absatzkanäle – optimaler Distributionsgrad (richtige Anzahl an Absatzmittlern/Filialen in einem Verkaufsgebiet) – möglichst hohes Image des Absatzkanals – möglichst hohe Kontrolle über die Absatzkanäle	– kurze Lieferzeiten (Zeit von der Auftragsannahme bis zur Entgegennahme der Produkte/Waren durch den Kunden) – hohe Lieferzuverlässigkeit (Einhaltung der vereinbarten Liefertermine) – optimale Lieferbeschaffenheit (Lieferung der Produkte in der vereinbarten Qualität) – hohe Lieferflexibilität (Fähigkeit der Absatzlogistik, auf Sonderwünsche der Kunden wie kurzfristige Änderungen der Lieferzeiten, der Verpackung usw. einzugehen)

3.4.2 Strategien der Absatzkanalpolitik

Bei den Überlegungen zur Gestaltung der Absatzkanalpolitik geht es vor allem darum, die Struktur der Absatzkanäle festzulegen.

Bei der Festlegung der Absatzkanäle muss ein Unternehmen zuerst eine Entscheidung über die **vertikale Struktur** und die **horizontale Struktur der Absatzkanäle** treffen.

Unter **vertikaler Struktur** versteht man die Länge des Absatzweges, den ein Produkt vom Unternehmen bis zum Kunden durchläuft. Je größer die Zahl der dazwischengeschalteten Absatzmittler, umso länger ist der Absatzweg; unter **horizontaler Struktur** versteht man die Breite und Tiefe der auf der einzelnen Absatzstufe eingeschalteten Absatzmittler. Die Anzahl der Handelsunternehmen gibt die Breite, die Art der eingeschalteten Handelsunternehmen gibt die Tiefe an. So wird ein Produkt beispielsweise nur über Fachmärkte, nicht aber über Discounter oder Baumärkte verkauft.

Die Entscheidung über Breite und Tiefe der Absatzkanäle ist wesentlich davon abhängig, welche Distributionsintensität das Unternehmen für seine Produkte wünscht:

- **Intensive Distribution:** Die Produkte sollen überall erhältlich sein, z. B. Güter des täglichen Bedarfs. Auch bei einer intensiven Distribution kann bereits eine selektive Auswahl erfolgen. Beispielsweise könnten bei einer „Baumarktdichte" von 10–15 Märkten in einer Stadt 2–3 für die eigene Distribution ausgewählt werden.
- **Selektive Distribution:** Die Absatzmittler, die das Produkt verkaufen dürfen, werden nach qualitativen Gesichtspunkten ausgewählt, z. B. Größe des Geschäfts, Geschäftslage usw.
- **Exklusive Distribution:** Nur ausgewählte Absatzmittler dürfen das Produkt verkaufen. Den Absatzmittlern werden Exklusivverträge mit Gebietsschutz gewährt. Beispiele hierfür sind Markenbekleidung, Markenparfüm, eigentlich alle Markenprodukte des gehobenen Bedarfs.

Unter **direktem Absatz** soll im Folgenden der Absatz der Produkte über unternehmenseigene Absatzorgane verstanden werden; unter **indirektem Absatz** der Absatz der Produkte über selbstständige Absatzmittler, wie beispielsweise Groß- und Einzelhandel, Handelsvertreter oder Kommissionäre.

Hinweis: In der Literatur werden die Begriffe direkter und indirekter Vertrieb durchaus unterschiedlich verwendet. So spricht beispielsweise Meffert („Marketing") von direktem Vertrieb nur in Zusammenhang mit dem Verkauf von Produkten im Rahmen von Haustürgeschäften. Auch eigene Filialen werden dem indirekten Vertrieb zugeordnet. Andere verstehen den Begriff viel umfassender und subsumieren unter den direkten Vertrieb auch den Absatz über Handelsvertreter und Kommissionäre, da diese sich beim Verkauf der Produkte vertraglich sehr stark an den Hersteller binden.

Marketinginstrumente

Direkte und indirekte Absatzwege

- **Direkter Absatz:** Der Erzeugungsbetrieb verkauft unmittelbar an den Endverbraucher oder an Weiterverarbeiter. Er verwendet hierzu Reisende, eigene Verkaufsfilialen, Werksniederlassungen und Auslieferungslager.

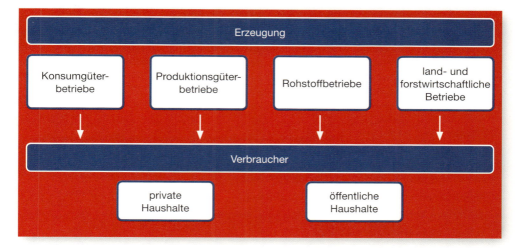

- **Indirekter Absatz:** Der Erzeugungsbetrieb verkauft seine Produkte an selbstständige Handelsbetriebe, z. B. Groß- und Einzelhändler bzw. an selbstständige Absatzmittler, wie Handelsvertreter und Kommissionäre. Diese verkaufen die Waren an die Verbraucher bzw. an andere Verwender weiter.

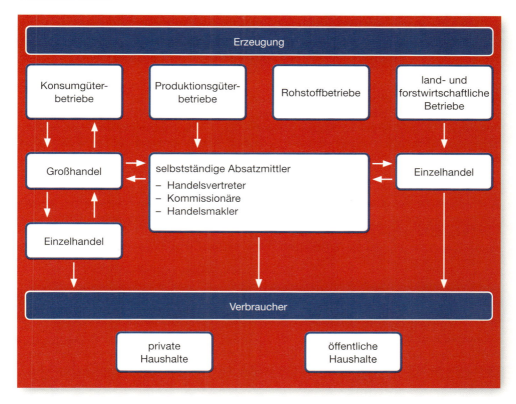

Unternehmenseigene Distributionsorgane

Verkaufsniederlassungen

Bei den **Verkaufsniederlassungen** handelt es sich um Verkaufsbüros oder Verkaufsfilialen, die das Unternehmen einrichtet, um sein gesamtes Absatzgebiet mit unternehmenseigenen Absatzstellen bedienen zu können. Verkaufsniederlassungen sind deshalb nicht nur auf das Inland beschränkt, sondern müssen auch in ausländischen Absatzmärkten flächendeckend errichtet werden. Die Vorteile dieses direkten Absatzes, d. h. ohne die Einschaltung von selbstständigen Wiederverkäufern, bestehen darin, dass zum einen die Beratung und der Service, insbesondere bei technischen Produkten, gewährleistet werden kann, zum anderen der Verkauf von Produkten über eigene Verkaufsstellen für das Markenimage gut ist. Nachteilig ist sicher, dass ein eigenes Vertriebsnetz im Vergleich zur Einschaltung von selbstständigen Wiederverkäufern weitaus höhere Kosten verursacht.

Reisende – angestellt und flexibel

Der **Reisende** ist ein Absatzmittler des direkten Absatzweges. Er hat die gleiche rechtliche Stellung wie die übrigen kaufmännischen Angestellten (Handlungsgehilfen). Darüber hinaus ist er gleichzeitig Handlungsbevollmächtigter. Er kann

- Kaufverträge abschließen (Abschlussvertreter),
- Zahlungen bei entsprechender Vollmacht kassieren,
- Mängelrügen entgegennehmen.

Dafür erhält er neben einem festen Gehalt (**Fixum**) als zusätzlichen Leistungsanreiz **Provision**, meist vom Umsatz, und **Spesen**, welche unterschiedlich eingesetzt werden können: Spesen aufgrund von Belegen, feste Spesen ohne Einzelnachweis oder Vertrauensspesen nach Angaben ohne Einzelnachweis.

Da der angestellte Reisende dem Arbeitgeber ganz zur Verfügung steht, kann er den Markt besser bearbeiten als der Handelsvertreter. Er konzentriert seine Arbeit auf den Absatz der Produkte eines Unternehmens. Er ist auch flexibler einsetzbar, z. B. um kurzfristig in einem Gebiet eine Werbeaktion durchzuführen. Allerdings ist ein ausgedehntes Vertriebssystem mit Reisenden teuer, sodass im Allgemeinen nur kapitalstarke Firmen und solche, die aufgrund ihres Sortiments dazu gezwungen sind, z. B. bei beratungsintensiven Produkten, wie Maschinen und Lichttechnik, ein Netz von Reisenden unterhalten.

Der Reisende schreibt in kurzen Abständen oder täglich **Reiseberichte**, in welchen er besonders auf Erfahrungen und Beobachtungen hinweist, wie Erfolg einer Werbekampagne, Vorgehen der Konkurrenz, Kundenwünsche, Mängelrügen usw. Er unterliegt einem gesetzlichen und in der Regel vertraglichen (maximal zwei Jahre nach dem Ausscheiden gegen Entschädigung) **Wettbewerbsverbot**.

Unternehmensfremde Distributionsorgane

Vertragliche Regelungen beim Fremdvertrieb werden in den letzten Jahren auf Druck der Hersteller dahingehend geändert oder erneuert, dass die Beeinflussbarkeit und die Steuerungsmöglichkeiten des Vertriebssystems durch die Hersteller immer mehr zunehmen. In fast allen vertraglich geregelten Vertriebssystemen werden Vertriebsbindungen oder Alleinvertriebsrechte vereinbart.

Vertriebsbindungs- und Alleinvertriebssystem

Bei einer vorliegenden Vertriebsbindung verpflichtet der Hersteller den Absatzmittler, vor allem räumliche oder personelle Restriktionen beim Vertrieb zu beachten.

Räumliche Restriktionen: Der Absatzmittler darf die Produkte des Herstellers nur in einer abgegrenzten Region verkaufen, was für ihn eine Einschränkung bedeutet.

Personelle Restriktionen: Der Absatz der Produkte darf nur an einen bestimmten Personenkreis erfolgen.

Bei Alleinvertriebssystemen erhält der Absatzmittler das Recht, die Produkte des Herstellers exklusiv zu vertreiben. Dieses exklusive Vertriebsrecht bedeutet in der Praxis, dass der Absatzmittler für eine bestimmte geografisch abgegrenzte Fläche einen Gebietsschutz erhält.

Handelsvertreter – im fremden Namen

Der **Handelsvertreter** ist als **selbstständiger Gewerbetreibender** ein Glied in der **indirekten** Absatzkette.

Er ist ständig damit betraut, für einen anderen Unternehmer Geschäfte zu vermitteln oder in dessen Namen abzuschließen. Selbstständig ist, wer im Wesentlichen seine Tätigkeit frei gestalten und seine Arbeitszeit frei bestimmen kann. Wenn nicht ausdrücklich ausgeschlossen, darf der Vertreter gleichzeitig mehrere Firmen vertreten (HGB § 84). Dies gilt nicht für Konkurrenzartikel, sondern nur für Komplementärgüter; z. B. vertritt der Vertreter einer Likörfabrik gleichzeitig den Hersteller von Likörgläsern. Neben dem typischen „Ein-Mann-Unternehmen"-Handelsvertreter gibt es auch größere Handelsvertretungen mit zum Beispiel 20 bis 30 Beschäftigten. Diese größeren Handelsvertretungen bieten dann Industrieunternehmen an, den Vertrieb ihrer Waren vollständig oder teilweise zu übernehmen.

Die **Kündigung** eines Agenturvertrags kann im 1. Jahr mit einer Frist von einem Monat, im 2. Jahr mit einer Frist von zwei Monaten, im 3. bis 5. Jahr mit einer Frist von drei Monaten und danach mit einer Frist von sechs Monaten zum Monatsende erfolgen (HGB § 89).

Der Einsatz von Handelsvertretern ermöglicht es, ein Absatzgebiet lückenlos verhältnismäßig billig zu erschließen, da die Handelsvertreter auf Erfolgsbasis arbeiten. Nachteilig kann sich auswirken, dass der Handelsvertreter nicht seine ganze Arbeitskraft für den Absatz der Produkte einer Firma einsetzt, da er meistens noch andere Vertretungen parallel bearbeitet. Unmittelbar konkurrierende Produkte dürfen jedoch nicht vertreten werden. In den letzten Jahren zeigte sich, dass die selbstständigen Handelsvertreter ihr Dienstleistungsangebot durch Einrichtung von Musterlagern, Auslieferungslagern, eigenen Büros sowie verstärkte Kundenbesuche und -beratungen entscheidend erweitert haben. Fast zwei Drittel aller Industriebetriebe haben beim Absatz selbstständige Handelsvertreter eingesetzt.

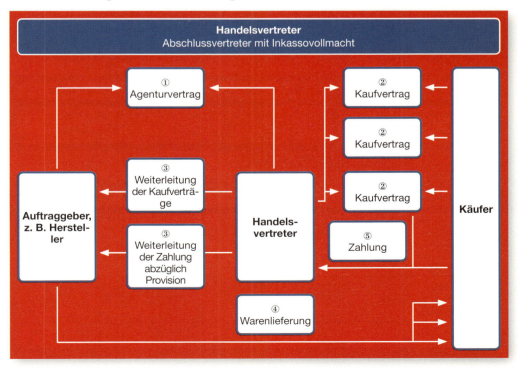

Recht auf Buchauszug	Recht auf Ausgleich
Zur Kontrolle der monatlichen (spätestens nach drei Monaten vorgeschriebenen) Abrechnung kann der Handelsvertreter einen Buchauszug über alle für ihn provisionspflichtigen Geschäfte verlangen. Aufwendungen werden nur ersetzt, wenn dies in der Branche üblich ist (HGB §§ 87c, d).	Nach Beendigung des Vertragsverhältnisses kann der Handelsvertreter einen angemessenen finanziellen Ausgleich dafür erhalten, dass sein Auftraggeber weiter mit dem vom Vertreter geworbenen Kunden Geschäfte macht. Der Ausgleich beträgt höchstens eine Jahresprovision aus dem Durchschnitt der letzten fünf Jahre (HGB § 89b).

Reisende oder Handelsvertreter – ein Vergleich lohnt sich

Ob **Reisende oder Handelsvertreter** eingesetzt werden sollen, wird entscheidend von der Überlegung beeinflusst, über welchen Absatzweg die gestellte Aufgabe besser und gegebenenfalls auch billiger zu lösen ist.

Neben quantitativen, d. h. kostenbezogenen Überlegungen, müssen auch qualitative Entscheidungsgründe betrachtet werden. Aus der Sicht des Herstellers liegen die Vorteile beim Einsatz von Reisenden in der leichten Steuerbarkeit, dem Fachwissen und der dadurch ermöglichten Beratung und der besseren Sortimentskenntnis. Beim Handelsvertreter überwiegen die Vorteile in der Marktnähe, in der besseren Information über den Markt und in der Verkaufsaktivität (starke Provisionsabhängigkeit!).

Jedes Unternehmen, das Reisende und/oder Handelsvertreter einsetzen will, muss unter Abwägung aller quantitativen und qualitativen Faktoren eigenverantwortlich seine Entscheidung treffen, durch wen es fachlich und qualitativ ausreichend am Markt vertreten sein wird.

Es ist jedoch zu beachten, dass ein eingeschlagener Absatzweg nicht beliebig oft und rasch ausgetauscht werden kann, da der Aufbau einer eingespielten Absatzorganisation mit Aufwand an Zeit und Geld und mit viel Erfahrung verbunden ist.

Beispiel   Vergleich der Kosten von Reisenden und Handelsvertretern

Kosten der Absatzmittler	monatliche Fixkosten	+ Umsatzprovision
Handelsvertreter Reisende	Werbematerial: 2 000,00 EUR Grundgehälter: 22 000,00 EUR	+ 6 % vom Umsatz + 2 % vom Umsatz

Monats-Umsatz (TEUR)	0	300	500	700	900

– Handelsvertreter
  fixe Kosten
  Provision 6 %
	2
	0
		2
		18
			2
			30
				2
				42
					2
					54

Gesamtkosten	2	20	32	44	56

– Reisende
  Grundgehalt (Fixum)
  Provision 2 %
	22
	0
		22
		6
			22
			10
				22
				14
					22
					18

Gesamtkosten	22	28	32	36	40

Gesamtkosten der Handelsvertreter	=	Gesamtkosten der Reisenden
2 000 + 0,06 x	=	22 000 + 0,02 x
0,04 x	=	20 000
x	=	500 000
		(kritischer Umsatz)

Bei einem monatlichen Umsatz von 500 000,00 EUR sind die Kosten für Handelsvertreter und Reisende gleich hoch. Übersteigt der Umsatz 500 000,00 EUR, dann sind die Reisenden kostengünstiger.

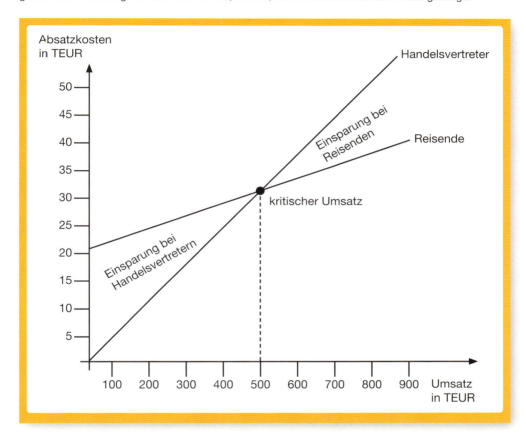

Kommissionär – im eigenen Namen

Kommissionär ist, wer es gewerbsmäßig übernimmt, **Waren oder Wertpapiere auf Rechnung eines anderen im eigenen Namen zu kaufen oder zu verkaufen** (HGB § 383).

Es gibt zwei **Arten** von Kommissionären:

- Einkaufskommissionäre;
- Verkaufskommissionäre.

Für den Absatz ist besonders der Verkaufskommissionär von Bedeutung.

Grundlage ist ein **Kommissionsvertrag** zwischen dem **Kommissionär**, der selbstständiger Kaufmann ist, und dem Auftraggeber, dem **Kommittenten**. Der Kommissionär kann ständig oder von Fall zu Fall eingesetzt werden. Für seine Tätigkeit erhält er eine Provision, wenn das Geschäft ausgeführt ist (HGB § 396). Haftet der Kommissionär für die Verbindlichkeiten, so steht ihm zusätzlich Delkredereprovision (HGB § 394) zu.

Die Kommissionäre können dabei vom Recht auf Selbsteintritt Gebrauch machen (HGB § 400). Der Kommissionär hat an dem Kommissionsgut ein Pfandrecht wegen alter Forderungen aus laufender Rechnung (HGB § 397).

Der Kommissionär hat Preisgrenzen einzuhalten; ein vorteilhafter Abschluss ist erlaubt (HGB §§ 386, 387). Für Kommissionär und Kommittent ist das Kommissionsgeschäft vorteilhaft. Bei der Einführung neuer Waren, insbesondere bei modischen oder sonst risikoreichen Artikeln, übernimmt der Kommissionär die Ware in sein **Kommissionslager** mit dem Recht, nicht verkaufte Ware nach Ablauf einer gewissen Frist, z. B. einer Saison, zurückzugeben. Damit trägt der Auftraggeber, z. B. der Hersteller, allein das **Absatzrisiko**; andererseits übernimmt der Kommissionär die Lagerhaltung und die Abrechnung. Er braucht erst nach Abwicklung des Verkaufs zu bezahlen und kann sein Sortiment risikolos durch Neuheiten ergänzen und verbreitern. Die Kommissionswaren sind äußerlich nicht besonders gekennzeichnet.

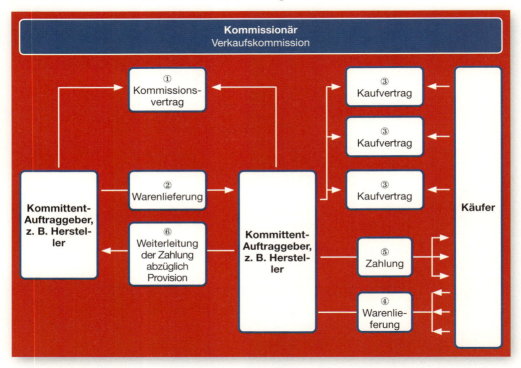

Vertragshändlersystem

Der Vertragshändler wird für den Hersteller in der Weise tätig, dass er die Produkte des Herstellers im eigenen Namen und auf eigene Rechnung verkauft. Der Hersteller verpflichtet den Vertragshändler, eine bestimmte Mindestmenge an Waren ins Lager zu nehmen und jeden Monat eine bestimmte Anzahl an Erzeugnissen abzunehmen.

Zusätzlich verpflichtet sich der Vertragshändler, Kunden- bzw. Reparaturdienste durchzuführen. Er verpflichtet sich, die absatzpolitischen Instrumente (Sortimentsgestaltung, Kommunikationspolitik, Preispolitik) im Sinne des Herstellers durchzuführen. Nach außen tritt er unter dem Logo des Herstellers auf; mit seinem systemkonformen Außenbild bringt der Vertragshändler seine Zugehörigkeit zum Vertriebsnetz des Händlers zum Ausdruck. Im Unterschied zu Franchisesystemen, bei denen der Geschäftsinhaber völlig auf die Darstellung der eigenen Firma verzichtet, ist bei Vertragshändlersystemen den Kunden der Inhaber der Firma durchaus bekannt. Auch bei der Innenausstattung des Geschäfts, bei der Kleidung der Mitarbeiter usw. ist der Franchisingvertrag weitaus enger gefasst als der Vertrag mit einem Vertragshändler. Allerdings nähern sich die Vertragshändlersysteme, die in der Automobilbranche besonders häufig anzutreffen sind, immer mehr den Franchisingsystemen an. Insbesondere bei der Außen- und Innendarstellung der Gebäude wird immer mehr auf eine einheitliche Darstellung (Beispiel VW) Wert gelegt.

Beispiel Vertragshändler in der Automobilbranche

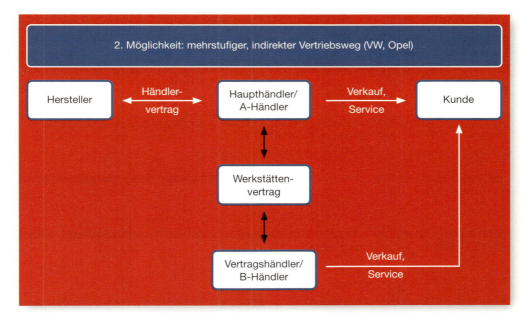

Bestimmte Hersteller wählen den zweistufigen Vertriebsweg, um auch in kleineren Städten für die Kunden präsent zu sein, obwohl die Verkaufszahlen dieser Händler nach den Vorstellungen des Herstellers nicht für einen Händlervertrag ausreichen. Deshalb gibt es neben den eigentlichen Vertragshändlern noch Unterhändler oder Vertragswerkstätten, die die Werkstatt- und Servicefunktion vor Ort vornehmen. Auch Neuwagenkäufe werden von diesen Händlern durchgeführt, allerdings auf Rechnung des Haupthändlers. Gebrauchtwagen, Ersatzteile und Zubehörteile werden auf eigene Rechnung verkauft.

Bestimmungsgründe für die Auswahl eines Absatzkanals

Das klassische Auswahlkriterium bei der Entscheidung für einen bestimmten Absatzkanal sind die **Vertriebskosten**. Dazu zählen u. a. die Transportkosten bis zum Kunden, die Kosten für den Vertrieb im eigenen Haus sowie für den Außendienst, die Regalpflege, Maßnahmen der Verkaufsförderung und weitere Maßnahmen am POS.

Grundsätzlich gilt, dass die Vertriebskosten umso höher sind, je direkter die Verbindung zwischen Unternehmen und Kunde und je breiter und tiefer die horizontale Ebene der Distribution angelegt ist. Entschließt man sich, den bisher indirekt durchgeführten Vertrieb in ein direktes Vertriebssystem umzuwandeln, ist dies mit einem sprunghaften Anstieg der Vertriebskosten verbunden. Dies kann nur in Kauf genommen werden, wenn die Gewinnspanne beim Eigenvertrieb erheblich höher ist als beim Fremdvertrieb, und zwar so hoch, dass die höheren eigenen Vertriebskosten durch die größere Gewinnspanne mehr als kompensiert werden.

Allerdings können die Vertriebskosten unter Marketinggesichtspunkten nicht als einziges Kriterium herangezogen werden. Weitere Gesichtspunkte sind z. B. die Art und Weise, wie ein Produkt am Verkaufsort (Platzierung, Art des Handelsgeschäfts usw.) präsentiert wird, sowie die Beeinflussbarkeit und die Kontrolle des Vertriebssystems. Die Beeinflussbarkeit des Vertriebsweges ist bei Eigenvertrieb in aller Regel weitaus größer als bei Fremdvertrieb.

Bestimmungsgründe bei der Auswahl der Absatzkanäle	
Produkt	– Lagerfähigkeit der Güter – Gut des täglichen Bedarfs oder Luxusgut – beratungsintensives Gut
Unternehmen	– Finanzkraft zur Finanzierung eines eigenen Vertriebswegs – Vertriebserfahrung – Produktprogramm
Kunde	– geografische Verteilung – Anzahl – Einkaufsgewohnheiten
Konkurrenz	– Anzahl – Vertriebswege – Wettbewerbsdruck
Absatzmittler	– Art und Anzahl – Standort – Beeinflussbarkeit – fachliche Kenntnisse
Umwelt	– Konsequenzen bei Vertragskündigung (Handelsvertreter) – öffentliche Meinung über den Vertriebsweg – Missbrauchsaufsicht bei Vertriebsbindungssystemen

3.4.3 Strategien der Absatzlogistik

Unter Absatzlogistik versteht man die Lagerhaltung der fertigen Produkte und den Transport der verkauften Produkte zum Kunden. Damit die Absatzlogistik diese Aufgaben erfüllen kann, braucht sie Informationen über den Zeitpunkt der Fertigstellung der Produkte, den Zeitpunkt und den Ort der Anlieferung sowie den Zeitpunkt und den Ort der Auslieferung an den Kunden.

Bei den **Strategien der Absatzlogistik** geht es z. B. um grundlegende Entscheidungen darüber, ob die Absatzlogistik vom eigenen Unternehmen durchgeführt oder ob sie auf dafür spezialisierte Logistiker übertragen wird. Ebenfalls eine strategische Entscheidung ist die Frage, ob die Absatzlogistik zentral oder dezentral über verschiedene Auslieferungslager betrieben wird.

Für dezentrale Lager in Kundennähe und eine eigene Absatzlogistik sprechen der höhere Lieferservice, die größere Flexibilität, die größere Lieferpünktlichkeit – alles Punkte, die sich sehr stark auf die Kundenzufriedenheit auswirken.

Für ein zentrales Lager und unternehmensfremde Logistiker sprechen in der Regel die geringeren Kosten.

Wie bei allen anderen Entscheidungen auch, müssen bei der Absatzlogistik Kosten und Nutzen in einem angemessenen Verhältnis stehen. Erreicht man mit unternehmensfremden Logistikern neben den geringeren Kosten auch eine hohe Kundenzufriedenheit bezüglich der Zeit, der Art und der Flexibilität bei der Auslieferung, entsteht für das Unternehmen ein Wettbewerbsvorteil gegenüber der Konkurrenz.

Lagerhaltung

Ein ganz entscheidender Faktor bei der Optimierung der logistischen Leistungen beim Absatz der Güter sind Entscheidungen, die die Lagerhaltung (Auslieferungsläger) betreffen. Einerseits verkürzen Auslieferungsläger die Lieferzeiten, andererseits sind die Lagerhaltungskosten zu beachten. Dazu gehören u. a. die Zinsen auf das eingelagerte Kapital, die Abschreibung der Gebäude und der Lagereinrichtung, die Reparaturkosten, die Transportkosten im Lager, Steuern, Versicherungen usw.

Unter Beachtung dieser Faktoren sind folgende Entscheidungen zu treffen:

- Wie viele und welche Zwischenläger sind auf dem Weg bis hin zum Kunden einzurichten? Je mehr Läger in der Nähe der jeweiligen Kunden eingerichtet werden, umso leichter ist das Ziel eines hohen Lieferservicegrades zu erreichen.

- Welche Lagereinrichtung soll gewählt werden? Je aufwendiger die Lagereinrichtung, desto höhere Lagerkosten entstehen. Umgekehrt ist die Lagereinrichtung auch wichtig für die Schnelligkeit des Lagerumschlags.

- Erfolgt die Lagerung in eigenen oder in fremden Lägern? Diese Entscheidung ist von Kostenüberlegungen, von Flexibilitätsüberlegungen und dem Umfang der zur Verfügung stehenden Mittel abhängig.

- Wie hoch sind die Lagerbestände in den einzelnen Lägern? Diese Entscheidung ist abhängig von folgenden Faktoren:

  - Wie hoch ist der vom Unternehmen gewünschte Servicegrad/die Lieferbereitschaft?

  - Wie ist das Bestellverhalten der Kunden (Bestellzyklus, -mengen)?

  - Wie lange dauert die Wiederbeschaffung der sich nicht im Lager befindlichen Waren?

Eigentransport oder Fremdtransport

Alle Unternehmen haben in der Regel ein großes Versandaufkommen und müssen deshalb bei der Auswahl des Transportmittels aus Kosten- und Wettbewerbsgründen sorgfältig vorgehen. **Kostenüberlegungen** dürfen nicht dominieren, denn dadurch würden die **Markterfordernisse** (Schnelligkeit, Sicherheit, Umweltverträglichkeit usw.) vernachlässigt. Die Güterbeförderung ist zunehmend eine Serviceleistung des Unternehmens. Bei der Entscheidung über die geeignete Güterbeförderung müssen verschiedene **Auswahlkriterien** beachtet werden.

Aufgaben

1. Worin unterscheiden sich direkter und indirekter Absatz?

2. Warum erhält der Reisende neben dem Fixum Provision?

3. Suchen Sie nach Begründungen, die den Ausgleichsanspruch des Handelsvertreters rechtfertigen.

4. Zeitungskioske erhalten Zeitschriften und Tageszeitungen in Kommission. Weshalb ist in diesem Fall das Kommissionsgeschäft sinnvoll?

5. Welche Vorteile bietet das Kommissionsgeschäft für den Kommissionär?

6. In einer Tageszeitung erscheint folgende Anzeige:

> Wir sind ein wachsendes, mittelständisches Unternehmen zur Herstellung von Autozubehör- und -ersatzteilen.
>
> Für unser Absatzteam suchen wir
>
> ## Mitarbeiter im Außendienst
>
> mit fundierten Kenntnissen im Autozubehör- und -ersatzteilgeschäft sowie Erfahrung im Verkauf.
>
> Wir bieten angemessenes Gehalt + Provision zuzüglich Spesen. Ein Firmenwagen steht zur Verfügung.
>
> Wenn Sie sich angesprochen fühlen, richten Sie Ihre Bewerbung an
>
> Autoteile
> Locher KG

a) Wird in der Anzeige ein Handelsvertreter oder ein Reisender gesucht? Begründen Sie Ihre Antwort.

b) Bevor diese Anzeige in der Tageszeitung erschien, wurde in dem Unternehmen diskutiert, ob Vertreter oder Reisende eingesetzt werden sollten.

Folgende Daten lagen vor:
Handelsvertreter: Provision 8 % vom Umsatz.
Reisender: festes Gehalt einschließlich Sozialleistungen und Spesen monatlich 2 600,00 EUR, Provision 2 % vom Umsatz, Kfz-Kosten monatlich 1 000,00 EUR. Es wurde mit einem Jahresumsatz von 800 000,00 EUR je Außendienstmitarbeiter gerechnet.
Neben diesen kostenmäßigen Überlegungen spielten auch qualitative Gesichtspunkte eine wesentliche Rolle.

– Bei welchem Jahresumsatz decken sich die Kosten des Handelsvertreters und des Reisenden? Berechnen und zeichnen Sie den kritischen Umsatz.
 (Kosten: 1 cm = 1 000,00 EUR; Umsatz: 1 cm = 100 000,00 EUR)

– Bewerten Sie die qualitativen Kriterien von Handelsvertretern und Reisenden mit Punkten **(Entscheidungsbewertungstabelle)**.

Marketinginstrumente 65

Entscheidungsbewertungstabelle

Gesichtspunkt	Höchstpunkt	Vertreter	Reisender
Steuerbarkeit (Beeinflussbarkeit)	30	–	–
Fachwissen	30	–	–
Marktnähe	25	–	–
Verkaufsaktivität	15	–	–
Summe	100	–	–

– Entscheiden Sie sich für Handelsvertreter oder Reisende, wenn Sie als Entscheidungsgrundlage sowohl die Kosten als auch die qualitativen Gesichtspunkte berücksichtigen.

7. Bisher werden die Produkte der Klein KG über Handelsreisende vertrieben. Es wird erwogen, auch Handelsvertreter einzusetzen, da „in Zeiten rückläufiger Umsätze Handelsvertreter kostengünstiger" sind.

a) Geben Sie eine Begründung für diese Aussage.

b) Erläutern Sie dabei drei Unterschiede zwischen einem Handelsvertreter und einem Handelsreisenden.

c) Bei welchem Umsatz lohnt es sich für die Klein KG, statt des Handelsreisenden einen Handelsvertreter einzusetzen?
Berechnen Sie diesen Umsatz, wenn folgende Angaben gemacht werden: Fixum des Reisenden 3 500,00 EUR/Monat, dazu Spesen 500,00 EUR/Monat und Umsatzprovision von 2 %; 8 % Provision vom Umsatz für den Handelsvertreter und 200,00 EUR Aufwandsersatz/Monat.

d) Beschreiben Sie weitere Kriterien, die bei der Entscheidung Handelsvertreter oder Handelsreisender eine Rolle spielen.

8. Die Car-Hifi-GmbH hat sich auf den Vertrieb von sehr hochwertigen Autosoundsystemen spezialisiert. Bisher erfolgte der Vertrieb der Soundsysteme ausschließlich über ausgewählte Facheinzelhändler der Autoelektronikbranche. In Zukunft möchte man andere Absatzkanäle zum Absatz der Soundsysteme nutzen. Die Autoteile Runge KG, eine Fachmarktkette für Autoteile und Zubehör, die vor allem in Süddeutschland sehr stark vertreten ist, könnte monatlich mehrere Hundert Stück abnehmen. Auch über Verbrauchermärkte wäre ein Verkauf möglich. In beiden Fällen müssten teilweise erhebliche Rabattnachlässe gewährt werden. Bei den Verbrauchermärkten müssten Mitarbeiter der Car-Hifi-GmbH ständig die Regalflächen auffüllen und alte, nicht verkaufsfähige Ware wieder zurücknehmen.

a) Bewerten Sie mithilfe der folgenden Tabelle die drei dargestellten Absatzkanäle nach drei von Ihnen ausgewählten Kriterien (Bewertung von 0–6; 6 = beste Bewertung)

Kriterien	Vertrieb über ausgewählte Facheinzelhändler	Vertrieb über eine Fachmarktkette	Vertrieb über Verbrauchermärkte

b) Formulieren Sie mit eigenen Worten ein ausführliches Gesamturteil über die drei dargestellten Absatzkanäle.

4 Kommunikationspolitische Maßnahmen des Händlers

> Katrin Müller, Single, jung, gut verdienend, wünscht sich ein neues sportliches Auto. Eine Anzeige von BMW in der regionalen Zeitung mit dem 1-er BMW hat ihr besonders gefallen. In der Annonce war die Internetadresse www.prinzip-freude.de angegeben. Beim Nachschauen auf der Homepage hat sich Katrin mit ihren Daten registriert und beim regionalen Händler zu einer Probefahrt angemeldet. Das war vor einigen Tagen. Heute kommt der Anruf des Händlers, der mit ihr einen Termin zur Probefahrt vereinbart. Selbst wenn sich Katrin nicht für einen BMW entscheidet, wird der Händler mit ihr Kontakt halten.
>
> Beschreiben Sie die kommunikationspolitische Maßnahme des Händlers.

Im Gegensatz zum Hersteller mit seinen oft enormen finanziellen Möglichkeiten beschränken sich die Händler bei der Auswahl ihrer kommunikationspolitischen Maßnahmen auf weniger kostenintensive und, mit Ausnahme der Präsentation im Internet, auf die Region beschränkte Aktionen.

Einen Überblick über die Möglichkeiten der Autohändler im Rahmen ihrer Kommunikationspolitik gibt folgendes Schaubild:

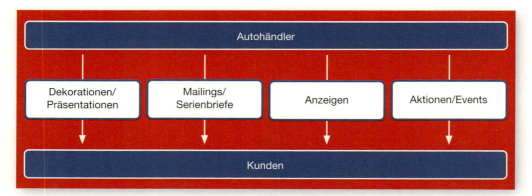

4.1 Dekorationen und Präsentationen

Bei der Präsentation von Fahrzeugen und Ersatzteilen/Zubehör und den damit verbundenen **Dekorationen** muss man zwischen den Präsentationsflächen im Innen- und im Außenbereich unterscheiden.

Bei der Präsentation von Neufahrzeugen stehen den Händlern heute in der Regel sehr aufwendige gläserne Verkaufsräume zur Verfügung. Trotzdem genügt es im Rahmen einer guten Präsentation nicht mehr, die Fahrzeuge einfach in diese Ausstellungshalle zu stellen. Die Darbietung muss effektvoller gestaltet werden. Dazu bietet sich bestimmtes Präsentationsmaterial wie Präsentationsrahmen, mobile Präsentationsrampen, Plateaubühnen, Drehbühne u. a. an.

Während Neufahrzeuge in den Ausstellungshallen von den Autohändlern meist sehr wirkungsvoll präsentiert werden, liegt bei der Präsentation von Zubehör und Ersatzteilen bei einigen Händlern doch noch vieles im Argen.

"Was ich nicht zeige, kann ich nicht verkaufen." Diese grundsätzliche Regel im Verkauf gilt in besonderem Maße für das **Zubehör- und Ersatzteilgeschäft** im Kfz-Gewerbe. Laut einer Umfrage werden drei Viertel der Zubehörteile durch einen spontanen Entschluss des Kunden im Autohaus gekauft. Das bedeutet, immer wenn der Kunde sich im Verkaufsraum oder in der Nähe der Kasse oder der Bedienungstheke befindet, ist er in Versuchung, die dort aufgestellten Artikel zu kaufen. Folglich müssen im Verkaufsraum und insbesondere im Bereich der Bedienungstheke als besonders intensiver Kundenkontaktzone Zubehörteile für den Kunden gut sichtbar präsentiert werden. Vor allem „brachliegende Flächen", die aber vom Kunden bewusst wahrgenommen werden, müssen für Präsentationszwecke genutzt werden.

Bei Zubehörteilen, die höhere Preise haben und den Kunden besonders interessieren, wie beispielsweise Alufelgen, muss die Präsentation unter allen Umständen stimmen. Kriterien für eine gute Warenpräsentation sind hier u. a.:

- Präsentation an einem zentralen Punkt des Verkaufsraums, sodass sie der Kunde auf jeden Fall wahrnimmt;
- keine geschlossenen Warenfronten, sondern lockere Präsentation mit Warenlücken;
- eindeutige und vollständige Preisauszeichnung gewährleistet eine gute Zuordnung von Artikel und Preis;
- beschädigte Verpackungen und verschmutzte Artikel können im Verkaufsraum nicht präsentiert werden.

Gerade im **After-Sales-Markt** (Betreuung nach dem Verkauf der Fahrzeuge) ist eine Wandlung von der Produkt- zur Serviceorientierung feststellbar. Dies erfordert ein Umdenken bei den Servicekonzepten der Autohändler. Insbesondere bei kleineren und mittleren Händlern zeigen sich häufig Mängel im Umgang mit den Kunden. Die Händler müssen erkennen, dass die Art der Präsentation von Artikeln und die Kundenansprache über das Ausmaß der Kundenzufriedenheit entscheiden. Nur 40 % der Kundenzufriedenheit hängen noch von Qualität und Preis der Produkte ab, dagegen aber 60 % von der optischen Präsentation der Produkte und dem Kundenservice der Händler.

Präsentationshilfen für die Präsentation von Ersatzteilen und Zubehör sind u. a. Felgentürme, Präsentationsvitrinen und Acrylglas-Bodenprospektständer.

Im Außenbereich werden in der Regel Gebraucht-, teilweise auch Neufahrzeuge präsentiert. Auch im Außenbereich genügt es nicht, die Fahrzeuge einfach hinzustellen, die Fahrzeuge müssen präsentiert werden. Präsentationshilfen sind im Außenbereich Fahnenmaste, Spannbänder, Präsentationszelte, Präsentationsschirme, Werbeschilder, Wimpelketten und Windmaster.

4.2 Mailings und Serienbriefe

Masse ist nicht mehr alles – das erkennen immer mehr Unternehmen. Die Zeiten des uniformen Massenmarktes sind vorbei; individuelle Kundenansprache ist gefragt. Überall in den Unternehmen werden die Kommunikationsbudgets umgeschichtet, weil die typischen Werbekonzepte nicht mehr greifen. Konsumtrends, die geschaffen wurden, funktionieren nur noch so lange, bis sie wieder zum Massenartikel werden – und niemand will sie dann mehr. Als Folge wandelt sich der Wettbewerb um Produkte zum Kommunikationswettbewerb, bei dem wiederum immer mehr die direkte Kontaktaufnahme zum Kunden gesucht wird (Direktmarketing).

Als Resultat dieser Entwicklung fließen mittlerweile über 50 % der Werbemilliarden in Aufwendungen für das **Direktmarketing**. Direktmarketing wird damit zum wichtigsten Kommunikationsinstrument. Es reicht in Zukunft nicht mehr, Produkte vorteilsorientiert anzubieten; Markterfolge werden nicht mehr nur an den erreichten Marktanteilen gemessen, sondern auch an den Kriterien Kundenerreichbarkeit und Beziehungsintensität. Die Unternehmen müssen ihre Kunden ernster nehmen und besser kennen. Dabei gewinnt das Lernen vom Kunden immer mehr an Bedeutung. Die Wirtschaft muss sich mit den Themen auseinandersetzen, die die Menschen beschäftigen. Möglich werden diese Kenntnisse über den Kunden beispielsweise mit modernem Dialogmarketing, bei dem Kunden auf einen Werbebrief bzw. eine E-Mail die Möglichkeit der Reaktion (Response) in Form eines Anrufs, einer E-Mail, eines Fax, ... haben.

In der Praxis der Autohäuser findet Direktmarketing hauptsächlich in Form von **Werbebriefen** bzw. **Mailingaktionen** statt. Bei der Gestaltung eines Werbebriefes gibt es einige Regeln zu beachten, die den Erfolg ihrer Marketingmaßnahme bestimmen.

Dabei geht es um die Beantwortung folgender Fragen:

1. Welchen Eindruck macht die äußerliche Aufmachung des Briefes auf den Empfänger?
2. Aus wie vielen Teilen besteht der Brief?
3. Wie empfinden Sie die Gestaltung des Briefes?
4. Wird der Nutzen der Information erkannt?
5. Welche Möglichkeit hat der Empfänger, auf diesen Brief zu reagieren?

Bei der Gestaltung eines Werbebriefes gilt deshalb:

1. Schreiben Sie so, als wenn der Brief an einen guten Freund ginge.
2. Vermeiden Sie Adressenaufkleber, beschriften Sie den Umschlag direkt.
3. Die Adresse sollte persönlich wirken: „Beck, Karl" wirkt schlimm.
4. Freistempler auf dem Umschlag wirken unpersönlich. Sonderbriefmarken sind besser.
5. Es gibt auch Briefhüllen und -papiere in leuchtenden, postalisch zugelassenen Farben.
6. Quälen Sie sich keine verkrampften Gags ab – schreiben Sie lieber gar nicht.
7. Beginnen Sie unbedingt mit einem Satz aus dem Interessensgebiet des Empfängers.
8. Ein angehängter Nachsatz (PS) wirkt stärker als der übrige Text.
9. Es gibt wirkungsvollere Schlussformulierungen als „Mit freundlichen Grüßen".
10. Jeder Satz, den der Empfänger innerlich bejaht, ist ein guter Satz.
11. Stellen Sie Fragen in Ihrem Brief: Fragen, die der Leser bestätigend beantworten muss.
12. Briefe an Personen sind wirkungsvoller als Briefe an Abteilungen.
13. Fremdwörter versteht mancher – viele aber nicht.
14. Fachchinesisch hat nur einen Vorteil: Es beweist, was Sie alles drauf haben.
15. Ihr Brief muss eine Aktion auslösen: Arbeiten Sie darauf hin.
16. Eigentlich gehört zu jedem Werbebrief immer eine Antwortkarte oder ein Antwortfax.
17. Haben Sie wirklich etwas mitzuteilen, was den Empfänger interessiert?
    Wenn nicht: Schreiben Sie lieber gar nicht!
18. Versprechen Sie dem Rücksender der Antwortkarte oder des Fax eine kleine Belohnung.
19. Antwortkarten mit aufgeklebter Briefmarke sind wirkungsvoller.
20. Informative Prospekte legt man dem Brief nicht bei, sondern man lässt Sie anfordern.
21. Lob tut jedem Menschen gut – auch im Werbebrief. Loben Sie den Empfänger.
22. Jeder Mensch will Nutzen haben – versprechen Sie mit glaubwürdigen Worten Nutzen.
23. Mehrstufige Mailings haben mehrstufigen Erfolg, also mehr Erfolg.
24. Montags kommt viel Post – Ihr Brief wirkt mehr, wenn er in der Wochenmitte eintrifft.
25. Unterschreiben Sie farbig, schwarz sieht nach Fotokopie aus.
26. Prüfen Sie den fertigen Text: Würde der Brief Sie ansprechen?

Erfahrungen bestätigen, dass zwischen der Kontaktstufe (Brieföffnung) und der Abschlussphase (Wegwerfen des Briefes) 20 Sekunden zur Verfügung stehen, den Leser für den Inhalt zu interessieren. Gestalten Sie deshalb den Text und die Bilder so, dass der Leser ca. 6–10 Fixationspunkte hat.

4.3 Anzeigen

Weitere Möglichkeiten im Rahmen der Kommunikationspolitik des einzelnen Autohändlers sind die Werbung über die Printmedien (Zeitung, Zeitschriften, …) sowie die Präsentation einer Homepage im Internet.

Die klassische Werbeanzeige in der Zeitung oder bestimmten Zeitschriften hat auch in der heutigen Zeit noch den höchsten Stellenwert bei den meisten Autohäusern. Soll diese Form der Werbung erfolgreich und nicht zu kostenintensiv sein, müssen die Kriterien einer vernünftigen Werbeplanung zugrunde gelegt werden:

1. Welcher Inhalt soll der Zielgruppe vermittelt werden?
   Beispiel   Vorstellung eines neuen Modells

2. Zu welchem Zeitpunkt soll die Anzeige geschaltet werden?
   Beispiel Wie viele Tage vor dem „Tag der offenen Tür" muss die Anzeige veröffentlicht werden, damit sie einerseits nicht vergessen wird, andererseits aber nicht zu spät kommt?
3. Welches ist die Zielgruppe der Anzeige?
   Beispiel alle Personen im Einzugsbereich des Autohändlers
4. Wie soll die Werbung in Sprache und Bild umgesetzt werden?
   Beispiel Abbildung des neuen Automodells mit einem emotionalen Text
5. In welcher Region soll die Werbung eingesetzt werden?
   Beispiel Die Zeitung/Zeitschrift sollte den Einzugsbereich des Händlers gut abdecken; zu große Streugebietsverluste sind aber möglichst zu vermeiden.
6. Wie viel Kapital kann eingesetzt werden?
   Beispiel Wie viel Kapital steht in diesem Jahr für Werbung in den Printmedien zur Verfügung und welchen Teil davon steckt man in diese Anzeige?

AUTO HAUS FRITZ Potsdam
Vertragshändler

Unica

Luxera, EZ 12/08, km ab 15 000, 74 kW, versch. Met/Perl, Airbag, Alu, el. FH, el. ASP, RC, Sitzpacket, Color, u.v.m.
Glas-SD   EUR 23 990,00
man-Klima   EUR 24 990,00

Magna Kombi, EZ, 12/08, km ab 8900, 92 kW, versch. Met/Perl, Klima, Airbag, el. ASP, Alu, Reling, RC, Trennetz, u.v.m.
EUR 14 900,00

Wir vermieten ▶ **FREIZEITMOBILE**

Luxera Cabriolet, EZ 5/08, 11 000 km, 121 kW, Schwarz, Klima, 4x Airbag, EDS, „Sportpaket 16", Tempomat, FIS, RC + RC, DWA/FB, u.v.m., NP 25 000,00   EUR 23 900,00

Luxera, EZ 3/07, 45 000 km, 110 kW, Alusilber, Klima, Glas-SD, Airbag, Tempomat, Holz, DWA, Alu, RC + Bose + CD, FIS, u.v.m.   EUR 21 000,00

Finanzierungsmöglichkeiten über die Potsdamer Sparkasse
Ständig über 100 Gebrauchtwagen im Angebot
Am Templiner See 12 · 14471 Potsdam
Tel. 0331 903232 · Fax 0331 90320
www.autohaus_fritz.de

Kommunikationspolitische Maßnahmen des Händlers

Eine kleine Anzeige in einer regionalen Tageszeitung kostet mehrere Hundert Euro, in Zeitungen mit größerem Einzugsgebiet muss man oft mit dem Vielfachen rechnen. Eine einzige Anzeige bringt mit Sicherheit keinen großen Erfolg. In Zeitungen sollte man permanent jede Woche oder zumindest alle vierzehn Tage werben, damit die Anzeige im Gedächtnis des Kunden gespeichert wird. Wichtig ist, dass in diesen Werbeanzeigen nicht nur für das Neuwagengeschäft, sondern auch für den Gebrauchtwagenhandel, das Ersatzteile- und Zubehörgeschäft und die Werkstattleistungen geworben wird. Beachtet man alle diese Grundvoraussetzungen einer erfolgreichen Werbung, kommt sehr schnell ein fünf- oder gar ein sechsstelliger Betrag für Werbeanzeigen in Printmedien zusammen.

Billiger ist eine **Handzettelwerbung**. DIN-A6-Flyer können je nach Gestaltung und je nach der Höhe der Auflage schon recht günstig erworben werden, aber für die Verteilung an die Kunden über die Post muss noch einmal Geld aufgewendet werden.

Werbung im **Internet** ist sicher die zukunftsträchtigste, kostengünstigste und vielleicht effektivste Art der Werbung, auch für den Händler. Zukunftsträchtig deshalb, weil das Internet mit Sicherheit das Medium sein wird, das in Zukunft die meisten Nutzer hat, kostengünstig, weil die einmalige Einrichtung der Homepage und die regelmäßigen Betreuungskosten nicht besonders teuer sind und effektiv, weil das Web genaue Effizienzmessungen (Zahl der Abfragen) ermöglicht.

Trotzdem gilt es, die Vor- und Nachteile des Internetauftritts abzuwägen:

Vorteil	Nachteile
1. weltweite Kundenansprache 2. geringe Kosten 3. schnelle Aktualisierungsmöglichkeiten der Homepage 4. unmittelbare Kommunikation mit dem Kunden per E-Mail 5. Möglichkeit, dass eine direkte Beziehung mit dem Kunden aufgebaut wird 6. zu jedem Zeitpunkt ist eine Abfrage möglich (auch am Wochenende oder nachts)	1. Anfragen per E-Mail sollten möglichst schnell beantwortet werden (hoher Aufwand) 2. fehlende Bekanntheit der Internetadresse Folge: Aufnahme in Suchmaschinen

Trotz einiger Nachteile überwiegen bei weitem die Vorteile. Eine Homepage im Internet ist für jeden Autohändler in nächster Zukunft eine absolute Notwendigkeit. Bei der Fülle der Internetauftritte reicht allerdings die einfache Präsenz im World Wide Web nicht aus. Idealerweise sollte ein Web-Auftritt dem Kunden, gegenüber der Darstellung in einem Printprodukt, einen Vorteil bieten, damit er dieses Medium dann auch bevorzugt nutzt. Bei der Präsentation der firmeneigenen Homepage geht es deshalb nicht nur um einfache Oberflächengestaltung, sondern um Funktionalität, wie zum Beispiel mehrdimensionale Darstellungen der Produkte.

4.4 Aktionen und Events

Unter Eventmarketing versteht man die Verbindung von klassischer Werbung für einzelne Produkte mit Aktionen am Ort des geschäftlichen Ablaufs (Point of Sale). Typische Eventmarketing-Aktionen sind ein Tag der offenen Tür, Firmenjubiläen und Betriebsneueröffnungen oder die Neueröffnung von Filialbetrieben. Sonderaktionen erweisen sich als geeignetes Marketinginstrument, um eine engere Kundenbindung zu erreichen. Kundenbindung ist mit solchen Events möglich, weil man im Rahmen dieser Sonderveranstaltung mit dem Kunden ein Gespräch außerhalb des Geschäftsbetriebs führen kann und dem Kunden etwas Besonderes geboten wird, was der Kunde in der Regel auch anerkennt.

Sonderveranstaltungen können aber nur dann erfolgreich sein, wenn den Kunden tatsächlich etwas Besonderes geboten wird. Deshalb sollte man sich einen Aufhänger überlegen. Wurde dieser Aufhänger allerdings von mehreren Händlern in der Region bereits angeboten, fehlt das Besondere, der Reiz dieses Events. Ein Beispiel wäre die Veranstaltung eines Frühlingsfestes als Auftakt der Cabrio-Saison mit der Vorführung des schnellsten Cabrios der Welt oder als Gag ein Crash-Test mit Autos.

Ein ganz wichtiger Bestandteil aller Events ist die Durchführung eines Preisausschreibens. Der Zweck dieses Preisausschreibens ist nicht, dem Kunden noch etwas Gutes zu tun, sondern an Adressenmaterial von Interessenten zu gelangen. Beispielsweise könnte man im Rahmen eines Wettbewerbs aus einer gewissen Entfernung Geld in eine Alufelge werfen lassen. Am Ende der Veranstaltung wird dann geschätzt, wie viel Geld sich in der Felge befindet. Der Hauptgewinn kann eine kostenlose Werkstattleistung, ein kostenloses Wochenende mit einem Pkw des Autohauses oder ein interessantes Zubehörteil sein. Selbstverständlich müssen die Teilnehmer des Wettbewerbs ihre Adresse auf Teilnehmerlisten hinterlassen.

Die Vorbereitung eines Events beginnt bis zu einem halben Jahr im Voraus. Sinnvollerweise werden alle Mitarbeiter in die Überlegungen eingebunden. Ein Programm wird festgelegt, ein Ablaufplan bestimmt sowie Zuständigkeiten vergeben, an die sich die Mitarbeiter halten müssen. Selbstverständlich müssen auch entsprechende Zeitungsannoncen vorbereitet werden, mit denen das Interesse der Verbraucher geweckt wird. Stammkunden und die Presse werden persönlich mit Einladungskarten und Gutschein eingeladen.

Neben dem besonderen Gag muss ein attraktives Rahmenprogramm auf die Beine gestellt werden, mit Musikkapelle, Tombola, Tanzvorführungen und Ähnlichem. Am Ende der Veranstaltung sollten die Besucher den Eindruck haben, dass sie einen schönen und interessanten Tag im Autohaus erlebt haben. Das Autohaus sollte seine Produkte präsentiert, ein Gespräch mit den Besuchern geführt und Adressen gesammelt haben.

Aufgaben

UNICA Importgesellschaft

Autohaus Fritz GmbH
Am Templiner See 12
14471 Potsdam

VERTRAGSHÄNDLER

Autohaus Fritz GmbH, Am Templiner See 12, 14471 Potsdam

Telefon:	0331 903232
Telefax:	0331 903230
E-Mail:	autohaus-fritz@t-online.de
Bank:	Potsdamer Sparkasse (BLZ 462 500 11) 542 464

Ihr Zeichen, Ihre Nachricht vom	Unser Zeichen, unsere Nachricht vom	Telefon, Name	Datum
			Juni 20..

AKTUELLE SERVICE-INNOVATION 20..

Sehr geehrte Damen und Herren,

als Vertragshändler eines großen Pkw-Herstellers in den USA bieten wir umfangreiche Serviceleistungen an. Wir können Ihnen jetzt ein **außergewöhnliches Angebot** unterbreiten, welches unser Serviceangebot auf eine **für Sie besonders vorteilhafte Weise** komplettiert. Zur Vereinbarung eines Gesprächstermins werden wir in den nächsten Tagen mit Ihnen Kontakt aufnehmen. Unser als **einzigartig** zu bezeichnendes Angebot stellt Ihnen unsere Serviceleitung dann gern persönlich vor.
In den nächsten Wochen erfahren Sie mehr dazu, wir bitten Sie noch um etwas Geduld.

Wir freuen uns auf Sie.

Mit freundlichen Grüßen

Autohaus Fritz GmbH

Fritz

Arthur Fritz

E-Mail: autohaus_fritz@t-online.de
Homepage: www.autohaus_fritz.de

Lesen Sie auf S. 69 die Aufzählung der Kriterien bei der Gestaltung eines Werbebriefes und beurteilen Sie dann diesen Werbebrief anhand dieser Kriterien.
Suchen Sie im Internet die Homepage Ihres Unternehmens.

a) Welche Informationen enthält die Homepage?

b) Beurteilen Sie die Aufmachung der Homepage.

c) Machen Sie einige Vorschläge zur Gestaltung einer Homepage.

5 Wettbewerbsrecht

Auto-Reparaturen künftig günstiger?

Der Markt für Kotflügel & Co. ist fest in Herstellerhand, aber die EU will den Designschutz kippen

Es geht um Milliarden.

Kein Wunder, dass die Autohersteller mit aller Macht um ihre Monopolstellung bei den sichtbaren Kfz-Ersatzteilen wie Kotflügeln oder Stoßstangen kämpfen. In Deutschland und einigen anderen EU-Staaten haben Autofahrer bislang keine Wahl: Sie müssen kaufen und einbauen lassen, was die Automobilkonzerne anbieten. Freien Wettbewerb, der zu spürbar niedrigeren Preisen für die Verbraucher führen könnte, verhindert der sogenannte Designschutz. Den möchte die Europäische Kommission für Ersatzteile gerne abschaffen, aber einig ist man sich in Brüssel noch nicht – Widerstand kommt u. a. aus Deutschland. Diskutiert wird auf EU-Ebene auch über den freien Zugang zu den Reparaturinformationen. Ohne diese Angaben der Hersteller können vielleicht bald freie Werkstätten Fahrzeuge nicht mehr reparieren und Pannenhelfer vor Ort keine Hilfe mehr leisten.

Bislang haben Autofahrer bei den Ersatzteilen wie Kotflügeln keine Wahl.

(Quelle: ADAC motorwelt, 07/2006, S. 27)

1. Erläutern Sie, warum die beschriebene Situation wettbewerbsfeindlich ist.
2. Wer sind die Benachteiligten dieser Regelung?

Unter Wettbewerbsrecht versteht man die Gesamtheit der Rechtsnormen, die die freie Entfaltung und den Schutz des Wettbewerbs, der Triebkraft jeder Form der Marktwirtschaft, regeln.

„Die Bekämpfung unlauterer Wettbewerbshandlungen und die Sicherung des Wettbewerbs in seinem Bestand gegen Beschränkungen sind die beiden großen Aufgaben, die der Rechtsordnung in einer Marktwirtschaft mit Wettbewerb der Anbieter und Nachfrager gestellt sind. Seinen Ausdruck findet der wirtschaftliche Wettbewerb in dem selbstständigen Verhalten mehrerer Unternehmer, die auf einem bestimmten Markt zu Geschäftsabschlüssen mit Dritten zu gelangen suchen, und zwar vornehmlich durch das Bieten günstigerer Bedingungen. Dieser Wettbewerb bedarf einmal der Zügelung durch das Recht, damit er nicht ausartet, zum anderen der Förderung und Erhaltung, damit er das Marktgeschehen steuert. Der doppelten Aufgabe dienen zwei verschiedene Rechtskreise:

  das Recht gegen den unlauteren Wettbewerb **und**
  das Recht gegen Wettbewerbsbeschränkungen.

Zur Veranschaulichung soll ein Beispiel aus dem Bereich sportlichen Wettbewerbs dienen: Der Tiefschlag, mit dem ein Boxer seinen Gegner im Ring regelwidrig niederstreckt, ist „unlauterer Wettbewerb", die verabredete Schiebung eines Boxkampfes „Wettbewerbsbeschränkung". Schutzgegenstand beider Rechtsbereiche ist im Rahmen ihrer besonderen Zielsetzungen der **freie Wettbewerb**.

Historisch betrachtet ist in Deutschland zuerst das Recht gegen den unlauteren Wettbewerb entwickelt worden. Jede Wirtschaftsordnung, die einen rivalisierenden Wettbewerb der Anbieter und Nachfrager zulässt, gleichwohl, ob es sich dem Schwerpunkt nach um eine freie oder gelenkte Wirtschaft handelt, muss unlautere Kampfmittel verbieten, mit denen ein Wettbewerber die freie wirtschaftliche Betätigung seiner Mitbewerber behindert oder die Verbraucher irreführt oder belästigt.

Dass es auch Aufgabe der Rechtsordnung sein muss, den Wettbewerb selbst funktionsfähig zu erhalten, damit die Freiheit der einzelnen Marktteilnehmer gewährleistet ist und der Machtausübung Grenzen gesetzt sind, ist eine Erkenntnis, die sich erst nach dem Zweiten Weltkrieg in der Bundesrepublik Deutschland maßgeblich durchgesetzt hat."

(Quelle: Beck-Texte: Wettbewerbsrecht und Kartellrecht, Deutscher Taschenbuch Verlag: München 1995, S. IX)

Grundlage für das Wettbewerbsrecht sind folgende **Gesetze, Verordnungen und internationale Vereinbarungen**:

- Handelsgesetzbuch (HGB)
- Gesetz gegen den unlauteren Wettbewerb (UWG)
- das Madrider Abkommen über die Unterdrückung falscher Herkunftsangaben auf Waren
- Gesetz über den Widerruf von Haustürgeschäften und ähnlichen Geschäften (HTWG)
- Gesetz über den Schutz von Marken und sonstigen Kennzeichen/Markengesetz (MarkenG)
- Gesetz über die Erstreckung von gewerblichen Schutzrechten/Erstreckungsgesetz (ErstrG)
- Gesetz gegen Wettbewerbsbeschränkungen/Kartellgesetz (GWB)
- Gesetz zur Regelung des Rechts der Allgemeinen Geschäftsbedingungen (AGBG)
- Gruppenfreistellungsverordnung (GVO)
- Preisangaben- und Preisklauselgesetz (PreisaG), Preisklauselverordnung (PrKV)/Preisangabenverordnung (PAngV)
- Ladenschlussgesetz (LadSchlG)
- Teledienstgesetz (TdG)

Die Auffassung, was lauter oder unlauter ist, ob gegen gute Sitten verstoßen wurde oder nicht, ob arglistig getäuscht wurde oder nicht, lässt hierbei einen großen Beurteilungsspielraum zu. Unlauter ist z. B. die übermäßig gefühlsbetonte Werbung, die auf das Mitleid, die Frömmigkeit oder den Patriotismus des Kunden aus ist. Die Frage stellt sich hier, ob die Verletzung sich daraus ableitender ethischer Grenzen nachgewiesen werden kann. Auch darf die Werbung nicht das Image eines anderen Mitbewerbers benutzen und damit den Kunden täuschen oder verwirren.

Man unterscheidet deshalb zwischen **kundenbezogener Unlauterkeit** und **mitbewerberbezogener Unlauterkeit**.

Damit der Wettbewerb überhaupt funktioniert und sich frei entfaltet, also der Wettbewerber seine Waren und Leistungen auf dem Markt ungehindert anbieten und für sie werben kann, sind Rahmenbedingungen zu schaffen, die sowohl Anbieter wie Nachfrager weitestgehend vor schwarzen Schafen auf dem Markt schützen sollen. Aufgrund des technischen Fortschritts (z. B. Internet) und der damit verbundenen Veränderungen der Marktstrukturen und des Marktklimas sowie des zunehmend härteren globalen Verdrängungswettbewerbs (Fusionen, feindliche Übernahmen) entwickelt der Markt eine Eigendynamik, die sich nicht starren Regeln unterwerfen lässt.

Oft sehen sich Verbraucher schutzlos unredlichen Geschäftspraktiken der Produzenten und Händler ausgeliefert. Zum einen hängt das damit zusammen, dass es keine Gesetze und Verordnungen gibt, die unlautere Handlungsweisen und Geschäftspraktiken verbieten und zum anderen, dass die bestehenden Gesetze und Verordnungen nur mangelhaft eingehalten und überwacht werden.

Aus dieser Situation heraus sind mit staatlicher Hilfe Institutionen und Organisationen des **Verbraucherschutzes** entstanden, deren Aufgaben darin bestehen, durch

- die Bereitstellung von Informationsmaterial (Aufklärungsbroschüren, Zeitungsartikel),
- die individuelle Beratung und Betreuung durch Verbraucherberatungsstellen,
- die kollektive Vertretung von Verbraucherinteressen in der Öffentlichkeit bzw. mithilfe von Schlichtungsstellen,

den Verbrauchern neutrale und anbieterunabhängige Hilfe und Unterstützung zukommen zu lassen. Die Verbraucherpolitik als immanenter Bestandteil der Wirtschaftspolitik hat zur Verbesserung des rechtlichen Schutzes der Verbraucher deshalb in informationspolitischer, wettbewerbspolitischer und gesetzgeberischer Hinsicht eine wichtige Funktion.

Einige der lokalen und regionalen Organisationen und Institutionen sind

- Verbraucherzentrale-Bundesverband e. V.,
- die Stiftung Warentest, Berlin,
- Automobilclubs (ADAC, AVD),
- das Bundeskartellamt, die Landeskartellämter,
- Ordnungsämter, Gewerbeaufsicht.

Gleichermaßen gilt dieser Schutz natürlich auch für den redlichen und loyalen Mitbewerber.

Grundvoraussetzung für den funktionierenden Wettbewerb ist deshalb die Einhaltung folgender Regeln:

Wahrheitsgebot bzw. Irreführungsverbot

Das UWG § 3 sagt dazu Folgendes:

> „Wer im geschäftlichen Verkehr zu Zwecken des Wettbewerbs über geschäftliche Verhältnisse, insbesondere über die Beschaffenheit, den Ursprung, die Herstellungsart oder die Preisbemessung einzelner Waren oder gewerblicher Leistungen oder des gesamten Angebots, über Preislisten, über die Art des Bezugs oder die Bezugsquelle von Waren, über den Besitz von Auszeichnungen, über den Anlass oder den Zweck des Verkaufs oder über die Menge der Vorräte irreführende Angaben macht, kann auf Unterlassung der Angaben in Anspruch genommen werden."

Grundsätzlich gilt, dass der **Unternehmer**

a) keine unwahren Angaben zur Beschaffenheit, Ursprung, Herstellungsart seiner Ware und möglichen Service- und Garantieleistungen zu seiner Firma und
b) keine falschen Angaben zu den Angeboten seiner Konkurrenten machen darf.

Wettbewerbswidrig handelt, wer **Kunden**

- psychologisch unter Druck setzt und ihre freie Entschließung beeinträchtigt,
- umweltfreundliche Eigenschaften seines Produktes suggeriert, ohne dies näher zu erklären,
- dauerhaft belästigt (Briefe, Telefonate) und
- mit übermäßigen Vorteilen den Eindruck vermittelt, ein Angebotsvergleich beim Mitbewerber ist nicht erforderlich.

Dazu steht im § 6c des UWG:

> „Wer es im geschäftlichen Verkehr selbst oder durch andere unternimmt, Nichtkaufleute zu Abnahme von Waren, gewerblichen Leistungen oder Rechten durch das Versprechen zu veranlassen, ihnen besondere Vorteile für den Fall zu gewähren, dass sie andere zum Abschluss gleichartiger Geschäfte veranlassen, denen ihrerseits nach der Art dieser Werbung derartige Vorteile für eine entsprechende Werbung weiterer Abnehmer gewährt werden sollen, wird mit Freiheitsstrafe bis zu zwei Jahren oder mit Geldstrafe bestraft."

Nichtbehinderung des Mitbewerbers

Beispiele für einen Verstoß gegen diesen Grundsatz sind:

- Abfang des Kunden vor dem Unternehmen des Konkurrenten,
- Diskriminierung des Mitbewerbers oder seiner Waren,
- Betreibung einer Waren- oder Liefersperre unter Zuhilfenahme Dritter.

Schutz der Leistung des Mitbewerbers

Grundsätzlich ist es erlaubt, und das gebieten der weltweite Fortschritt und die freie Marktentfaltung, Leistungen anderer zu kopieren, solange sie nicht urheberrechtlich (Patent) geschützt sind. Unredlich ist dagegen, z. B. ein neues Buch unter eigenem Namen auf den Markt zu bringen, das geistiges Eigentum anderer Autoren wörtlich beziehungsweise in unveränderter Form übernimmt oder darüber verfügt. Deshalb vertritt die VG (Verwertungsgesellschaft)-Wort die Interessen dieser Autoren.

Ebenso unlauter ist, sich Kenntnisse durch Werkspionage, Bestechung von Angestellten des Mitbewerbers, Verrat von internen Geschäftsgeheimnissen und Vertrauensbruch zu verschaffen.

Achtung gesetzlicher und vertraglicher Bindung

Endpreise

In § 1 der Preisangabenverordnung (PAngV) heißt es:

> „Wer Letztverbrauchern gewerbs- oder geschäftsmäßig oder regelmäßig in sonstiger Weise Waren oder Leistungen anbietet oder als Anbieter von Waren oder Leistungen gegenüber Letztverbrauchern in Zeitungen, Zeitschriften, Prospekten, auf Plakaten, im Rundfunk oder Fernsehen oder auf sonstige Weise unter Angabe von Preisen wirbt, hat die Preise anzugeben, die einschließlich der Umsatzsteuer und sonstiger Preisbestandteile unabhängig von einer Rabattgewährung zu zahlen sind (Endpreise)."

Beispiel 1 UNICA PRIMOS Limousine, 3-türig, Erstzulassung 10/04, 10 000 km, Klimaanlage, Metallic-Lackierung (rot), Heckspoiler, Endpreis = 9 400,00 EUR

Beispiel 2 Magna Kombi, Endpreis =　　15 300,00 EUR

Beispiel 3	Magna Van	13 534,00 EUR
	Überführungskosten	350,00 EUR
	19 % Mwst.	2 571,46 EUR
	Endpreis	16 105,46 EUR

Diese 3 Beispiele entsprechen der Preisangabenverordnung, da sie alle geforderten Angaben enthalten. Eine pauschale Formulierung „zuzüglich Überführungskosten" wäre im Beispiel 3 deshalb nicht rechtskonform.

Zudem müssen alle Angaben dem Angebot zweifelsfrei zuzuordnen, leicht erkennbar und lesbar sein.

Preisgegenüberstellung

Einschränkungen zu Preisgegenüberstellungen wurden im UWG aufgehoben. Das heißt, es darf mit Preisangaben, die der Wahrheit zu entsprechen haben, gegenüberstellend geworben werden.

Diese vergleichende Werbung findet ihre Anwendung, wenn Autohändler den Kunden über die *unverbindliche Preisempfehlung* des Herstellers in Verbindung mit ihrem Hauspreis informieren. Die unverbindliche Preisempfehlung ist also nur eine Empfehlung des Herstellers, die für den Händler keine Bindung erforderlich macht. Da er in der Kalkulation seiner eigenen Verkaufspreise unabhängig ist, hat er bei der Festlegung dieser Preise einen großen Handlungsspielraum.

Man unterscheidet also zum einen Preissenkungen des Herstellers und zum anderen des Autohändlers (Hauspreise).

Beispiel 1   (Preissenkung des Herstellers)
MAGNA Limousine, 5-türig

Unverbindliche Preisempfehlung des Herstellers	bisher: 14 800,00 EUR
Unverbindliche Preisempfehlung des Herstellers	jetzt: 12 900,00 EUR

Beispiel 2   (Preissenkung des Autohändlers)
LUXERA Limousine, 3-türig

Unverbindliche Preisempfehlung des Herstellers:	22 300,00 EUR
Unser Hauspreis:	19 900,00 EUR

Wichtig dabei ist, dass sich die Preissenkung und der damit verbundene Preisvorteil an einer Bezugsgröße orientieren, die unbedingt anzugeben ist.

Beispiel 3
PRIMOS Limousine, 3-türig

Unser Hauspreis:	8 900,00 EUR
Preisvorteil:	1 300,00 EUR

(gegenüber der unverbindlichen Preisempfehlung des Herstellers)

Unzulässig dagegen ist Folgendes:

Beispiel 4
PRIMOS Limousine, 3-türig

Unser Hauspreis:	8 900,00 EUR
Preisvorteil:	1 300,00 EUR

Hier fehlt der Hinweis auf die unverbindliche Preisempfehlung des Herstellers.

Wie diese Beispiele zeigen, ist die Einhaltung der Regeln, die das Wettbewerbsrecht vorgibt, nicht immer einfach, aber wichtig deshalb, weil Ordnungswidrigkeiten, die das Wirtschaftsstrafgesetz beschreibt, egal ob fahrlässig oder vorsätzlich begangen, auch geahndet werden. Mögliche Folgen unlauteren Wettbewerbs können für den Autohändler sein:

- Abmahnungen
- Einigungsverfahren vor den Industrie- und Handelskammern (Schlichtungsstelle)
- Klagen vor den zuständigen Gerichten
  - 1. Instanz = Landesgericht
  - 2. Instanz = Oberlandesgericht
  - 3. Instanz = Bundesgerichtshof (Karlsruhe)
  und damit verbunden
- einstweilige Verfügungen bzw. Unterlassungsklagen

Dabei ist das Kostenrisiko, das der Autohändler bei einer Abmahnung trägt, abhängig von der Gebührenordnung, also den Gerichtskosten, eigenen Rechtsanwaltsgebühren und gegnerischen Rechtsanwaltsgebühren.

Wettbewerbsrecht 79

Der Zentralvereinigung des Kfz-Gewerbes zur Aufrechterhaltung Lauteren Wettbewerbs (ZLW) kommt dabei die Aufgabe zu, zur Weiterentwicklung des Wettbewerbsrechts sowie zu mehr Rechtssicherheit beizutragen.

Aufgaben

1. a) Entscheiden Sie, ob in den nachfolgenden drei Fällen das Wahrheitsgebot verletzt wurde.
   b) Beurteilen Sie, ob die Rechtsgeschäfte anfechtbar sind (vergleichen Sie dazu Lernfeld 4: Teile- und Zubehöraufträge bearbeiten).
   - Frau Doris Deister kauft einen PRIMOS Kombi mit Servolenkung für 12 500,00 EUR, da die Verkäuferin, Frau Anke Schäfer, ihr versichert, dass der gleiche PRIMOS Kombi ohne Servolenkung teurer ist.
   - Herr Roger Kunze aus dem Teile- und Zubehörlager muss im Verkauf aushelfen, da eine Kollegin im Urlaub ist und zwei Kollegen krank sind. Er preist einen MAGNA Kombi anstatt für 15 300,00 EUR nur für 10 200,00 EUR (Preis für PRIMOS Limousine) aus. Der Kunde, Herr Christian Pflanz, freut sich über das angebotene „Schnäppchen" und kauft das Auto zu diesem Preis.
   - In einer Werbeanzeige ist ein fünftüriger UNICA LUXERA mit Sonderausstattung abgebildet. Der gesamte Preis dagegen bezieht sich aber auf einen dreitürigen LUXERA mit einfacher Ausstattung. Herrn Dr. Rüdiger Hartmann sagt die Anpreisung zu und er bestätigt dem Autohaus Fritz seinen Kaufwunsch in Form einer schriftlichen Bestellung (Fax). Das Autohaus nimmt den Kaufantrag an.

2. Frau Elly Hauser hat vor, im Sommer eine größere Urlaubsreise anzutreten. Der planmäßige Durchsichtstermin ist erst im Herbst, deswegen möchte sie, dass das Autohaus Fritz GmbH einen „Urlaubscheck" durchführt. Sie vereinbart mit Herrn Kraft einen Termin und bringt ihr Fahrzeug an dem vereinbarten Tag ins Autohaus. Im Gespräch lässt Frau Hauser durchblicken, dass sie davon ausgeht, dass diese Durchsicht unentgeltlich erfolgt. In einer Anzeige eines anderen Autohauses hatte sie letztens gelesen, dass dort für einen Urlaubscheck als kostenlose Dienstleistung geworben wurde. Den möchte sie natürlich auch als Kundin des Autohauses Fritz in Anspruch nehmen. Herr Kraft verneint diesen „Service". Wie soll er sich verhalten?

3. Herr Christian Pflanz kommt ganz aufgeregt in das Autohaus. Er wurde in einen Unfall verwickelt: das erste Mal. Zum Glück trifft ihn keine Schuld und der Schaden ist unerheblich. Trotzdem ist es für einen Führerscheinneuling eine unliebsame Erfahrung.
   Natürlich ist das Autohaus sein erster Ansprechpartner, an das er sich als geschädigter Autofahrer vertrauensvoll wendet. Über der Reparaturannahme hängt ein Schild, auf dem steht:
   Unfall gehabt? – Keine Panik! – Wir klären das direkt mit Ihrer Versicherung!
   Darf das Autohaus mit dieser Schlagzeile werben?

4. Ein Kunde hat sich von der Karosserie eines Sportwagens zu sehr beeindrucken lassen. Nun bemerkt er: Die Bestellung des Fahrzeuges im Verkaufssalon übersteigt seine finanziellen Möglichkeiten. Kann er einen Spontankauf innerhalb von zwei Wochen wieder rückgängig machen? Begründen Sie Ihre Entscheidung anhand gesetzlicher Unterlagen!

5.

Subventionen für Automobilbauer

EU prüft Beihilfen für VW und BMW in Sachsen

Die EU-Kommission hat Zweifel an der Zulässigkeit staatlicher Beihilfen für die Werke von Volkswagen und BMW in Sachsen. Wie die Kommission mitteilte, soll ein Zuschuss von 83,7 Millionen Euro für die Modernisierung des VW-Werkes in Zwickau überprüft werden. Europas größter Autobauer will dort

Lernfeld 8

> seine Verfahren zur Herstellung von Klein- und Mittelklassewagen umstellen und dabei insgesamt 700 Millionen Euro investieren. Bei BMW begutachtet die EU-Behörde eine Hilfe von 46 Millionen Euro, die die Bundesrepub-
>
> lik für die Produktion von Elektroautos im Leipziger Werk gewähren will. Dabei geht es um das batteriebetriebene Modell i3 und das Hybridfahrzeug i8. Insgesamt beläuft sich das Investitionsvorhaben auf 368 Millionen Euro.
>
> *(MDR.DE: EU prüft Beihilfen für VW und BMW in Sachsen, veröffentlicht am 14. Juli 2011 unter www.mdr.de/sachsen/Subventionen100.html)*

Entscheiden Sie, ob die Subventionen für die sächsische Automobilindustrie gerechtfertigt sind!

6. Das Autohaus Fritz ist Haupthändler (A-Händler) für UNICA. Um seinen Kunden ein breiteres Service- und Verkaufsangebot bieten zu können, hat das Autohaus Fritz mit Einverständnis des Importeurs UNICA einen Unterhändlervertrag (B-Vertrag) mit dem Autohaus Max, welches Haupthändler für Geländefahrzeuge des Herstellers SARA ist. Dessen Produkte stehen nicht im direkten Wettbewerb zum Haupthandelsprodukt UNICA.

Auf seinen Geschäftsbögen, Briefunterlagen, Firmenstempeln usw. stellt das Autohaus Fritz seine Handelsprodukte mit Zustimmung seiner Vertragspartner dar. Bedingt durch eine Umstrukturierung der Handelsorganisation bei SARA kündigt das Autohaus Max dem Autohaus Fritz den Händlervertrag für das Produkt SARA fristgemäß.

Ohne Berücksichtigung der Beendigung dieses Vertrages verwendet Frau Hilde Riedel, Sekretärin der Geschäftsleitung, die Restbestände der Briefbögen etc., auf denen noch das Logo des Herstellers SARA ersichtlich ist.

Darf das Autohaus Fritz trotz Beendigung des Vertrages diese Geschäftsbögen, Briefunterlagen, Firmenstempei aufbrauchen?

Lernfeldaufgabe:
Ein neuer Magna ist wichtig –
entscheidend ist der nächste Tara

Die LANICA Ltd., ein japanischer Pkw-Hersteller mit weltweitem Produktions- und Vertriebsnetz, hat auf dem europäischen Markt erhebliche Probleme beim Absatz ihrer Fahrzeuge. Ursache dafür sind u. a. die zu langen Produktzyklen, das in den Augen der europäischen Kunden wenig ansprechende Design, die fehlende Marke etc.

Die Firma LANICA versucht nun durch verschiedene Maßnahmen im Bereich des Marketings, diese Probleme in den Griff zu bekommen. Der folgende Zeitungsbericht beschreibt die aktuelle Situation.

Ein neuer Magna ist wichtig, doch entscheidend ist der nächste Tara/LANICA Deutschland soll mit neuen Modellen Marktanteile zurückgewinnen

Bei LANICA Deutschland, einer Tochtergesellschaft der japanischen LANICA Ltd., stehen die Zeichen auf Sturm. Binnen weniger Jahre brach der Marktanteil in Deutschland von 12,4 % auf ca. 7,9 % ein. Eine von der Firma LANICA in Auftrag gegebene Studie einer Marktforschungsgesellschaft nennt vor allem zwei Gründe für diesen zurückgehenden Marktanteil:

1. Die Produktpolitik entspricht nicht den Bedürfnissen und Wünschen der Konsumenten.
2. Das Image der Marke LANICA in Deutschland ist äußerst schlecht.

Bei den angebotenen Modellen erfüllt einzig der neue Desira im Marktsegment mittlere Mittelklasse in der Produktqualität und bei den abgesetzten Stückzahlen die Erwartungen. Der Desira ist seit ca. einem Jahr auf dem Markt und wird nur als Limousine in den Motorenvarianten 90, 115, 150 PS angeboten. Der Turbodiesel mit 90 PS wurde vor 14 Tagen auf den Markt gebracht.

Auf einem Bein steht es sich bekanntlich schlecht, deshalb sollen die bestehenden Modelle überarbeitet bzw. nach und nach neue Modelle auf den Markt gebracht werden. Im Übrigen sind die angebotenen Motorvarianten nicht ausreichend. Die höchsten Steigerungen bei den Zulassungszahlen für Neufahrzeuge weisen in den letzten Jahren Dieselfahrzeuge auf. LANICA hat für diese Zielgruppe bisher ausschließlich den Desira TD anzubieten, in allen anderen Marktsegmenten fehlt bisher diese Motorvariante.

Trotz pfiffigen Designs gehen die Zulassungszahlen des in den ersten Jahren sehr erfolgreichen Kleinwagens Mira seit zwei Jahren kontinuierlich zurück. Der nur als Limousine angebotene Kleinwagen (Motorvarianten 45, 55, 70 PS) hat noch einen entscheidenden Nachteil: Viele LANICA-Kunden steigen vom in der unteren Mittelklasse angesiedelten Tara, der als Limousine in den Motorvarianten 70, 90, 115 PS angeboten wird, auf den kostengünstigeren Mira um. Diese Kannibalisierungseffekte sieht man bei LANICA überhaupt nicht gern, da mit dem Tara gutes Geld verdient wird, während beim Mira im Billigpreissegment nur über große Stückzahlen etwas zu verdienen ist. In letzter Zeit wird, aufgrund der zurückgehenden Absatzzahlen, beim Mira mit Verlust gearbeitet.

Als Folge dieser Entwicklungen will LANICA in den nächsten fünf Jahren 40 neue Fahrzeuge, Modell- und Motorvarianten auf den Markt bringen, eine Produktoffensive wie nie zuvor in der Geschichte des Unternehmens.

Ein erstes Beispiel will LANICA im Herbst auf dem Pariser Autosalon mit dem neuen Magna (obere Mittelklasse) zeigen. Es wird kein Weltauto mehr sein. Mit dem Konzept eines Weltautos hat man bei LANICA Schiffbruch erlitten. Insbesondere beim Design, aber auch bei den Motorvarianten, bei der Länge des Modellzyklus und bei der Qualität wird man in Zukunft auf regionale Bedürfnisse eingehen.

All dies wird beim neuen Magna berücksichtigt: Neben dem völlig neuen Design wird zusätzlich zu der bisher angebotenen Limousine mit den Benzinmotoren 120, 150, 170 PS eine Kombi- und eine Cabrioversion mit denselben Benzinmotoren angeboten. Daneben werden für die Limousine und den Kombi noch zwei Turbodieselmotoren mit 115 und 150 PS mit ins Programm genommen.

Das alte Modell des in der Luxusklasse angesiedelten Luxera (Limousine) musste wegen zu geringer Absatzzahlen vom Markt genommen werden. Mit verändertem Design, neuen Direkteinspritzer-Dieselmotoren, Sechs- und Achtzylindermotoren aus Aluminium mit erheblich reduziertem Kraftstoffverbrauch (170, 210, 250 PS) und umfangreicher Serienausstattung (hervorragende Klimaanlage, zehn Airbags u. Ä.), aber unter dem alten Namen wird versucht, den bekannten Marken (BMW, Mercedes, Audi) in Deutschland Paroli zu bieten.

Ungeachtet dieser Modelloffensive bei den traditionellen Marktsegmenten wird LANICA auch die Nischen nicht vergessen. „Jede Nische wird geschlossen", versichert Entwicklungschef Takascha. Dabei wird zuerst an die Käufergruppe der Vanfahrer gedacht. Diese Zielgruppe wurde bisher sträflich vernachlässigt. Ein Van wurde bisher nicht angeboten. Vorgesehen sind nun ein Minivan (Galaxa) mit 90 und 115 PS Benzinmotoren und einem 90 PS Turbodiesel sowie ein Van (Mangenta) mit 90, 115 und 150 PS Benzinmotoren und zwei Turbodieselmotoren mit 90 und 115 PS.

Der neue Off-Roader „Rodeo" kommt nächstes Jahr mit den Benzinmotoren 90 und 115 PS sowie als Turbodiesel mit 115 und 150 PS auf den Markt. Ein weiteres völlig neues Modell ist der Pantera, der in ca. zwei Jahren auf den Markt kommen soll. Der Pantera ist zwischen der mittleren und der oberen Mittelklasse angesiedelt und wird als Sportcoupé und als zweisitziger Roadster angeboten. Die Benzinmotoren leisten 90, 115 und 150 PS; ein Dieselmotor wird nicht angeboten, da für dieses Modell eine Dieselmotorisierung als nicht stilgerecht angesehen wird.

Sollte diese sportliche Variante ein Erfolg werden, wird für jedes Modell ein sportlicher Ableger geplant. Mit all diesen Maßnahmen in der Produktpolitik werden 10 % Marktanteil in Deutschland mittelfristig angestrebt.

Acht Jahre nach der Markteinführung (Marktphase) des Modells Tara gehen die Absatzzahlen sehr stark zurück, trotz der seit einem Jahr angebotenen Sondermodelle, die teilweise umfangreiche Sonderausstattungen enthalten. Dies liegt nur zum Teil daran, dass viele Kunden statt eines Tara den neueren und preisgünstigeren Mira kaufen. Der wesentliche Grund ist darin zu sehen, dass der konturlose Tara trotz der Sondermodelle und leichter Retuschen eigentlich nicht mehr konkurrenzfähig ist. Technik, Design, Sicherheitssysteme etc. sind veraltet und nicht mehr marktgerecht.

Dem Hersteller LANICA stehen über den Tara folgende Zahlenwerte zur Verfügung:

Jahre	Umsatz	Kosten	Gewinn
1	0,7 Mrd. EUR	0,75 Mrd. EUR	
2	2,0 Mrd. EUR	1,1 Mrd. EUR	
3	3,5 Mrd. EUR	1,5 Mrd. EUR	
4	5,0 Mrd. EUR	3,5 Mrd. EUR	
5	4,3 Mrd. EUR	3,5 Mrd. EUR	
6	3,5 Mrd. EUR	3,0 Mrd. EUR	
7	2,0 Mrd. EUR	2,0 Mrd. EUR	
8	1,0 Mrd. EUR	1,5 Mrd. EUR	

a) Beschreiben Sie das bisherige und das neue (geplante) Produktprogramm der Firma LANICA entsprechend folgender Tabelle:
   (Legen Sie für das bisherige und das neue Produktprogramm jeweils eine Tabelle an.)

Lernfeldaufgabe: Ein neuer Magna ist wichtig ...

Tabelle für das bisherige Produktprogramm:

Markt-segment / Modell-typ	Kleinwagen	Untere Mittelklasse	Mittlere Mittelklasse	Obere Mittelklasse	Oberklasse

b) Welche dieser neuen Modelle verändern die Produktbreite, welche die Produkttiefe des bestehenden Produktprogramms (Begründung)?

c) Beschreiben Sie die Zielgruppen, die LANICA mit den neuen Modellen Galaxa und Pantera anspricht, indem Sie diesen Zielgruppen u. a. bestimmte Werte und Eigenschaften wie konservativ, sparsam, funktionsorientiert, genussorientiert, statusorientiert u. Ä. zuordnen.

d) Welche weiteren Veränderungen im Produktprogramm könnten Sie sich vorstellen?

e) Ermitteln Sie die Höhe des Gewinns vom Modell Tara in den einzelnen Jahren.

f) Zeichnen Sie in ein Koordinatensystem (vgl. unten) die Gewinn- und Umsatzkurve (Werte bitte in die Mitte des jeweiligen Jahres eintragen).

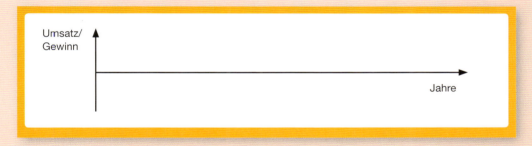

g) Beschreiben Sie anhand einiger Kriterien die Lebenszyklusphase, in der sich der Tara aktuell befindet.

h) Erläutern Sie den Sinn und Zweck der Markierung von Produkten/Dienstleistungen unter marketingpolitischen Gesichtspunkten.

i) Welche Möglichkeiten des Markenschutzes bestehen und wie umfassend ist dieser Markenschutz?

j) Beschreiben Sie, mit welchen Maßnahmen einzelne Automobilhersteller versuchen, das Ansehen ihrer Marke zu verbessern.

Lernfeld 11
An Neu- und Gebrauchtfahrzeug-
geschäften mitwirken

1 Beziehungen zwischen Händler, Hersteller und Importeur

Seit Juni 2010 ist eine neue europäische Gruppenfreistellungsverordnung (GVO) in Kraft. Sie gilt bis zum Jahr 2022. Für den Vertrieb gelten in einer Übergangsfrist von 3 Jahren noch die alten Regeln. In dieser Zeit werden sich die vertraglichen Vereinbarungen zwischen Herstellern/Importeuren und Händlern an die neuen Regeln anpassen. Auch die Margensysteme (Händlerrabatte) spielen dabei eine Rolle.
Diese neuen Wettbewerbsregeln beinhalten neue und grundsätzliche Begriffe wie „Marktanteilsschwelle", „vertikale Vereinbarungen", „Kernbeschränkungen", „Schirm-GVO" u. a.
Der engagierte Auszubildende im Autohaus Fritz, Mario Töpfer, möchte mehr über die Beziehungen zwischen Hersteller und Händler wissen; denn er möchte später vielleicht selbst einmal eine führende Position in einem Autohaus übernehmen. Unterstützen Sie ihn bei der Suche nach Informationen über diese Thematik:

1. Sammeln Sie Berichte aus Zeitungen und Fachzeitschriften (z. B. „kfz-betrieb", „Automobilwoche", „Autokaufmann" oder „Autohaus"), die diese Probleme zum Thema haben.
2. Erkundigen Sie sich nach den einzelnen Bestimmungen der GVO.

1.1 Entwicklung des Automobilvertriebs

Der Automobilhandel in Deutschland befindet sich, nicht zuletzt seit Inkrafttreten der neuen **Gruppenfreistellungsverordnung**, im Umbruch. Jedoch sind die Absatzmethoden (direkte und indirekte Absatzwege) erhalten geblieben.

Die neue Version der GVO erlaubt den Kfz-Herstellern/Importeuren, innerhalb der EU den freien Wettbewerb einzuschränken. Die Gruppe der Kfz-Hersteller ist also weiterhin von den Regelungen des Kartellrechts und entsprechender EU-Gesetze freigestellt.

Die bisher gültigen Regelungen der speziellen Kfz-GVO haben sich in der Vergangenheit bewährt. Die neue GVO sollte deshalb auch nicht grundlegend geändert werden. Jedoch sollte bei den neuen Regelungen die gewachsene Marktmacht großer Vertriebsunternehmen sowie der boomende Verkauf über das Internet berücksichtigt werden. Außerdem sollten die Verbraucher noch stärker vor Wettbewerbsverzerrungen geschützt werden.

Die neue GVO wird in die bereits bestehende **Schirm-GVO** integriert, um so für alle Branchen eine einheitliche Freistellungsverordnung zu schaffen. Die Freistellung von bestimmten Vereinbarungen zwischen Herstellern und Vertriebshändlern erlaubt es den Herstellern, sich die Händler nach quantitativen und qualitativen Gesichtspunkten auszuwählen. So kann der Hersteller unter bestimmten Voraussetzungen bestimmen, wie viele Händler mit wie vielen Marken mit welchen Standards und an welchem Standort die Produkte des Herstellers vertreiben dürfen. Diese Vereinbarungen nennt man **vertikale Vereinbarungen** (**zentrale GV**), weil sie zwischen Unternehmen geschlossen werden, die auf verschiedenen Niveaus der Produktions- oder Vertriebskette arbeiten.

Von welchen Beschränkungen der Hersteller bei Vereinbarungen mit dem Händler befreit ist, hängt von der Wahl des Vertriebssystems ab. Es ist entweder ein exklusives oder ein selektives Vertriebssystem möglich.

Bei einem **exklusiven Vertriebssystem** kann der Hersteller einen Vertriebshändler vor aktiven Verkäufen seitens anderer Händler schützen. Dem exklusiven Vertriebshändler wird ein ausschließliches Verkaufsgebiet zugewiesen. Der Hersteller kann aber den exklusiven Vertragshändler nicht daran hindern, auf Kundenanfragen von außerhalb des Gebietes zu antworten und im gesamten Binnenmarkt diesen Kunden Produkte zu verkaufen (passiver Verkauf). Eine solche Beschränkung wäre eine sogenannte **Kernbeschränkung**, die nicht erlaubt wäre.

Im **selektiven Vertrieb** ermöglicht die Verordnung den Herstellern, ihre Vertriebshändler auf der Grundlage von spezifizierten Kriterien (Standards) auszuwählen und Verkäufe an unbefugte, nicht markengebundene Vertriebshändler zu verbieten. Die Vertriebshändler können aber aktiv überall im EU-Binnenmarkt und an jeden Endverbraucher verkaufen. Jede andere Beschränkung ihrer Freiheit wäre wiederum eine **Kernbeschränkung**, die nicht erlaubt wäre.

Die neue Vertikal-GVO gilt nur für Händlerverträge zwischen Hersteller und Händler, wenn die **Marktanteilsgrenze** von 30 % nicht überschritten wird. Unter Marktanteil versteht man, dass im relevanten Markt weder der Hersteller noch der Händler diesen Marktanteil erreicht.

Nach der Neuregelung der GVO werden sicherlich noch Anpassungen bis zum Jahr 2013 folgen.

1.2 Händler-/Herstellerverträge

Im Automobilhandel sind zurzeit folgende **Vertriebswege** üblich:
- direkte Vertriebssysteme der Hersteller/Importeure
- Vertrieb über Händler als markengebundene Eigenhändler (eine/mehrere Marken)
- Vertrieb über Händler als Handelsvertreter (Agent)
- Vertrieb über Händler als freie, nicht markengebundene Händler

Beziehungen zwischen Händler, Hersteller und Importeur

Das direkte Vertriebssystem erfolgt entweder durch Direktgeschäfte des Herstellers/Importeurs an meistens Großkunden und Sonderabnehmer (Kommunen, Pflegedienste, Mietwagenanbieter u. a.). Dabei kann ein Händler auch als Agent, Fahrzeugauslieferer und Inkassostelle auftreten; dies wird im Rahmen eines Agenturvertrages geregelt.

Eine weitere Möglichkeit des Direktvertriebs ist der Verkauf über Niederlassungen (z. B. bei Mercedes-Benz). Es sind jedoch auch Mischsysteme möglich. So verkauft BMW z. B. sowohl durch Direktvertrieb wie auch über Niederlassungen, hauptsächlich aber über markengebundene Eigenhändler.

Auch können sich die unterschiedlichen Vertriebssysteme auf die Fahrzeugmodelle beziehen. Bei VW z. B. wird der „Phaeton" ausschließlich im Direktvertrieb vom Hersteller selbst vertrieben.

Die meisten Automobilhersteller vertreiben ihre Fahrzeuge über markengebundene Eigenhändler. Diese handeln im eigenen Namen und kaufen/verkaufen Automobile für eigene Rechnung.

1.2.1 Händlervertrag

Händlerverträge haben in der Regel ähnliche Inhalte. Nur die Ausprägung (z. B. die Formulierung der Standards oder die Auswahl des Margensystems) kann unterschiedlich ausfallen.

Die wichtigsten Inhalte der Händlerverträge:
- Vertragsgegenstand
- Aufgaben und Rechtsstellung des Händlers
- Leistungen des Herstellers/Importeurs
- Vertragsdauer/Kündigung/allgemeine Bestimmungen

1.2.1.1 Vertragsgegenstand

Im Abschnitt „Vertragsgegenstand" werden die Grundlagen des Händlervertrages genannt:

Art des Vertrages (in der Regel selektives Vertriebssystem im Sinne der GVO)

Vertriebsgebiet (europäischer Wirtschaftsraum: EU, Norwegen, Island, Liechtenstein und die Schweiz)

Vertragsprodukte (aktuelle Neufahrzeuge des Herstellers, die für Deutschland hergestellt wurden, mit evtl. Ausnahmen, wie bei VW der „Phaeton"): Dies bedeutet, dass Fahrzeuge die nicht für den deutschen Markt produziert wurden und z. B. reimportiert werden, nicht zur Vertragsware gehören und außerhalb des Händlervertrages vertrieben werden können.

Qualitative Standards: Die im Händlervertrag genannten qualitativen Standards müssen vom Händler ständig erfüllt werden. Dazu gehören z. B.:
- *Zertifizierung* nach Richtlinien des Herstellers (z. B. Qualitätssicherungssystem nach EN ISO 9 000 ff.)
- *Informations- und Kommunikationssysteme:* Der Händler verpflichtet sich, die vom Hersteller vorgegebenen Management- und Reportingsysteme zu nutzen und zu bedienen und die entsprechende Infrastruktur (Hardware, Software, Schnittstellen zum Hersteller) bereitzustellen. Der Händler beteiligt sich weiterhin an einem Austausch von Kundendaten mit dem

Hersteller und nimmt an Kundenbindungs- und Kundenbeziehungsmanagementsystemen (CRM) teil.
- *Corporate Design:* Basiselemente wie Markenzeichen auf Briefbögen, Formularen, Werbung u. a.; Betriebskennzeichnung am Gebäude und ein Pylon nach besonderen Richtlinien.

Beim Verkauf werden folgende qualitativen Standards gefordert:

- *Corporate Design:* Der Händler verpflichtet sich, die folgende Basisarchitektur in seinem Verkaufs- und Ausstellungsraum nach besonderen Richtlinien zu realisieren:
  – Eingangsportal
  – Beleuchtungskonzept
  – Möblierungskonzept
  – Plakat-, Prospekt-, Preisauszeichnungsständer
  – u. a.

- *Teilnahme an Kundenzufriedenheitsanalysen* nach besonderen Richtlinien.

- *Mystery Shopping:* Zur Sicherstellung eines kundenorientierten Verkaufsprozesses wird die Teilnahme an simulierten Verkaufsgespräch-Programmen gefordert.

- *Personalanforderungen:* Die Geschäftsführung, Verkaufsleiter, Verkäufer und Disponenten müssen sich an Qualifizierungen und Weiterentwicklungen gemäß den Richtlinien beteiligen. Verkaufsleiter und Verkäufer dürfen in der Regel nicht für den Verkauf einer anderen Marke eingesetzt werden.

- *Ausstellungsfahrzeuge:* Die Anzahl von Ausstellungsfahrzeugen bemisst sich nach dem vereinbarten Jahresziel. Es wird in der Regel eine Mindestanzahl vereinbart (bei VW sechs Fahrzeuge).

- *Ausstellungsfläche:* Die Ausstellungsfläche muss eine zusammenhängende Fläche der einen Marke sein. Meist wird eine bestimmte Größe je Fahrzeug vorgeschrieben (bei VW z. B. 30 m² pro Fahrzeug).

- *Vorführfahrzeuge:* Die Anzahl von Vorführfahrzeugen bemisst sich ebenfalls nach dem vereinbarten Jahresziel. Auch hierbei wird meistens eine Mindestanzahl gefordert (bei VW z. B. drei Fahrzeuge). Diese Fahrzeuge müssen aktuelle Modelle sein und spätestens nach einer vereinbarten Zeit (bei VW sechs Monate) ersetzt werden.

- *Werbebudget:* Die Händler sind verpflichtet, einen bestimmten Prozentsatz des Verkaufsumsatzes von Neuwagen für Werbung, Verkaufsförderung (Sales Promotion) und Öffentlichkeitsarbeit (Public Relations) auszugeben (bei VW mindestens 0,5 %).

- *Auslieferung:* Vor Übergabe an den Kunden müssen die Händler eine Übergabeinspektion durchführen. Bei VW z. B. muss zusätzlich ein besonderer Auslieferungsplatz für die Übergabe eingerichtet werden.

Zu den Grundlagen vieler Verträge gehört auch, dass der Händler bei jeglichen Änderungen der Firma, der Inhaber/Gesellschafter, der Geschäftsführung, der Rechtsform, der Beteiligungsverhältnisse oder des Standorts die vorherige schriftliche Zustimmung des Herstellers einholen bzw. bei Beteiligungen an weiteren Händler-/Servicepartnerschaften den Hersteller informieren muss.

1.2.1.2 Aufgaben und rechtliche Stellung des Händlers

Der Händlervertrag mit einem Eigenhändler sieht vor, dass das Unternehmen selbstständig, im eigenen Namen und für eigene Rechnung handelt.

Sollte ein Autohaus einen weiteren Vertrag mit einem anderen Markenhersteller abschließen, so muss er den Hersteller davon informieren bzw., wenn die Marke nicht zum Konzern des Herstellers gehört, die schriftliche Zustimmung einholen (bei VW).

Der Export von Vertragsprodukten in Länder außerhalb des europäischen Wirtschaftsraumes ist den Händlern in den meisten Verträgen nicht gestattet.

Durch das selektive Vertriebssystem kann der Hersteller fordern, dass Neufahrzeuge nicht an Wiederverkäufer, die markenfremd oder frei mit Fahrzeugen handeln, verkauft werden dürfen. Der Begriff „Neufahrzeug" ist jedoch vielfältig (vgl. S. 94 f.). Deshalb definiert der Händlervertrag von VW z. B. Neufahrzeuge als fabrikneue und/oder ungebrauchte Fahrzeuge. Dabei gelten Fahrzeuge als ungebraucht, wenn sie eine Fahrleistung von weniger als 1 000 km aufweisen. Eine Zulassung zum Straßenverkehr ist dafür unerheblich.

Die Vertragspartner vereinbaren für das jeweilige Kalenderjahr Jahresziele (Abnahmemengen) für die Vertragsprodukte. Diese Jahresziele werden regelmäßig überprüft und entsprechend der Entwicklung des Gesamtmarktes und der einzelnen Modellsegmente einheitlich nach Richtlinien des Herstellers angepasst.

Für die Kaufvertrags-, Lieferungs- und Abrechnungsregelungen gelten besondere Bedingungen. Die Entstehung und die Verpflichtungen aus dem Kaufvertrag zwischen Händler und Hersteller/Importeur können unterschiedlich geregelt sein. Der Hersteller behält sich dabei in der Regel eine Ablehnung der Bestellung des Händlers innerhalb einer Frist von zwei bis drei Wochen vor. Mit einer Auftragsbestätigung des Herstellers/Importeurs ist der Kaufvertrag abgeschlossen.

Die Zahlungsbedingungen werden ebenfalls unterschiedlich geregelt. Es gibt Verträge, bei denen die Zahlung sofort bei Lieferbereitschaft durch Lastschrift im Bankabbuchungsverfahren vereinbart wird (VW). Andere Verträge haben differenzierte Zahlungsbedingungen. Je nachdem, ob es sich um Kunden-, Lager- oder Vorführwagen handelt, werden unterschiedliche Zahlungsbedingungen vereinbart.

1.2.1.3 Leistungen des Herstellers/Importeurs

Grundsätzlich unterstützt der Hersteller/Importeur den Händler und berät ihn im Rahmen der jeweils gültigen Richtlinien.

Weiterhin erstattet der Hersteller/Importeur dem Händler die Kosten für ausgeführte Sachmangelhaftungs-, Garantie- und Kulanzleistungen nach den jeweils gültigen Bedingungen.

Eine wichtige Vereinbarung ist sicherlich das **Margen- und Bonussystem** des Herstellers. Die Margen- oder auch Händlervergütung wird grundsätzlich vom unverbindlichen Verkaufspreis (netto) des Herstellers/Importeurs berechnet. Sie unterteilt sich in eine Grundmarge und verschiedene Bonussysteme. Während die Grundmargen bei 10 %–15 % liegen, können maximal ca. 20 % erreicht werden. Hinzu kommen noch Boni für Kredit-/Leasingverträge.

Folgende Bonussysteme wurden oder werden noch angewandt:
- Volumenbonus
- Wachstumsbonus
- Kundenzufriedenheitsbonus
- CD-Bonus
- Modellbonus

Der **Volumenbonus** wird gewährt, wenn der Händler die vereinbarten Verkaufsziele erreicht. Dabei kann dieser Bonus nach Grad der Erreichung abgestuft werden.

Bei Überschreitung der vereinbarten Abnahmemengen kann der Händler u. U. noch zusätzlich einen Wachstumsbonus erhalten.

Die Kundenzufriedenheit wird mithilfe von Kundenbefragungen ermittelt. Je nach Zufriedenheit kann der Händler bei diesem Bonus eine Zusatzmarge erlangen.

Der **CD-Bonus** (Corporate-Design-Bonus) wird in jüngster Zeit von einigen Herstellern gewährt. So erhält z. B. ein Audi-Händler für eine bestimmte Dachform, ein bestimmtes Tragwerk und Eingangselement oder die schräg gestellte Fassade einen je nach Erreichung des Standards festgelegten Bonus.

Viele Hersteller/Importeure vereinbaren für die unterschiedlichen Modelle auch unterschiedliche Margen. Dabei erhalten die Händler neben der Grundmarge eine Zusatzmarge für bestimmte Modelle (**Modellbonus**).

1.2.1.4 Vertragsdauer/Kündigung/allgemeine Bestimmungen

Die Händlerverträge werden in der Regel auf unbestimmte Zeit geschlossen. Eine ordentliche Kündigung ist von jedem Vertragspartner i. d. R. mit einer Frist von 24 Monaten möglich.

Neben der ordentlichen Kündigung sind fristlose Kündigungen in bestimmten Fällen möglich, z. B. bei Vertrieb des Händlers an nicht berechtigte Wiederverkäufer oder bei Verstoß gegen das Exportverbot.

Bei den allgemeinen Bestimmungen werden Vereinbarungen zur Schlichtung bei Unstimmigkeiten, Haftung, Vertraulichkeit und zum Gerichtsstand getroffen.

Aufgaben

1. Welche Entwicklungen sind in Deutschland auf dem Automobilmarkt in Bezug auf das Vertriebssystem festzustellen?

2. Welche Probleme haben besonders kleinere Autohäuser in der Zukunft zu bestehen?

3. Unterscheiden Sie zwischen: Eigenhändler (markengebundene, freie), Handelsvertreter und Niederlassung.

4. Skizzieren Sie die üblichen Inhalte eines Händlervertrages.

5. Beschreiben Sie die Sonderstellung des Automobilmarktes im Wettbewerb (selektives Vertriebssystem) mithilfe der Händler-Vertragsbedingungen und der GVO.

6. Welche unterschiedlichen Rabatte und Boni gewährt der Hersteller/Importeur dem Händler?

2 Neuwagengeschäft

2.1 Fahrzeugarten

Coupé oder Cabriolet? Warum oder?

So wirbt der Autohersteller VW für sein neues Modell „Eos". VW macht deutlich, dass eine genaue Zuordnung der auf dem Markt befindlichen Modelle nicht mehr möglich ist.
Es werden immer wieder Nischen zwischen den vorhandenen Modellen gesucht und gefunden. Neben den Großraumlimousinen (auch VAN genannt) z. B. gibt es inzwischen Kompakt-Vans, Mini-Vans und Micro-Vans.
Wonach kann man Fahrzeuge überhaupt einteilen?

1. In welche Gruppen kann man Fahrzeugmodelle einordnen?
2. Nach welchen Kriterien werden sie zugeordnet?
3. Besorgen Sie sich Prospekte der Fahrzeugmodelle Ihres Ausbildungsbetriebes, um damit eine Zuordnung vorzunehmen.

2.1.1 Fahrzeuge nach DIN-Norm

Für **Kraftwagen**, die artenreichste und größte Gruppe der Kraftfahrzeuge, war es zur allgemeinen Verständigung erforderlich, Begriffe für bestimmte Fahrzeugarten zu schaffen. Für Pkws sind sie nach DIN 70011 genormt. Danach sind grundsätzlich Personenkraftwagen mehrspurige Kraftfahrzeuge, die auch Anhänger ziehen dürfen. Sie eignen sich – je nach Bauart – für den Personentransport (maximal neun Personen), deren Gepäck sowie den Transport von kleineren Gütern.

Nach **DIN 70011** unterscheidet man folgende **Personenkraftwagen**:

- **Limousine**

Diese häufigste Bauform hat einen geschlossenen Aufbau mit festem Dach. Die Limousine hat zwei oder vier Seitentüren, vier oder mehr Seitenfenster sowie vier oder mehr Sitzplätze in mindestens zwei Sitzreihen.

Limousinen können mit Stufenheck, Fließheck oder Steilheck (Fastback) ausgestattet sein. Am Heck befindet sich eine Klappe oder Tür, die den Gepäckraum zugänglich macht.

- **Kombilimousine (Kombiwagen)**

Der Kombiwagen unterscheidet sich von den Limousinen nur durch einen größeren Gepäckraum, der als Laderaum genutzt und durch herunterklappbare oder herausnehmbare Sitze erweitert werden kann.

- **Coupé**

Ein Coupé unterscheidet sich von der Limousine durch einen deutlich kleineren Innenraum. Die Zahl der Sitzplätze wird oft als „2 + 2" angegeben. Dies bedeutet, dass die hinteren Sitzplätze nur beschränkt genutzt werden können (z. B. geringe Kopffreiheit). Das Coupé hat einen geschlossenen Aufbau und nur zwei Seitentüren.

Limousine (Stufenheck)

Kombilimousine

Cabriolet

Coupé

Fahrzeuge in unterschiedlicher Ausführung

- **Kabriolett (Cabriolet)**

Das auch „Cabrio" genannte Fahrzeug hat einen offenen Aufbau mit zurückklappbarem Verdeck oder Festteil und versenkbaren Seitenscheiben. Oft haben Cabrios zur Erhöhung der Sicherheit einen Überrollbügel. Sonst hat ein Cabrio alle Eigenschaften einer Limousine.

- **Sportwagen**

Sportwagen, oder auch in der offenen Form „Roadster" genannt, sind meist zweisitzige Fahrzeuge mit einem geschlossenen oder offenen Aufbau und einem sportlichen Fahrwerk. Die Karosserie ist sehr flach gehalten. In der offenen Variante unterscheidet man Wagen mit einem zurückklappbaren Verdeck oder einem abnehmbaren Dach aus festem Material (Hardtop).

- **Mehrzweck-Pkw (Geländewagen)**

Diese Fahrzeuge sind vielseitig einsetzbar. Sie sind in der Regel mit Allradantrieb ausgestattet und können geschlossene oder rückwärtig offene Aufbauten mit abknöpfbarem Verdeck oder Hardtop haben.

Folgende Bezeichnungen werden verwendet:

- MPV (Multi Purpose Vehicle) = Mehrzweckfahrzeug
- SUV (Sport Utility Vehicle) = sportlich nutzbares Fahrzeug
- SAV (Sport Activity Vehicle) = sportliches Familienfahrzeug
- MSV (Multi Sport Vehicle) = Mehrzweck-Sportauto

- **Großraum-Limousine**

Diese Fahrzeugart ist, wie der Name schon sagt, ein großräumiger, mannshoher Wagen mit vielen Sitzplätzen und einem großen Transportvolumen (auch als „Van" bezeichnet). Er besitzt im Gegensatz zum Geländewagen aber eine selbsttragende Karosserie.

Weitere Kraftwagen stellen die **Nutzfahrzeuge** dar. Die Unterscheidung richtet sich nach dem Einsatzzweck:

Personenbeförderung	Gütertransport	Zugfahrzeuge
Omnibusse	leichte Klasse 3,5–7,5 t zGG	Anhängermaschinen
Kleinfahrzeuge (bis 25 Personen)	Mittelklasse 7,5–13 t zGG	Sattelzugmaschinen
Stadtomnibusse (mit Sitz- u. Stehplätzen bis 185 Personen)	schwere Klasse 13–32 t zGG	Traktoren
Überlandomnibusse (Stehplätze nur zwischen den Reihen)	zGG = zulässiges Gesamtgewicht	
Reiseomnibusse (nur Sitzplätze, luxuriöse Ausstattung)		

Zu den einspurigen Kraftfahrzeugen gehören die **Krafträder**. Hierbei unterscheidet man:

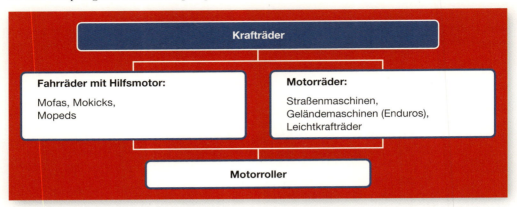

Mofas, Mokicks und Mopeds unterscheiden sich in der Höchstgeschwindigkeit. Für Mofas ist die Geschwindigkeit auf 25 km/h begrenzt, während sie bei Mokicks und Mopeds höchstens 50 km/h beträgt. Mokicks haben zum Anlassen des Motors einen Kickstarter. Der Hubraum ist bei diesen Krafträdern auf 50 ccm beschränkt.

Motorräder unterscheiden sich nach dem Einsatzzweck. Der Hubraum und die Höchstgeschwindigkeit sind nicht beschränkt. Als freiwillige Obergrenze gilt in Deutschland eine Motorleistung von 74 kW (100 PS). Leichtkrafträder haben einen Hubraum von 50–125 ccm und ihre Höchstgeschwindigkeit beträgt maximal 11 kW. Das besondere eines Motorrollers ist der Durchstieg zwischen Lenker und Sitzbank. Außerdem haben sie einen mehr oder weniger breiten Beinschutz, der Spritzwasser bei Regen abhält. Sie zählen je nach Bauart und Motorhubraum zu den Mokicks, Leichtkrafträdern oder Motorrädern.

2.1.2 Fahrzeuge aus wirtschaftlicher und rechtlicher Sicht

In Werbeanzeigen verschiedener Autohändler liest man oft Folgendes:

EU-Neuwagen mit Tageszulassung, 0 km
17× Ford KA 1.3, Klima, Airbag, Zentral, el. Fenster, Audio 6000 etc., statt 11 690,–** EUR jetzt nur **7 990,–** EUR
3× Ford Focus 1.6 TDCi Fun Turnier, Klima, 6 Airbags, Funkzentral, el. Fenster Quickclear, Partikelfilter, Audio 6000, Sitzheiz. etc., statt 22 900,–EUR** jetzt nur **16 990,–** EUR
9× Renault Scénic Avantage dCi, Klima, 6 Airbags, Funkzentral, el. Fenster, ESP, Nebel, Partikelfilter, RCD etc., statt 23 790,–EUR** jetzt nur **16 990,–** EUR

Chevrolet Neuwagen,
Tages-/Kurzzul. 0 km, Jahresw.
17× Matiz 0.8 S, Neuw., ABS, Airbags, Zentral, el. Fenster etc., statt 8 540,– EUR** jetzt nur **6 990,–** EUR

64× Kalos 1.2 S, TZ, Airbags, Zentral, etc. Automatik, Klima gegen Aufpreis. Statt 10 540,–EUR** jetzt nur **7 590,–** EUR
50× Nubira 1.6 SX Jahreswagen, Klima, 4 Airbags, Zentral, el. Fenster u. Spiegel etc., Automatik oder 1.8 CDX gegen Aufpreis. Jetzt nur **8 990,–** EUR**
13× Evanda 2.0 SX Jahreswagen, Klima, 4 Airbags, Funkzentral, el. Fenster, Tempomat, Navi etc. jetzt nur **10 490,–** EUR

KIA Neuwagen
mit Tages-/Kurzzulassung 0 km
102× Kia Picanto 1.1 LX, ABS, 4 Airbags, Zentral etc., statt 9 250,– EUR** jetzt nur **7 790,–** EUR

> 1. Um welche Art von Fahrzeugen handelt es sich in dieser Anzeige? Sind es Neu- oder Gebrauchtfahrzeuge, oder Vorführ-, Geschäftswagen, Auslaufmodelle oder sogar Fahrzeuge einer alten Serie?
> 2. Suchen Sie ähnliche Beispiele aus Tages-/Wochenzeitungen oder Zeitschriften.

Die unterschiedlichen Definitionen von Neufahrzeugen können Auswirkungen auf Einkaufs- und Verkaufspreise und Konditionen sowie auf die Sachmangelhaftung haben. Dies führt oft zu Problemen zwischen Händlern und Kunden und zwischen Händlern und Herstellern bzw. Importeuren (Händlervertrag; GVO).

Neuwagen im weitesten Sinne und aus rechtlicher Sicht sind Fahrzeuge, die noch nicht zugelassen und auch noch nicht gefahren wurden. Im engeren Sinne sind Neuwagen Fahrzeuge, die mit ihren technischen Ausstattungen dem aktuellen Produktionsstand des Herstellers entsprechen (fabrikneue Fahrzeuge). Das heißt, es sind Fahrzeuge, die serienmäßig als neueste Modelle vom Hersteller produziert werden.

Man muss deshalb verschiedene Arten von Neuwagen unterscheiden:
- Neuwagen als neuestes Modell des Herstellers (fabrikneu)
- Neuwagen als Auslaufmodell
- Neuwagen einer alten Serie

Ein typisches Beispiel ist bzw. war die Einführung des neuen VW-Golf V. Während der Produktion und Einführung wurde aber auch noch der Golf IV produziert und verkauft. Diese Auslaufmodell-Neuwagen wurden aber mit günstigen Angeboten und Sonderausstattungen verkauft. Selbst nach der Einstellung der Produktion des Golf IV konnte man diese Fahrzeuge noch als Neuwagen erwerben (meist aus dem Ausland oder aus Lagerbeständen).

Zu Neufahrzeugen gehören auch Fahrzeuge, die schon längere Zeit auf dem Lager eines Händlers, Herstellers oder Importeurs stehen (Lagerfahrzeuge). Dies hat zu vielen Rechtsstreitigkeiten geführt. In der Rechtsprechung hat sich durchgesetzt, dass Fahrzeuge mit einer Lagerdauer von höchstens 24 Monaten als Neufahrzeug verkauft werden können, ohne dass der Händler diese Lagerdauer ausdrücklich erwähnen muss. Über diese Grenze hinaus geht man davon aus, dass Fahrzeuge Standmängel aufweisen (z. B.: Korrosion). Als „fabrikneu" darf ein Neufahrzeug allerdings nur verkauft werden, wenn es maximal 12 Monate auf Lager stand und dem aktuellen Produktionsstand des Herstellers entspricht (Grundsatzurteil des BGH: Az: VIII ZR 227/02).

Um Klarheit über das Alter eines Neufahrzeugs zu bekommen, hat man geplant, das Herstellungsdatum als Pflichtangabe einzuführen (in den Papieren oder/und am Fahrzeug selbst).

Ausstellungsfahrzeuge sind auch Neufahrzeuge, weisen aber oft Gebrauchsspuren durch Besichtigungen der Kunden auf. Sie können deshalb auch nur als Neuwagen unter Nennung der Mängel verkauft werden (2. Wahl).

Eine besondere Art von Fahrzeugen stellen **Neuwagen mit Tageszulassung** „ohne KM" (0 km) dar (siehe vorstehende Werbeanzeige). Tageszulassung bedeutet, dass das Fahrzeug an einem Tag auf den Händler angemeldet und am nächsten Tag wieder abgemeldet wird. Mit der Zulassung und Eintragung in der Zulassungsbescheinigung (Teil II) kann der Wagen nicht mehr als Neufahrzeug angesehen werden, sondern nur noch als Neuwagen mit Tageszulassung deklariert werden. Da er aber nicht gefahren wurde und mit 0 km Fahrleistung angeboten wird, ist er jedoch neuwertig und, so hat es die Rechtsprechung entschieden, der Käufer hat die gleichen Rechte wie ein regulärer Neuwagenkäufer. Nur ein Nachteil entsteht dem Käufer: die Sachmangelhaftung beginnt (bzw. hat begonnen) mit der Erstzulassung (Tageszulassung). Bei einer großen Zeitdifferenz zwischen Erstzulassung und Kauf kann dem Käufer eines Fahrzeugs mit Tageszulassung ein erheblicher Nachteil entstehen. Dafür erhält er aber meistens ein preiswerteres Auto.

Weiterhin werden folgende Neufahrzeugbegriffe verwendet:

EU-Neufahrzeuge: Diese Fahrzeuge werden nicht für den deutschen Markt produziert, sondern in ein anderes EU-Land geliefert. Dort können deutsche Händler Fahrzeuge evtl. günstiger einkaufen als beim Hersteller, da die Einkaufspreise im europäischen Ausland oft niedriger sind. Dieser Einkauf ist lt. GVO (beim selektiven Vertriebssystem) aber nur bei einem fabrikatsgleichen Händler möglich, weil dieser nur Fahrzeuge an Weiterverkäufer der gleichen Marke verkaufen darf.

Ein deutscher Vertragshändler kann jedoch Neufahrzeuge eines anderen Herstellers im EU-Ausland erwerben, wenn er nicht als Käufer, sondern nur als Vermittler eines Kunden auftritt (Agenturgeschäft) oder Fahrzeuge mit einer Tageszulassung einkauft.

Neufahrzeuge mit Kurzzulassung auf den Händler: Diese Variante bedeutet, dass Fahrzeuge als Neuwagen verkauft werden, aber nicht direkt auf den Käufer, sondern kurzzeitig (drei bis sechs Monate) auf den Händler zugelassen werden. Der Käufer kann jedoch das Fahrzeug schon nutzen.

Diese Verkaufsart wird einerseits von einigen Herstellern bei Absatzschwächen gefördert und der Händler kann andererseits dieses Fahrzeug aktivieren und abschreiben. Dadurch kann der Händler dem Kunden einen günstigen Verkaufspreis anbieten.

Aufgaben

1. Was versteht man unter einem „VAN" in der ursprünglichen Form und welche unterschiedlichen Vans gibt es heute?

2. Eine genaue Zuordnung der Pkw-Fahrzeuge in die genannte Einteilung nach DIN 70011 wird zunehmend schwieriger. Nennen Sie Gründe und Beispiele hierfür.

3. Nutzfahrzeuge werden nach dem Einsatzzweck eingeteilt. Welche Fahrzeuge werden hiernach unterschieden?

4. Welche einspurigen Kraftfahrzeuge werden unterschieden?

5. Was versteht man unter einem „Neufahrzeug mit Tageszulassung und 0 km" und welche Vor- und Nachteile hat der Kauf eines solchen Fahrzeugs für den Käufer?

6. Fahrzeuge mit Tageszulassungen werden bei den Händlern unterschiedlich behandelt. Wird der Verkauf dieser Fahrzeuge in Ihrem Betrieb der GW-Abteilung oder der NW-Abteilung zugeordnet?

7. Was kann ein Kunde erwarten, wenn er ein „fabrikneues" Fahrzeug bestellt?

8. Nach welchem System werden in Ihrem Betrieb EU-Neuwagen angeschafft und vertrieben?

2.2 Verkaufsplanung/Disposition

Ein markengebundener Autohändler legt in Zusammenarbeit mit dem Hersteller/Importeur ein Jahresverkaufsziel fest.

Welche wesentlichen Faktoren beeinflussen die Bedarfsplanung des Händlers, und welchen Einfluss nimmt der Hersteller/Importeur auf die jährliche Verkaufsrichtzahl?

Der Markenhändler verpflichtet sich durch seinen **Händlervertrag**, eine jährlich neu festzusetzende Menge an Neuwagen für den Verkauf an Endverbraucher und Großabnehmer und für den eigenen Bedarf als Vorführwagen abzunehmen. Grundlagen hierfür sind die eigenen Schätzungen und Prognosen des Händlers und die Vorstellungen des Herstellers/Importeurs.

Die **Planung** wird für jeden einzelnen Modelltyp vorgenommen und berücksichtigt Verkaufsstatistiken der früheren Jahre (in der Regel der letzten drei Jahre). Der Händler berücksichtigt dabei auch geplante Aktionen und Maßnahmen und personelle und sachliche Gegebenheiten.

Der Hersteller/Importeur macht seine Planung außerdem abhängig von der erforderlichen Anzahl von Neuzulassungen der vertretenen Marke im Verantwortungsgebiet des Händlers, die zur Erreichung des prozentualen Marktanteils in dem Verkaufsgebiet erforderlich ist. Auch werden besondere Faktoren wie Erneuerung von Produkten oder Bausteinen, neue Modelle, geänderte Preise, Wirtschaftsdaten und Verkaufsaktionen des Herstellerwerkes berücksichtigt.

Auf dieser Grundlage wird ein maßvolles **Jahresvolumen** für die einzelnen Modelle vom Hersteller/Importeur festgelegt. Eine Feinplanung der Abnahmemengen wird in der Regel monatlich durchgeführt. Ca. sechs Wochen vor dem betreffenden Monat werden die Mengen der einzelnen Modelle vom Händler festgelegt und dem Hersteller/Importeur über ein Computersystem mitgeteilt. Dabei wird zwischen Kundenwagen (verbindliche Kundenbestellungen), Lager- und Vorführwagen unterschieden.

Der Hersteller/Importeur macht aufgrund des festgelegten **Jahresverkaufsziels** einen Vorschlag für die Abnahme im betreffenden Monat. Der Händler kann diesen Vorschlag bestätigen oder aber die Abnahmemengen erhöhen oder verringern. Diese Änderungen durch den Händler können saisonal bedingt sein. Im Frühjahr z. B. werden mehr Fahrzeuge geordert (insbesondere

Cabrios) als im Herbst/Winter. In der Ferienzeit, die in den einzelnen Bundesländern unterschiedlich ist, ist die Nachfrage nicht so groß wie in der Zeit davor. Aber auch händlerspezifische Aktivitäten können eine Änderung der vom Hersteller vorgeschlagenen Abnahmemengen begründen:

Beispiel Zum Beispiel plant das Autohaus Fritz vor der Urlaubszeit eine Sonderaktion für das UNICA Van-Modell. Zu einem Sonderpreis soll der Magna-Van mit einer Klimaanlage und einem Navigationssystem ausgerüstet werden. Deshalb muss das Autohaus Fritz für diesen Zeitraum auch entsprechend viele Van-Fahrzeuge ordern, um den erwarteten Mehrbedarf zu decken.

Die monatliche Disposition der BMW-Vertragshändler wird dem Hersteller mithilfe einer speziellen Software angezeigt. Eine Zusammenfassung sieht folgendermaßen aus:

Quotenanzeige, Monat: Juni

Bezeichnung	Plan-menge	Order-wunsch	Quoten aktuell	Order gesamt	Order Kd.wagen	Offene Quoten
BMW 3er	20	26	28	12	9	16
BMW 5er	9	6	7	2	1	5

Die Planmenge ist die zwischen Hersteller und Händler ausgehandelte Absatzmenge bezogen auf einen Monat. Davon unabhängig kann der Händler die monatliche Abnahmemenge saisonbedingt oder aus anderen Gründen variieren (Orderwunsch). Sollte die Nachfrage in dem betreffenden Monat erfreulicherweise hoch sein, kann die Quote vom Händler erhöht werden (aktuelle Quote). Weiterhin zeigt die Tabelle, wie viele Fahrzeuge bereits geordert wurden und für welche Fahrzeuge bereits ein Kundenauftrag vorliegt. Die „offene Quote" zeigt an, wie viele Wagen noch in diesem Monat offen stehen und noch nicht geordert wurden.

Sind die einzelnen Mengen geordert, können für die Lagerwagen der Status und die Ausstattung zu einem späteren Zeitpunkt geändert bzw. gemeldet werden. So können Lagerfahrzeuge in Kundenwagen umbestellt werden, wenn ein entsprechender Bedarf besteht. Hiermit hat der Händler auch ein Instrument, Fahrzeuge kurzfristig dem Kunden zur Verfügung zu stellen.

Jedes im Rahmen der Monatsplanung bestellte Fahrzeug wird bei den meisten Autohäusern in ein Auftragsbuch eingetragen. Hier lassen sich schnell und übersichtlich der Fahrzeugtyp und der Status (Lager-/Kundenwagen) ablesen und es dient als Grundlage für Statusänderungen. So können für Kundenbestellungen bereits georderte Lagerwagen genutzt werden, um kurzfristig liefern zu können.

Für eingehende Neufahrzeuge wird ein separates Eingangsbuch geführt. Es dient als **Grundlage für die Buchhaltung** sowohl für den **Fahrzeugeinkauf** als auch den -verkauf. Hier wird die Abrechnung und Auslieferung an den Kunden eingetragen. Bei Abrechnung und Auslieferung von Kundenfahrzeugen muss eine Meldung an den Hersteller/Importeur gemacht werden; denn erst dann gilt das Fahrzeug als verkauft, und der Händler erhält auch dann erst den Rabatt oder/und Boni. Diese Meldung an den Hersteller wird im Wageneingangsbuch vermerkt.

2.3 Neuwagenverkauf

Ein Verkäufer des Autohauses Fritz, Herr Richard Miller, hatte dem Kaufinteressenten Heinz Kobold vor acht Wochen ein Angebot für einen neuen Magna-Kombi unterbreitet. Nach Probefahrten, vielen Beratungsgesprächen und Rücksprachen mit dem Kunden hat Herr Kobold heute folgende Neuwagenbestellung unterzeichnet:

Neuwagengeschäft

UNICA Importgesellschaft

Autohaus Fritz GmbH
Am Templiner See 12
14471 Potsdam

Telefon: 03331 903232
Telefax: 03331 903230
E-Mail: autohaus-fritz@t-online.de
Bank: Potsdamer Sparkasse
(BLZ 462 500 11) 542 464
Steuer-Nr. 54354/37520
USt-ID-Nr. DE 1654699958

NEUWAGEN-BESTELLUNG

Bei obiger Firma (Verkäufer) bestellt:

Kobold, Heinz	15. Juni 1962
Name, Vorname	geb. am

Wagnerstraße 142	
Straße	

14480 Potsdam	0331 52399
PLZ/Wohnort	Telefon

folgendes Fahrzeug zu den z. Zt. gültigen Geschäftsbedingungen.

UNICA	MAGNA-Kombi	feuerrot
Fabrikat	Typ	Farbe

Streifen / schwarz	195 / 55 R15 80H	2,0 TDi 82 PS
Polster/Farbe	Bereifung	Motor

6 Wochen (verbindlich)		25 300,00 EUR
Lieferzeit/Liefertermin		Listenpreis

—		
Sonderausstattung		

450,00 EUR	120,00 EUR	25.870,00 EUR
Überführungskosten	Zulassungskosten	Endpreis

Im Endpreis sind 19 % MwSt. = **4 130,50 EUR** enthalten

Heinz Kobold

Datum	Unterschrift des Bestellers (Käufers)

Richard Müller

Unterschrift des Verkäufers

1. Ist aufgrund der geschilderten Situation ein Kaufvertrag entstanden, oder was muss evtl. noch mehr geschehen, damit ein Vertrag entsteht?
2. Welche gesetzlichen Bestimmungen müssen beim Abschluss eines Kaufvertrages beachtet werden (z. B. Geschäftsbedingungen, Preisangaben u. a.)?
3. Wie muss der Kaufvertrag von beiden Vertragsparteien erfüllt werden?

Die Europäisierung und Globalisierung des Automobilmarktes und die neuen Informations- und Kommunikationstechniken führen zu einer hohen Markt- und Preistransparenz der Kaufinteressenten. Der Verkauf gestaltet sich dadurch zunehmend schwieriger und langwieriger. Bevor es zu einem Kaufabschluss kommt, vergehen in heutiger Zeit ca. drei Monate.

Mithilfe einer gut durchdachten **Marketingstrategie** und einer bedarfsgerechten Preisgestaltung müssen die Automobilhändler der Zukunft ihre Verkaufsaktivitäten planvoll einsetzen, um bestehen zu können und eine Rendite zu erzielen. Auch die Verkäufer müssen besonders ausgebildet sein, um den erhöhten Beratungsbedarf decken zu können.

2.3.1 Entstehung eines Neuwagen-Kaufvertrages

Grundsätzlich gehören zum Abschluss eines Kaufvertrages zwei übereinstimmende **Willenserklärungen**, die des Käufers und des Verkäufers. In der geschilderten Situation könnte dies der Fall sein: Der Verkäufer hat ein Angebot gemacht, der Käufer hat das Fahrzeug schriftlich bestellt.

Wie ist jedoch die Rechtslage, wenn das Angebot von der Bestellung abweicht, wenn z. B. der Preis geändert wurde? In diesem Fall liegen keine übereinstimmenden Willenserklärungen vor. Damit wäre auch noch kein Kaufvertrag entstanden. Dazu bedarf es der Bestätigung des Verkäufers.

Im Automobilhandel ist es üblich, dass Angebote immer unverbindlich abgegeben werden; denn einzelne Bestandteile können erst dann verbindlich genannt werden, wenn ein Kaufvertrag abgeschlossen wird (z. B. die Lieferzeit). Rechtlich gesehen ist also mit der Bestellung eines Neuwagens noch kein Kaufvertrag entstanden, auch dann nicht, wenn das Angebot des Händlers mit der Bestellung übereinstimmt. Hierzu bedarf es ebenfalls der Bestätigung des Verkäufers.

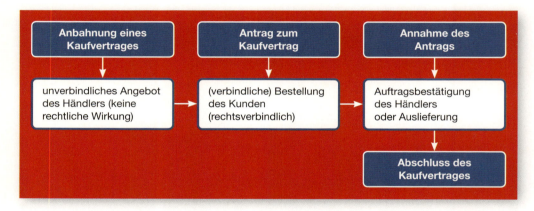

2.3.2 Allgemeine Geschäftsbedingungen

Über viele Jahrzehnte hinweg waren die **Allgemeinen Geschäftsbedingungen** auf Verträgen, das sogenannte „Kleingedruckte", eine Absicherung des Verkäufers, um bei evtl. Störungen (z. B. mangelhafte Ware, Lieferungs- oder Zahlungsverzug) eine für ihn günstige Lösung zu haben. Ob diese Regelungen immer mit den Interessen des Käufers oder mit bestehenden Gesetzen vereinbar waren, musste in der Regel erst ein Gericht entscheiden.

Der Zentralverband des Deutschen Kraftfahrzeuggewerbes (ZDK) hat deshalb in Zusammenarbeit mit den Verbraucherverbänden Allgemeine Geschäftsbedingungen für den Neuwagenverkauf geschaffen. Diese Bedingungen sind in der Regel die Grundlage für Neuwagen-Kaufverträge und werden von den meisten Autohäusern benutzt.

Die wichtigsten Bedingungen im Einzelnen (Auszug aus den AGB des ZDK, Stand 03/2008):

- **Vertragsabschluss**

Der Käufer ist an die Bestellung höchstens bis drei Wochen, bei Nutzfahrzeugen bis sechs Wochen, sowie bei Fahrzeugen, die beim Verkäufer vorhanden sind, bis 10 Tage, bei Nutzfahrzeugen bis zwei Wochen, gebunden. Der Kaufvertrag ist abgeschlossen, wenn der Verkäufer die Annahme der Bestellung des näher bezeichneten Kaufgegenstandes innerhalb der jeweils genannten Fristen schriftlich bestätigt oder die Lieferung ausführt.

Neuwagengeschäft

- **Zahlung**

Der Kaufpreis und Preise für Nebenleistungen sind bei Übergabe des Kaufgegenstandes und Aushändigung oder Übersendung der Rechnung zur Zahlung fällig.

- **Lieferung/Lieferungsverzug**

Liefertermine und Lieferfristen, die verbindlich oder unverbindlich vereinbart werden können, sind schriftlich anzugeben. Lieferfristen beginnen mit Vertragsabschluss.

Der Käufer kann sechs Wochen nach Überschreiten eines unverbindlichen Liefertermins oder einer unverbindlichen Lieferfrist den Verkäufer auffordern zu liefern. Diese Frist verkürzt sich auf 10 Tage (bei Nutzfahrzeugen auf zwei Wochen) bei Fahrzeugen, die beim Verkäufer vorhanden sind. Mit dem Zugang der Aufforderung kommt der Verkäufer in Verzug.

Hat der Käufer Anspruch auf Ersatz eines Verzugsschadens, beschränkt sich dieser bei leichter Fahrlässigkeit des Verkäufers auf höchstens 5 % des vereinbarten Kaufpreises.

Will der Käufer darüber hinaus vom Vertrag zurücktreten und/oder Schadensersatz statt der Leistung verlangen, muss er dem Verkäufer nach Ablauf der in diesem Abschnitt betreffenden Frist eine angemessene Frist zur Lieferung setzen.

Wird ein verbindlicher Liefertermin oder eine verbindliche Lieferfrist überschritten, kommt der Verkäufer bereits mit Überschreiten des Liefertermins oder der Lieferfrist in Verzug.

- **Abnahme**

Der Käufer ist verpflichtet, den Kaufgegenstand innerhalb von 14 Tagen ab Zugang der Bereitstellungsanzeige abzunehmen.

Im Falle der Nichtabnahme kann der Verkäufer von seinen gesetzlichen Rechten Gebrauch machen.

Verlangt der Verkäufer Schadenersatz bei Nichtabnahme, so beträgt dieser 15 % des Kaufpreises.

- **Sachmangelhaftung**

Ansprüche des Käufers wegen Sachmängeln verjähren entsprechend den gesetzlichen Bestimmungen in zwei Jahren ab Ablieferung des Kaufgegenstandes.

Hiervon abweichend gilt eine Verjährungsfrist von einem Jahr, wenn der Käufer eine juristische Person des öffentlichen Rechts, ein öffentlich-rechtliches Sondervermögen oder ein Unternehmer ist, der bei Abschluss des Vertrages in Ausübung seiner gewerblichen oder selbstständigen beruflichen Tätigkeit handelt. Weitergehende Ansprüche bleiben unberührt, soweit der Verkäufer aufgrund Gesetz zwingend haftet oder etwas anderes vereinbart wird, insbesondere im Falle der Übernahme einer Garantie.

Soll eine Mängelbeseitigung durchgeführt werden, gilt Folgendes:

a) Ansprüche auf Mängelbeseitigung kann der Käufer beim Verkäufer oder bei anderen, vom Hersteller/Importeur für die Betreuung des Kaufgegenstandes anerkannten Betrieben geltend machen; im letzteren Fall hat der Käufer den Verkäufer hiervon unverzüglich zu unterrichten, wenn die erste Mängelbeseitigung erfolglos war.

b) Wird der Kaufgegenstand wegen eines Sachmangels betriebsunfähig, hat sich der Käufer an den dem Ort des betriebsunfähigen Kaufgegenstandes nächstgelegenen, vom Hersteller/Importeur für die Betreuung des Kaufgegenstandes anerkannten dienstbereiten Betrieb zu wenden.

c) Für die zur Mängelbeseitigung eingebauten Teile kann der Käufer bis zum Ablauf der Verjährungsfrist des Kaufgegenstandes Sachmängelansprüche aufgrund des Kaufvertrages geltend machen.

d) Ersetzte Teile werden Eigentum des Verkäufers.

Neben den genannten Bedingungen werden noch allgemein gültige Regelungen getroffen: Eigentumsvorbehalt, Haftung, Gerichtsstand.

2.3.3 Neuwagentransport

Der **Straßentransport** ist heute die übliche Transportart und erfolgt durch Spediteure per Lkw. Diese Transporteure sind in der Lage, jedes Fahrzeug vom Werk bis zum Kunden innerhalb Deutschlands in maximal 24 Stunden zu transportieren.

Je nach Auftraggeber unterscheidet man zwei grundsätzliche Abwicklungssysteme. Zum einen kann der Händler eine Spedition beauftragen, Fahrzeuge in einem Herstellerwerk abzuholen. Oder aber der Hersteller, der einen Generalvertrag mit einem Spediteur unterhält, beauftragt den Transporteur, die Händler zu beliefern.

Neben dem Transport auf der Straße werden auch Fahrzeuge per Bahn befördert. Die Bahn hat jedoch erhebliche Nachteile:

1. Die Wegstrecke ist unbeweglicher und nicht alle Händler haben einen Gleisanschluss. Somit müssen die Fahrzeuge oft nochmals auf andere Beförderungsmittel umgeladen werden.
2. Die Transportzeit ist erheblich länger als beim Lkw-Transport. Sie dauert in der Regel zwei bis fünf Tage.

Die Bahn hat aber aufgrund des großen Ladevolumens der speziellen Autotransportzüge die Möglichkeit, günstige Frachtraten anzubieten.

Für Fahrzeuge aus entfernten Ländern (in Asien, Amerika) bietet sich der Transportweg **auf dem Wasser** an. Durch große Transportschiffe können die Transportkosten niedrig gehalten werden. Es gibt spezielle Autotransportschiffe, die bis zu 6 000 Autos laden können und auch innerhalb kurzer Zeit (in weniger als acht Stunden) die Fahrzeuge löschen können. Für diese Entladevorgänge sind die Häfen Bremerhaven und Antwerpen führend.

2.3.4 Kennzeichnung und Präsentation von Neufahrzeugen

Seit dem 1. November 2004 gilt eine neue **Pkw-Energieverbrauchskennzeichnungsverordnung (Pkw-EnVKV)**. Diese Verordnung ist die Umsetzung der EU-Richtlinie über die Bereitstellung von Verbraucherinformationen über den Kraftstoffverbrauch und CO_2-Emissionen bei neuen Kraftfahrzeugen. Dabei sollen der CO_2-Ausstoß und der Kraftstoffverbrauch veröffentlicht und die Hersteller veranlasst werden, schadstoffarme und sparsame Autos zu produzieren. Ziel ist es, die Umweltverschmutzung entsprechend dem Rahmenübereinkommen der Vereinten Nationen und dem Kyoto-Protokoll zu verringern.

Eine gepflegte Erscheinung der Mitarbeiter im Autohaus, insbesondere im Verkaufsbereich, ist selbstverständlich. Das Gleiche gilt für die **Präsentation** der Fahrzeuge. Bei guter Beleuchtung und genügend Platz (wird vom Hersteller in den Standards vorgeschrieben) müssen die Fahrzeuge bei ständiger Überprüfung der Sauberkeit und des Zustandes präsentiert werden. Besondere Themen (z. B. Fußball-WM), saisonbedingte Anlässe (z. B. Urlaub) oder Hervorhebungen (z. B. Neuvorstellungen) u. a. sollten bei der Präsentation berücksichtigt werden.

Ein besonderes Event muss auch die Präsentation bei Auslieferung sein. Zunehmend viele Kunden bevorzugen die Abholung beim Hersteller. Dies nicht nur aus Kostengründen, sondern weil damit ein umfangreiches Programm (Werksbesichtigung, Übernachtung im Luxushotel u. a.) verbunden ist. Diesem Trend entgegenzuwirken, muss der Händler der Fahrzeugübergabe besondere Aufmerksamkeit schenken und sie zu einem emotionalen Erlebnis werden lassen.

Neuwagengeschäft

Ein besonderes Reizthema stellt die „mobile" Präsentation (**Probefahrt**) in den letzten Jahren dar. Immer mehr Leute nutzen die Gelegenheit – besonders im Premiumsegment –, um für einen Tag oder ein Wochenende ein komfortables, neues Fahrzeug zu fahren, ohne Kaufabsichten zu haben. Deshalb verlangen einige Händler, um diese Auswüchse zu verhindern, Kilometergeld oder den Mietwagentarif. Problematisch ist es dabei, die „normalen" Probefahrten von den „missbräuchlichen" zu unterscheiden.

Aufgaben

1. Beschreiben Sie das Risiko eines markengebundenen Autohändlers in Bezug auf die vom Hersteller/Importeur festgelegten Jahresabnahmemengen.
2. Welche Möglichkeiten hat ein Autohändler, von den vorgegebenen Abnahmemengen abzuweichen?
3. Unterscheiden Sie zwischen Kunden- und Lagerwagen.
4. Warum erstellt ein Autohändler in der Regel unverbindliche Angebote?

Bundesgesetzblatt Jahrgang 2004 Teil 1 Nr. 26, ausgegeben zu Bonn, am 3. Juni 2004 1041

Information
über Kraftstoffverbrauch und CO_2-Emissionen gemäß Richtlinie 199/94/EG

Hersteller-LOGO (optional)

Marke:	XXX	Leistung:	75kW
Modell:	YYY	Getriebe:	4-Gang-Automatik
Hubraum:	1595 cm³	Kraftstoff:	Benzin

Kraftstoffverbrauch	kombiniert	**8,0**	l/100 km
	innerorts:	11,2	l/100 km
	außerorts:	6,2	l/100 km
CO_2-Emissionen	kombiniert:	**192**	g/km

Die angegebenen Werte wurden nach den vorgeschriebenen Messverfahren (RL 80/1268/EWG in der gegenwärtig geltenden Fassung) ermittelt. Die Angaben beziehen sich nicht auf ein einzelnes Fahrzeug und sind nicht Bestandteil des Angebotes, sondern dienen allein Vergleichszwecken zwischen den verschiedenen Fahrzeugtypen.

Hinweis nach Richtlinie 1999/94/EG

Der Kraftstoffverbrauch und die CO_2-Emissionen eines Fahrzeugs hängen nicht nur von der effizienten Ausnutzung des Kraftstoffs durch das Fahrzeug ab, sondern werden auch vom Fahrverhalten und anderen nichttechnischen Faktoren beinflusst. CO_2 ist das für die Erderwärmung hauptsächlich verantwortliche Treibgas.

Ein Leitfaden über den Kraftstoffverbrauch und die CO_2-Emissionen aller in Deutschland angebotenen neuen Peronenkraftfahrzeugmodelle ist unentgeltlich an jedem Verksaufsort in Deutschland erhältlich, an dem neue Personenkraftfahrzeuge ausgestellt oder angeboten werden.

---

140 000 Ford Fiesta „schwimmen" auf dem Rhein

KÖLN, im April 2011 – Auf dem Rhein kommen Ford Fiesta und Ford Fusion ins Schwimmen: 140.000 von den insgesamt über 365.000 Exemplaren, die jährlich das neue Fertigungswerk in Köln verlassen, werden im Ölhafen in Köln-Niehl und damit in der unmittelbaren Nachbarschaft der Montagelinien über den Transportweg Wasserstraße auf die Reise geschickt. Darunter ist mit mehr als 85.000 Fahrzeugen pro Jahr auch die komplette Kölner Produktion der rechtsgelenkten Fahrzeuge für Großbritannien. Ford nutzt seit vielen Jahren den Rhein zur Verschiffung seiner Fahrzeuge.

Die Rheinverschiffung ist Teil des umweltfreundlichen Logistik-Systems, mit dem das Unternehmen den Grundstein für die Verlagerung der Neuwagen-Auslieferung im Fernverkehr auf Schiene und Wasser gelegt hat. Transporte über lange Strecken per Lkw gehören bei Ford zum Vorteil für die Umwelt der Vergangenheit an. Kaum ein Unternehmen in Europa hat die Maxime „runter von der Straße mit dem Schwerlastverkehr" derart konsequent umgesetzt wie Ford.

Rund zwei Drittel der Fusion- und Fiesta-Produktion verlassen das neue Fertigungswerk von Ford auf dem Wasserweg

Die Ford Fiesta und Ford Fusion für Großbritannien „schwimmen" in 24 Stunden nonstop von Köln-Niehl auf Rhein und Waal, Hollands Diep und die Oosterschelde bis Vlissingen und werden dort auf Hochsee-Schiffe mit dem Zielhafen Dagenham, östlich von London, in der Themse-Mündung umgeladen.

Allein für die Ford Fiesta und Ford Fusion, die von Köln über Vlissingen auf dem Wasserweg nach Großbritannien gelangen, sind nach den

> Berechnungen der Ford-Logistikexperten 182 Schiffseinsätze pro Jahr auf dem Rhein notwendig. Die Kapazität dieser Schiffs-Fahrten entspricht dem Volumen von 11.000 Lkw-Autotransporter-Ladungen. Durch die Verlagerung von der Strasse auf den Rhein werden 3,3 Millionen Straßenkilometer und damit eine Millionen Liter Dieseltreibstoff eingespart.
>
> (Quelle: www.automobilsport.com/cars-tuning–37,88857,140-00-Ford-Fiesta-schwimmen-auf-dem-Rhein,news.htm, abgerufen am 17.01.2012 [gekürzt])

5. Beschreiben Sie mithilfe der AGB die Entstehung eines Neuwagenkaufvertrages.
6. Überprüfen Sie die AGB in Bezug auf die Ausgewogenheit der Käufer- und Verkäuferinteressen.
7. Beurteilen Sie die folgenden Situationen aus der Sicht des Verkäufers und des Käufers mithilfe der AGB. Bilden Sie dazu zwei **Gruppen**. Eine Gruppe übernimmt die Rolle des Händlers, die andere Gruppe die Rolle des Käufers (Kunden). Versuchen Sie durch ein Gespräch (eine Diskussion) der beiden Gruppen eine Lösung zu finden.
   Situationen:
   a) In der verbindlichen Bestellung eines Käufers wird eine Lieferfrist von vier Monaten vereinbart. Um dem Kunden diesen Termin zu bestätigen, benötigt der Händler sechs Wochen. Nach dieser Zeit schickt er dem Kunden die Auftragsbestätigung. Ist der Kunde noch an seine verbindliche Bestellung gebunden?
   b) Ein Autohändler nimmt es mit seinen Lieferzeiten nicht so genau. Was kann ein Kunde tun, wenn der vereinbarte, unverbindliche Liefertermin überschritten ist?
   c) Der Verkäufer schickt dem Käufer die Bereitstellungsanzeige für den bestellten Pkw. Nach 18 Tagen hat sich der Käufer noch nicht gemeldet. Was ist zu tun?
8. Welche Aussagen sind richtig oder falsch? Begründen Sie Ihre Entscheidungen.
   a) Ein Vertragshändler kann seine Neufahrzeuge an jeden Interessierten verkaufen.
   b) Der Käufer ist nur zehn Tage an die verbindliche Bestellung für einen Neuwagen gebunden.
   c) Die Allgemeinen Geschäftsbedingungen können die Gewährleistungsfrist des Händlers beim Neuwagenverkauf auf ein Jahr beschränken.
   d) Die einem Kunden zugestellte Rechnung für ein Neufahrzeug ist nach 10 Tagen automatisch fällig.
   e) Wird ein verbindlicher Liefertermin für ein Neufahrzeug überschritten, gerät der Verkäufer 6 Wochen danach in Verzug.
   f) Der Autohändler kann bei Nichtabnahme eines bestellten Neufahrzeuges 15 % des Kaufpreises als Schadenersatz verlangen.
9. Stellen Sie die Vor- und Nachteile des Neuwagentransports auf der Straße und auf der Schiene in einer Tabelle gegenüber.
10. Welche Bedeutung hat die Pkw-Energieverbrauchskennzeichnungsverordnung für den Hersteller und die Menschen in Europa?
11. Beschreiben Sie eine optimale Präsentation von Neufahrzeugen.
12. Diskutieren Sie mit Ihrem Nachbarn die Vorteile einer Neufahrzeugübergabe im eigenen Autohaus und präsentieren Sie die Ergebnisse.
13. Stellen Sie in Gruppenarbeit die Vor- und Nachteile einer kostenlosen oder kostenberechnenden Probefahrt gegenüber und präsentieren Sie die Ergebnisse der Klasse.

3 Gebrauchtwagenhandel

3.1 Gebrauchtwagenbestand

Die Neuwagenverkäuferin des Autohauses Fritz, Anke Schäfer, berät gerade einen Kunden, Herrn Dr. R. Hartmann, der am Kauf einer LUXERA Limousine interessiert ist.

Gebrauchtwagenhandel 105

Herr Dr. Hartmann ist bereits Kunde und fährt zur Zeit ein LUXERA Cabriolet. Die Verkaufsverhandlungen stehen kurz vor dem Abschluss. Jedoch möchte Herr Dr. Hartmann sein gebrauchtes Cabriolet in Zahlung geben.

Die Verkäuferin Anke Schäfer besitzt zwar eine Wertermittlungstabelle für eine grobe Bewertung des Gebrauchtfahrzeuges, möchte aber für den Wagen eine genaue und viele Kriterien umfassende Bewertung durchführen lassen; denn das Fahrzeug des Herrn Dr. Hartmann befindet sich in einem guten und gepflegten Zustand.

1. Welche Kriterien werden bei einer Gebrauchtwagen-Bewertung berücksichtigt?
2. Wie wird der Inzahlungnahmepreis ermittelt?

Bevor eine Bewertung durchgeführt werden kann, muss das Fahrzeug auf Herz und Nieren überprüft werden, damit Mängel berücksichtigt und für den späteren Verkauf behoben werden können. Eine ausführliche Zustandsbewertung kann folgendermaßen aussehen:

B = Beule F = Fehler T = Technische Mängel X = Bruch R = Rost S = Steinschlag
D = Delle K = Kratzer V = Verschmutzung G = Gebrauchsspuren U = Undicht

Zustandsbewertung

Opt. Zustand	☐ sehr gut ☐ gut ☐ mittel ☐ schlecht	
Techn. Zustand	☐ sehr gut ☐ gut ☐ mittel ☐ schlecht	
Unfallschäden erkannt	☐ ja ☐ nein	

Karosserie: EUR
Front: _____
Heck: _____
linke Seite: _____
rechte Seite: _____
Dach: _____
Stoßstangen: _____
Beleuchtung: _____
Glasschäden: _____
Sonstiges: _____

Antriebsaggregate:
Motor: _____
Kühler: _____
Antriebsstrang: _____
_____
_____
Kupplung: _____
Auspuff: _____
Kat. geprüft: ☐ ja ☐ nein
Elektrik/Elektronik/Display: _____
_____
_____
Batterie: _____
Sonstiges: _____

Nachlackiert: J / N Teil:
Lackstärke: _____ µ
Ausgelesener KM-Stand: _____
Key-Reader: J / N

Datum   Unterschrift Bewerter

Fahrwerk: EUR
Lenkung: _____
Radaufhängung: _____
Stoßdämpfer: vorn _____ hinten _____
Bremsen: vorn _____ hinten _____
Handbremse: _____
Felgen/Typ: _____
zulässig: ☐ ja ☐ nein
normale Bereifung: _____fach
 VL ____ VR ____ HL ____ HR ____ Res. ____ mm
M + S Bereifung: _____fach
 VL ____ VR ____ HL ____ HR ____ Res. ____ mm
optisch vermessen: _____
Undichtigkeiten: _____
Sonstiges: _____

Innenraum:
Polster: _____
Seitenverkleidung: _____
Fußraum: _____
Kofferraum: _____
Dachhimmel: _____
Desodorisierung: _____
Inspektion: _____
Ölservice: _____
TÜV/AU: _____
optische Aufbereitung: _____

Kosten aus:
Karosserie: _____
Antriebsaggregate: _____
Fahrwerk: _____
Innenraum: _____
Optik: _____
TÜV/AU: _____
Kosten gesamt: _____

Lernfeld 11

Aufgrund des Prüfergebnisses können alle festgestellten wertmindernden Faktoren bei der Bewertung berücksichtigt werden.

Herr Siebert aus der Gebrauchtwagenabteilung des Autohauses Fritz kann nun eine genaue Wertermittlung des Fahrzeuges durchführen. Er verfügt über ein computergesteuertes Bewertungsprogramm der **Deutschen Automobil Treuhand** (DAT). Diese Software wird markenübergreifend von vielen Autohäusern benutzt. Mit dem DAT-Marktspiegel Spezial-Katalog lässt sich zwar auch eine genaue Bewertung manuell vornehmen, ist aber wegen der manuellen Datenerfassung sehr zeitaufwendig. Herr Siebert gibt alle erforderlichen Daten ein, die für die Wertermittlung von Bedeutung sind, und erhält folgende Bewertung:

AUTOHAUS FRITZ GMBH
GEBRAUCHTFAHRZEUG-BEWERTUNG nach DAT-System

Fahrzeugart:	Pkw
Fabrikat:	UNICA
Typ:	LUXERA
Ausführung:	Cabriolet
Fahrgestell-Nr.:	8XYZA1246567
Motorart:	Benzin
Alter:	3 Jahre
Farbe:	Blue
Km-Stand:	63 000 km
Anzahl Besitzer:	2
Gesamtzustand:	GUT
Vorschäden:	keine
Reifengröße:	195/65R15 H

Serienausstattung:
AIRBAG (Fahrer- und Beifahrerseite), Außenspiegel elektr. verstellbar, Fensterheber vorn elektr., 5-Gang-Getriebe, Servolenkung, Zentralverriegelung, ABS, dritte Bremsleuchte, Frontscheibe mit Farbkeil, beheizb. Heckscheibe, Verglasung getönt

Sonderausstattung:
Diebstahl-Warnanlage, Leder-Lenkrad, Sitze vorne heizbar, Fernbedienung (ZV), Klima-Automatik, Mittelarmlehne vorne

Zusatzausstattung: ALU-Felgen

Auf der Basis des Marktspiegels und unter Berücksichtigung der mitbewerteten Ausstattung sowie weiterer wertbeeinflussender Faktoren ermittelt sich unser Händlereinkaufswert (inkl. MwSt.) des oben genannten Fahrzeugs zu:

16 340,00 EUR

Diese Bewertung wurde durchgeführt von: Herrn Siebert.

Die **Inzahlungnahme** kann nun auf zwei verschiedene Arten durchgeführt werden:

- Kauf des Fahrzeuges durch den Händler: Hierbei erwirbt der Händler Eigentum an dem Fahrzeug und verkauft es auf eigenes Risiko an einen Dritten weiter.

- Vermittlung des Verkaufs durch den Händler (Agenturgeschäft): Der Kunde übergibt das Fahrzeug zur Verkaufsvermittlung an den Händler. Dabei bleibt der Kunde Eigentümer und trägt das Risiko, falls der vereinbarte Verkaufspreis nicht erzielt wird. Der Händler erhält bei Verkauf eine Provision.

Gebrauchtwagenhandel

In früheren Jahren war der Kauf problematisch, weil der Händler beim Kauf von Privatpersonen keine Vorsteuer geltend machen konnte und beim Verkauf die volle Umsatzsteuer aus dem Erlös abführen musste. Deshalb gab es früher viele Agenturgeschäfte. Inzwischen ist jedoch eine **Differenzbesteuerung** möglich (Versteuerung nur des Differenzbetrages zwischen Einkaufs- und Verkaufspreis). Heute werden deshalb die Gebrauchtfahrzeuge (hauptsächlich bei markengebundenen Händlern) durch Kauf erworben. Das Gebrauchtwagenaufkommen beruht nicht nur auf der Inzahlungnahme von Fahrzeugen beim Neuwagenkauf.

Beispiel Beim Autohaus Fritz setzt sich der Bestand von 54 Gebrauchtfahrzeugen aus folgenden Bereichen zusammen:

Inzahlungnahme (Differenzbesteuerung):	32 Fahrzeuge
Zukauf	1 Fahrzeug
Agenturgeschäfte	0
Vorführwagen	2 Fahrzeuge
Leasing-Rückläufe	2 Fahrzeuge
Buy-Back (Rückkauf von Autovermietungen)	14 Fahrzeuge
Inzahlungnahme (Regelbesteuerung)	3 Fahrzeuge

Der Bestand setzt sich aus folgenden Marken und Modellen zusammen:

Eingang	Marke/Modell	Anzahl	Wert (gesamt in EUR)
15. Juni	Audi 6	2	18 500,00
29. Aug.	Audi 3	1	3 500,00
5. Juni	Audi A 4	4	58 000,00
27. Sept.	BMW 3er	2	17 200,00
20. Aug.	Fiat Panda	1	1 800,00
3. Jan.	Nissan Primera	1	4 800,00
21. Mai	Ford Focus	1	14 300,00
5. Juli	Opel Vectra	3	18 400,00
28. Aug.	Opel Astra	1	4 500,00
24. Juni	Unica PRIMOS	3	12 600,00
10. Juli	Unica PRIMOS	4	17 200,00
28. Aug.	Unica PRIMOS	2	10 900,00
2. Sept.	Unica MAGNA	14	102 400,00
15. Juni	Unica MAGNA	3	12 900,00
16. Mai	Unica MAGNA	1	6 900,00
5. Aug.	Unica MAGNA	7	42 500,00
12. Sept.	Unica VAN	1	9 800,00
29. Juli	Unica LUXERA	2	28 200,00
15. Juli	Unica LUXERA Cabrio	1	18 100,00

Neben verkehrssicheren Gebrauchtfahrzeugen muss der Händler auch u. U. Fahrzeuge annehmen, die wegen nicht behebbarer Mängel nur noch verschrottet werden können. Um solche Fahrzeuge, die endgültig stillgelegt werden sollen, annehmen zu können, muss der Betrieb eine anerkannte Annahmestelle für Altautos sein (**Altauto-Verordnung**). Die Anerkennung wird von den zuständigen Kfz-Innungen für jeweils 18 Monate erteilt und ist an strenge Bedingungen geknüpft:

- eine vertragliche Vereinbarung mit einem anerkannten Verwertungsbetrieb
- entsprechende Verwertungsnachweise müssen vorliegen
- eine mineralölundurchlässige und säurebeständige Abstellfläche mit Leichtflüssigkeitsabscheider muss vorhanden sein
- eine Grube, Hebebühne oder Rampe muss vorhanden sein
- Einsatz von Geräten für nicht mehr rollfähige Fahrzeuge
- ausreichende Menge von Bindemittel für ausgetretene Flüssigkeiten

- Feuerlöscheinrichtung
- Aushang einer Arbeitsanweisung

Um ein Fahrzeug endgültig abmelden zu können, verlangt die **Straßenverkehrs-Zulassungs-Ordnung (StVO)** einen **Verwertungsnachweis**. Für diesen Nachweis ist der Verwerter zuständig und verantwortlich und stellt in der Regel diese Bescheinigung der ordnungsgemäßen Verwertung/Entsorgung aus. Damit der Letztbesitzer des Altautos nicht längere Zeit mit der endgültigen Abmeldung warten muss, kann der Verwerter die Ausstellung des Verwertungsnachweises auch auf die Altauto-Annahmestelle übertragen. Somit erhält der Letztbesitzer sofort bei Abgabe des Fahrzeugs den Verwertungsnachweis.

Am 1. Juli 2002 ist eine neue Altfahrzeug-Verordnung in Kraft getreten. Danach können Letzthalter Altfahrzeuge unentgeltlich an den Hersteller/Importeur zurückgeben.

Aufgaben

1. Der von Herrn Siebert mithilfe des DAT-Marktspiegels ermittelte Verkaufswert für das Cabriolet des Herrn Dr. Hartmann beträgt 18 300,00 EUR.
   Welche wertbeeinflussenden Faktoren führen zu dem auf S. 106 ermittelten Inzahlungnahmepreis (Händlereinkaufspreis) von 16 340,00 EUR?

2. **Erkunden** Sie in Ihrem Ausbildungsbetrieb die Bewertungsmethoden für Gebrauchtwagen (manuelle, computergesteuerte) und stellen Sie diese mithilfe von Beispielen vor.

3. Welche Art der Inzahlungnahme wird in Ihrem Betrieb bevorzugt?

4. Wiederholen Sie die Themen „Differenzbesteuerung/Regelbesteuerung".

5. Erstellen Sie mithilfe eines **Tabellenkalkulationsprogrammes** (z. B. MS-Excel) zum 30. Sept. eine Übersicht über die Standzeiten und Werte der einzelnen Marken/Modelle des Autohauses Fritz und fassen Sie die Ergebnisse in einer weiteren Tabelle nach folgendem Muster zusammen:

Standzeiten	Anzahl der Fahrzeuge	Gesamtwerte (EUR)
bis 30 Tage		
31–90 Tage		
91–180 Tage		
181–360 Tage		
über 360 Tage		

6. Analysieren Sie den Gebrauchtwagenbestand in Ihrem Ausbildungsbetrieb und **stellen Sie die Auswertung vor.**

7. Mit welcher Software wird der Bestand verwaltet und die Auswertung vorgenommen?

8. Beschreiben Sie die Bedeutung eines Verwertungsnachweises.

9. Stellen Sie fest, ob Ihr Ausbildungsbetrieb eine Anerkennung für die Altauto-Annahme besitzt.

10. Beschreiben Sie den Ablauf einer Altautoverwertung in Ihrem Betrieb.

11. Erkundigen Sie sich nach einem Altautoverwerter in Ihrer Region und führen Sie mit der Klasse eine **Betriebsbesichtigung** durch.

3.2 Gebrauchtwagenverkauf

> Die Neuwagenverkäuferin des Autohauses Fritz, Anke Schäfer, hat das Neuwagengeschäft mit Herrn Dr. Hartmann abgeschlossen. Das Gebrauchtfahrzeug des Kunden, ein LUXERA Cabriolet, nimmt das Autohaus für 16 500,00 EUR (inkl. MwSt.) in Zahlung. Das Cabriolet soll bei Auslieferung des Neufahrzeugs in vier Wochen übergeben werden.
>
> Für die vertragliche Abwicklung des Gebrauchtwagenkaufs macht der Verkäufer (Kunde) ein „Verbindliches Gebrauchtwagen-Verkaufsangebot" (Formular des Autohändlers) oder auch „Ankaufschein" genannt. Darin werden alle Fahrzeugdaten nochmals festgehalten, ebenso der Verkaufspreis und der Liefertermin. Der Verkäufer verpflichtet sich in diesem Angebot, das Fahrzeug in dem Zustand zu übergeben, der für die Bewertung maßgebend war. Mit der Annahme des Verkaufsangebots durch den Händler (gleiches Formular) ist der Kaufvertrag abgeschlossen.
>
> Herr Siebert aus der Gebrauchtwagen-Abteilung bereitet alle notwendigen Termine für die Instandsetzung und die optische Aufbereitung vor, damit ohne Zeitverzug in vier Wochen mit den Verkaufsvorbereitungen für das Gebrauchtfahrzeug begonnen werden kann.
>
> 1. Welche Verkaufsvorbereitungen sind zu treffen?
> 2. Wie errechnet sich der Verkaufspreis?
> 3. Wie präsentiert man die Gebrauchtwagen?
> 4. Wie wird ein Gebrauchtwagenverkauf abgewickelt?

3.2.1 Aufbereitung und Instandsetzung

Um den Gebrauchtwagen-Interessenten die Angebote attraktiv zu machen, müssen die Fahrzeuge besonders sorgfältig aufbereitet werden. Der optische Eindruck und der gute technische Zustand des Gebrauchtwagens sind entscheidende Merkmale für den schnellen Wiederverkauf.

Während der reine Gebrauchtwagenhändler sich die Fahrzeuge, die ihm angeboten werden, aussuchen kann, muss der Neuwagenhändler bei Inzahlungnahme fast alle Fahrzeuge (Marken und Modelle) annehmen, um den Neuwagenverkauf zu realisieren. Deshalb sind oft aufwendige Aufbereitungs- bzw. Instandsetzungsarbeiten erforderlich.

Wichtig bei den Verkaufsvorbereitungen ist eine ohne Zeitverzug durchzuführende Instandsetzung, da jeder Standtag Kosten verursacht. Für die durchzuführenden Arbeiten muss ein **Instandsetzungsauftrag** geschrieben werden. Dieser Auftrag richtet sich nach den Feststellungen der Gebrauchtwagen-Bewertung. Dabei sind nur die Arbeiten durchzuführen, die unbedingt notwendig sind.

Viele Unternehmen verwenden bei der Instandsetzung, besonders bei Eigenfabrikaten, gebrauchte Fahrzeugteile. Diese Teile stammen aus ausgeschlachteten Unfallfahrzeugen, aufbereiteten Altteilen oder aus Beständen eines Altautoverwerters.

Bei kleineren Schäden werden zunehmend Reparaturlösungen angeboten, die ein Teileauswechseln entbehrlich machen. Zu diesen neueren Reparaturtechniken zählen z. B. Autoglasreparaturen und das Entfernen von kleineren Beulen durch eine besondere Ziehtechnik. Da der Kunststoffanteil am Auto sehr hoch ist, nimmt auch das Potenzial für Reparaturen in diesem Bereich zu. Es können z. B. kleinere Löcher, Kratzer und Risse an Stoßfängern, Kühlgittern und anderen Kunststoffteilen mit einer besonderen Technik repariert werden.

So können Schäden durch **zeitwertgerechte Instandsetzung** nicht nur preiswert behoben werden, sondern darüber hinaus werden die Umwelt und die Natur durch weniger Abfälle geschont.

3.2.2 Präsentation

Die Art der **Präsentation der Gebrauchtfahrzeuge** auf dem Ausstellungsgelände bzw. in den Verkaufsräumen kann von verschiedenen Faktoren abhängen. Dabei sollte man immer das „Besondere" eines Gebrauchtwagens hervorheben. Diese Faktoren können sein:

- Marke
- Alter
- technische Ausstattung
- Kilometer-Stand
- u. a.
- Typ
- optisches Aussehen
- Preis
- Anzahl und Art der Vorbesitzer

Gebrauchtwagen mit solchen besonders positiven Merkmalen sollte das Autohaus auch sichtbar vor den anderen Fahrzeugen hervorheben. Durch einen separaten Ausstellungsplatz oder eine besondere Kennzeichnung, wie z. B. „Das besondere Angebot", „Angebot der Woche" u. Ä. kann man dies deutlich machen.

Verkaufsfördernd bei der **Gebrauchtwagenvermarktung** ist auch ein ständig wechselndes Angebot. Fahrzeuge, die über Wochen und Monate immer am gleichen Verkaufsplatz stehen und ständig in Zeitungen und Zeitschriften angeboten werden, lassen auf eine schlechte Verkaufspolitik schließen. Deshalb ist es sinnvoll, Fahrzeuge ständig auszutauschen.

3.2.3 Verkaufspreisermittlung und -abwicklung

Herr Siebert vom Autohaus Fritz legt auch schon den Verkaufspreis für das Cabriolet fest. Dazu benutzt er wiederum die Fahrzeugbewertung nach dem DAT-System. Ausgehend vom Verkaufswert des DAT-Marktspiegels (für Fahrzeuge mit Serienausstattung und durchschnittlicher Kilometerleistung) werden alle wertbeeinflussenden Faktoren eingegeben. Das Programm „Silver-DAT II" macht Vorschläge für die einzelnen Faktoren und berechnet so die Zu- oder Abschläge, z. B. für mehr gefahrene Kilometer oder Mehrfachbesitzer u. a. Diese Vorschläge können aber auch individuell verändert werden.

Für das LUXERA Cabriolet von Herrn Dr. Hartmann ergibt sich folgende Kalkulation:

Details zur Gebrauchtfahrzeugbewertung nach DAT-System	EUR
Verkaufswert nach DAT Marktspiegel (inkl. MwSt.)	18 300,00
Laufleistung: 63 000 km	
Bezugsfahrstrecke: 60 000 km	
km-Differenz 3 000 km	− 340,00
Werterhöhung durch Sonderausstattung lt. Anlage	+ 1 350,00
Werterhöhung für durchgeführte Reparaturen	0,00
Wertminderung für Unfallschaden	0,00
Gebrauchtfahrzeug-Garantie	0,00
Reifen	− 150,00
Fahrzeuggrundwert	19 160,00
Korrekturfaktor allgemein 100 %	0,00
Korrekturfaktor Anzahl Besitzer 3 %	− 570,00
vorläufiger Händler-Verkaufswert 18.590,00	
Wertminderung für erforderliche Reparaturen (inkl. MwSt.)	− 250,00
Händler-Verkaufswert (inkl. MwSt.)	18 340,00

Gebrauchtwagenhandel

Anlage zur Gebrauchtwagenbewertung – Sonderausstattung

	Neuwert (EUR)	Altwert (EUR)
Diebstahl-Warnanlage	340	100
Fernbedienung (ZV)	250	60
Klimaautomatik	1 500	425
Leder-Lenkrad	150	40
Mittelarmlehne vorne	100	25
Sitze vorne heizbar	300	100
Zusatzausstattung: Alu-Felgen	800	200
Summe	3 440	1 350

Nach Hereinnahme des gebrauchten LUXERA Cabriolet wird sofort mit der Aufbereitung und Instandsetzung begonnen. Nach drei Tagen steht das Fahrzeug hochglanzpoliert an einem besonderen Platz in den Verkaufsräumen des Autohauses Fritz; denn Cabriolets sind zur Zeit sehr gefragt.

Es finden sich auch schnell Kaufinteressenten ein. Diese wollen jedoch über den Preis verhandeln, weil auf dem Privatmarkt ein solches Fahrzeug günstiger angeboten wird.

Die Aufgabe eines Verkäufers besteht nun darin, überzeugende Argumente zu nennen, die einen höheren Preis rechtfertigen.

Wichtige Argumente hierbei, im Gegensatz zu einem Privatanbieter, sind die **Sachmangelhaftung** und die **Gebrauchtwagengarantie** des Autohändlers. In der Regel werden alle Gebrauchtfahrzeuge mit einer Garantie verkauft. Nach dem Gesetz besteht auch für Gebrauchtfahrzeuge eine **Sachmangelhaftungspflicht** des Autoverkäufers von zwei Jahren. Diese Frist wird durch die AGB (s. S. 114) in der Regel auf ein Jahr verkürzt und beschränkt sich nur auf Mängel, die zum Zeitpunkt des Verkaufs vorhanden waren. Für die Haltbarkeit des Fahrzeugs bzw. bestimmter Teile muss der Autohändler nicht haften. Dies ist Sache der Garantie, die eine freiwillige Leistung des Autohändlers darstellt.

Es werden verschiedene Arten von Garantien gewährt. So unterscheidet man zwischen händlereigener Garantie und der eines externen Garantiegebers. Bei der **Eigengarantie** des Händlers übernimmt der verkaufende Händler eine zeitlich begrenzte Garantie – meist ein Jahr – auf bestimmte Aggregate des Fahrzeugs (z. B. Motor). Um einen eventuellen Garantiefall abzusichern, muss er hierfür eine Wagnisrückstellung bilden.

Bei **externen Garantiegebern** handelt es sich um Versicherungen, die eventuelle Reparaturkosten versichern, oder um produktbezogene Garantiegeber auf Additivbasis (Schmierstoffgarantie). Das Letztere bedeutet, dass alle mit Schmierstoffen funktionierende Bauteile (Motor, Getriebe, Ausgleichsgetriebe) mit einer Gebrauchtwagengarantie versehen werden.

Zusätzlich kann bei allen genannten Arten auch für andere Fahrzeugbauteile eine Garantie übernommen werden. Dabei kann auch – je nach Fahrzeugalter – unterschiedlich Ersatz geleistet werden. Insbesondere bei den Materialkosten erhält der Käufer ab 50 000 km Laufleistung nur noch einen Teil erstattet.

Diese Leistungen erbringt ein Privatanbieter nicht. Er kann die Sachmangelhaftung ausschließen und gibt keine Garantie.

Ein weiteres Argument für die Rechtfertigung des Verkaufspreises sind **Zusatzleistungen**, die der Autohändler gewährt und der Privatverkäufer nicht leistet:

Beispiel Bei der Gottfried-Schultz-Gruppe (VW/AUDI) erhält jeder Gebrauchtwagenkäufer einen „MAXIMAL-SERVICE" für das Gebrauchtfahrzeug. Dieser Service beinhaltet:

- Bus-Ticket bei Reparatur
- 1 000-km-Check
- Gutscheine für Ersatzwagen, Wartungsarbeiten, TÜV-Abnahme, Dachbox-Vermietung, Probefahrt, Fahrzeugbewertung, Fahrsicherheitstraining u. a.
- Inzahlungnahme-Garantie
- und andere Leistungen

Um sich beim Verkauf von Gebrauchtfahrzeugen an Privatpersonen gegen Sachmangelhaftungsansprüche abzusichern und dem Kunden die Fehlerfreiheit des Fahrzeuges nachzuweisen, wird dem Kunden oft ein **Prüfprotokoll** eines unabhängigen Sachverständigen (z. B. DEKRA-Siegel, TÜV-Zertifikat) ausgehändigt. Damit wird nachgewiesen, dass das Fahrzeug bei Übergabe fehlerfrei ist bzw. bestimmte Mängel aufweist.

Der Gebrauchtwagen-Verkäufer des Autohauses Fritz, Herr Siebert, hat einen Käufer für das LUXERA Cabrio gefunden. Der Käufer möchte das Fahrzeug als Zweitfahrzeug nutzen und nur während der Sommerzeit (April bis Oktober) fahrbereit halten. Der ausgehandelte Verkaufspreis beträgt 17 950,00 EUR + 100,00 EUR Zulassungskosten.

Für die Abwicklung des Kaufs wird von den meisten Autohäusern, ähnlich wie beim Neuwagenkauf, eine **„Verbindliche Gebrauchtwagen-Bestellung"** vom Käufer verlangt. Der Kunde erhält anschließend eine schriftliche Bestätigung. Damit ist der Gebrauchtwagen-Kaufvertrag abgeschlossen und die Übergabe kann nach erfolgter Zulassung beim zuständigen Straßenverkehrsamt erfolgen.

Die **Zulassung** des Fahrzeugs wird vom Autohaus Fritz durchgeführt. Alle notwendigen Unterlagen (Zulassungsbescheinigung I + II, Versicherungsbestätigung, HU/AU-Bescheinigung, Bankverbindung für Kfz-Steuer-Abbuchung, Personalausweis und Vollmacht des Käufers) liegen vor. Da der Kunde sein Fahrzeug nur in der Zeit von April bis Oktober fahrbereit haben möchte, gibt es eine Möglichkeit, den Wagen auch nur für diesen Zeitraum zuzulassen. Somit kann der Kunde jährlich in dieser Zeit das Fahrzeug nutzen, ohne dass er jeweils eine An- bzw. Abmeldung durchführen muss. Auch der Versicherungsbeitrag wird dann auch nur für diesen Zeitraum berechnet. Für eine solche Zulassung benötigt man ein besonderes Kfz-Kennzeichen, das sogenannte „Saisonkennzeichen", auf dem der Zeitraum angegeben ist, in dem das Fahrzeug benutzt werden darf (Monatsangabe). Dieses Kfz-Kennzeichen ist nicht zu verwechseln mit anderen besonderen Kennzeichen mit Angabe eines Zeitraums:

Ausfuhrkennzeichen werden benutzt, wenn ein Fahrzeug ins Ausland ausgeführt werden soll. Der letzte Tag der Gültigkeit ist mit Tages-, Monats- und Jahresangabe am rechten Rand vermerkt.

Kurzzeitkennzeichen werden für einen kurzen Zeitraum (bis zu 5 Tagen) ausgegeben und gelten nur im Inland. Sie dienen der Überführung oder Vorführung bei abgemeldeten Fahrzeugen. Das genaue Verfallsdatum ist mit Tages-, Monats- und Jahresangabe gekennzeichnet.

Gebrauchtwagenhandel 113

Aufgaben

1. Welche Bedeutung hat der Gebrauchtwagenhandel für den fabrikatsgebundenen Autohändler?

2. Welche verkaufsvorbereitenden Maßnahmen werden bei der Gebrauchtwagenaufbereitung erforderlich?

3. Mit wie viel Euro Rohgewinn hat die Autohaus Fritz GmbH das gebrauchte Cabriolet kalkuliert (vergleiche den Verkaufswert S. 110 mit dem Einkaufswert S. 106)?

4. Mit wie viel Prozent des Neuwertes wurden die Sonder- und Zusatzausstattungen insgesamt bewertet (s. S. 111)?

5. Welche Probleme ergeben sich bei der Inzahlungnahme, wenn die Lieferzeit des Neufahrzeugs sehr lang ist? Versuchen Sie eine Lösung zu finden.

6. Besorgen Sie sich in Ihrem Ausbildungsbetrieb die Geschäftsbedingungen für den Ankauf gebrauchter Kraftfahrzeuge und beschreiben Sie die wichtigsten Bestimmungen.

7. Welche Papiere müssen bei der Hereinnahme des noch auf Herrn Dr. Hartmann zugelassenen Cabriolets dem Autohaus übergeben werden?

8. Welche versicherungstechnischen und behördlichen Formalitäten müssen noch geklärt und durchgeführt werden?

9. Erkunden Sie in Ihrem Ausbildungsbetrieb die Garantiebedingungen für Gebrauchtfahrzeuge.

10. Welche verkaufsfördernden Maßnahmen werden in Ihrem Unternehmen im Gebrauchtwagenverkauf eingesetzt?

11. Erläutern Sie die rechtliche Bedeutung der „Verbindlichen Gebrauchtwagen-Bestellung".

12. Unterscheiden Sie zwischen einer Saison-Zulassung und einer Kurzzeit-Zulassung.

13. Führen Sie mit den Möglichkeiten Ihres Ausbildungsbetriebes eine Gebrauchtwagenbewertung für folgendes Fahrzeug durch, und präsentieren Sie das Ergebnis:

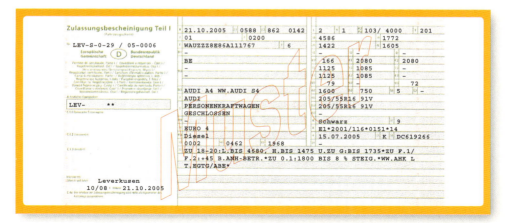

Das Fahrzeug ist in einem technisch und optisch einwandfreien Zustand. Anzahl der Vorbesitzer: 0.

3.3 Allgemeine Geschäftsbedingungen

Herr Lansky, ein weiterer Gebrauchtwagenverkäufer des Autohauses Fritz, hat ein gutes Geschäft gemacht. Er hat einen Käufer gefunden, der bereit ist, ein Fahrzeug mit einer langen Standzeit zu kaufen. Jedoch sind noch einige Instandsetzungsarbeiten notwendig, die ca. 14 Tage beanspruchen. Als Liefertermin wird diese Frist auch in der verbindlichen Bestellung des Kunden eingetragen.

1. Was muss Herr Lansky tun oder veranlassen, damit ein Kaufvertrag zustande kommt und der Kunde nicht nach 14 Tagen und reiflicher Überlegung seine Bestellung zurückzieht und damit die Abnahme verweigert?
2. Wo sind solche und andere Fälle geregelt?

Für solche strittigen Fälle sind Geschäftsbedingungen geschaffen worden, die – wie beim Neuwagengeschäft – vor unangenehmen Folgen schützen sollen.

Der Zentralverband Deutsches Kraftfahrzeuggewerbe e. V. (ZDK) hat Allgemeine Geschäftsbedingungen entworfen und mit Verbraucherverbänden abgestimmt. Somit ist auch der Verbraucherschutz gewährleistet. Diese Bedingungen werden den Autohäusern als unverbindliche Empfehlung angeboten und von den meisten Autohändlern angenommen, da sie rechtlich abgesichert sind.

Die **Allgemeinen Geschäftsbedingungen** müssen dem Kunden beim Kaufantrag bekannt gemacht werden. Deshalb werden diese Bedingungen auf der Rückseite des Vertrages abgedruckt.

Nachfolgend sind auszugsweise die Geschäftsbedingungen des ZDK aufgeführt:

Allgemeine Geschäftsbedingungen für den Verkauf gebrauchter Kraftfahrzeuge und Anhänger (Unverbindliche Empfehlung des ZDK; Stand: 03/2008)

I. Vertragsabschluss

1. Der Käufer ist an die Bestellung höchstens bis zehn Tage, bei Nutzfahrzeugen bis zwei Wochen, gebunden. Der Kaufvertrag ist abgeschlossen, wenn der Verkäufer die Annahme der Bestellung des näher bezeichneten Kaufgegenstandes innerhalb der jeweils genannten Fristen schriftlich bestätigt oder die Lieferung ausführt. Der Verkäufer ist jedoch verpflichtet, den Besteller unverzüglich zu unterrichten, wenn er die Bestellung nicht annimmt. ...

II. Zahlung

1. Der Kaufpreis und Preise für Nebenleistungen sind bei Übergabe des Kaufgegenstandes und Aushändigung oder Übersendung der Rechnung zur Zahlung fällig. ...

III. Lieferung und Lieferverzug

1. Liefertermine und Lieferfristen, die verbindlich oder unverbindlich vereinbart werden können, sind schriftlich abzugeben. Lieferfristen beginnen mit Vertragsabschluss.

2. Der Käufer kann zehn Tage, bei Nutzfahrzeugen 2 Wochen, nach Überschreiten eines unverbindlichen Liefertermins oder einer unverbindlichen Lieferfrist den Verkäufer auffordern zu liefern. Mit dem Zugang der Aufforderung kommt der Verkäufer in Verzug. Hat der Käufer Anspruch auf Ersatz eines Verzugsschadens, beschränkt sich dieser bei leichter Fahrlässigkeit des Verkäufers auf höchstens 5 % des vereinbarten Kaufpreises. Will der Käufer darüber hinaus vom Vertrag zurücktreten und/oder Schadenersatz statt Leistung verlangen, muss er dem Verkäufer nach Ablauf der Zehn-Tages-Frist gemäß Satz 1 eine angemessene Frist zur Lieferung setzen. Hat der Käufer Anspruch auf Schadenersatz statt der Leistung, beschränkt sich der Anspruch bei leichter Fahrlässigkeit auf höchstens 10 % des vereinbarten Kaufpreises. Ist der Käufer eine juristische Person des öffentlichen Rechts, ein öffentlich-rechtliches Sondervermögen oder ein Unternehmer, der bei Abschluss des Vertrages in Ausübung seiner gewerblichen oder selbstständigen beruflichen Tätigkeit handelt, sind Schadenersatzansprüche bei leichter Fahrlässigkeit ausgeschlossen. ...

3. Wird ein verbindlicher Liefertermin oder eine verbindliche Lieferfrist überschritten, kommt der Verkäufer bereits mit Überschreiten des Lieferter-

mins oder der Lieferfrist in Verzug. Die Rechte des Käufers bestimmen sich dann nach Ziffer 2 Sätze 3 bis 6 dieses Abschnitts. …

IV. Abnahme

1. Der Käufer ist verpflichtet, den Kaufgegenstand innerhalb von 8 Tagen ab Zugang der Bereitstellungsanzeige abzunehmen. Im Falle der Nichtabnahme kann der Verkäufer von seinen gesetzlichen Rechten Gebrauch machen.

2. Verlangt der Verkäufer Schadenersatz, so beträgt dieser 10 % des Kaufpreises. Der Schadenersatz ist höher oder niedriger anzusetzen, wenn der Verkäufer einen höheren oder der Käufer einen geringeren Schaden nachweist.

V. Eigentumsvorbehalt

1. Der Kaufgegenstand bleibt bis zum Ausgleich der dem Verkäufer aufgrund des Kaufvertrages zustehenden Forderungen Eigentum des Verkäufers. …

Während der Dauer des Eigentumsvorbehalts steht das Recht zum Besitz der Zulassungsbescheinigung Teil II dem Verkäufer zu.

2. Bei Zahlungsverzug des Käufers kann der Verkäufer vom Kaufvertrag zurücktreten.

3. Solange der Eigentumsvorbehalt besteht, darf der Käufer über den Kaufgegenstand weder verfügen noch Dritten vertraglich eine Nutzung einräumen.

VI. Sachmangel

1. Ansprüche des Käufers wegen Sachmängeln verjähren in einem Jahr ab Ablieferung des Kaufgegenstandes an den Kunden.

Hiervon abweichend erfolgt der Verkauf unter Ausschluss jeglicher Sachmängelhaftung, wenn der Käufer eine juristische Person des öffentlichen Rechts, ein öffentlich-rechtliches Sondervermögen oder ein Unternehmer ist, der bei Abschluss des Vertrages in Ausübung seiner gewerblichen oder selbstständigen beruflichen Tätigkeit handelt. Weitergehende Ansprüche bleiben unberührt, soweit der Verkäufer aufgrund Gesetz zwingend haftet oder etwas anderes vereinbart wird, insbesondere im Falle der Übernahme einer Garantie.

2. Ansprüche wegen Sachmängeln hat der Käufer beim Verkäufer geltend zu machen. …

3. Wird der Kaufgegenstand wegen eines Sachmangels betriebsunfähig, kann sich der Käufer mit vorheriger Zustimmung des Verkäufers an einen anderen Kfz-Meisterbetrieb wenden.

4. Im Rahmen einer Mängelbeseitigung eingebaute Teile kann der Käufer bis zum Ablauf der Verjährungsfrist des Kaufgegenstandes Sachmängelansprüche aufgrund des Kaufvertrages geltend machen. Ersetzte Teile werden Eigentum des Verkäufers.

VII. Haftung

1. Hat der Verkäufer auf Grund der gesetzlichen Bestimmungen nach Maßgabe dieser Bedingungen für einen Schaden aufzukommen, der leicht fahrlässig verursacht wurde, so haftet der Verkäufer beschränkt:

Die Haftung besteht nur bei Verletzung vertragswesentlicher Pflichten, etwa solcher, die der Kaufvertrag dem Verkäufer nach seinem Inhalt und Zweck gerade auferlegen will oder deren Erfüllung die ordnungsgemäße Durchführung des Kaufvertrages überhaupt erst ermöglicht und auf deren Einhaltung der Käufer regelmäßig vertraut und vertrauen darf. Diese Haftung ist auf den bei Vertragsabschluss vorhersehbaren typischen Schaden begrenzt …

2. Unabhängig von einem Verschulden des Verkäufers bleibt eine etwaige Haftung des Verkäufers bei arglistigem Verschweigen eines Mangels, aus der Übernahme einer Garantie oder eines Beschaffungsrisikos und nach dem Produkthaftungsgesetzes unberührt …

4. Ausgeschlossen ist die persönliche Haftung der gesetzlichen Vertreter, Erfüllungsgehilfen und Betriebsangehörigen des Verkäufers für von ihnen durch leichte Fahrlässigkeit verursachte Schäden.

5. Die Haftungsbegrenzungen dieses Abschnittes gelten nicht bei Verletzung von Leben, Körper oder Gesundheit …

Aufgaben

1. Beurteilen Sie die Ausgewogenheit der AGB zwischen Händler und Käufer.

2. Machen Sie mithilfe der AGB einen Vorschlag für die Lösung des Problems in der Ausgangssituation (s. S. 114).

3. Überprüfen Sie die AGB in Ihrem Betrieb auf Übereinstimmung mit der Empfehlung des ZDK.

Lernfeld 11

4. Von einem Gebrauchtwagenkunden erhalten Sie einen Brief mit folgendem Inhalt:

6. Juni ....

Sehr geehrte Damen und Herren!

Am 1. Mai d. J. bestellte ich bei Ihnen einen gebrauchten UNICA Kombi für 12 900,00 EUR. Das Fahrzeug sollte Mitte Mai zur Abholung bereitgestellt werden.

Dies bestätigten Sie mir auch bei der Bestellung. Nachdem der 30. Mai verstrichen war, forderte ich Sie unter Androhung des Rücktritts auf, das Fahrzeug bis zum 20. Juni endlich bereitzustellen.

Sie teilten mir am 5. Juni mit, dass das Fahrzeug durch einen selbstverschuldeten Unfall eines Mitarbeiters Totalschaden erlitten hatte. Ich trete deshalb vom Kaufvertrag zurück.

Das Fahrzeug sollte am 20. Juni meiner Ehefrau zum 50. Geburtstag überreicht werden. Weil das von meiner Gattin selbst ausgesuchte Fahrzeug nun nicht mehr übergeben werden kann, verlange ich Schadenersatz. Ich könnte ein gleichwertiges Fahrzeug bei einem anderen Händler zum Preis von 14 900,00 EUR sofort bestellen.

Mit freundlichem Gruß

gez. Max Kunde

a) Beurteilen Sie mithilfe der AGB die Situation aus rechtlicher Sicht.
b) Wie würden Sie auf diesen Brief reagieren?
c) Entwerfen Sie für das Antwortschreiben einen Brieftext.

4 Betreuung nach dem Verkauf (After-Sales-Betreuung)

F. Ch. Zach sieht durch „Clienting" eine Möglichkeit, Kunden zu begeistern und Beziehungen – auch nach dem Verkauf von Neu- und Gebrauchtfahrzeugen – zu pflegen. Er schreibt in seinem Buch:

„Nach dem Kaufabschluss legt Clienting erst richtig los

Traditionelles Marketing feierte den Verkauf als krönenden Erfolg. Hatte der Kunde gekauft, so wurde er viel zu häufig uninteressant. Der König hatte seine Schuldigkeit getan – auf jeden Fall so lange, bis Ersatzbedarf oder Zusatzbedarf, Wartung oder Reparatur bei ihm als neue Geschäfts-Chancen zu erwarten waren …

… Clienting setzt dagegen auch nach dem Verkauf voll ein:

– Jetzt heißt es, den Kunden zu bestärken. Und zwar auf der Sachebene ebenso wie auf der Beziehungsebene. Jeder Autokäufer hat nach der Bestellung die Angst in sich, dass ein anderes Auto oder ein anderes Autohaus für ihn günstiger oder zweckmäßiger hätte sein können.

– Jetzt braucht der Kunde doppelt nötig das Vertrauen, beim richtigen Autohaus, das richtige Auto, zur rechten Zeit und zum korrekten Preis gekauft zu haben.

> – Jetzt heißt es, den Kunden zu unterstützen in der Nutzung und Verwendung des Autos in seinem Alltag. Jetzt heißt es, Tipps zu geben, den Kunden Geborgenheit und Sicherheit über Hilfsbereitschaft erleben zu lassen.
>
> – Jetzt werden die emotionalen Fundamente für Kundentreue, für die Begeisterung des Kunden gelegt.“
>
> **(Quelle: F. Christian Zach: Fang den Kunden, AUTOHAUS Verlag, Ottobrunn 1997, S. 44)**

Welche Aktivitäten nach dem Verkauf sind damit gemeint?

4.1 Aktivitäten direkt nach dem Verkauf

Clienting ist ein Begriff, den Edgar K. Geffroy, Unternehmensberater, etwa 1990 einführte. Er spricht von Clienting als einer „Kundenerfolgslehre“. Clienting ist die Denk- und Handlungsweise, die für Kunden Erfolge schafft. Erfolge können sein:

- Geld-Erfolge
- Spaß-Erfolge
- Prestige-Erfolge
- Bequemlichkeits-Erfolge
- Qualitäts-Erfolge

Direkt nach dem Neuwagenverkauf bieten sich folgende Maßnahmen an:

Auf der **Sachebene** kann eine Nutzungs- oder Verwendungsberatung für das neue Fahrzeug stattfinden. Durch eine hausinterne Betriebs- und Bedienungsanleitung kann die werksseitige Anleitung durch Tipps für z. B. Sparsamkeit und lange Lebensdauer ergänzt werden. Im Zeitalter der neuen Technologien ist die Anleitung auf CD-ROM eine Möglichkeit, dem Kunden einen schnellen Zugriff durch den Such-Klick in der interaktiven CD-ROM zu verschaffen.

Für junge oder unsichere Fahrer oder bei besonderen Fahrzeugen (z. B. Off-Road) kann der Autohändler ein Fahr(er)training anbieten. Auf der **Beziehungsebene** gilt es, Vertrauen zu schaffen bzw. auszubauen. Ein „Dankeschön“ in Form eines netten Briefes, eines Blumenstraußes oder eines kleinen Präsentes können dazu beitragen.

4.2 Beratungs- und Informationsservice

Für kontinuierliche Kontakt- und Beziehungspflege im Laufe der Lebensjahre eines Fahrzeugs steht ein Bündel an Instrumenten und Anlässen zur Verfügung. Eigener Kreativität sind dabei aber keine Grenzen gesetzt.

Folgende Anlässe können für einen Beratungs- und Informationsservice sinnvoll sein:

- Zufriedenheitsbefragungen
- Gratulationen zu:
  - Geburtstagen
  - Ladeneröffnung
  - Jubiläum
  - Jahres- oder 5-Jahrestag des Autos
- Einladungen zu:
  - Sicherheitsaktionen (Lichttest, Reifenprüfung, Urlaubs-/Wintercheck, Diagnose-Woche)

- – Neuwagenvorstellung
- – Vernissage (Kunstausstellung)
- – Sekt zum Frühjahrs- oder Sommeranfang
- Hinweise, Informationen zu:
  - – Gesetzänderungen
  - – Prämien bei Empfehlungen
- Veranstaltungen außerhalb des Autohauses:
  - – Freizeit-/Urlaubsangebote
  - – ADAC-Aktionen (Bremstest u. a.)

Diese Beratungs- und Informationsserviceleistungen können sowohl schriftlich wie auch fernmündlich übermittelt werden.

Schriftliche Mitteilungen (persönliche Briefe) haben folgende Vorteile:

- überlegte, korrigierbare Formulierungen
- kein Überfall, der Empfänger kann den Brief zu irgendeinem Zeitpunkt lesen
- Das Anliegen kann man bildlich untermauern.
- Man kann kleine Aufmerksamkeiten beilegen (z. B. Gutscheine, Preisausschreiben).

Telefongespräche haben folgende Vorteile:

- Man kann sofort und zeitpunktgenau auf Anlässe reagieren.
- Man weiß, dass das Anliegen ankommt (ein Brief kann im Papierkorb landen).
- Die Reaktion des Angesprochenen kann man sofort feststellen.
- Mit Telefongesprächen erreicht man den richtigen Ansprechpartner persönlich.

Eine besondere Art des Briefes ist der **Tipp-Brief**.

Nach der Idee des Clienting sollen Tipps gegeben werden, ohne dass eine egoistische Verkaufsabsicht im Vordergrund steht. Hierzu zählen:

- Tipps zur Fahrsicherheit
- Tipps zum Steuersparen
- Tipps, den Benzinverbrauch und den Reifenverschleiß zu senken
- Hinweise zu Bio-Diesel
- Tipps zum Öl
- Tipps für den Autokauf und -verkauf
- Tipps rund ums Leasing
- Tipps für Freizeit und Urlaub
- Tipps zur Pflege und Werterhaltung
- Gesundheitstipps (z. B. Rückenprobleme beim Autofahren)

Informationen über das Autohaus oder Hinweise auf Angebote des Händlers oder eines Partners (Hotels, Fachgeschäfte, Freizeitangebote) sollten, wenn überhaupt, nur am Rande genannt werden.

Für **Telefonkontakte** gelten in der Regel die gleichen Anlässe wie bei schriftlichen Informationen. Dabei sind jedoch gesetzliche Vorschriften zu beachten. Bei Privatleuten sind im deutschen Recht enge Grenzen gesetzt. In der Regel muss der Privatmann sein Einverständnis dazu geben, wenn der Händler ihn über Neuheiten oder Angebote telefonisch informieren will. Ohne Einwilligung würden solche Telefonanrufe gegen die „guten Sitten" verstoßen (vgl. **Wettbewerbsrecht**).

Informationen per Telefon können sowohl durch aktives Telefonieren (das heißt, man ruft andere an) als auch durch passives Telefonieren (das heißt, man wird angerufen) übermittelt werden. Über sogenannte **„Hotlines"** bieten viele Autohäuser oder Hersteller in einem „Call-Center" Informationen an. Kundenfreundlich (weil kostenlos) sind Hotlines mit der 0800er-Nummer („Freephone" oder „Freecall"), während die 0190-„Nachfolger" wie die 09001, 09003, 09005 und 09009 sehr teuer für Anrufende sein können. Hierbei macht der Angerufene das Geschäft. Für Kontaktanbahnungen im Kfz-Handel sind deshalb 0900er-Nummern in sehr wenigen Fällen geeignet.

4.3 Zubehör- und Serviceangebote

Das Service- und Zubehörgeschäft ist ein zunehmend bedeutenderer Renditeträger geworden. Nachdem sich große Teilevermarkter etabliert haben und Kettenbetriebe über das ganze Land verteilt Werkstattleistungen anbieten, müssen die Autohäuser bei sinkender Werkstattauslastung diesem Bereich besondere Aufmerksamkeit widmen. Dabei unterstützen auch die Autohersteller durch umfangreiches Automobilzubehör die Händler. Nach einer Umfrage der Zeitschrift AUTOHAUS haben sich die nebenstehenden Zubehörteile als besonders umsatzstark herausgestellt.

Für dieses Zubehör lassen sich zu verschiedenen Anlässen auch Nachrüstangebote für unsere Neu- oder auch Gebrauchtwagenkunden erstellen.

Besonders der Reifenmarkt ist für Autohändler attraktiv geworden. Zusammen mit besonderen Serviceleistungen, wie dem Räder-Einlagerungsservice, Reinigung, Montage und Wuchten ist ein Kundenkontakt mindestens zweimal im Jahr garantiert.

> **AUTOHAUS-Hitliste**
> **Die zehn Schnelldreher im Zubehörgeschäft**
>
> 1. Felgen/Reifen/Räder
> 2. Radio und Zubehör
> 3. optisches Zubehör und Tuning
> 4. Fußmatten und Teppiche
> 5. Anhängerkupplungen
> 6. Trägersysteme
> 7. Klimaanlagen
> 8. Navigationssysteme
> 9. Standheizungen
> 10. Laderaumwannen
>
> *(Quelle: Autohaus-Spezial Nr. 13/1999, S. 11)*

Eine weitere Möglichkeit, Neuwagenkunden an ein Autohaus zu binden, ist die **Garantieverlängerung**. Dies geschieht in der Regel durch Versicherungen, die der Kunde durch eine geringe Gebühr abschließen kann. Die Garantiebedingungen sehen vor, dass das Fahrzeug regelmäßig von einer Fachfirma gewartet werden muss. Damit ist eine weitere Kundenbindung für die nächsten Jahre gesichert.

Dem Einfallsreichtum des Händlers in Bezug auf Kundenkontakt sind keine Grenzen gesetzt. Es gibt viele Möglichkeiten, Neu- und Gebrauchtwagenkunden nach dem Kauf – auch viele Jahre danach – zu binden bzw. wiederzugewinnen.

Beispiel

> **Der günstige Eco-Service**
>
> Es ist eigentlich schon längst ein Neuwagen fällig, aber Sie hängen an Ihrem alten und er tut's doch noch prima.
>
> Das verstehen wir nur zu gut. Aber Sie sollten ihn regelmäßig warten lassen. Deshalb gibt's bei uns den Eco-Service. Hier kümmern sich Fachleute um Ihren Liebling. Wir prüfen Motor, Kühlsystem, Elektrik, Bremsen, Öle, Lenkung, Kupplung, Reifen, Fahrwerk, Antriebsriemen und Dichtheiten. Und wir wechseln nur aus, was wirklich notwendig ist und mit Original-Ersatzteilen.
>
> Das alles gibt's zum günstigen Festpreis (zzgl. Materialien)
>
> **80,00 EUR***
>
> * Eventuell anfallende Ersatzteile werden nach Abstimmung gesondert berechnet.

Für alle Aktionen nach dem Wagenverkauf benötigt der Autohändler eine aktuelle und mit vielen (auch persönlichen) Informationen bestückte **Kundenkartei**.

Dazu gehören z. B. Kaufmotive für den Wagenkauf, wie:
- Ladefähigkeit
- Wirtschaftlichkeit
- Prestige
- Umweltverträglichkeit
- Verwendungsmöglichkeit

oder persönliche Dinge, wie:
- Alter
- Hobbys
- Familienstand
- Beruf

und damit verbundene Bedürfnisse.

Die meisten dieser Informationen können nur in persönlichen Gesprächen ermittelt werden. Dabei sind jedoch, was die Speicherung der Informationen angeht, Bestimmungen des **Datenschutzes** zu beachten. Danach muss sich der Kunde mit der Erfassung und Speicherung der Daten einverstanden erklären. Dies kann z. B. mit der Bestellung oder bei der Teilnahme an einer Umfrage geschehen. Dabei muss sich der Autohändler bereit erklären, die Daten nicht an Dritte weiterzugeben und den Zugang zu den Daten sorgfältig zu schützen.

Aufgaben

1. Beschreiben Sie den Begriff „Clienting".

2. Für einen Beratungs- und Informationsservice werden in Kapitel 4.2 verschiedene Anlässe genannt. Ergänzen Sie diese Aufzählung durch eigene Ideen oder Aktionen Ihres Ausbildungsbetriebes.

3. Nennen Sie Nachteile einer schriftlichen bzw. telefonischen Beratung oder Information durch ein Autohaus.

4. Unterscheiden Sie zwischen „aktivem" und „passivem" Telefonieren.

5. Erkunden Sie das Zubehörprogramm Ihres Ausbildungsbetriebes und nennen Sie Anlässe nach dem Neuwagenverkauf, bei denen man dem Käufer dieses Zubehör anbieten kann.

6. Welche Möglichkeiten hat ein Neuwagenkäufer nachträglich, eine Garantieverlängerung in Ihrem Betrieb zu erreichen?

7. Überprüfen Sie die Kundenkartei in Ihrem Autohaus und stellen Sie fest, welche Daten dort festgehalten werden.

8. Entwickeln Sie durch ein **„Brainstorming"** neue Ideen für Kundenkontakte mit folgender Vorgehensweise:
    a) Bilden Sie **Gruppen** zu ca. sechs Personen.
    b) Jeder der Gruppenteilnehmer schreibt innerhalb von 3 bis 5 Min. drei Kundenkontakt-Ideen (oder -Anlässe) auf einen Zettel.
    c) Nach Ablauf der Zeit reicht jedes Gruppenmitglied den Zettel an den Nächsten weiter.
    d) Jeder schreibt nun weitere drei Ideen zu den bereits vorhandenen.
    e) Dieser Vorgang wird so oft wiederholt, wie Gruppenmitglieder vorhanden sind.

9. Wählen Sie eine Kundenkontakt-Idee aus der Aufgabe 8 aus, und entwerfen Sie mithilfe eines **Textverarbeitungsprogrammes** einen Werbebrief oder bereiten Sie eine Telefonaktion zu einer Idee vor.

Lernfeldaufgabe:
Verkauf eines Wagens an einen Neukunden

Das Autohaus Fritz ist ein kleines Autohaus und hat sich zum Ziel gesetzt, den Kunden in den Mittelpunkt aller Aktivitäten zu stellen. Nach dem Motto: „Nur ein zufriedener Kunde wird oder bleibt Stammkunde" versucht das Autohaus allen Kunden gerecht zu werden und sich besonders im Beratungs-, Betreuungs- und Servicebereich von den Mitbewerbern abzuheben.

Herr Karsten, ein neuer Interessent für einen UNICA MAGNA-Kombi, steht schon seit einigen Wochen mit Herrn Miller, dem Verkäufer des Autohauses Fritz GmbH, in Verbindung. Herr Miller hat bereits aufgrund verschiedener Gespräche folgende Daten des Interessenten in der Kundenkartei gespeichert:

Name:	Ralf Karsten	Geb. am:	25. Sept. 1962
Familienstand:	verheiratet	Kinder:	2 (10/12 Jahre)
Hobbys:	Tennis (aktiv), Fußball (passiv)	Wohnort:	14776 Brandenburg
Beruf:	kaufm. Sachbearbeiter bei einem Chemiekonzern	Straße:	Feldstr. 86

Nachdem alle Einzelheiten, Fragen und Ausstattungswünsche geklärt sind, bittet Herr Karsten um ein Angebot für folgenden Neuwagen:

Modell:	MAGNA-Kombi
Motor:	1,8 TDI
Farbe:	silber-metallic
Polster:	Karo-Muster
Listenpreis (ohne Sonderausstattung):	25 300,00 EUR
Sonderausstattung: Klimaanlage Metallic-Lackierung Glas-Schiebedach	1 100,00 EUR 200,00 EUR 700,00 EUR
Fahrzeugpreis	27 300,00 EUR

Der Hauspreis des Neufahrzeugs wird von Herrn Miller auf 25 990,00 EUR (einschl. MwSt.) + Überführung 450,00 EUR festgelegt. Dieser Hauspreis gilt bei Inzahlungnahme eines Gebrauchtfahrzeugs zu einem von der Gebrauchtwagenabteilung festzulegenden marktgerechten Ankaufswert.

Die Lieferzeit beträgt acht Wochen.

Gleichzeitig möchte Herr Karsten seinen fünf Jahre alten Gebrauchtwagen in Zahlung geben:

Lernfeld 11

Hersteller:	VW
Typ:	Passat GL Limousine
Motor:	Benzin 1,8 90 PS
Farbe:	blau-metallic
km-Stand:	79 000 km
Reifen:	Dunlop 195/65 R15
Ausstattung:	GL
Sonderausstattung: Glas-Schiebedach Vier Türen 2 Airbags	Neuwert: 500,00 EUR 600,00 EUR 250,00 EUR
Anzahl Halter:	2
Unfälle:	keine
Übergabetermin:	bei Abholung des Neuwagens

Alle notwendigen Formalitäten (z. B. Abmeldung) sollen vom Autohaus Fritz erledigt werden.

Das Gebrauchtfahrzeug könnte für 6 990,00 EUR verkauft werden.

Im Gebrauchtwagenbereich rechnet das Autohaus Fritz in der Regel mit folgenden Werten:

Gebrauchtwagen-Handelsspanne (einschließlich Verkäuferprovision)	15 % (mind. 750,00 EUR)	
Verkäuferprovision:	Rohgewinn (brutto)	Nettoerlös-Provision*
	bis 2,99 %	0,8 %
	3– 4,99 %	1,0 %
	5– 6,99 %	1,2 %
	7– 8,99 %	1,4 %
	9–10,99 %	1,6 %
	11–12,99 %	1,8 %
	13–14,99 %	2,0 %
	15 u. mehr %	2,5 %
	des Verkaufspreises	
	* Netto-Erlös = Brutto-Erlös – Differenz-MwSt.	
Gebrauchtwagen-Garantie:	Aufpreis 150,00 EUR	

Problemstellung:

Das Autohaus versucht auf der einen Seite, den Kunden zufriedenzustellen. Es darf auf der anderen Seite aber auch die eigenen Interessen nicht vernachlässigen; denn das Geschäft muss auch rentabel sein.

Lernfeldaufgabe: Verkauf eines Wagens an einen Neukunden

Um dies zu erreichen, sollen die Bereiche:
- Neuwagengeschäft
- Gebrauchtwagengeschäft
- Controlling
- After-Sales-Aktivitäten

genauer betrachtet und die Berechnungen und Abläufe dargestellt werden.

Im Neuwagengeschäft sollen die bürowirtschaftlichen Abläufe und rechtliche Probleme deutlich gemacht werden.

Die Probleme beim Gebrauchtwagengeschäft liegen bei der richtigen Einschätzung des Gebrauchtwagenwertes, der eine profitable Weitervermarktung möglich macht und gleichzeitig den Kunden zufriedenstellt.

Im Bereich Controlling werden wirtschaftliche Auswertungen und die buchhalterische Erfassung des Neu- und Gebrauchtwagengeschäfts vorgenommen.

Die After-Sales-Aktivitäten dienen dazu, den Kunden auch noch nach dem Neu- oder auch Gebrauchtwagenkauf optimal zu betreuen und zufriedenzustellen.

Die einzelnen Problembereiche sollten arbeitsteilig behandelt werden. Bilden Sie für jeden Bereich mindestens eine **Gruppe** von drei bis vier Schülerinnen und Schülern und bearbeiten Sie die Aufgaben in den entsprechenden Bereichen. Die Ergebnisse sind schriftlich zu erstellen und vorzutragen. Als Hilfsmittel können hierfür **Folien, Wandbilder** oder **-plakate** erstellt werden.

Gruppe 1: Neuwagenbereich

Arbeitsaufträge

1. Herr Karsten, der Interessent für einen MAGNA Kombi, bat Herrn Miller aus der Neuwagen-Verkaufsabteilung um ein Angebot.
   Erstellen Sie mithilfe eines **Textverarbeitungsprogrammes** ein unverbindliches **Angebot** für Herrn Karsten.

2. Nachdem auch die Verhandlungen über die Inzahlungnahme des Gebrauchtfahrzeugs für beide Seiten zufriedenstellend abgeschlossen wurden, bestellt Herr Karsten das Neufahrzeug zu den Bedingungen des Angebots (verbindliche Bestellung).
   Im Autohaus Fritz werden die Bedingungen (z. B. Lieferzeit, Ausstattungswünsche u. a.) mit dem Importeur abgestimmt. Danach erhält der Kunde eine Bestätigung seiner Bestellung.
   Nach acht Wochen wird das Fahrzeug termingerecht durch einen Spediteur angeliefert. Das Autohaus erhält den Lieferschein und eine Rechnung des Importeurs. Das Fahrzeug kann innerhalb von zwei Tagen dem Kunden bereitgestellt werden.
   Teilen Sie dem Kunden Karsten schriftlich die Bereitstellung mit und schreiben Sie die **Rechnung**.
   Welche Auslieferungsvorbereitungen müssen getroffen werden?

Lernfeld 11

3. Stellen Sie den Abschluss eines Neuwagenkaufvertrages übersichtlich dar.

4. Unterscheiden Sie zwischen einer Limousine und einer Kombi-Limousine und stellen Sie noch andere genormte Fahrzeugarten in einer Übersicht (evtl. auch bildlich) gegenüber.

Gruppe 2: Gebrauchtwagenbereich

Für eine genaue und objektive Bewertung des gebrauchten Pkws prüft die Gebrauchtwagenabteilung in Zusammenarbeit mit der Werkstatt das Fahrzeug. Es werden eine Probefahrt, eine optische und eine technische Prüfung durchgeführt (Ergebnisse siehe Seite 125).

Aufgaben

1. Führen Sie auf der Grundlage des DAT-Marktspiegels eine marktgerechte Verkaufspreisermittlung mithilfe eines **Formulars** durch, das Sie mit einem **Tabellenkalkulationsprogramm** (z. B. Excel) nach folgendem Aufbau selbst erstellt haben:

Marktgerechte Verkaufspreisermittlung			EUR (Brutto)
Verkaufspreis lt. DAT-Marktspiegel:			6 600,00
tatsächliche Fahrleistung (km):			
Bezugsleistung des DAT-Spiegels (km):	90 000		
Differenz:		0,11 EUR/km	
Sonderausstattung/Zubehör:	Neuwert	Anrechnung	
30 % des Neuwertes			
Anzahl Halter:[1]	%		
Unfälle:			
Reparaturen:			
Reifen:			
Lackschäden:			
Gebrauchtwagen-Garantie:			150,00
Verkaufspreis:			

[1] Abschläge für Anzahl Halter:
2 = 3,0 %; 3 = 5,0 %; 4 = 7,5 %; 5 = 10 % Abschlag vom DAT-Verkaufspreis

Lernfeldaufgabe: Verkauf eines Wagens an einen Neukunden

Ergebnis:

UNICA Importgesellschaft

Autohaus Fritz GmbH
Am Templiner See 12
14471 Potsdam

Gebrauchtwagen-Bewertung

Fabrikat / Modell (genaue Bezeichnung)	kW/PS	ccm	Kennzeichen	Eigentümer
Passat GL	90	1.8		Ralf Karsten

Hersteller / Typschlüssel	Türen	Fahrzeugident-Nr.	Straße
VW	☐ 2 ☒ 4		Feldstraße 86

☐ U.Kat.	☐ Diesel	☐ ohne Kat.	Erstzulassung	Regelm. Service	TÜV	(PLZ) Wohnort
☒ G.Kat.	☐ Turbo-Diesel			☒ ja ☐ nein	1 Jahr	14776 Brandenburg

☐ Mietwagen	☐ Taxi	Halterzahl	Unfallfrei	Schadenshöhe	Telefon:
☐ Fahrschule		2	☒ ja ☐ nein		Handy:

Gesamtlaufleistung:	AT-Motor	eingebaut am:	Fax:
k lt. Tacho 79 000	☐ ja ☒ nein	bei km:	☒ auf NW ☐ auf GW ☐ Leasing

Interesse für: Magna Kombi
Neuwagenlieferzeit bis: 8 Wochen
Laufzeit bei Übergabe:

Farbbezeichnung: blau-metallic
☒ 0 Blau ☐ 1 Braun ☐ 2 Gelb/Gold ☐ 3 Violett ☐ 4 Grau ☐ Hell ☐ Mittel ☒ Dunkel
☐ 5 Grün ☐ 6 Rot ☐ 7 Schwarz ☐ 8 Silber ☐ 9 Weiß ☒ Metallic

o = Lackschäden
x = Blechschäden
K = Kratzer
B = Beulen

Probefahrt: Funktionsteile, Anlasser, Kupplung, Getriebe, Schaltung, Lenkung, Betriebsbremse, Feststellbremse, Karosserie, Lackierung

Optische Prüfung: Innenraum, Kofferraum, Motorraum, Leuchten, Verglasung

Bemerkungen:
Wertminderungen:
Lackschäden   300,00
Reifen   200,00

Reifenfabrikat: Dunlop
Reifengröße: 185/65 R 15
Reifenprofil: 2,0 VL   2,0 VR
               2,5 HL   2,5 HR

Bühne	Kalk.-Kosten
Auspuffanlage / Kat.	150,00
Ölundichtigkeiten	
Bremse	
Reifen	

Wichtig! TÜV / AU
externe Aufbereitung
Summe der kalkulierten Instandsetzungskosten 150,00

Datum: Unterschrift / Prüfer:

---

2. Auf der Basis des marktgerechten Verkaufspreises muss der Inzahlungnahmewert ermittelt werden.
Ermitteln Sie den Wert mithilfe der Angaben in der Ausgangssituation (Abrunden auf volle 100,00 EUR).

3. Der Neuwagenkäufer, Herr Karsten, ist mit dem errechneten Gebrauchtwagenwert einverstanden. Gemeinsam mit Herrn Miller, dem Neuwagenverkäufer des Autohauses Fritz, wird das Gebrauchtwagengeschäft abgeschlossen und ein verbindliches Gebrauchtwagenangebot (auch Ankaufschein genannt) wird gemeinsam unterzeichnet.
Füllen Sie das beiliegende Formular (entweder kopieren oder Original aus Materialienband entnehmen) aus und erläutern Sie das Zustandekommen des Vertrages.

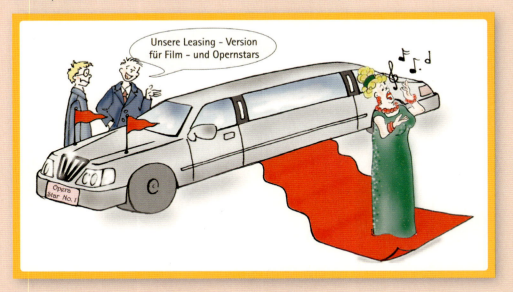

Lernfeldaufgabe: Verkauf eines Wagens an einen Neukunden 127

Formular zu Aufgabe 3:

Verbindliches Gebrauchtwagen-Verkaufsangebot

bietet der Firma:

Autohaus Fritz GmbH
Am Templiner See 12
14471 Potsdam
Tel. 0331 903232

vom _____ über Typ _____

Herr / Frau / Firma (Eigentümer) _____ geb. am _____

Anschrift _____

Beruf / Branche _____ Tel.-Nr. _____

zum gesonderten Ausweis der Mehrwertsteuer berechtigt: ☐ ja ☐ nein
zu den nachfolgenden und umseitigen Geschäftsbedingungen das nachstehend beschriebene Fahrzeug zum Kauf bzw. zur Übernahme zum Agenturverkauf an:

Hersteller	Typ	Fahrzeugart	Fz-Brief-Nr.
Zahl der Halter lt. Fz.-Brief	lt. Verkäufer	Datum der Erstzulassung lt. Fz-Brief	lt. Verkäufer
Amtl. Kennzeichen	Fahrzeug-Ident-Nr.	Zul. Gesamtgewicht	Farbe
Hubraum	Kilowatt (PS)	Stand des km-Zählers *)	Gesamtfahrleistung lt. Verkäufer *)

Gesamtfahrleistung km   nächste Hauptuntersuchung   Sonderausstattung / Zubehör (Reifen / Aufbauten)
bis zur Übergabe des
Fahrzeugs höchstens

Das Fahrzeug war / ist lt. Fz-Brief mit folgender eintragungspflichtiger Sonderausstattung ausgerüstet

Bereifung (Fabrikat, Größe, D.O.T.-Nr.) Profiltiefe   vorn / links   vorn / rechts   hinten / links   hinten / rechts   Reserverad ☐ ja ☐ nein

Unfallfreiheit beim Verkäufer   Unfallfreiheit beim Vorbesitzer   Falls nein: Zahl, Art und Umfang von Unfallschäden / Höhe der Reparaturkosten
☐ ja ☐ nein   ☐ ja ☐ nein

Motor-Nr.   Das Fahrzeug hat noch   Falls nein: Datum und Stand des km-Zählers zum Zeitpunkt des Einbaues des
den ersten Motor   jetzigen Motors
☐ ja ☐ nein

Dem Verkäufer sind folgende Mängel bekannt:

*) Stand des km-Zählers und Gesamtfahrleistung jeweils bei Vertragsabschluss; bei Vorbesitzern unter Berücksichtigung von deren Angaben

Der Eigentümer erklärt ausdrücklich:
1. Das Fahrzeug wurde – bei Vorbesitzern unter Berücksichtigung von deren Angaben – als Taxi / Miet- / Fahrschulwagen genutzt.   ☐ ja ☐ nein
2. Das Fahrzeug war / ist lt. Fz-Schein* mit Anhängerkupplung ausgerüstet.   ☐ ja ☐ nein
3. Etwaige technische Änderungen entsprechen den Bestimmungen der StVZO.   ☐ ja ☐ nein
4. Das Fahrzeug ist unfallfrei und riss-, bruch- und schweißfrei.   ☐ ja ☐ nein
5. Das Fahrzeug wurde ordnungsgemäß erworben und bezahlt.   ☐ ja ☐ nein
6. Es steht im unbestrittenen und alleinigen Eigentum des Verkäufers.   ☐ ja ☐ nein
7. Das Fahrzeug ist mit Rechten Dritter belastet (falls ja, mit welchen):   ☐ ja ☐ nein

Von dem zum Zeitpunkt der Wertermittlung vorhandenen Zubehör und den Bestandteilen des Fahrzeugs wurde nichts ausgebaut oder ausgetauscht.

Kaufpreis: _____   EUR _____   Hiermit bestätige/n ich / wir, dass ich / wir
_____ % MwSt.   EUR _____   der Regelbesteuerung unterliegen *)
Gesamtpreis   EUR _____   Gesamtpreis in Worten EUR _____

Liefertermin: _____ , Zahlungsbed. _____

Stempel / Unterschrift

1. Das Fahrzeug ist / wird vom Verkäufer / Käufer am _____ bei der Zulassungsstelle abgemeldet. *)

2. Die Haftpflicht- / Kasko- / Insassen-Unfall-Versicherung ist / wird vom Verkäufer / Käufer am _____ abgemeldet / übernommen.*)

Vers.-Ges. _____   Vers.-Police-Nr. _____

3. Der Preis setzt eine fünffache Bereifung sowie Wagenheber und Werkzeug in einwandfreiem Zustand voraus.

Sonstige Vereinbarungen: _____
Das Fahrzeug muss sich bei der Übernahme in dem Zustand befinden, der für die Bewertung maßgebend war. Bei Übernahme des Wagens benötigen wir: Kfz.-Brief, Kfz.-Schein (Zulassung), Doppelschlüssel, wenn möglich Betriebsanleitung und Kundendienstscheckheft.
*) Nichtzutreffendes bitte streichen

Angenommen:

_____   _____
Datum   (Stempel und Unterschrift des Händlers)   Unterschrift des Eigentümers

Gruppe 3: Controlling

Arbeitsaufträge

1. Das Neu- und Gebrauchtwagengeschäft wurde erfolgreich abgeschlossen. Der Neuwagen wurde ausgeliefert und das Gebrauchtfahrzeug in Zahlung genommen. In der Anlage 1–3 liegen folgende Belege vor:
    - Eingangsrechnung (Neuwageneingang)
    - Ausgangsrechnung (Neuwagenverkauf)
    - Gebrauchtwagenabrechnung

   a) Prüfen Sie die Belege rechnerisch und sachlich.
   b) Buchen Sie die drei Belege.

UNICA Importgesellschaft mbH

UNICA Import GmbH · Weserstraße 84 · 28807 Bremerhaven

Autohaus Fritz GmbH
Am Templiner See 12
14471 Potsdam

Geschäftsräume:	Weserstraße 84
	28807 Bremerhaven
Bankverbindung:	Bremer Hansebank
	(BLZ 510 102 13)
	Konto-Nr. 432 456 56

Steuer-Nr. 56748/99300
USt-ID-Nr. DE 1504467810

LIEFERSCHEIN/RECHNUNG
Sie erhielten per Spedition:

Fahrzeug	UNICA Pkw Kombi-Limousine	Sonderausstattung	
Modell	MAGNA	Klimaanlage	
Fahrgestellnummer	XCM8807A267	Metallic-Lackierung	
Motor	1,8 TDI	elektr. Glas-Schiebedach	
Farbe	silber-metallic		
Polster	Karo-Muster	Listenpreis	21 260,50 EUR

Sonderausstattung	
Klimaanlage	924,37 EUR
Metallic-Lackierung	168,07 EUR
elektr. Glas-Schiebedach	588,24 EUR
Gesamtwert	**22 941,18 EUR**
– Handelsspanne 15 %	3 441,18 EUR
Fahrzeugpreis	**19 500,00 EUR**
+ Überführung	378,15 EUR
Rechnungsbetrag netto	19 878,15 EUR
+ 19 % MwSt.	3 776,85 EUR
Rechnungsbetrag brutto	**23 655,00 EUR**

Der Rechnungsbetrag wird im Rahmen unserer Vereinbarung von Ihrem Konto abgebucht.

Lernfeldaufgabe: Verkauf eines Wagens an einen Neukunden

UNICA Importgesellschaft

Autohaus Fritz GmbH
Am Templiner See 12
14471 Potsdam

Autohaus Fritz GmbH, Am Templiner See 12, 14471 Potsdam

Herrn
Ralf Karsten
Feldstraße 86
14776 Brandenburg

Telefon: 0331 903232
Telefax: 0331 903230
E-Mail: autohaus-fritz@t-online.de
Bank: Potsdamer Sparkasse
BLZ 462 500 11 542 464
Steuer-Nr. 54354/37520
USt-ID-Nr. DE 1654699978

Rechnung

Ihr Auftrag vom

Kunden-Nr.	Rechnungs-Nr.	Rechnungstag

Bei Zahlung bitte angeben

Wir lieferten Ihnen zu unseren Verkaufsbedingungen:

Fahrzeug	UNICA Pkw Kombi-Limousine	Sonderausstattung
Modell	MAGNA	Klimaanlage
Fahrgestellnummer	XCM8807A267	Metallic-Lackierung
Motor	1,8 TDI	elektr. Glas-Schiebedach
Farbe	silber-metallic	
Polster	Karo-Muster	

Hauspreis	Überführung	Netto-Betrag	19% MwSt.	Gesamtbetrag
25 990,00 EUR	450,00 EUR	22 218,49 EUR	4 221,51 EUR	26 440,00 EUR

Der Gesamtbetrag ist ohne Abzug sofort fällig.

UNICA Importgesellschaft

Autohaus Fritz GmbH
Am Templiner See 12
14471 Potsdam

Autohaus Fritz GmbH, Am Templiner See 12, 14471 Potsdam

Herrn
Ralf Karsten
Feldstraße 86
14776 Brandenburg

Telefon: 0331 903232
Telefax: 0331 903230
E-Mail: autohaus-fritz@t-online.de
Bank: Potsdamer Sparkasse
(BLZ 462 500 11) 542 464
Steuer-Nr. 54354/37520
USt-ID-Nr. DE 1654699978

Gutschrift

Für das uns in Zahlung gegebene Fahrzeug erhalten Sie folgende Gutschrift:

Hersteller	VW
Typ	Passat Limousine
Motor	Benzin 1,8 90 PS
Farbe	blau-metallic
Km-Stand	81 000 km
Reifen	Dunlop 195/65 R15
Ausstattung	GL
Sonderausstattung	Glas-Schiebedach, 4-türig, zwei Airbags
Anzahl der Halter	2
Unfälle	keine
Inzahlungnahmewert (Gutschrift)	− 6 300,00 EUR

Dieser Betrag wird mit Ihrem Neuwagenkauf verrechnet.

Lernfeld 11

2. Der Hauspreis beim Neuwagenverkauf weicht von der unverbindlichen Preisempfehlung des Herstellers (UPE) ab.
   Ermitteln Sie die tatsächliche Handelsspanne (in %) und den Rohgewinn (in EUR).

3. Die von Herrn Karsten in Zahlung gegebene Passat-Limousine wird wie angenommen zu einem Preis von 6 990,00 EUR (inkl. MwSt.) an den Privatmann Heinz Okowski, 14467 Potsdam, Benkertstraße 111, verkauft.
   a) Erstellen Sie die **Verkaufsrechnung**.
   b) Buchen Sie die Rechnung.
   c) Wie hoch ist der Rohgewinn (brutto in EUR) bei diesem Geschäft?
   d) Wie hoch ist die tatsächliche Gebrauchtwagenspanne in % vom Verkaufspreis?
   e) Vergleichen Sie diese Spanne mit den Grundsätzen des Autohauses Fritz.
   f) Wie hoch ist der Nettoerlös (ohne Differenzsteuer)?
   g) Ermitteln Sie die Verkäuferprovision für den Gebrauchtwagenverkäufer.

Gruppe 4: After-Sales-Bereich

Die Betreuung nach dem Verkauf eines Neu- oder Gebrauchtwagens wird immer wichtiger. Stärker werdende Konkurrenz im Zubehör- und Werkstattbereich erfordert Maßnahmen, die den Kunden binden sollen.

Arbeitsaufträge

1. Um möglichst viele Informationen über die Kunden zu bekommen, sind Kundenbefragungen sinnvoll. Entwerfen Sie eine **Kundenumfrage**, bei der die Kundenzufriedenheit und andere Informationen (z. B. Kaufmotiv, Verwendung des Wagens u. a.) erfragt werden sollen, damit eine optimale Betreuung durchgeführt werden kann.

2. Erstellen Sie einen Kundenbetreuungsplan für die Neuwagenkunden des Autohauses Fritz, z. B. für Herrn Ralf Karsten, nach folgendem Schema:

Mögliche Aktivitäten	Zeitpunkt/Datum/Dauer
• • • MUSTER	MUSTER

Lernfeld 12
Finanzdienstleistungen und betriebsspezifische Leistungen vermitteln

1 Finanzierung betrieblicher Investitionen

1.1 Kapitalbedarfsrechnung

Im Besprechungsraum des Autohauses Fritz findet heute eine außerordentliche Teamsitzung statt. Es geht um den Ersatz veralteter und die Anschaffung neuer zusätzlicher Hebebühnen. Folgende Teilnehmer/innen haben sich versammelt:
Arthur Fritz (Geschäftsführer): „Guten Morgen, meine Damen und Herren! Ich will nicht lange drum herum reden. Ihr kennt das Problem. Die veralteten Hebebühnen kosten uns schon bald mehr, als sie uns einbringen. Schnelles Arbeiten ist mit denen unmöglich und ergonomisch sind sie auch nicht. Ich trage mich schon seit Längerem mit dem Gedanken, die Hebebühnen durch neue zu ersetzen."
Theo Kraft (Werkstattleiter): „Wenn wir schon dabei sind, dann sollten wir gleich noch zwei zusätzliche Hebebühnen anschaffen, damit wir unsere Leasingkunden – die sind vielleicht ungeduldig – noch schneller abfertigen können. Ich habe bereits genaue Vorstellungen, was wir brauchen. Hydraulische Säulen-Hebebühnen müssten es schon sein, die gehen auf Knopfdruck hoch und machen immer einen aufgeräumten Eindruck. Man sieht schlichtweg nur die zwei Säulen. Ich habe bereits Prospekte der Firma Herkules kommen lassen." (Theo Kraft hängt ein großes Plakat mit einem Abbild der Hebebühne an die Wandtafel.)
Babette Harnack (u. a. Controlling): „Das ist ja alles wunderbar. Von der Technik her macht diese neue Hebebühne einen guten Eindruck. Wir sollten aber erst mal Vergleichsangebote einholen. Vielleicht lässt sich da noch preislich was machen. Welche Größenordnung wird das denn in etwa haben?"
Arthur Fritz: „Eine dieser supermodernen Hebebühnen kommt auf rund 25 000 EUR. Und so wie es aussieht, brauchen wir vier davon – also 100 000 EUR glatt."
Theo Kraft: „Das Geld ist gut angelegt, wenn ich beobachte, wie wir im Moment arbeiten, das ist ein Jammer, dieser Umstandskram. Die guten Gesellen haben schon an Kündigung gedacht – weil sie schon ein steifes Kreuz haben. Ich sage nur: Zufriedene Mitarbeiter und Kunden bekommen wir nicht umsonst."
Jennifer Fritz (Rechnungswesen): „Wir sollten uns Finanzierungsvorschläge von unserer Hausbank machen lassen."
Arthur Fritz: „Alles klar? Frau Harnack, Sie kümmern sich zusammen mit Herrn Kraft um Vergleichsangebote. Jennifer, Du kümmerst dich um Finanzierungsangebote."

1. Weshalb zieht jede Investitionsentscheidung auch eine Finanzierungsentscheidung nach sich?
2. Für welche Zwecke entsteht in einem Betrieb Kapitalbedarf?

1.1.1 Finanzierung und Investierung

Jedes Unternehmen muss zur Verwirklichung seiner Unternehmensziele für eine ausreichende Finanzierung sorgen. Dabei sind unter Finanzierung[1] alle Maßnahmen zu verstehen, die für die Kapitalausstattung einer Unternehmung notwendig sind. Dabei beschafft sich die Unternehmung flüssige Mittel, die sich im Kapitalbereich als *Eigenkapital und Fremdkapital*, im Zahlungsbereich als Zahlungsmittel (z. B. Bankguthaben, Kassenbestand) niederschlagen. Diese Zahlungsmittel werden zur Beschaffung von Gütern des **Anlage- und Umlaufvermögens** verwendet; d. h., sie werden investiert. Vereinfacht ausgedrückt, handelt es sich bei der **Investierung**[2] um nichts anderes als die Umwandlung von Geldmitteln in sachliche Vermögensgegenstände („Produktionsmittel").

Das Eigen- und Fremdkapital findet bilanzmäßig seinen Niederschlag auf der Passivseite, das Vermögen wird auf der Aktivseite ausgewiesen[3]. Die Passiva zeigt, wie das Kapital beschafft wurde (Finanzierung), die Aktiva zeigt, wie dieses Kapital verwendet wurde (Investierung).

Jede Investierung hat eine Finanzierung zur Folge. Eine Investitionsentscheidung, also eine Entscheidung über die Kapitalverwendung, kann erst getroffen werden, wenn die Finanzierung, also die Kapitalbeschaffung, gesichert ist. Dabei ist die Investierung durch einen Zahlungsstrom gekennzeichnet, der mit einer Auszahlung beginnt. Dagegen beginnt der Zahlungsstrom der Finanzierung mit einer Einzahlung. Investierung und Finanzierung sind zwei Seiten einer Medaille, je nachdem, ob der Vorgang aus der Sicht des Investors oder des Kapitalgebers (Finanziers) betrachtet wird.

---

[1] Finantia (lat.) = fällige Zahlung; finances (frz.) = Geldmittel, Zahlungen
[2] Investire (lat.) = einkleiden, bekleiden, investire; (ital.) = Kapital anlegen
[3] Siehe hierzu GB 00765; Möhlmann, Peter; Rechnungswesen und Controlling; Seiten 16 ff.

Finanzierung betrieblicher Investitionen

Investierung und Finanzierung der deutschen Unternehmen (in Mrd. EUR)

Aktiva	Bilanz der Unternehmen zum 31. 12. 2010		Passiva	
Investierung			**Finanzierung**	
● **Anlagevermögen**		1 420	● **Eigenkapital**	908
– Immaterielles Vermögen	64,5		● **Fremdkapital**	2 351
– Sachanlagen	799,5		– Verbindlichkeiten	
– Beteiligungen	483,5		– langfristige	450,0
– Wertpapiere	72,5		– kurzfristige	1 110,0
● **Umlaufvermögen**		1 855	– sonstige	241,0
– Vorräte	529,0		– **Rückstellungen**	
– Forderungen	1 076,0		– Pensionsrückstellungen	179,0
– Kasse und Bankguthaben	250,0		– sonstige Rückstellungen	371,0
● **Rechnungsabgrenzung**		15	● **Rechnungsabgrenzung**	31
Summe der Aktiva		3 290	Summe der Passiva	3 290

(Quelle: Ertragslage und Finanzierungsverhältnisse deutscher Unternehmen im Jahr 2010; in: Monatsbericht der Deutschen Bundesbank vom Dezember 2011, S. 31)

1.1.2 Ermittlung des Kapitalbedarfs

Jeder Finanzierung geht ein Kapitalbedarf voraus. Kapitalbedarf entsteht aufgrund von relativ langfristigen *Investitionen* ins Anlagevermögen und/oder aufgrund der relativ kurzfristigen *Kapitalbindung* im Umlaufvermögen, wenn die laufenden Auszahlungen die Einzahlungen übersteigen.

Kapitalbedarf im Anlagevermögen

In der ersten Periode der Anschaffung entspricht der Kapitalbedarf einer Anlageinvestition den Anschaffungskosten. Dieser einmaligen Auszahlung stehen während der Nutzungszeit laufende Einzahlungen durch Abschreibungsrückflüsse bzw. Umsatzzuwächse aufgrund dieser Anlageinvestition und laufende Auszahlungen durch die Betriebs- und Finanzierungskosten der Anlage gegenüber.

Beispiel   Kapitalbedarf für die vier Hebebühnen

Listenpreis pro Stück, netto 28 637 EUR · 4 =	114 548,00 EUR
− 10 % Rabatt wegen Mehrabnahme	11 455,00 EUR
Preis bei Inanspruchnahme des Zahlungsziels	103 093,00 EUR
− 3 % Skonto des Lieferers	3 093,00 EUR
Anschaffungskosten = Kapitalbedarf	100 000,00 EUR

Nach der Zielsetzung des Investors werden folgende Anlageinvestitionen unterschieden:

Zielsetzung der Investition	Art der Anlageinvestition
Aufrechterhaltung des Geschäftsbetriebs	**Ersatzinvestitionen** aufgrund technischen Veraltens, z. B. – Ausmusterung überalterter Einrichtungen und Maschinen – Renovierung sanierungsbedürftiger Gebäude – Ersatz eines schrottreifen Fahrzeugs durch ein neues

Zielsetzung der Investition	Art der Anlageinvestition
Kostensenkung oder Begrenzung des Kostenanstiegs	**Rationalisierungsinvestitionen** aufgrund wirtschaftlichen Veraltens, z. B. – eine vorhandene Maschine wird vorzeitig durch eine neue, leistungsstärkere ersetzt, um Arbeitskosten zu sparen oder die Qualität zu verbessern – durch ein neues Wärmedämmungssystem werden Energiekosten gesenkt
Ausweitung der betrieblichen Leistungskapazität	**Erweiterungsinvestitionen** aufgrund optimistischer Marktprognosen, z. B. – Gründung einer neuen Filiale – Erweiterung des vorhandenen Ausstellungsgeländes – Anschaffung einer zusätzlichen Hebebühne

Kapitalbedarf im Umlaufvermögen

Der Kapitalbedarf im Umlaufvermögen hängt ab von
- der Höhe der durchschnittlichen Betriebsausgaben bzw. Einstandspreisen,
- der durchschnittlichen Kapitalbindungsdauer für Lagerwagen und Zubehör,
- der durchschnittlichen Dauer der Zahlungsziele, die den Kunden gewährt werden,
- der durchschnittlichen Dauer der Zahlungsziele, die von den Lieferanten gewährt werden.

Beispiel Kapitalbedarf für das Neuwagengeschäft des Autohauses Fritz GmbH
Durchschnittlich werden 480 Neuwagen im Jahr verkauft, entsprechend viele Neuwagen müssen also beschafft werden. Der durchschnittliche Händlereinstandspreis für Neuwagen beträgt 9 600 EUR. Der durchschnittliche Lagerbestand beträgt 80 Neuwagen. Das durchschnittliche Kundenziel beträgt 10 Tage. Das Lieferantenziel beträgt 30 Tage. Die täglichen Handlungskosten betragen 20 % des durchschnittlichen Einstandspreises.

Lösung: Wareneinsatz pro Tag = 480 Stück · 9 600 EUR/360 = 12 800 EUR

∅ Lagerbestand = 80 Stück · 10 000 EUR = 800 000 EUR

$$\varnothing \text{ Standzeit} = \frac{\varnothing \text{ Lagerbestand} \cdot 360}{\text{Wareneinsatz}} = \frac{80 \text{ Stück} \cdot 360}{480} = 60 \text{ Tage}$$

Handlungskosten pro Tag = 12 800 · 20 % = 2 560 EUR

Kapitalbindungsdauer und Kapitalbindungskosten:

Kapitalbedarfsrechnung:
Wareneinsatz   40 Tage · 12 800 EUR = 512 000 EUR
Handlungskosten   70 Tage · 2 560 EUR = 179 200 EUR

Kapitalbedarf im Umlaufvermögen   = 691 200 EUR

1.1.3 Finanzplanung – alle Zahlungsströme im Griff

Begriff und Aufgaben der Finanzplanung

Durch den betrieblichen Leistungsprozess werden Zahlungsströme (Einzahlungen und Auszahlungen) ausgelöst, die je nach Höhe und zeitlicher Verteilung einen Fehlbetrag (Kapitalbedarf) bzw. Geldüberschuss ergeben. Werden alle Ein-, Auszahlungen und Geldbestände eines Unternehmens mit dem Ziel erfasst, einen *künftigen Kapitalbedarf* bzw. Geldüberschuss zu ermitteln, dann handelt es sich um eine **Finanzplanung**.

Der Leistungsprozess kann nur dann störungsfrei ablaufen, wenn die Zahlungsströme so aufeinander abgestimmt sind, dass die Zahlungsbereitschaft (Liquidität) zu jeder Zeit gesichert ist.

Die Finanzplanung hat dabei folgende **Aufgaben**:

- *Sicherung der Zahlungsbereitschaft* des Unternehmens. Diese ist dann erreicht, wenn der Betrieb seinen Zahlungsverpflichtungen jederzeit pünktlich nachkommen kann.

- *Sicherung des finanziellen Gleichgewichts*. Dadurch wird zum einen verhindert, dass sich zeitweise zu hohe flüssige Mittel ansammeln (Überliquidität), die sich nicht oder nur sehr niedrig verzinsen, zum anderen, dass zu wenig flüssige Mittel vorhanden sind und Zahlungsverpflichtungen nicht erfüllt werden können (Illiquidität).

Erstellung eines Finanzplans – Ergebnis der Finanzplanung

Ergebnis der Finanzplanung ist der **Finanzplan**, in dem der Mittelbedarf und die zu seiner Deckung vorhandenen und künftig zu erwartenden Mittel, also sämtliche Ein- und Auszahlungen sowie Geldbestände periodenbezogen einander gegenübergestellt werden. Das Begriffspaar Einzahlungen und Auszahlungen erfasst lediglich Zu- bzw. Abgänge von Kassenbeständen und verfügbaren Bankguthaben. Die Begriffe Einnahmen und Ausgaben schließen außerdem noch Kreditvorgänge mit ein.

Einnahmen = Einzahlungen + Forderungszugänge + Schuldenabgänge
Ausgaben = Auszahlungen + Forderungsabgänge – Schuldenzugänge

Nach dem Planungszeitraum werden der *kurzfristige Finanzplan* (**Liquiditätsstatus** – bis zu einem Monat, meist in Tagen unterteilt), der *mittelfristige Finanzplan* (bis zu einem Jahr, in Wochen oder Monaten unterteilt) und der *langfristige Finanzplan* (zwei bis fünf Jahre, in Quartale oder Jahre unterteilt) unterschieden. Der Finanzplan kann Plan- oder/und Istzahlen enthalten, da kürzerfristige Pläne nach dem Prinzip einer rollierenden Planung in längerfristige Finanzpläne eingebettet werden.

Beispiel Vereinfachter Finanzplan des Autohauses Fritz für das erste Quartal

Um die Systematik des Finanzplans zu verdeutlichen, soll die Planung bei Null begonnen werden. Es sollen nur Ein- und Auszahlungen betrachtet werden.

Daten zum Neuwagenverkauf: Ø 480 Neuwagen werden jährlich verkauft (davon im Januar 20, Februar 20, März 40, April 50, Mai 60), entsprechend viele Neuwagen müssen also beschafft werden. Durchschnittlicher Händlereinstandspreis für Neuwagen: 9 600 EUR. Lieferantenziel: 1 Monat; kein Kundenziel. Ein Neuwagen wird erst nach einer Ø Standzeit von 30 Tagen verkauft. Die täglichen ausgabewirksamen Handlungskosten (Personalkosten, Raummiete, Zinsen usw.) betragen 20 % des durchschnittlichen Einstandspreises. Der Ø Verkaufspreis eines Neuwagens beträgt 15 000 EUR. Entsprechende Daten für Gebrauchtwagen: Ø Verkauf: 50 Stück pro Monat; Ø Einstandspreis: 3 000 EUR; Ø Verkaufspreis: 5 000 EUR; Standzeit: Ø 60 Tage; keine Zahlungsziele). Entsprechende Daten für die Bereiche Kundendienst (Werkstatt), Zubehör und sonstige Dienstleistungen: siehe Finanzplan.

Planungseinheit Bestände/Zahlungen	Januar	Februar	März	April	Mai
Anfangsbestand an Zahlungsmitteln	0	– 132 000	– 190 400	5 200	274 400
Einzahlungen aus					
– Neuwagenverkäufen		300 000	300 000	600 000	750 000
– Gebrauchtwagenverkäufen	0	0	250 000	250 000	250 000
– sonstigen Verkäufen/Provisionen	120 000	130 000	140 000	150 000	160 000
– Zinserträgen	0	0			
+ Summe der Einzahlungen	120 000	430 000	690 000	1 000 000	1 160 000
Auszahlungen für					
– Neuwageneinkäufe		192 000	192 000	384 000	480 000
– Gebrauchtwageneinkäufe	150 000	150 000	150 000	150 000	150 000
– sonstige Einkäufe (z. B. Zubehör)	60 000	65 000	70 000	75 000	80 000
– ausgabewirksame Handlungskosten	42 000	81 400	82 400	121 800	142 000
– Tilgung von Krediten					
– Summe der Auszahlungen	252 000	488 400	494 400	730 800	852 000
= Endbestand an Zahlungsmitteln Kapitalbedarf (–); Kapitalanlage (+)	– 132 000	– 190 400	5 200	274 400	582 400

Die Daten für den Finanzplan werden aus den anderen Teilplänen (Beschaffungs-, Produktions-, Werkstatt-, Umsatz-, Personal-, Kostenplan) abgeleitet. Da in diesen Plänen mit Kosten und Leistungen oder Aufwendungen und Erträgen gerechnet wird, müssen diese Zahlen zuerst in zeitpunkt- bzw. zeitraumbezogene Zahlungsströme umgewandelt werden. Die Zahlungszeitpunkte werden von Lieferantenzielen, Standzeiten (Lagerdauer) und Kundenzielen beeinflusst.

Finanzierung betrieblicher Investitionen 137

An Finanzpläne werden folgende Anforderungen gestellt (**Grundsätze der Finanzplanung**):

- **Zukunftsbezogenheit:** Finanzpläne werden innerhalb einer Zeitspanne in bestimmte Perioden aufgeteilt (z. B. Tag, Monat, Jahr). Maßnahmen werden nur dann erfasst, wenn sie im betrachteten Planungszeitraum Ein- bzw. Auszahlungen bewirken.

- **Bruttoprinzip:** Ein- bzw. Auszahlungen müssen jeweils getrennt voneinander als solche ausgewiesen werden. Eine Verrechnung (Saldierung) von Einzahlungen mit Auszahlungen ist nicht zulässig, da dann nicht mehr nachvollziehbar ist, aus welchen Quellen Ein- und Auszahlungen herrühren, was die Aussagekraft des Finanzplans schmälern würde.

- **Vollständigkeit:** Alle Zahlungsströme in der betrachteten Planungsperiode müssen berücksichtigt werden, da sonst keine Aussagen über die zukünftige Liquidität möglich sind. Teilfinanzpläne (z. B. für ein bestimmtes Investitionsvorhaben; für eine Filiale) müssen ausdrücklich als solche gekennzeichnet werden.

- **Zeitpunktgenauigkeit:** Ein- bzw. Auszahlungen sind für die Zeitperioden zu erfassen, in denen sie anfallen. Die größte Genauigkeit wird bei tagesgenauer Erfassung erreicht. Mit zunehmender Länge des Planungszeitraums (z. B. mehrere Wochen) ist die tagesgenaue Vorhersage der Ein- und Auszahlungszeitpunkte nicht mehr möglich. Deswegen geht man dann auf Wochen- und Monatspläne über.

Aufgaben

1. a) Erläutern Sie den Zusammenhang von Investierung und Finanzierung am Beispiel der Beschaffung der vier Hebebühnen durch das Autohaus Fritz GmbH.

 b) Finanzplanung und Investitionsplanung müssen aufeinander abgestimmt werden. Begründen Sie diese Feststellung und machen Sie deutlich, dass diese Feststellung auch für alle übrigen Teilplanungen des Unternehmens (z. B. Personal-, Kosten-, Umsatzplanung) gilt.

 c) Die Gleichung Finanzierung = Investierung gilt nicht uneingeschränkt. Nennen Sie Finanzierungsfälle, bei denen diese Gleichung nicht erfüllt ist.

2. a) Von welchen Größen hängt der Kapitalbedarf für eine Anlageinvestition ab?

 b) Welche Größen beeinflussen den Kapitalbedarf für das Umlaufvermögen?

 c) Ermitteln Sie den Kapitalbedarf für das Neuwagengeschäft eines Autohauses, wenn folgende Daten vorliegen:
 Durchschnittlicher Neuwagenverkauf im Jahr: 600 Einheiten; entsprechend viele Neuwagen müssen also beschafft werden. Der durchschnittliche Händlereinstandspreis für Neuwagen beträgt 8 500,00 EUR. Der durchschnittliche Lagerbestand beträgt 60 Neuwagen. Das durchschnittliche Kundenziel beträgt 20 Tage, das Lieferantenziel 30 Tage. Die täglichen Handlungskosten betragen 25 % des durchschnittlichen Einstandspreises.

3. a) Erläutern Sie die Aufgaben der Finanzplanung.

 b) Welche Anforderungen werden an die Finanzplanung gestellt?

 c) Ergänzen Sie den Finanzplan (auf Seite 136) um folgende Änderungen:
 Die vier Hebebühnen werden mithilfe eines Kredits finanziert. Der Kredit wird im Februar in voller Höhe ausbezahlt. Jährlich werden 20 000,00 EUR getilgt. Die Zinsen fallen alle Vierteljahre in Höhe von 750,00 EUR an. Der erste Zinszahlungstermin liegt im März. Der gesamte Umsatz erhöht sich aufgrund der neuen Hebebühnen (höherer Werkstatt-Durchsatz) um monatlich 10 %. Für Sonderaktionen rund um die Hebebühnen werden für die Frühjahrsmonate März, April und Mai zusätzliche Werbekosten in Höhe von insgesamt 30 000,00 EUR eingeplant. Die vorhandenen Hebebühnen können im März für 8 000,00 EUR verkauft werden.
 Verwenden Sie ein ***Tabellenkalkulationsprogramm***.

 d) Erstellen Sie einen Finanzplan, in dem nur die Zahlungsströme für das Investitionsvorhaben (vier Hebebühnen) berücksichtigt sind.
 Verwenden Sie ein ***Tabellenkalkulationsprogramm***.

1.2 Finanzierungsarten

Aufbereitete Bilanz des Autohauses Fritz (vor Gewinnausschüttung)

Aktiva	Bilanz zum 31.12. … (in Euro)		Passiva
• **Anlagevermögen**	1 065 400	• **Eigenkapital**	947 711
– Grundstücke	204 000	– Kapital	718 000
– Gebäude	468 000	– Gewinn	229 711
– Maschinen	51 500	• **Langfr. Fremdkapital**	889 289
– Betriebsausstattung	74 900	– langfr. Verbindlichkeiten	689 289
– Fuhrpark	53 000	– Pensionsrückstellungen	200 000
– Vorführfahrzeuge	215 000	• **Kurzfr. Fremdkapital**	1 507 700
• **Umlaufvermögen**	2 279 300	– kurzfr. Verbindlichkeiten	638 000
– Neufahrzeuge	908 000	– Verbindlichkeiten a. LL.	822 000
– Gebrauchtfahrzeuge	584 900	– kurzfr. Rückstellungen	47 700
– Teile/Zubehör	279 000		
– Forderungen	381 800		
– Bankguthaben	115 000		
– Kassenbestand	10 600		
Summe der Aktiva	**3 344 700**	**Summe der Passiva**	**3 344 700**

1. Wie hat das Autohaus Fritz sein Vermögen finanziert?
2. Schreiben Sie alles, was Ihnen zu dem Begriff Finanzierung einfällt, auf **Kärtchen** und befestigen Sie diese Kärtchen auf einer Pinnwand. Versuchen Sie gemeinsam die Kärtchen nach Oberbegriffen bzw. Gemeinsamkeiten zu ordnen (in der Fachsprache „Clustern" genannt).
3. Machen Sie Vorschläge, wie das Autohaus Fritz GmbH die Hebebühnen finanzieren kann.

1.2.1 Finanzierungsarten im Überblick

Aufgrund verschiedener Unterscheidungsmerkmale ergeben sich folgende Finanzierungsarten:

Unterscheidungsmerkmal	Herkunft des Kapitals	Rechtsstellung des Kapitalgebers	Dauer der Kapitalbereitstellung
Finanzierungsart	– Außenfinanzierung – Innenfinanzierung	– Eigenfinanzierung – Fremdfinanzierung	– unbefristete Finanzierung – langfristige Finanzierung (Laufzeit über 5 Jahre) – mittel-/kurzfristige Finanzierung (Laufzeit bis 5 Jahre)

Nach der Herkunft des Kapitals werden Außen- und Innenfinanzierung unterschieden. Werden einem Unternehmen Geldmittel von außen zugeführt, also nicht aus dem laufenden betrieblichen Leistungsprozess heraus, dann spricht man von **Außenfinanzierung**. Die Finanzmittel können dabei aus zusätzlichen Beteiligungen oder Krediten aufgebracht werden.

Werden dem Unternehmen Geldmittel aus dem Leistungsprozess heraus, also aus eigener Kraft zugeführt, dann handelt es sich um die **Innenfinanzierung**. Diese wird aus einbehaltenen Gewinnen, Abschreibungen, Vermögensumschichtungen oder Rückstellungen gespeist.

Nach der Rechtsstellung der Kapitalgeber werden Eigen- und Fremdfinanzierung unterschieden. Haben bzw. erwerben die Kapitalgeber die Rechtsstellung eines Eigentümers oder Anteilseigners (z. B. Kommanditist, Aktionär, GmbH-Gesellschafter), dann handelt es sich um eine **Eigenfinanzierung**. Bei der Eigenfinanzierung wird das Eigenkapital der Unternehmung erhöht. Dies kann durch Einlagen, einbehaltene Gewinne, Abschreibungen oder Vermögensumschichtungen geschehen.

Ist der Kapitalgeber lediglich Gläubiger der Unternehmung, so spricht man von **Fremdfinanzierung**. In der Bilanz führt die Fremdfinanzierung zu einer Erhöhung des Fremdkapitals. Hierzu zählen die Kreditaufnahme und die Finanzierung durch Rückstellungen. Innen- oder Außenfinanzierung können zugleich Eigen- und Fremdfinanzierung sein.

Überblick über die Finanzierungsarten (Finanzierungsmatrix)

Nach der Rechtsstellung des Kapitalgebers \ Nach der Herkunft des Kapitals	Außenfinanzierung	Innenfinanzierung
Eigenfinanzierung	– Einlagenfinanzierung bzw. – Beteiligungsfinanzierung	– Selbstfinanzierung – Abschreibungsfinanzierung – Umfinanzierung
Fremdfinanzierung	– Kreditfinanzierung	– Rückstellungsfinanzierung

1.2.2 Einlagen- bzw. Beteiligungsfinanzierung – Außen- und Eigenfinanzierung

Wenn zusätzliches Eigenkapital durch den/die bisherigen *Eigentümer/Gesellschafter* bzw. durch neue Gesellschafter von außen zugeführt wird, dann spricht man von **Einlagen- bzw. Beteiligungsfinanzierung**.

Bringt ein **Einzelunternehmer** (e. K.) bzw. ein Gesellschafter einer **Personengesellschaft** aus seinem Privatvermögen zusätzliches Eigenkapital in seine Unternehmung ein, dann handelt es sich um eine **Einlagenfinanzierung**. Stellen mehrere Personen Eigenkapital zur Verfügung, so beteiligen sie sich an dieser Unternehmung durch ihre Einlagen, dann handelt es sich um eine **Beteiligungsfinanzierung**. Ebenso, wenn das Eigenkapital einer **Kapitalgesellschaft** durch Ausgabe neuer Beteiligungspapiere (z. B. Aktien, GmbH-Anteile) erhöht wird *(Beteiligungsfinanzierung im engeren Sinne)*. In jedem Falle erfolgt die Hingabe des Kapitals unbefristet.

Mit der Rechtsposition eines Eigentümers bzw. Teilhabers erwerben die Eigenkapitalgeber immer auch Mitspracherechte und Ansprüche auf einen Anteil des erwirtschafteten Gewinns. Andererseits übernehmen sie auch das Verlustrisiko und Haftungsrisiken für die Verbindlichkeiten ihrer Gesellschaft. Die Möglichkeiten und die Ausgestaltung der Eigenfinanzierung sind je nach Rechtsform der Unternehmung unterschiedlich.

Bei der **Einzelunternehmung** wird der Umfang der Eigenfinanzierung durch das Privatvermögen des Geschäftsinhabers begrenzt. Der Kapitalgeber übernimmt mit der Hingabe seines Eigenkapitals das alleinige Verlustrisiko und die unbeschränkte Haftung für die Verbindlichkeiten seiner Unternehmung.

Bei **Personengesellschaften** (z. B. OHG, KG) wird die Eigenfinanzierung nicht durch das Privatvermögen der Gesellschafter begrenzt, weil jederzeit weitere Gesellschafter aufgenommen werden können, die wiederum Mitspracherechte erwerben und Verlust- und Haftungsrisiken übernehmen. Die eingezahlten Beträge werden gemeinschaftliches Vermögen der Gesellschafter, das den Gesellschaftern zur gesamten Hand zusteht, d. h., dass der einzelne Gesellschafter nicht mehr allein über seinen Anteil verfügen darf. Der Kapitalanteil eines Gesellschafters entspricht dessen Anteil am Vermögen der Gesellschaft einschließlich der stillen Reserven.

Bei **Kapitalgesellschaften** (z. B. AG, GmbH) erfolgt die Eigenfinanzierung durch Aufstockung der Beteiligung durch die bisherigen Gesellschafter oder Beitritt neuer Teilhaber. In jedem Falle erwirbt die Kapitalgesellschaft als juristische Person das Eigentum an den Anteilen. Im Gegenzug haftet das Vermögen der Gesellschaft als juristische Person für die Verbindlichkeiten des Unternehmens. Das Verlustrisiko der Teilhaber ist im Allgemeinen auf ihre Kapitaleinlage begrenzt. Die Teilhaber üben die Geschäftsführung nicht selbst aus, sondern übertragen diese auf Geschäftsführer bzw. Vorstände. Die Teilhaber bestimmen in Gesellschafterversammlungen u. a. über die Gewinnverteilung, die Überwachung, Wahl und Abberufung der Geschäftsführung und über Kapitalerhöhungen.

Vor- und Nachteile der Beteiligungsfinanzierung

Vorteile	Nachteile
– Mittel stehen dem Unternehmen zeitlich unbegrenzt zur Verfügung. – kein Zinsaufwand, weil kurzfristig auf eine Verzinsung des Eigenkapitals verzichtet werden kann – keine Tilgung und somit keine Belastung der Liquidität – Unabhängigkeit (kein Einfluss von Gläubigern auf das Unternehmen) – Erhöhung der Kreditfähigkeit – keine Kapitalbeschaffungskosten bei Einzelunternehmen und Personengesellschaften (bei Aktiengesellschaften entstehen jedoch Verwaltungs-, Steuer- und Druckkosten anlässlich der Emission von Aktien)	– Bei Einzel- und Personengesellschaften ist die Finanzkraft des Inhabers bzw. der Gesellschafter begrenzt. – Bei Personengesellschaften kann die Aufnahme weiterer Gesellschafter zu Schwierigkeiten führen, wenn diesen ebenfalls Geschäftsführungs- und Vertretungsrechte eingeräumt werden müssen. Bei Kapitalgesellschaften entsteht dieses Problem nicht. Dennoch liegt eine gewisse Begrenzung der Beteiligungsfinanzierung bei Kapitalgesellschaften dann vor, wenn durch eine Kapitalerhöhung bisherige Mehrheitsverhältnisse gefährdet werden. – Je nach Gewinnsituation des Unternehmens hohe steuerliche Belastung des Gewinns: Zinsen sind Betriebsausgaben (Aufwand), der Gewinn unterliegt der Einkommen- bzw. Körperschaftsteuer.

Besondere Formen der Beteiligungsfinanzierung sind das **Management-Buy-out** (MBO) und das **Management-Buy-in** (MBI). Im ersten Fall (MBO) übernehmen die *unternehmenseigenen Führungskräfte* eines maroden Unternehmens oder eines Unternehmens mit Nachfolgeproblemen das Eigenkapital ihrer Unternehmung und führen es weiter. Im zweiten Fall (MBI) übernehmen *unternehmensfremde Manager* die Eigenkapitalanteile. Beide Fälle sind zugleich Außen- und Eigenfinanzierung.

Erwirbt ein Investor (z. B. eine Beteiligungsgesellschaft) zusammen mit dem Management ein etabliertes Unternehmen, um es neu auszurichten und einige Jahre später wieder weiter zu veräußern, dann liegt ein **Leverage-Buy-out** (LBO) vor. Da solche LBOs meist mit Krediten finanziert werden, die anschließend der Unternehmung aufgebürdet werden, ergibt sich ein so genannter *Leverageeffekt* (Hebelwirkung). Die Finanzierungskosten sind meist niedriger als die Erträge, die aus der erworbenen Beteiligung zurückfließen.

1.2.3 Kreditfinanzierung – Außen- und Fremdfinanzierung

Wird das Kapital von außen gegen Zahlung von Zinsen zur Verfügung gestellt und haben die *Kapitalgeber (Gläubiger)* einen Rückzahlungsanspruch, dann spricht man von **Kreditfinanzierung**[1]. Die Gläubiger sind nicht am Gewinn der Unternehmung beteiligt. Sie geben dem Investor (Schuldner) lediglich Fremdkapital. Fremdkapitalgeber können Kreditinstitute, Lieferanten oder Großkunden (Kundenanzahlungen) sein. Kreditinstitute geben in der Regel *Geldkredite*, Lieferanten geben *Sachkredite* in Form von Lieferungen von Waren oder Sachanlagen. Ein Kredit kann also die Hingabe von Geld oder Sachgütern sein, im Vertrauen darauf, dass der Kreditnehmer seine vereinbarte Gegenleistung erbringt. Die Gläubiger verlangen in der Regel eine **Kreditsicherheit** (vgl. S. 159 ff.).

Kredite können *kurzfristig* (bis zu einem Jahr), *mittelfristig* (über ein Jahr bis fünf Jahre) oder *langfristig* (über fünf Jahre), niemals unbefristet, zur Verfügung[2] gestellt werden.

Kreditvertrag – Privatkunden haben besondere Rechte

Wie jeder andere Vertrag kommt der Kreditvertrag durch Antrag und Annahme zustande (BGB § 145 ff.). In der Regel gehen dem Abschluss des Kreditvertrags eingehende Verhandlungen voraus. Das Kreditinstitut (Gläubiger) übergibt dem Kreditnehmer (Schuldner) am Ende der Verhandlungen einen ausgearbeiteten Kreditvertrag. Damit gibt das Kreditinstitut die erste Willenserklärung (rechtlich gesehen ist das der Antrag) ab. Die Annahme des Antrags erfolgt durch die Unterschrift des Kreditnehmers unter den Kreditvertrag. Aus dem Kreditvertrag schuldet der Kreditgeber die Auszahlung des Kredits, der Kreditnehmer die Rückzahlung (Tilgung) des Kredits einschließlich der Zinsen.

Beispiel für das Zustandekommen eines Kreditvertrags

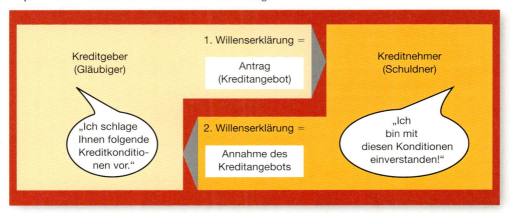

Jeder Kreditvertrag enthält Vereinbarungen über

- Art und Höhe des Kredits
- Rückzahlung des Kredits
- Kündigungsmöglichkeiten
- Anerkennung der AGB

---

[1] Credere (lat.) = vertrauen
[2] Laufzeiten nach Gliederung der Deutschen Bundesbank. Nach § 285, Nr. 1 HGB sind Verbindlichkeiten mit einer Restlaufzeit zwischen einem Jahr und fünf Jahren mittelfristig.

- Laufzeit und Kosten des Kredits
- Kreditsicherheiten
- Gerichtsstand
- Angaben gemäß des Rechts über Verbraucherdarlehen

Nach § 305 BGB werden die **Allgemeinen Geschäftsbedingungen** des Kreditgebers nur dann Vertragsbestandteil, wenn der Kreditgeber ausdrücklich darauf hinweist und dem Kreditnehmer die Möglichkeit verschafft, in zumutbarer Weise von ihrem Inhalt Kenntnis zu nehmen.

Bei Kreditverträgen mit Privatpersonen sind zusätzlich die Bestimmungen des BGB §§ 492, 507 und der Preisangabenverordnung (PAngV § 4) zu beachten. Danach muss der Kreditvertrag bestimmte *Mindestangaben* enthalten, z. B.:

- Nettokreditbetrag (bzw. Höchstgrenze des Kredits)
- Gesamtbetrag aller zu entrichtenden Teilzahlungen (Tilgung, Zinsen, sonstige Kosten)
- Art und Weise der Rückzahlung
- Versicherungskosten in Zusammenhang mit dem Kreditvertrag
- zu bestellende Sicherheiten
- Zinssatz und effektiver Jahreszinssatz

Beispiel Errechnung der Darlehenskosten über die gesamte Laufzeit
Hinweis: Die Tilgung des Darlehens erfolgt in jährlichen Raten (Ratendarlehen)

Nettokreditbetrag (48 Monate Laufzeit)	10 000,00 EUR
+ 2 % Bearbeitungskosten (einmalig)	200,00 EUR
+ 0,39 % Zinssatz pro Monat · 48 Monate	1 872,00 EUR
Gesamtbetrag aller zu entrichtenden Zahlungen	12 072,00 EUR
Höhe einer Monatsrate bei 48 Monaten und jährlicher Tilgung	**251,50 EUR**
Kreditkosten pro Monat: 2 072,00 : 48 =	43,17 EUR

$$\text{Durchschnittlicher Kreditbetrag} = \frac{10\,000 + 7\,500 + 5\,000 + 2\,500}{4} = 6\,250{,}00 \text{ EUR}$$

$$\text{Effektiver Jahreszinssatz (Ratendarlehen)} = \frac{(200 + 1\,872) \cdot 100 \cdot 12}{(6250 - 200) \cdot 48} = 8{,}56 \text{ \%}$$

Ist der Kreditnehmer ein Verbraucher nach § 13 BGB, hat er nach § 500 BGB in Verbindung mit § 495 BGB ein *zweiwöchiges Widerrufsrecht*. Diese Frist beginnt mit der schriftlichen Widerrufsbelehrung, die dem Verbraucher in Textform auszuhändigen ist.

In Kreditverträgen mit Verbrauchern ist regelmäßig die *SCHUFA-Klausel*[1] enthalten, sofern es sich um Ratenkredite handelt (s. S. 144).

Kreditverträge mit veränderlichem (variablem) Zinssatz können jederzeit unter Einhaltung der vertraglichen Kündigungsfrist bzw. der gesetzlichen Kündigungsfrist von drei Monaten gekündigt werden (BGB § 489). Wurde ein Festzinssatz vereinbart, dann kann der Kreditvertrag erst nach Ablauf der Zinsbindung (diese darf höchstens zehn Jahre betragen) mit einer Kündigungsfrist von einem Monat gekündigt werden.

Nach der Art, wie über den Kredit verfügt werden kann, unterscheidet man zwischen Darlehen, Kontokorrentkredit und Lieferantenkredit.

---

[1] SCHUFA = Schutzgemeinschaft für allgemeine Kreditsicherung

SCHUFA-KLAUSEL:

Ich/Wir willige(n) ein, dass die UNICA Bank der für meinen/unseren Wohnsitz zuständigen SCHUFA-Gesellschaft (Schutzgemeinschaft für allgemeine Kreditsicherung) Daten über die Beantragung, die Aufnahme (Kreditnehmer, Mitschuldner, Kreditbetrag, Laufzeit, Ratenbeginn) und vereinbarungsgemäße Abwicklung (z. B. vorzeitige Rückzahlung, Laufzeitverlängerung) dieses Kredits übermittelt.

Unabhängig davon wird die UNICA Bank der SCHUFA auch Daten aufgrund nicht vertragsgemäßer Abwicklung (z. B. Kündigung des Kredits, Inanspruchnahme einer vertraglich vereinbarten Lohnabtretung, beantragter Mahnbescheid bei

Unterschrift
des Bürgen

Ort und Datum

unbestrittener Forderung sowie Zwangsvollstreckungsmaßnahmen) melden.

Die SCHUFA speichert die Daten, um den ihr angeschlossenen Kreditinstituten, Kreditkartenunternehmen, Leasinggesellschaften, Einzelhandelsunternehmen einschließlich des Versandhandels und sonstigen Unternehmen, die gewerbsmäßig Geld- oder Warenkredite an Konsumenten geben, Informationen zur Beurteilung der Kreditwürdigkeit von Kunden geben zu können.

Die SCHUFA übermittelt nur objektive Daten ohne Angabe des Kreditgebers; subjektive Werturteile, persönliche Einkommens- und Vermögensverhältnisse sind in SCHUFA-Auskünften nicht enthalten.

Unterschrift(en)

Bankkredit als Darlehen

Ist bei einem Kredit die Rückzahlung (Tilgung) fest vereinbart, dann handelt es sich um ein **Darlehen** (BGB §§ 488 ff.).

Darlehen werden in einer Summe oder in vorher vereinbarten Teilbeträgen ausgezahlt. Über den Darlehensbetrag kann nur einmal verfügt werden. Des Öfteren liegt der Auszahlungsbetrag um ein sogenanntes *Disagio* (Abgeld, Damnum) niedriger als der Rückzahlungsbetrag. Das eröffnet dem Kreditnehmer steuerliche Gestaltungsmöglichkeiten, da das Disagio genauso wie die Zinsen als Betriebsausgaben steuerlich absetzbar ist.

Beispiel Laut Kreditvertrag beträgt die Darlehenssumme 100 000,00 EUR bei einem Zinssatz von 7 %, 5 Jahren Laufzeit und Tilgung am Ende der Laufzeit. Die Bank bietet dem Kreditnehmer einen Zinssatz von 6 % an, wenn er mit einem Disagio von 5 % einverstanden ist. In letzterem Fall erhält der Kreditnehmer nur 95 000,00 EUR ausgezahlt (100 000,00 EUR – 5 000,00 EUR Disagio), muss bei der Berechnung der Zinsen jedoch vom vollen Darlehensbetrag (100 000,00 EUR) ausgehen.

1. Fall: Jahreszinsen: 100 000 · 7 % = 7 000,00 EUR
Effektiver Jahreszinssatz: 7 000 · 100 / 100 000 = 7 %
Im ersten Jahr werden 7 000,00 EUR (Zinsen) steuerwirksam. Steuerersparnis im ersten Jahr bei 40 % Steuersatz: 2 800,00 EUR.

2. Fall: Jahreszinsen: 100 000 · 6 % = 6 000,00 EUR
Disagio verteilt auf fünf Jahre: 5 000 : 5 = 1 000,00 EUR
Effektiver Jahreszinssatz: (6 000 + 1 000) · 100 / 95 000 = 7,37 %
Im ersten Jahr werden 6 000,00 EUR (Zinsen) und 5 000,00 EUR (Disagio) steuerwirksam. Steuerersparnis im ersten Jahr bei 40 % Steuersatz: 4 400 EUR.

Darlehenszinsen werden ab der Auszahlung berechnet und sind jeweils am Ende des Jahres, bei kürzerer Laufzeit am Rückzahlungstag zu entrichten (BGB § 488). Je nach Art der Rückzahlung werden drei **Darlehensformen** unterschieden:

Lernfeld 12

Fälligkeitsdarlehen – gleichbleibende Zinsen

Wenn die gesamte Darlehenssumme an einem vorher vereinbarten Fälligkeitstag auf einmal zurückgezahlt wird, dann handelt es sich um ein Fälligkeitsdarlehen. Während der Laufzeit des Darlehens ist in vereinbarten Zeitabständen (z. B. jährlich, vierteljährlich, monatlich) nur der Zins zu entrichten.

Beispiel Laut Kreditvertrag beträgt die Darlehenssumme 100 000,00 EUR bei einem Zinssatz von 7 % und 5 Jahren Laufzeit. Bearbeitungsgebühr: einmalig 0,5 % der Darlehenssumme.

Jahr	1	2	3	4	5	Summe
Zinsen am 31.12.	7 000,00	7 000,00	7 000,00	7 000,00	7 000,00	35 000,00
Tilgung am 31.12.	0,00	0,00	0,00	0,00	100 000,00	100 000,00
Restschuld am 01. 01.	100 000,00	100 000,00	100 000,00	100 000,00	100 000,00	Ø 100 000,00
Zinsen und Tilgung	7 000,00	7 000,00	7 000,00	7 000,00	107 000,00	135 000,00

$$\text{Effektiver Jahreszinssatz} = \frac{(35\,000 + 500) \cdot 100 \cdot 1}{(100\,000 - 500) \cdot 5} = 7{,}14\,\%$$

Abzahlungsdarlehen – gleichbleibende Tilgungsleistungen

Beim Abzahlungsdarlehen wird die Darlehenssumme in gleichen Raten (Teilbeträgen) an den vereinbarten Tilgungsterminen (z. B. jährlich, monatlich) zurückgezahlt. Während der Laufzeit des Darlehens verringert sich die Restschuld durch die Tilgungsleistungen, entsprechend verringern sich auch die zu entrichtenden Zinsbeträge.

Beispiel Laut Kreditvertrag beträgt die Darlehenssumme 100 000,00 EUR bei einem Zinssatz von 7 % und 5 Jahren Laufzeit. Bearbeitungsgebühr: einmalig 0,5 % der Darlehenssumme.

Jahr	1	2	3	4	5	Summe
Zinsen am 31.12.	7 000,00	5 600,00	4 200,00	2 800,00	1 400,00	21 000,00
Tilgung am 31.12.	20 000,00	20 000,00	20 000,00	20 000,00	20 000,00	100 000,00
Restschuld am 01.01.	100 000,00	80 000,00	60 000,00	40 000,00	20 000,00	Ø 60 000,00
Zinsen und Tilgung	27 000,00	25 600,00	24 200,00	22 800,00	21 400,00	121 000,00

$$\text{Effektiver Jahreszinssatz} = \frac{(21000 + 500) \cdot 100 \cdot 1}{(60\,000 - 500) \cdot 5} = 7{,}23\,\%$$

Annuitätendarlehen – steigende Tilgungsleistungen, sinkende Zinsen

Eine Annuität ist eine gleichbleibende Gesamtbelastung. Sie setzt sich aus Zins- und Tilgungsanteil zusammen. Die Summe aus Zinsen und Tilgung bleibt bei jeder Zahlung (z. B. jährlich, monatlich) gleich. Während der Laufzeit des Darlehens verringert sich die Restschuld und damit der Zinsanteil der Annuität. Da die Annuität gleichbleibt, erhöht sich dadurch der Tilgungsanteil der Annuität.

Beispiel Laut Kreditvertrag beträgt die Darlehenssumme 100 000 EUR bei einem Zinssatz von 7 % und 5 Jahren Laufzeit. Bearbeitungsgebühr einmalig 0,5 % der Darlehenssumme.

Finanzierung betrieblicher Investitionen

Jahr	1	2	3	4	5	Summe
Zinsen am 31.12.	7 000,00	5 782,77	4 480,32	3 086,71	1 595,55	21 945,35
Tilgung am 31.12.	17 389,07	18 606,30	19 908,75	21 302,36	22 793,52	100 000,00
Restschuld am 01.01.	100 000,00	82 610,93	64 004,63	44 095,88	22 793,52	Ø 62 701,00
Annuität[1]	24 389,07	24 389,07	24 389,07	24 389,07	24 389,07	121 945,35

$$\text{Effektiver Jahreszinssatz} = \frac{(21\,945,35 + 500) \cdot 100 \cdot 1}{(62\,701 - 500) \cdot 5} = 7,22\,\%$$

Bei sonst gleichen Kreditkonditionen ist aus der Sicht des Kreditnehmers die Gesamtbelastung (Summe aus Zins und Tilgung) beim Abzahlungsdarlehen am niedrigsten. Beim Fälligkeitsdarlehen ist die Gesamtbelastung am höchsten.

Bankkredit als Kontokorrent

Unter **Kontokorrent** versteht man eine laufende Rechnung zwischen zwei Vertragspartnern. Die Beteiligten rechnen dabei ihre gegenseitigen Forderungen auf, d. h., sie saldieren ihre gegenseitigen Ansprüche. Gläubiger ist jeweils die Partei, die ein Guthaben, Schuldner ist die Partei, die einen Minusbetrag aufweist. Im Streitfalle kann nur der Saldo eingeklagt werden (HGB §§ 355 ff.).

Wird auf dem laufenden Konto innerhalb einer bestimmten Höchstgrenze (Kreditlinie, Kreditlimit) für kurzfristige Zwecke Kredit eingeräumt, so handelt es sich um einen Kontokorrentkredit. Der Kontokorrentkredit ist kurzfristig, da er jederzeit kündbar ist. Er dient der Abwicklung der ein- und ausgehenden Zahlungen und deckt den kurzfristigen Spitzenbedarf ab (z. B. Gehaltszahlungs-, Steuerzahlungstermine). Die Tilgung des Kontokorrentkredits erfolgt über Einzahlungen der Kunden. Im Unterschied zum Darlehen kann über zurückgezahlte Beträge immer wieder neu verfügt werden.

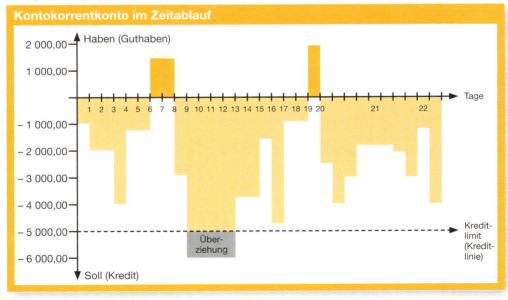

---

[1] Annuität = Darlehenssumme · Kapitalwiedergewinnungsfaktor

$$\text{Kapitalwiedergewinnungsfaktor} = \frac{\text{Zinssatz}\,/\,100 \cdot (1 + \text{Zinssatz}\,/\,100)^n}{(1 + \text{Zinssatz}\,/\,100)^n - 1}$$

$$= \frac{0,07 \cdot (1,07)^5}{(1,07)^5 - 1} = 0,2438907$$

Lernfeld 12

Guthaben auf dem Konto entstehen, wenn die Zahlungseingänge die Zahlungsausgänge übersteigen und werden mit einem geringen Habenzinssatz verzinst. Weist das Kontokorrentkonto einen Minussaldo (Soll) auf, dann können dem Kreditnehmer folgende Kosten entstehen:

- Sollzinsen; der Sollzinssatz ist regelmäßig höher als der Habenzinssatz,
- ggf. Umsatzprovision von dem in Anspruch genommenen Kreditbetrag,
- ggf. Überziehungsprovision, wenn die Kreditlinie überschritten wurde.

Manche Kreditinstitute verlangen zusätzlich eine Kreditprovision vom bereitgestellten Kreditlimit oder vom nicht ausgeschöpften Teil der Kreditlinie.

Beispiel Vergleich der Kreditarten nach der Verfügbarkeit

	Darlehen	Kontokorrentkredit
Auszahlung	– Kreditbetrag wird im Regelfall als Ganzes ausgezahlt	– Kreditbetrag wird je nach Bedarf in Anspruch genommen
Verfügbarkeit	– über zurückgezahlte Beträge kann nicht mehr verfügt werden	– über zurückgezahlte Beträge kann wieder verfügt werden
Rückzahlung	– Rückzahlung ist genau geregelt (Tilgungsplan)	– Rückzahlung erfolgt unregelmäßig (je nach Zahlungseingängen)
Laufzeit	– Kreditlaufzeit ist im Darlehensvertrag festgeschrieben, lange Laufzeit	– Kreditlaufzeit ist unbestimmt, kurzfristig kündbar
Zweck	– Langfristige Finanzierung (Investitionskredite)	– dient der Zahlungsabwicklung und kurzfristigen Überbrückung des Spitzenbedarfs
Zinssatz	– Zinssatz ist im Regelfall fest vereinbart, relativ niedrig	– Zinssatz ist variabel (je nach Zinsentwicklung), relativ hoch

1.2.4 Exkurs: Zinsrechnung

Beispiel Das Kontokorrentkonto des Autohauses Fritz weist zwischen den Weihnachtsfeiertagen und dem neuen Jahr (22. Dezember bis 2. Januar n. J.) einen Sollbetrag von 30 000,00 EUR auf. Der Sollzinssatz beträgt 12 % vom jeweiligen Sollbetrag. Berechnen Sie die aufgelaufenen Zinsen.

Regeln zur Berechnung der Zinstage nach der Methode „30/360" (PAngV § 4):

Ein Jahr = 360 Zinstage; ein Monat = 30 Zinstage

- Der 31. Tag eines Monats wird nicht berücksichtigt.
- Der Februar wird mit 30 Zinstagen gerechnet. Ausnahme: Wenn der Zinszeitraum am 28. bzw. am 29. Februar endet, werden 28 bzw. 29 Zinstage angesetzt.
- Der erste Kalendertag des Zinszeitraums wird nicht mitgezählt (BGB § 187), der letzte Kalendertag wird mitgezählt (BGB § 188).

Beispiele zur Zinstageberechnung:

15. Feb. bis 28. Feb.	= 13 Zinstage	28. Febr. bis 31. März	= 32 Zinstage
15. Feb. bis 1. März	= 16 Zinstage	31. Juli bis 31. Okt.	= 90 Zinstage

Finanzierung betrieblicher Investitionen

Lösungsweg:

Auszahlungstag	Laufzeit	Rückzahlungstag
	10 Zinstage	
22.12.		02.01.

Der Zinssatz drückt aus, wie viele Zinsen ein Kapitalbetrag von 100,00 EUR in einem Jahr (= 360 Tage) kostet bzw. einbringt.

Berechnung der Kreditzinsen mithilfe des zusammengesetzten Dreisatzes:

Bedingungssatz:	100,00 EUR	kosten in 360 Tagen	12,00 EUR Zinsen
Fragesatz:	30 000,00 EUR	kosten in 10 Tagen	X EUR Zinsen

Bruchsatz: $Zinsen = \dfrac{12 \cdot 30\,000 \cdot 10}{100 \cdot 360} = 100,00$ EUR

Ergebnis: Die aufgelaufenen Zinsen betragen 100,00 EUR. Mit diesem Betrag wird das Kontokorrentkonto am 3. Januar belastet.

Allgemeine Zinsformel (Tageszinsen)

$$Zinsen = \frac{Zinssatz \cdot Kapital \cdot Zinstage}{100 \cdot 360}$$

Manchmal wird der Zinszeitraum in Monaten oder Jahren angegeben:

Allgemeine Zinsformel (Monatszinsen)

$$Zinsen = \frac{Zinssatz \cdot Kapital \cdot Zinsmonate}{100 \cdot 12}$$

Allgemeine Zinsformel (Jahreszinsen ohne Zinseszins)

$$Zinsen = \frac{Zinssatz \cdot Kapital \cdot Zinsjahre}{100 \cdot 1}$$

Die vier Größen der Zinsrechnung

Zinsrechnung		
Zinsen	z	Kapitalertrag innerhalb eines bestimmten Zeitraums
Zinssatz (%)	p	Kapitalertrag pro 100 EUR Kapital in einem Jahr
Kapital	k	Betrag, der verzinst wird
Zeit	t	Zeitraum, in dem der Kapitalertrag erwirtschaftet wird

---

Zinsformel, umgeformt nach dem Kapital

$$Kapital = \frac{Zinsen \cdot 100 \cdot 360}{Zinssatz \cdot Zinstage}$$

Zinsformel, umgeformt nach dem Zinssatz

$$Zinssatz = \frac{Zinsen \cdot 100 \cdot 360}{Kapital \cdot Zinstage}$$

> **Zinsformel, umgeformt nach der Zeit (Zinstage)**
>
> $$\text{Zinstage} = \frac{\text{Zinsen} \cdot 100 \cdot 360}{\text{Kapital} \cdot \text{Zinssatz}}$$

Lieferantenkredit – bequem, aber teuer

Wenn eine Warenlieferung nicht sofort bezahlt werden muss, sondern erst nach Ablauf einer vereinbarten Zahlungsfrist, dann liegt ein **Lieferantenkredit** vor. Es handelt sich um einen Sachkredit, da der Kunde Waren auf Ziel erhält und den Rechnungsbetrag erst später (z. B. nach 30 oder 60 Tagen) bezahlen muss.

Der Lieferantenkredit ist eine besonders bequeme Form der kurzfristigen Fremdfinanzierung. Er wird ohne jede Formalität, ohne eingehende Kreditwürdigkeitsprüfung, im Regelfall ohne Sicherheiten (außer dem Eigentumsvorbehalt) eingeräumt.

Ganz uneigennützig gewährt der Lieferant das Zahlungsziel jedoch nicht. Er ist weniger am Kreditgeschäft interessiert als am Absatz seiner Produkte. Viele Kunden sind erst durch die Einräumung eines Zahlungsziels in der Lage, Einkäufe zu tätigen. Ein langes Zahlungsziel gibt dem gewerblichen Kunden die Möglichkeit, die beschafften Waren weiterzuverarbeiten und zu verkaufen und aus dem daraus erzielten Erlös den Rechnungsbetrag zu begleichen. Der Kapitalbedarf des Kunden wird dadurch gesenkt (vgl. S. 134 f.).

Durch den Lieferantenkredit entstehen dem Kunden (Schuldner) zwar keine Zinszahlungen, dennoch wird er nicht umsonst gegeben. Die Verzinsung des Lieferantenkredits wird vom Lieferer in den Verkaufspreis (als Kundenskonto) einkalkuliert. Der Lieferant gewährt den Skonto innerhalb einer bestimmten Frist (Skontofrist), um seine Kunden zu einer schnelleren Zahlung zu veranlassen. Dieser Anreiz wird deutlich, wenn man den mit Bankkrediten vergleichbaren Jahreszinssatz aus den Zahlungsbedingungen errechnet.

Beispiel Umrechnung des Skontos in einen Jahreszinssatz
Die Zahlungsbedingung eines Lieferers lautet: „Zahlbar innerhalb von 14 Tagen mit 2 % Skonto oder Zahlungsziel 30 Tage rein netto."
Welchen Jahreszinssatz nimmt der Kunde in Kauf, wenn er die Skontofrist verstreichen lässt und das Zahlungsziel des Lieferanten voll in Anspruch nimmt?

Lösungsweg:

Der Skonto ist ein Preisnachlass, den der Lieferer deshalb gewährt, damit seine Kunden schneller zahlen (hier: innerhalb 14 Tagen). Nützt der Kunde sein Zahlungsziel (hier: 30 Tage) voll aus, dann entgeht ihm der Skontoabzug. Der Skonto ist also der Preis für die Inanspruchnahme des Lieferantenkredits. Will man die Kosten dieses Lieferantenkredits mit den Kosten eines Bankkredits vergleichen, dann muss der Skonto in einen „echten" (effektiven) Jahreszinssatz umgerechnet werden.

Gegeben: Kapital = Rechnungsbetrag − Skontobetrag
= 100,00 EUR − 2,00 EUR = 98,00 EUR
Zeit = Dauer des Lieferantenkredits = Zahlungsziel − Skontofrist
30 Tage − 14 Tage = 16 Tage
Zinsen = Skontobetrag = 2,00 EUR

Gesucht: Zinssatz ?

allgemeine Zinsformel	umgeformt nach dem Zinssatz
$\text{Zinsen} = \dfrac{\text{Zinssatz} \cdot \text{Kapital} \cdot \text{Zinstage}}{100 \cdot 360}$	$\text{Zinssatz} = \dfrac{\text{Zinsen} \cdot 100 \cdot 360}{\text{Kapital} \cdot \text{Zinstage}}$

Effektiver Jahreszinssatz des Skontos:

$$\text{Zinssatz} = \frac{\text{Skontobetrag} \cdot 100 \cdot 360}{(\text{Rechnungsbetrag} - \text{Skontobetrag}) \cdot (\text{Zahlungsziel} - \text{Skontofrist})}$$

Ergebnis: $\quad Jahreszinssatz = \dfrac{2 \cdot 100 \cdot 360}{98 \cdot 16} = 45,92\ \%$

Verglichen mit einem Bankkredit ist der Lieferantenkredit erheblich teurer. Er ist der teuerste aller Kredite und wird vom Kunden beansprucht, wenn er mangels Sicherheiten keine andere Möglichkeit mehr sieht, kurzfristig aufgetretene Liquiditätsengpässe zu überbrücken.

Kunden mit starker Marktposition können in der Praxis Zahlungsziele „ungestraft" überschreiten und den Lieferantenkredit dadurch verbilligen. Der schwächere Lieferant muss im Regelfall diesen erzwungenen Lieferantenkredit dulden, um seinen „guten" Kunden zu halten.

Vor- und Nachteile der Kreditfinanzierung

Vorteile	Nachteile
– **Finanzierung** von Betriebserweiterungen ist auch dann möglich, wenn die Finanzkraft des Unternehmens (Selbstfinanzierung) oder der Teilhaber (Eigenfinanzierung) erschöpft ist.	– Mittel stehen dem Unternehmen zeitlich nicht unbegrenzt zur Verfügung.
– Rentabilität des Unternehmens kann erhöht werden. Bedingung: Die Rentabilität (= Verzinsung der zusätzlichen Investitionen) übersteigt den Fremdkapitalzinssatz.	– Fremdmittel müssen verzinst und getilgt werden. Damit werden Kalkulation und Liquidität belastet.
– Risikoreiche Investitionen werden vermieden, weil die Zins- und Liquiditätsbelastungen des Fremdkapitals zu sorgfältiger Kalkulation zwingen.	– Insbesondere bei hoher Verschuldung eines Unternehmens nehmen die Gläubiger Einfluss auf die Geschäftsleitung, um die Verwendung ihrer Mittel zu kontrollieren.
– Volkswirtschaftlich dann positiv, wenn die Kreditaufnahme der Unternehmen in etwa der Gesamtersparnis in der Volkswirtschaft entspricht.	– Mit zunehmender Fremdfinanzierung sinkt die Kreditfähigkeit des Unternehmens.
	– Ein hoher Fremdkapitalanteil am Gesamtkapital verschlechtert den guten Ruf (Goodwill) eines Unternehmens.
	– Hohe Kapitalbeschaffungskosten, vor allem bei Kapitalgesellschaften (z. B. anlässlich der Ausgabe von Industrieschuldverschreibungen).

1.2.5 Selbstfinanzierung – Innen- und Eigenfinanzierung

Die **Selbstfinanzierung** durch Einbehaltung von Gewinnen ist das Herzstück der Innenfinanzierung. Sie führt zu einem Zuwachs an Vermögen und Eigenkapital.

Bei *Einzelunternehmen und Personengesellschaften* (z. B. OHG, KG) bleibt der nicht ausgeschüttete Gewinn auf dem Eigenkapitalkonto stehen. Jeder Gesellschafter hat ein eigenes Eigenkapitalkonto; sein Gewinnanteil wird mithilfe einer Gewinnverteilungsrechnung ermittelt und dann seinem Eigenkapitalkonto gutgeschrieben. Zu beachten ist, dass die Kapitalkonten der Kommanditisten ohne Eintragung ins Handelsregister nicht verändert werden dürfen; sodass deren nicht entnommene Gewinnanteile in der Bilanz als Verbindlichkeiten der KG an ihre Kommanditisten erfasst werden.

Bei *Kapitalgesellschaften* ist der nicht ausgeschüttete Gewinn in die Gewinnrücklagen einzustellen; da das gezeichnete Kapital ohne Eintragung ins **Handelsregister** nicht verändert werden darf. Die Entscheidung über die Gewinnverwendung (Ausschüttung oder Einbehaltung) wird in der Regel auf Gesellschafterversammlungen getroffen.

Die Eigenkapitalveränderung wird sichtbar, wenn man **Eröffnungs- und Schlussbilanz** vergleicht; man spricht daher von **offener Selbstfinanzierung**.

Beispiel

Eigenkapital zu Beginn des Geschäftsjahres	500 000,00 EUR
− Privatentnahmen im Laufe des Geschäftsjahres	50 000,00 EUR
+ Reingewinn des Geschäftsjahres	80 000,00 EUR
= Eigenkapital am Ende des Geschäftsjahres	530 000,00 EUR

Das mögliche Selbstfinanzierungsaufkommen beträgt 30 000,00 EUR (530 000 – 500 000).

Allerdings sind die Beträge, die den Unternehmen aus einbehaltenen Gewinnen zufließen, relativ gering, da aus dem Gesamtgewinn noch Ausschüttungen an die Anteilseigner und Steuerzahlungen an den Staat abfließen. Im Durchschnitt werden durch die Selbstfinanzierung über 20 % des Kapitalbedarfs gedeckt.

Eine Selbstfinanzierung findet auch statt durch:

- *Unterbewertung von Vermögensgegenständen* (wenn die tatsächliche Nutzungsdauer der Sachanlagen höher ist als die Nutzungsdauer, die den Abschreibungen zugrunde liegt),

- *Unterlassung der Zuschreibung* bei Wertsteigerungen (wenn z. B. der aktuelle Wert eines Grundstücks höher ist als der in der Bilanz aktivierte Anschaffungswert),

- *Überbewertung von Passivposten* (z. B. zu hohe Zuführungen zu den Rückstellungen).

Man spricht bei diesen Fällen von der **stillen oder verdeckten Selbstfinanzierung**, da diese Vorgänge im Bilanzvergleich nicht sichtbar werden. Alle Formen der stillen Selbstfinanzierung führen zu überhöhten Aufwendungen und damit zu einem zu niedrigen Gewinnausweis in der Gewinn- und Verlustrechnung, da diese Aufwendungen in den Verkaufspreisen einkalkuliert sind und damit im Umsatzerlös zurückfließen. Da mit diesen Aufwendungen keine Ausgaben verbunden sind, stehen sie voll für Finanzierungszwecke zur Verfügung.

Zu beachten ist, dass die Mittel aus der verdeckten Selbstfinanzierung nur so lange zur Verfügung stehen, wie sie nicht in der Bilanz stehen. Sobald die zugrunde liegenden Aktiv- bzw. Passivposten aufgelöst werden, werden diese *stillen Reserven* aufgedeckt und es entsteht ein entsprechend höherer Gewinnausweis (außerordentlicher Gewinn aus dem Verkauf eines unterbewerteten Grundstücks, da dessen Veräußerungserlös höher ist als der Buchwert).

Vor- und Nachteile der Selbstfinanzierung

Vorteile	Nachteile
– Die Mittel stehen dem Unternehmen zeitlich unbegrenzt zur Verfügung, da es sich um Eigenkapitalbestandteile handelt.	– Besonders bei der verdeckten Selbstfinanzierung muss die Geschäftsleitung über die Mittelverwendung keine Rechenschaft ablegen; daher besteht die Gefahr, risikoreiche Investitionen vorzunehmen.
– keine Formalitäten (Verträge usw.)	
– kein Zinsaufwand, weil kurzfristig auf eine Verzinsung des Eigenkapitals verzichtet werden kann	– Die verdeckte Selbstfinanzierung verschleiert den tatsächlichen Gewinn.
– keine Tilgung und somit Verbesserung der Liquidität	– Die Auflösung verdeckter Rücklagen verschleiert einen tatsächlich eingetretenen Verlust.
– Unabhängigkeit (kein Einfluss von Gläubigern auf das Unternehmen)	– Einkommensumverteilung zugunsten der Unternehmen, wenn die Selbstfinanzierung über ungerechtfertigt hohe Preise vorgenommen wird.
– Erhöhung der Kreditwürdigkeit	

1.2.6 Finanzierung aus Abschreibungen – Innen- und Eigenfinanzierung

Der Finanzierungseffekt der Abschreibungen (Absetzung für Abnutzung der eingesetzten Anlagegüter) kommt dadurch zustande, dass sie in den Verkaufspreisen einkalkuliert werden und dem Unternehmen über den Umsatz zufließen, ohne dass Geldmittel ausgegeben werden. Dadurch sammeln sich flüssige (liquide) Mittel im Unternehmen, die als Aufwandsposten in der Gewinn- und Verlustrechnung ausgewiesen werden. Im Allgemeinen werden die jährlichen Abschreibungsbeträge nicht angespart, sondern sofort für Investitionszwecke verwendet.

Lernfeld 12

Beispiel Kapitalfreisetzung durch Abschreibungen

Zu Beginn des ersten Jahres befinden sich 10 Maschinen mit einem Gesamtwert von 100 000 EUR im Betrieb. Die Maschinen werden linear mit 10 % pro Jahr abgeschrieben. Eine Maschine kann durchschnittlich für 20 000 EUR beschafft werden. Die Mittel, die aus Abschreibungen zufließen, sollen wieder vollständig für die Anschaffung neuer Maschinen eingesetzt werden.

Kapitalfreisetzung durch Abschreibungen

Jahr	1	2	3	4	5	6	7
Zahl der Maschinen (Anfang des Jahres)	10	10	10+1=11	11	11+1=12	12−1=11	11+1=12
Investitionsbetrag	0,00	0,00	20 000,00	0,00	20 000,00	0,00	20 000,00
Abschreibung 10 %	10 000,00	10 000,00	12 000,00	12 000,00	14 000,00	12 000,00	14 000,00
Finanzierungsmittel (Ende des Jahres)	10 000,00	20 000,00	12 000,00	24 000,00	18 000,00	30 000,00	24 000,00

Abschreibungen machen knapp 50 % des gesamten Finanzierungsaufkommens der Unternehmen aus.

1.2.7 Umfinanzierung – Innen- und Eigenfinanzierung

Zur Finanzierung gehören auch reine Vermögens- oder Kapitalumschichtungen, die zwar eine Kapitalbeschaffung darstellen, jedoch keinen Vermögenszuwachs bewirken können. Man spricht in diesen Fällen von Umfinanzierungen.

Möglichkeiten der Umfinanzierung

auf der Vermögensseite	auf der Kapitalseite
– Umschichtung von Anlage- in Umlaufvermögen, z. B. ein Grundstück wird gegen Barzahlung verkauft – Umschichtung von Umlauf- in Anlagevermögen, z. B. ein Bankguthaben wird zum Kauf eines Anlageguts verwendet – Umschichtung innerhalb des Anlagevermögens, z. B. ein Geschäftswagen wird zur Finanzierung einer DV-Anlage in Zahlung gegeben – Umschichtung innerhalb des Umlaufvermögens, z. B. eine Kundenforderung geht auf das Bankkonto ein	– Umschichtung von Fremd- in Eigenkapital, z. B. Umwandlung eines Darlehens in eine Beteiligung – Umschichtung von Eigen- in Fremdkapital, z. B. ein Gesellschafter scheidet aus und wandelt seine Einlage in ein Darlehen um – Umschichtung innerhalb des Eigenkapitals, z. B. eine AG wandelt Gewinnrücklagen in Eigenkapital um (Kapitalerhöhung aus Gesellschaftsmitteln) – Umschichtung innerhalb des Fremdkapitals, z. B. Umwandlung eines kurzfristigen Kredits in einen langfristigen Kredit

Nimmt ein Unternehmen z. B. einen kurzfristigen Kredit auf, um Lieferantenverbindlichkeiten zu begleichen, dann liegt eine Umfinanzierung vor. Das Investitionsvolumen wird dadurch jedoch nicht beeinflusst, da eine bereits erfolgte Investition (hier: die Beschaffung von Waren) lediglich auf eine andere Art finanziert wird.

1.2.8 Finanzierung aus Rückstellungen – Innen- und Fremdfinanzierung

Rückstellungen werden gebildet für Aufwendungen, deren Zweck bekannt sind, über deren Höhe und/oder Zeitpunkt jedoch noch Ungewissheit besteht (HGB § 249). Sie haben den Charakter von ungewissen Verbindlichkeiten.

Nach § 249 (1) HGB müssen Rückstellungen gebildet werden für

- ungewisse Verbindlichkeiten (z. B. Pensionsrückstellungen für künftige Betriebsrenten),
- drohende Verluste aus schwebenden Geschäften (z. B. Steuer-, Prozessrückstellungen),
- unterlassene Instandhaltung oder Abraumbeseitigung, die innerhalb der ersten drei Monate des Folgejahrs nachgeholt werden,
- Gewährleistungen ohne rechtliche Verpflichtungen (Kulanzfälle).

Für Finanzierungszwecke eignen sich vor allem die **langfristigen Rückstellungen**, z. B. Pensionsrückstellungen. Sie haben *Fremdkapitalcharakter*; denn Rückstellungen werden eingerichtet, um damit Verpflichtungen gegenüber Dritten (hier: Mitarbeiter, denen später ein betriebliches Ruhegeld gezahlt werden soll) zu erfüllen. Voraussetzung für den Finanzierungseffekt ist, dass der Aufwandsposten für die Bildung von Rückstellungen in die Verkaufspreise einkalkuliert werden kann. Finanzielle Mittel fließen aus dem Umsatzprozess so lange zu, wie die Zuführungen zu den Pensionsrückstellungen die Herabsetzungen übersteigen, was bei einer wachsenden Belegschaft der Regelfall ist.

Im Gegensatz zu den Zahlungsansprüchen „normaler" Gläubiger haben die versorgungsberechtigten Arbeitnehmer jedoch keinen rechtlich einklagbaren Anspruch auf eine bestimmte Höhe ihrer Forderung (hier: Anspruch auf Betriebsrente). Die Arbeitnehmer haben vielmehr einen anpassbaren Anspruch, der abhängig ist von der wirtschaftlichen Lage ihres Unternehmens. Damit der Anspruch nicht ganz verfallen kann, müssen alle Arbeitgeber, die Betriebsrenten zugesagt haben, an einen Pensionssicherungsverein (PSV) Versicherungsbeiträge leisten (Gesetz zur Verbesserung der betrieblichen Altersversorgung § 7). Der PSV gleicht Kürzungen des Arbeitgebers wegen wirtschaftlicher Notlage aus bzw. übernimmt gänzlich eingestellte Versorgungsleistungen.

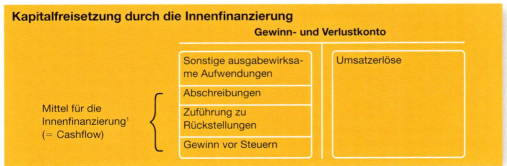

Die Innenfinanzierung erleichtert die Durchführung anstehender Investitionsvorhaben. Das Unternehmen kann ohne große Formalitäten, unmittelbar, je nach Bedarf und langfristig über die internen Finanzierungsquellen verfügen. Einbehaltene Gewinne ziehen keine Dividendenzahlungen und Pensionsrückstellungen keine Zinszahlungen nach sich. Der Bilanzgewinn wird um die Beträge für die Abschreibungen bzw. Rückstellungen gekürzt (Aufwandsposten), weshalb Gewinnausschüttungen und Steuerzahlungen entsprechend niedriger ausfallen.

---

[1] abzüglich Herabsetzung von Rückstellungen

Bedeutung der Innen- und Außenfinanzierung

Finanzierung der nichtfinanziellen Unternehmen	Mrd. EUR	%–Anteil
Innenfinanzierung		
– Kapitalerhöhung aus Gewinnen	76,5	25,1
– Abschreibungen	155,0	50,9
– Zuführung/Auflösungen Pensionsrückstellungen	–28,5	–9,2
Aufkommen aus der Innenfinanzierung	203,5	66,8
Außenfinanzierung		
– Kapitalzuführung bei Kapitalgesellschaften	22,5	7,4
– kurzfristige Kredite (Laufzeit bis ein Jahr)	61,5	20,2
– langfristige Kredite (Laufzeit über ein Jahr)	17,0	5,6
Aufkommen aus der Außenfinanzierung	101,0	24,8
Gesamtes Finanzierungsaufkommen	304,5	100,0

(Quelle: Ertragslage und Finanzierungsverhältnisse deutscher Unternehmen im Jahr 2010; in: Monatsbericht der Deutschen Bundesbank vom Dezember 2011, S. 41)

Aufgaben

1. Bilden Sie mehrere **Arbeitsgruppen**. Schreiben Sie die Fragen a) bis i) auf Kärtchen (eine Frage pro Kärtchen). Beantworten Sie in den Gruppen die Fragen und schreiben Sie die Lösungen auf das jeweilige Kärtchen. Veranstalten Sie in Ihrer Gruppe ein Frage-Antwort-Spiel (wer die meisten Kärtchen gewinnt, ist Gruppensieger). Die Gruppensieger können anschließend den Klassensieger des **Gruppenturniers** unter sich ausspielen.
   Fragen:
   a) Unterscheiden Sie die Finanzierungsarten
      – nach der Herkunft des Kapitals,
      – nach der Rechtsstellung des Kapitalgebers,
      – offene und verdeckte Selbstfinanzierung.
   b) Welche Finanzierungsart ist zugleich
      – Eigenfinanzierung und Innenfinanzierung?
      – Eigenfinanzierung und Außenfinanzierung?
      – Fremdfinanzierung und Innenfinanzierung?
      – Fremdfinanzierung und Außenfinanzierung?
   c) Erläutern Sie die Finanzierungswirkungen von
      – Abschreibungen,
      – Rückstellungen.
   d) Wie kommt ein Bankkredit (Kreditvertrag) zustande?
   e) Welche Vereinbarungen muss ein Kreditvertrag mit Privatkunden enthalten?
   f) Warum wäre es unwirtschaftlich,
      – den Kauf eines bebauten Grundstücks mit einem Kontokorrentkredit zu finanzieren?
      – Lohn- und Gehaltszahlungen mit einem Darlehen zu finanzieren?
   g) Welche wesentlichen Unterschiede bestehen zwischen einem Darlehen und einem Kontokorrentkredit?
   h) Erläutern Sie die drei unterschiedlichen Arten des Darlehens.
   i) Welche Vorteile hat der Lieferantenkredit aus der Sicht des
      – Lieferanten?
      – Kunden?

2. Vergleichen Sie die Kreditkosten des Darlehens und des Kontokorrentkredits. Informieren Sie sich bei den örtlichen Kreditinstituten (Aushang).
   Bilden sie thementeilige oder themengleiche **Gruppen** und stellen Sie Ihre Ergebnisse auf einer **Metaplantafel** dar. Setzen Sie dabei Formen und Farben der Kärtchen sinnvoll ein.

Finanzierung betrieblicher Investitionen

3. Führen Sie folgende Berechnungen durch.
Bilden Sie thementeilige oder themengleiche **Gruppen** und stellen Sie Ihre Ergebnisse vor
a) Wie hoch sind Monatsrate und effektiver Jahreszinssatz bei folgenden Kreditbedingungen:
   – Nettokreditbetrag (60 Monate Laufzeit): 120 000,00 EUR (Ratendarlehen)
   – 2 % Bearbeitungsgebühr (einmalig)
   – 0,35 % Zinssatz pro Monat
b) Wie hoch sind effektiver Jahreszinssatz und Steuerwirkung (Steuersatz = 40 %) im ersten Jahr bei folgenden Kreditbedingungen:
   – Darlehenssumme: 200 000,00 EUR (Fälligkeitsdarlehen)
      Zinssatz (nominal): 6,5 %
      Laufzeit: 4 Jahre
   – Darlehenssumme: 200 000,00 EUR (Fälligkeitsdarlehen)
      Disagio: 4 %
      Zinssatz (nominal): 5,5 %
      Laufzeit: 5 Jahre
c) Der Autoteile-Fachmarkt Ato GmbH hat für 10 000,00 EUR Zubehörteile eingekauft. Die Zahlungsbedingungen des Lieferanten lauten: „Innerhalb 10 Tagen 2 % Skonto oder innerhalb 30 Tagen netto Kasse." Flüssige Mittel zur Bezahlung stehen dem Autoteile-Fachmarkt erst in 30 Tagen zur Verfügung. Entscheiden Sie anhand einer Vergleichsrechnung, welche der folgenden Finanzierungsalternativen für den Fachmarkt günstiger wäre:
   – Inanspruchnahme des Kontokorrentkredits, um den Skonto auszunutzen.
   – Ausnutzung des Zahlungsziels des Lieferanten (Lieferantenkredit).

4. a) Die Autohandel Meinhard KG erstellte folgende Bilanzen zum 1. Januar und 31. Dezember:

Bilanz zum ... (in TEUR)					
Aktiva	**1. Januar**	**31. Dezember**	**Passiva**	**1. Januar**	**31. Dezember**
A. Anlagevermögen	3 000	5 000	A. Eigenkapital	3 000	4 000
B. Umlaufvermögen			B. Fremdkapital		
Lagerbestände	3 000	4 000	Rückstellungen	2 000	2 500
Forderungen	3 000	2 000	Darlehen	3 000	3 500
liquide Mittel	1 000	1 000	Verbindlichkeiten	2 000	2 000
Bilanzsumme	10 000	12 000	Bilanzsumme	10 000	12 000

Der Gewinn betrug in diesem Geschäftsjahr 200 000,00 EUR.
Wie wurden die Investitionen finanziert?

b) Die günstige Absatzentwicklung macht eine Betriebserweiterung notwendig. Neben dem Bau einer neuen Werkhalle (etwa 1 400 000,00 EUR) auf dem vorhandenen, unbelasteten Betriebsgrundstück sind auch neue, hochwertige Produktionsanlagen im Wert von 1 600 000,00 EUR zu beschaffen.
Die Gesellschafter überlegen sich, wie sie den erforderlichen Kapitalbedarf von 3 000 000,00 EUR decken können.
Gesellschafter Fabian schlägt folgende Kombination von Maßnahmen vor:
   – beide Gesellschafter erhöhen ihre Kapitaleinlage um je   250 000,00 EUR
   – Verwendung des Jahresgewinns   1 500 000,00 EUR
   – Reduzierung des Lagerbestandes, Einsparung   100 000,00 EUR
   – Inanspruchnahme des Kontokorrentkontos   150 000,00 EUR
   – Deckung des Restbedarfs durch Aufnahme eines langfristigen Bankkredits, bei vorhandenen Sicherheiten   750 000,00 EUR

Welche Finanzierungsart (Mehrfachnennungen sind möglich) liegt jeweils vor?

Lernfeld 12

c) Meinhard hat gegen den Maßnahmenkatalog Bedenken. Welche Argumente könnten gegen die einzelnen Finanzierungsvorschläge aus b) sprechen?

d) Die Bank bietet der Meinhard KG das Darlehen in Höhe von 750 000,00 EUR zu wahlweise folgenden Bedingungen an:

Kredit A: Laufzeit zehn Jahre, Tilgung in zehn gleichen Jahresraten, Zinssatz 8 %.

Kredit B: Laufzeit zehn Jahre, Annuität 111 772,00 EUR, Zinssatz 8 %.

– Erstellen Sie auf Ihrem Lösungsblatt für die ersten drei Jahre je eine Tabelle nach folgendem Muster für die Kredite A und B:

Jahr	Kredithöhe	Zinsen	Tilgung	Belastung (Zins + Tilgung)
1	X	X	X	X
2	X	X	X	X
3	X	X	X	X

– Welcher Kredit ist vorzuziehen? (Begründung)

5. Der Sprecher des Vorstandes des Autoherstellers Brand AG gibt in der Bilanzpressekonferenz bekannt, dass für die kommenden Jahre Rationalisierungs- und Erweiterungsinvestitionen in Höhe von jeweils 2 Mio. EUR getätigt werden sollen, um die Fertigungsanlagen auf den neuesten technischen Stand zu bringen. Die geplante Anschaffung von Maschinen soll dabei hauptsächlich aus eigenen Mitteln finanziert werden.

a) Erklären Sie den Unterschied zwischen einer Finanzierungsmaßnahme und einer Investition.

b) Erläutern Sie, wie die beiden geplanten Investitionsarten sinnvoll finanziert werden können. Begründen Sie Ihre Vorschläge.

c) Nach den Plänen der Geschäftsleitung soll eine neue Maschine für die Produktion im Wert von 2 Mio. EUR mit eigenen Mitteln finanziert werden.

Beurteilen Sie die Mittelbeschaffung der Brand AG durch Selbstfinanzierung

– aus der Sicht der Unternehmung,

– aus der Sicht der Aktionäre.

Gehen Sie dabei auf mögliche Interessenkonflikte ein, die sich hierbei ergeben könnten.

d) Die vereinfachte Bilanz der Brand AG hatte vor der geplanten Investition folgendes Aussehen:

Aktiva	Bilanz zum 31. Dezember ... in TEUR		Passiva
Anlagevermögen		**Eigenkapital**	
bebaute Grundstücke	13 000	gezeichnetes Kapital	9 000
maschinelle Anlagen	10 800	Kapitalrücklage	900
Beteiligungen	7 000	Gewinnrücklagen	2 000
		Jahresüberschuss	2 800
Umlaufvermögen		**Fremdkapital**	
Vorräte	4 000	Darlehensschulden	12 500
Forderungen	3 500	Verbindlichkeiten a. LL.	9 500
Wertpapiere	2 000	kurzfristige Bankschulden	6 100
flüssige Mittel	2 500		
	42 800		42 800

Welche Bilanzpositionen würden sich durch die Investition verändern? Geben Sie die veränderten Werte an.

e) Es wird erwogen, den zusätzlichen Mittelbedarf in Höhe von 2 Mio. EUR durch Umschichtung von Vermögensteilen aufzubringen.

Finanzierung betrieblicher Investitionen 157

Geben Sie zwei Beispiele für diese Art der Finanzierung an. Berücksichtigen Sie hierzu die Bilanz der Brand AG.

f) Neben der vorgesehenen Finanzierung aus eigenen Mitteln prüft der Vorstand, ob die Investition in Höhe von 2 Mio EUR auch mit fremden Mitteln vorgenommen werden könnte. Nennen Sie zwei wesentliche Nachteile, die eine Fremdfinanzierung mit sich bringt.

g) Berechnen Sie die jährlichen Darlehenskosten und die jährliche Tilgungsrate für die ersten beiden Jahre bei folgenden Kreditkonditionen:
Darlehenssumme 2 Mio. EUR; Zinssatz 8 %; Tilgung in gleichen Jahresraten; Laufzeit acht Jahre.

h) Im Lagebericht der Brand AG wird darauf hingewiesen, dass durch die neuen Investitionen zusätzliche Finanzierungseffekte durch Abschreibungen entstehen würden.
– Erklären Sie, wie eine Finanzierung aus Abschreibungen zustande kommen kann.
– Berechnen Sie den Finanzierungsbetrag, der durch Abschreibungen innerhalb von drei Jahren erreicht werden kann, unter folgenden Bedingungen:
Investitionsbetrag 4 Mio EUR; Anschaffung zu Beginn des neuen Geschäftsjahres; Abschreibung 20 % linear.
– Der Vorstand der Brand AG weist darauf hin, dass durch dieses Abschreibungsverfahren zusätzliche stille Reserven geschaffen werden und zu einem späteren Zeitpunkt möglicherweise genutzt werden können. Erklären Sie anhand dieser Investition, wie dies möglich ist.

Gemischte Aufgaben zur Zinsrechnung

1. Übungen zur Berechnung der Zinstage:
   a) 15.02. − 28.02. = ? Zinstage
   b) 15.02. − 01.03. = ? Zinstage
   c) 28.02. − 05.03. = ? Zinstage
   d) 27.07. − 31.08. = ? Zinstage
   e) 12.02. − 30.07. = ? Zinstage
   f) 31.12. − 31.03. = ? Zinstage

2. Berechnen Sie die fehlenden Größen:

	Zinsen	Kapital	Zinssatz	Zinstage
a)	419,50 EUR	?	8,00 %	15.05. − 23.09.
b)	?	30 000,00 EUR	8,75 %	24.02. − 31.12.
c)	119,50 EUR	20 000,00 EUR	?	01.04. − 30.09.
d)	100,00 EUR	3 000,00 EUR	4,75 %	? − 01.11.
e)	75,00 EUR	2 000,00 EUR	7,00 %	25.06. − ?

3. Der Autohändler Kunz hatte für den Zeitraum vom 24.09. bis 03.02. einen Kredit in Höhe von 25 000,00 EUR aufgenommen.
   a) Berechnen Sie die Zinsen bei einem Zinssatz von 9,5 %.
   b) Wie hoch war der Zinssatz, wenn er 25 300,00 EUR zurückzahlte.

4. Eine Bank gewährte ein Darlehen von 5 400,00 EUR. Der Zinssatz betrug 7,5 %. Der Kreditnehmer zahlte am 05.09. das Darlehen zurück und entrichtete 63,00 EUR Zinsen. An welchem Tag hat er das Darlehen aufgenommen?

5. Zur Überbrückung kurzfristiger Zahlungsschwierigkeiten wurde am 15.02. ein Darlehen über 15 000,00 EUR zu einem Zinsfuß von 12 % aufgenommen. An welchem Tag muss das Darlehen zurückbezahlt werden, wenn der Rückzahlungsbetrag einschließlich der Zinsen höchstens 15 850,00 EUR betragen soll?

Lernfeld 12

6. Um eine günstige Bezugsmöglichkeit für Zubehörteile ausnutzen zu können, nimmt das Autohaus Fritz vom 8. März bis 23. Juli ein Darlehen zu einem Zinssatz von 8 % auf. Die Bank belastet das Autohaus mit 180,00 EUR Zinsen. Wie hoch war das Darlehen?

7. Ein Autohaus hat vor acht Monaten ein Darlehen zur Modernisierung seiner Geschäftsräume in Höhe von 36 000,00 EUR zu 8 % Zinsen aufgenommen. Drei Monate nach der Kreditaufnahme hat er 12 000,00 EUR des Darlehens zurückgezahlt.
   a) Wie viel EUR sind heute, am Ende der Kreditlaufzeit, an die Bank einschließlich der Zinsen zu zahlen?
   b) Wie hoch wäre der Zinssatz gewesen, wenn das Gesamtdarlehen erst heute samt Zinsen mit 38 320,00 EUR zurückbezahlt würde?

8. Der Auto-Fachmarkt Berger KG erhält von seinem Lieferer am 20. Mai folgende Mahnung: „Rechnung vom 5. Januar 10 480,00 EUR + 6 % Verzugszinsen 240,00 EUR ergibt Ihre Schuld von 10 720,00 EUR ...“ Es wurde ein Zahlungsziel von 60 Tagen ab Rechnungsdatum eingeräumt. Prüfen Sie diese Mahnung nach.

9. Um die Renovierungskosten termingerecht zu bezahlen, muss ein Kredit in Höhe von 30 000,00 EUR aufgenommen werden. Die Bank berechnet dem Autohändler bis zum 30. September 9,5 % Zinsen, danach nur noch 8,75 % Zinsen. Die Rückzahlung des Kredits, einschließlich Zinsen, erfolgt am 31. Dezember mit insgesamt 31 582,50 EUR. An welchem Tag wurde der Kredit aufgenommen?

10. Ein Darlehen über 10 000,00 EUR wurde am 30. Juni d. J. mit 10 600,00 EUR (einschließlich Zinsen) zurückgezahlt. Der Zinsfuß betrug 8 %. Wann wurde das Darlehen aufgenommen?

11. Beim Kauf eines PC-Systems für 14 800,00 EUR am 15. Mai d. J. wird ein Teil bar bezahlt und der Rest mit 8 % finanziert. Wie groß ist der Restbetrag, wenn am Jahresende 400,00 EUR Zinsen anfallen?

12. Anita Schneider erhielt eine Rechnung und überwies unter Abzug von 2,5 % Skonto bei Zahlung innerhalb zwölf Tagen 2 730,00 EUR. Um den Skonto in Anspruch nehmen zu können, musste sie bei ihrer Bank einen Kredit aufnehmen, für den sie 28,00 EUR Zinsen zahlte. Das Zahlungsziel beträgt 60 Tage.
   a) Über welchen Betrag lautete die Rechnung?
   b) Hat sich die Aufnahme des Bankkredits gelohnt?
   c) Wie hoch war der Bankzinssatz?

13. Eine Rechnung der Firma Brand enthält folgende Angaben:
   Rechnungsdatum: 20. Okt.   Rechnungsbetrag: 9 390,00 EUR.
   Zahlbar innerhalb 30 Tagen netto oder innerhalb einer Woche mit 2 % Skonto. Um Skonto abziehen zu können, muss Herr Schwarz einen Überziehungskredit zu 14,75 % in Anspruch nehmen.
   a) Welche Zahlungsbedingung ist für ihn günstiger? Wie viel EUR beträgt der Vorteil?
   b) Welchem Jahreszinsfuß entspricht der Skonto?

14. Der Autohändler Norbert Müller erhält von seinem Teilelieferer eine Rechnung über den Betrag von 2 180,00 EUR mit der Zahlungsbedingung „Zahlung innerhalb 30 Tagen netto Kasse oder innerhalb 10 Tagen mit 3 % Skonto“.
   Norbert Müller muss, da er den Skonto ausnützen möchte, einen Kontokorrentkredit zu 12 % in Anspruch nehmen. Was ist günstiger und wie viel Euro beträgt die Ersparnis?

Finanzierung betrieblicher Investitionen

1.3 Kreditsicherungsmöglichkeiten

Aufbereitete Bilanz des Autohauses Fritz (vor Gewinnausschüttung)

Bilanz zum 31.12. ... (in Euro)

Aktiva		Passiva	
Anlagevermögen	**1 065 400**	**Eigenkapital**	**947 711**
– Grundstücke	204 000	– Kapital	718 000
– Gebäude	468 000	– Gewinn	229 711
– Maschinen	51 500	**Langfr. Fremdkapital**	**889 289**
– Betriebsausstattung	74 900	– langfr. Verbindlichkeiten	689 289
– Fuhrpark	53 000	– Pensionsrückstellungen	200 000
– Vorführfahrzeuge	215 000	**Kurzfr. Fremdkapital**	**1 507 700**
Umlaufvermögen	**2 279 300**	– kurzfr. Verbindlichkeiten	638 000
– Neufahrzeuge	908 000	– Verbindlichkeiten a. LL.	822 000
– Gebrauchtfahrzeuge	584 900	– kurzfr. Rückstellungen	47 700
– Teile/Zubehör	279 000		
– Forderungen	381 800		
– Bankguthaben	115 000		
– Kassenbestand	10 600		
Summe der Aktiva	**3 344 700**	**Summe der Passiva**	**3 344 700**

1. Welche bilanziellen Sicherheiten kann das Autohaus Fritz anbieten?
2. Wie wird die Hausbank des Autohauses Fritz die Kreditfinanzierung der Hebebühnen (Kapitalbedarf: 100 000,00 EUR) absichern? Machen Sie Vorschläge.
3. Wie können Kredite grundsätzlich abgesichert werden?
   Führen Sie eine Kartenabfrage durch.

1.3.1 Überblick – ungesicherte und gesicherte Kredite

Wenn neben dem Kreditnehmer (Schuldner) noch weitere Personen oder Sachen (Realgüter) haften, dann spricht man von gesicherten Krediten. Meist wird die Besicherung im Kreditvertrag geregelt.

Kreditarten nach der Sicherung im Überblick

Ungesicherter Kredit	Gesicherte Kredite (gedeckte Kredite)		
Kreditnehmer **haftet allein**	Neben dem Kreditnehmer haften		
	weitere Personen	**bewegliche Sachen** (Mobilien)	**unbewegliche Sachen** (Immobilien)
– Blankokredit (einfacher Personalkredit)	Verstärkte Personalkredite – Bürgschaftskredit – Zessionskredit – Diskontkredit	– Lombardkredit (Pfandkredit) – Sicherungsübereignungskredit	Grundkredite – Hypothekarkredit – Grundschuldkredit
Personalkredite		**Realkredite**	

Sogenannte **akzessorische Sicherheiten**[1] sind vom Bestand der Forderung des Kreditgebers abhängig. Besteht aus dem Kreditvertrag keine Forderung mehr, dann gehen die Rechte aus dem Sicherungsgut ohne weitere Vereinbarung wieder auf den Sicherungsgeber über. Die Sicherheit (z. B. Bürgschaft, Pfandrecht an einer beweglichen Sache, Hypothek) ist wirkungslos, wenn die ihr zugrunde liegende Hauptschuld wegfällt.

Die sogenannten **treuhänderischen** (dinglichen, nicht akzessorischen) **Sicherheiten** (Abtretung einer Forderung, Sicherungsübereignung von beweglichen Sachen, Grundschuld) sind dagegen nicht vom Bestand der ihr zugrunde liegenden Forderung aus dem Kreditvertrag abhängig. Deshalb wird in diesen Fällen ein *Kreditsicherungsvertrag* abgeschlossen, der eine *Sicherungsabrede* (*Zweckerklärung*) enthält. In der Zweckerklärung verpflichtet sich der Sicherungsnehmer (Gläubiger), den Sicherungsgegenstand

- nur dann zu verwerten, wenn der Schuldner seinen Verpflichtungen aus dem Kreditvertrag nicht nachkommt,
- nach Beendigung des Kreditverhältnisses freizugeben.

1.3.2 Blankokredit – Kreditwürdigkeit entscheidet

Wird ein Kredit gegeben, ohne dass Sicherheiten gestellt werden müssen, dann handelt es sich um einen **Blankokredit** (z. B. Dispositionskredit). Dem Kreditgeber genügt allein die Person des Kreditnehmers als Sicherheit, da dieser aus dem Kreditvertrag mit seinem gesamten Vermögen haftet. Das heißt jedoch nicht, dass der Kreditnehmer dem Schuldner „blind" vertraut.

Die Prüfung der **Kreditfähigkeit** erstreckt sich auf die Fähigkeit des Kreditnehmers, rechtsgültige Verträge abschließen zu können. Kreditfähig sind natürliche Personen *mit voller Geschäftsfähigkeit*, juristische Personen (z. B. AG, GmbH) und Personengesellschaften (z. B. OHG, KG).

Die **Kreditwürdigkeit** ist von persönlichen und wirtschaftlichen Verhältnissen abhängig. Mit der Kreditwürdigkeitsprüfung (Bonitätsprüfung) soll festgestellt werden, ob der Schuldner wirtschaftlich in der Lage ist, den Kredit vereinbarungsgemäß zurückzuzahlen *(materielle Kreditwürdigkeit)* und ob er vertrauenswürdig und zuverlässig ist *(persönliche Kreditwürdigkeit)*. Der Kreditgeber verschafft sich durch persönliche Gespräche und Durchsicht von Unterlagen (Selbstauskunft, Einkommensnachweise usw.) ein genaues Bild von seinem Schuldner. Bei Krediten über 250 000,00 EUR an Privatpersonen und Privatunternehmen müssen die Kreditinstitute eine Offenlegung der wirtschaftlichen Verhältnisse verlangen (Kreditwesengesetz – KWG § 18).

Unterlagen zur Prüfung der Kreditwürdigkeit von

Privatpersonen	Unternehmen
– Einkommensnachweise – Kontounterlagen, -bewegungen – Güterrechtsregister – Grundbuchauszug – externe Auskünfte	– Jahresabschlüsse der letzten drei Jahre – Gesellschaftsverträge – Grundbuch-, Handelsregisterauszüge – Steuerbescheide – Kurzbeschreibung des Vorhabens mit Finanzplan, Nachweis der Wirtschaftlichkeit – externe Auskünfte

Bestanden bisher keine Geschäftsverbindungen, so wird regelmäßig eine **externe Auskunft** über den Schuldner eingeholt. Banken holen Auskünfte über Privatpersonen bei der Schutzgemeinschaft für allgemeine Kreditsicherung (SCHUFA) ein. Daten über die wirtschaftlichen Verhältnisse von Unternehmen geben Wirtschaftsauskunfteien (z. B. Dun & Bradstreet, Bürgel, Creditreform) gegen Entgelt weiter.

---

[1] Akzessorisch = nebensächlich, nachrangig

Beispiel   Auszug aus einer Auskunft einer Wirtschaftsauskunftei

Allgemeines:	Rechtsform: Autoteile-Einzelhandel Kunz KG
	Handelsregister: AG Neu-Ulm, HRA 750
	Gründung: 10. Dezember 1982
	Persönlich haftende Gesellschafterin: Maria Kunz
Mitarbeiter:	ca. 130 Angestellte
Jahresumsatz:	2010 ca. 38 Mio. EUR, 2011 ca. 36 Mio. EUR
Immobilien:	Eigentum der Firma
	Betriebsgrundstück und -gebäude, ca. 6 800,00 m²
	zur Hälfte bebaut, Verkehrswert ca. 10,0 Mio EUR
	Belastung ca. 500 000,00 EUR
Aktiva:	Betriebseinrichtung: maschinelle Anlagen
	2 Lkws, 10 Pkws, Zeitwert ca. 7,0 Mio. EUR
	Material- und Warenlager ca. 5,0 Mio. EUR
	Außenstände ca. 6,5 Mio. EUR
Passiva:	Lieferantenverbindlichkeiten nach Eigenangaben 3,6 Mio EUR
	Bankkredit auf gedeckter Basis steht zur Verfügung
Banken:	Dresdner Bank AG, Neuss
	Stadtsparkasse Neuss
Krediturteil:	Zahlungen erfolgen z. T. mit Zielüberschreitungen bis zu 90 Tagen. Ende 2011 hörten wir auch von gerichtlichen Maßnahmen. Zu einer ungedeckten Kreditvergabe kann nicht geraten werden.

Diese Auskunft ist nur für den Empfänger bestimmt. Für den Inhalt der Auskunft wird jede Haftung für Fahrlässigkeit abgelehnt. Das gilt auch für Erfüllungsgehilfen. Wer die Auskunft zur Kenntnis nimmt, unterwirft sich damit diesen Bedingungen.

1.3.3 Bürgschaftskredit – Neben- oder Selbstschuldner?

Wird ein *Kreditvertrag* durch eine Bürgschaft gesichert, dann handelt es sich um einen **Bürgschaftskredit**. Durch einen *Bürgschaftsvertrag* verpflichtet sich der Bürge gegenüber dem Gläubiger eines Dritten, für die Rückzahlung der Schulden eines Dritten einzustehen (BGB § 765). Der Bürgschaftsvertrag wird zwischen *Gläubiger und Bürgen* abgeschlossen und verpflichtet nur den Bürgen (einseitig verpflichtender Vertrag). Der Bürge tritt als *Nebenschuldner* auf und haftet neben dem eigentlichen Schuldner (*Hauptschuldner*) für die Erfüllung der Verbindlichkeit. Mitbürgen haften als Gesamtschuldner, d. h., jeder Mitbürge verpflichtet sich zur Rückzahlung der gesamten Schuld.

Die Bürgschaft ist *akzessorisch*, d. h., für die Verpflichtung des Bürgen ist der jeweilige Bestand der Hauptschuld maßgebend (BGB § 767); die Verpflichtung erlischt, sobald die Hauptschuld nicht mehr besteht. Die Bürgschaft kann auf einen Höchstbetrag begrenzt werden (**Höchstbetragsbürgschaft**). Eine Bürgschaft für einen unbegrenzten Kredit mit wechselnder Höhe ist auf die Kredithöhe am Tage des Abschlusses der Bürgschaft begrenzt. Die Übernahme einer Bürgschaft für alle gegenwärtigen und zukünftigen Verbindlichkeiten eines Schuldners verstößt nach einem BGH-Urteil (Az. IX ZR 425/97) gegen die guten Sitten, auch wenn der Bürge Kaufmann ist.

Liegen keine besonderen Vereinbarungen vor, dann kann der Bürge die Befriedigung des Gläubigers solange verweigern, bis der Gläubiger eine Zwangsvollstreckung[1] gegen den Hauptschuldner ohne Erfolg versucht hat. Bei einer solchen **nachschuldnerischen Bürgschaft** (Ausfallbürgschaft) hat der Bürge ein Recht auf *Einrede der Vorausklage* (BGB § 771).

---

[1] Die Zwangsvollstreckungs- und Verwertungspflicht bezieht sich nur auf bewegliche Sachen des Hauptschuldners (BGB § 772).

Die Einrede auf Vorausklage steht dem Bürgen nicht zu, wenn er Kaufmann nach HGB ist und die Bürgschaft für ihn ein Handelsgeschäft ist (HGB §§ 1, 349). Im Geschäftsverkehr ist deswegen die sogenannte **selbstschuldnerische Bürgschaft** üblich. Dabei hat der Bürge kein Recht auf Vorausklage oder er verzichtet auf dieses Recht (BGB § 773). Der Bürge wird selbst zum Schuldner (Selbstschuldner) und muss *sofort* zahlen, wenn der Hauptschuldner bei Fälligkeit der verbürgten Schuld nicht zahlt. Wenn der Bürge vom Gläubiger in Anspruch genommen wurde, dann hat der Bürge eine entsprechende *Ausgleichsforderung* an den Hauptschuldner (gesetzlicher Forderungsübergang nach § 774 BGB).

Sogenannte **Kreditgarantiegemeinschaften** helfen mittelständischen Unternehmen, die keine ausreichenden Sicherheiten geben können, mit Ausfallbürgschaften. Sie übernehmen die Risikoabsicherung von langfristigen Investitionskrediten dieser Unternehmen bis zu 80 % der Kreditsumme.

1.3.4 Zessionskredit – eigene Kunden als Nebenschuldner

Tritt der Kreditnehmer eigene Forderungen an Dritte (Kunden) als Sicherheit an den Kreditgeber ab, so handelt es sich um einen **Zessionskredit**[1]. Der Abtretungsvertrag wird zwischen dem Gläubiger (Zessionar) und dem Hauptschuldner (Zedent) geschlossen. Der Zessionar übernimmt dadurch die Forderung des Zedenten (BGB § 398).

Die Zession ist eine **treuhänderische Sicherheit**, also nicht vom Bestand der ihr zugrunde liegenden Rückzahlungsansprüche des Gläubigers abhängig. Deshalb enthält der Abtretungsvertrag in der Regel eine *Zweckerklärung* (siehe hierzu S. 160).

---

[1] Cessio (lat.) = Abtretung; cedere (lat.) = abtreten

Meist wird die Sicherungsabtretung einer Forderung als **stille Zession** vereinbart; d. h., der Kunde des Hauptschuldners weiß nichts von seiner Rolle als Nebenschuldner. Der Zedent ist verpflichtet, die vereinnahmte Kundenforderung sofort an den Zessionar abzuführen, wenn er mit seinen Verpflichtungen gegenüber dem Zessionar in Verzug ist. Die meisten Kreditgeber behalten sich jedoch das Recht auf Offenlegung der Zession vor, wenn dies zur Sicherung ihrer Ansprüche erforderlich erscheint. Wird der Nebenschuldner von vornherein von der Abtretung unterrichtet, dann liegt eine **offene Zession** vor. Der Kunde kann in diesem Falle nur an den Zessionar mit schuldbefreiender Wirkung bezahlen.

Arten der Zession nach ihrem Umfang

Zessionsarten Merkmale	Einzelzession	Mantelzession	Globalzession
Begriff	Abtretung einer einzelnen Forderung	laufende Abtretung von Forderungen innerhalb eines best. Gesamtbetrags	laufende Abtretung von Forderungen ohne Vereinbarung eines Gesamtbetrags
Grundlage	Abtretungserklärung	Abtretungs-Rahmenvertrag	Abtretungs-Rahmenvertrag mit Blankoabtretungserklärung
Maximaler Umfang	bis 110 % des Kreditbetrags	bis 130 % des Kreditbetrags	bis 150 % des Kreditbetrags
Zeitpunkt des Forderungsübergangs	mit Einreichung der Rechnungsdurchschrift	mit Einreichung der Debitorenliste bzw. Rechnungsdurchschriften	mit Entstehen der Forderungen (auch künftiger)

Nach einer Grundsatzentscheidung des BGH kann der Schuldner eine teilweise Freigabe seiner Sicherheiten verlangen, wenn deren Schätzwert den Bankkredit um mehr als 50 % übersteigt. Er kann also jenen Teil seiner Kundenforderungen, der nicht als Sicherheit benötigt wird, anderweitig verwenden.

Besondere Risiken entstehen für den Zessionar, wenn der Zedent

- Waren weiterverkauft hat, die er selbst nur gegen verlängerten Eigentumsvorbehalt geliefert bekam. Die Forderung des Zedenten wurde in diesem Fall bereits an den Erstlieferanten abgetreten. In diesem Fall gilt der *Grundsatz der zeitlichen Vorrangigkeit* (Prioritätsprinzip, BGB § 408). In der Regel hat der urprüngliche Lieferant der Ware das Vorrecht.
- bei der stillen Zession einen Teil der Zahlungseingänge nicht an ihn abführt;
- eine Forderung bereits mehrfach abgetreten hat (hier gilt das Prioritätsprinzip);
- Forderungen abtritt, die gar nicht existieren oder deren Bestand bestritten wird;
- sogenannte „faule" Forderungen abtritt (von Kunden mit Zahlungsschwierigkeiten);
- Forderungen abtritt, für die er ein Abtretungsverbot vertraglich vereinbart hat;
- Forderungen abtritt, deren Bestand durch Gegenansprüche gefährdet ist (die Sicherheit besteht in diesem Falle lediglich aus dem übrigen Saldo).

Beispiel einer Mantelzession (Auszug)

Abtretungserklärung

Zur Sicherung aller Ansprüche aus der bankmäßigen Geschäftsverbindung (insbesondere aus laufender Rechnung, Krediten und Darlehen jeder Art) tritt/treten
Autohaus Fritz GmbH, Am Templiner See 12, 14471 Potsdam
nachstehend Zedent genannt, der *Potsdamer Sparkasse, BLZ 462 500 11*
nachstehend Zessionar genannt, die ihr/ihnen aus Lieferungen und Leistungen gegen alle Kunden bzw. Schuldner mit den Anfangsbuchstaben *A bis D*, nachstehend Drittschuldner genannt, die gegenwärtig und zukünftig zustehenden Forderungen ab.

Der Zedent verpflichtet sich, dem Zessionar *jeweils am letzten Tag eines Monats* unaufgefordert Bestandsverzeichnisse der oben bezeichneten Forderungen zu übersenden, erstmals zum Abschluss dieses Abtretungsvertrages. Aus dem Bestandsverzeichnis müssen Namen und Anschriften der Drittschuldner, die Höhe der Forderung, Rechnungsdatum sowie Fälligkeit hervorgehen. Die Forderungen sind durch Rechnungskopien glaubhaft zu machen. Zahlungen der Drittschuldner sollen nur auf das Konto des Zessionars Nr. *345 678 111* erfolgen.

Ort, Datum: *Potsdam, 05.06. 20 ..* Unterschrift des Zedenten: *Artur Fritz*
(Geschäftsführer Autohaus Fritz GmbH)

1.3.5 Diskontkredit – alle Wechselbeteiligten als Nebenschuldner

Wenn der Kreditnehmer dem Kreditgeber als Sicherheit die Rechte aus einem Wechsel überträgt, dann liegt ein **Diskontkredit** vor.

Ein *gezogener Wechsel* (Tratte) ist ein Wertpapier, mit dem der Wechselaussteller (Warenlieferant) den Wechselschuldner (Kunde) anweist, einen bestimmten Geldbetrag (Wechselsumme) am Verfalltag an ihn oder an eine dritte Person zu bezahlen. Der Wechselaussteller bleibt im Besitz des Wechsels und kann diesen wiederum als Zahlungsmittel mithilfe eines Indossaments (Vermerk auf der Rückseite) weitergeben. Als Berechtigter (zum Einzug der Wechselsumme am Verfalltag) gilt derjenige, der den Wechsel besitzt und durch eine lückenlose Indossamentenkette ausgewiesen ist. Der Wechsel ist im Wechselgesetz geregelt.

Der Kreditvertrag enthält die Vereinbarung, dass der Kreditgeber bis zur festgesetzten Kreditgrenze (Diskontlinie) Wechsel vom Kreditnehmer ankauft. Der Kreditgeber zahlt jeweils den *Barwert des Wechsels* (Wechselsumme – Diskont) aus. Dieser Vorgang heißt **Diskontierung**, weil der Kreditgeber nur die abgezinste Wechselsumme gutschreibt; denn er muss selbst bis zum Verfalltag warten, bis er die Wechselsumme vom Wechselschuldner verlangen kann. Die Kreditrückzahlung erfolgt durch die Einlösung der jeweilig fälligen Wechsel.

Finanzierung betrieblicher Investitionen

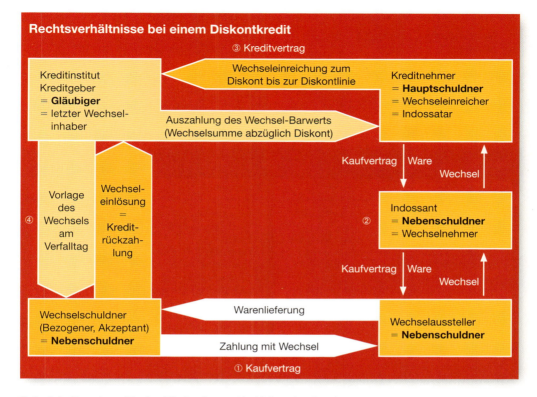

Beispiel Berechnen Sie den Wechselbarwert bei folgenden Angaben:
Wechselsumme: 20 000,00 EUR; Ausstellungsdatum: 19. März; Tag der Diskontierung: 22. März; Verfalltag des Wechsels: 17. Juni; Diskontsatz: 5 %

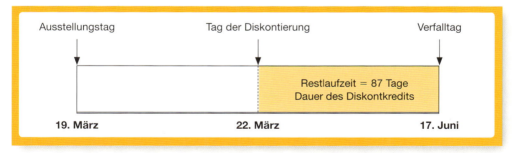

- Nach der **Eurozinsmethode** wird jeder Monat kalendergenau gerechnet, das Jahr jedoch mit 360 Tagen angesetzt („aktuell/360"). Beispiel: 28.03. – 02.04. = 5 Diskonttage
- Ist der Verfalltag ein Samstag/Sonntag/Feiertag, dann müssen die Diskonttage bis zum nächsten Werktag gerechnet werden. Beispiel: 10.03. – 15.03. (Sa) = 7 Diskonttage.
- Die Banken verlangen bei geringen Wechselbeträgen einen **Mindestdiskont**. Dieser beträgt zum Beispiel 5,00 EUR.

$$\text{Diskont} = \frac{\text{Diskontsatz} \cdot \text{Wechselbetrag} \cdot \text{Diskonttage}}{100 \cdot 360}$$

$$\text{Diskont} = \frac{5 \cdot 20\,000{,}00 \cdot 87}{100 \cdot 360} = 241{,}67 \text{ EUR}$$

Der Kreditgeber (diskontierende Bank) erstellt folgende **Diskontabrechnung**:

Wechselsumme, fällig am 17. Juni	20 000,00 EUR	
– **Diskont** (5 % für 87 Tage)	– 241,67 EUR	(mindestens 5,00 EUR)
Barwert am 22. März (Diskontierungstag)	19 758,33 EUR	
– **Auslagen**	– 8,00 EUR	
Gutschrift (Diskonterlös) am 22. März	19 750,33 EUR	

Der Diskontkredit ist in Deutschland aufgrund seiner Vorteile eine der beliebtesten Kreditarten.

Vorteile des Diskontkredits

Kreditnehmer	**Kreditgeber**
– kann über den Wechselbarwert bereits vor dem Verfalltag verfügen – kann zu relativ niedrigem Zinssatz diskontieren (der Basiszinssatz ist niedriger als der Sollzinssatz für Kontokorrentkredite) – kann den Diskontkredit innerhalb der Diskontlinie nach seinem Bedarf laufend in Anspruch nehmen – muss keine zusätzlichen Sicherheiten stellen	– hat ein relativ geringes Kreditrisiko, da alle Wechselbeteiligten gesamtschuldnerisch haften – kann selbst die Kreditrückzahlung einleiten – kann „gute" Wechsel (mindestens zwei gute Unterschriften, Restlaufzeit unter sechs Monaten, Handelswechsel[1]) bei der Europäischen Zentralbank als Sicherheit hinterlegen und sich mit dem Beleihungswert (98 % der Wechselsumme) refinanzieren

---

Eine Mischform des Diskont- und Zessionskredits ist das **Factoring**. Dabei diskontiert der Factor (Finanzierungsinstitut) alle Forderungen aus Lieferungen und Leistungen (nicht nur Wechselforderungen) seines Klienten (Anschlusskunde). Wie der Wechseleinreicher beim Diskontkredit erhält der Klient beim Factoring den Barwert der Forderungssumme schon vor Fälligkeit ausgezahlt (*Finanzierungsfunktion* des Factoring). Beim echten Factoring übernimmt der Factor auch das Risiko des Forderungsausfalls (*Delkrederefunktion* des Factoring) und die gesamte Verwaltung und Terminüberwachung der Forderungen (*Servicefunktion* des Factoring). Beim Ankauf der Forderungen tritt der Klient, wie beim Zessionskredit, seine Forderungen an den Factor ab.

Für den Klienten ist das Factoring vorteilhaft, weil er in die Lage versetzt wird, seinen Kunden Zahlungsziele einzuräumen, ohne dass er auf Finanzmittel verzichten und ohne dass er ein Kreditrisiko tragen muss. Er spart die Debitorenverwaltung und ist seinerseits immer liquide, sodass er keine teuren Lieferantenkredite benötigt. Dafür muss der Klient Vorschusszinsen in marktüblicher Höhe, ein Factoringentgelt für die Serviceleistungen (0,5 – 3 % der Forderungssumme) und eine Delkredereprovision (je nach Ausfallrisiko 0,2 – 1 % der Forderungssumme) bezahlen.

1.3.6 Lombardkredit – Gläubiger besitzt das Pfand

Wird ein Kredit durch Verpfändung von Rechten oder *beweglichen Sachen* gesichert, dann handelt es sich um einen **Lombardkredit**[2] (BGB § 1204 ff.) Neben dem Kreditvertrag wird zusätzlich ein **Pfandrecht** bestellt.

Das Pfandrecht an einer beweglichen Sache erfolgt im Normalfall (Eigentümer des Pfands ist gleichzeitig unmittelbarer Besitzer) durch

---

[1] Im Gegensatz zum Finanzwechsel liegt dem Handelswechsel ein Handelsgeschäft zugrunde (z. B. Forderung aus einer Warenlieferung).

[2] Maison de lombard (franz.) = Leihhaus (Haus eines Lombarden); im 13. bis 15. Jh. waren Kaufleute aus der Lombardei (Italien) sehr beliebte Geldverleiher.

- *Einigung* zwischen dem Eigentümer (Verpfänder) des Pfands und dem Gläubiger (Pfandgläubiger) über die Entstehung des Pfandrechts und
- *Übergabe* der Pfandsache an den Pfandgläubiger (Faustpfandprinzip).

Der Pfandgläubiger (Kreditgeber) wird unmittelbarer Besitzer, der Schuldner bleibt jedoch Eigentümer des Pfandgegenstands. Der Lombardkredit hat im Geschäftsverkehr nur geringe Bedeutung, weil dem Gläubiger die Lagerflächen zur Verwahrung der Pfänder fehlen oder zu teuer sind und der Schuldner die infrage kommenden Pfandgegenstände für die Fortführung des Unternehmens benötigt (z. B. Fahrzeuge, Maschinen, Waren). Als Pfand kommen deshalb nicht betriebsnotwendige, möglichst handliche, lagerfähige und leicht verwertbare Gegenstände infrage (z. B. Wertpapiere, Schmuck, Edelmetalle, Sparbücher, Orderlagerscheine).

Aufgrund des hohen Verwertungsrisikos sind die **Beleihungssätze** für die Verpfändung relativ niedrig (maximal 50 % bei Aktien, 80 % bei festverzinslichen Wertpapieren, 20 – 30 % bei Schmuck, Edelmetallen, durch Orderlagerscheine übertragene Waren). Die Zinssätze eines Lombardkredits liegen etwa bei 1 % pro Monat.

Beispiel Beleihungssatz = 50 %. Soll der Lombardkredit 100 000,00 EUR betragen, dann muss der Schuldner Pfandgegenstände im Wert von 200 000,00 EUR dem Gläubiger übergeben.

Das Pfandrecht erlischt, wenn die zugrunde liegende Hauptschuld vollständig bezahlt ist (BGB § 1252, **Akzessorietät**), der Gläubiger muss das Pfand dann wieder zurückgeben (BGB § 1223). Wenn der Kreditnehmer seinen Pflichten (Zins- oder Tilgungszahlung) nicht nachkommt, dann darf der Kreditgeber das Pfand im Wege einer *öffentlichen Versteigerung* verwerten (BGB § 1235). In ihren AGB haben die Kreditinstitute die Vorschriften über die Androhung der Verwertung (BGB § 1234) meistens ausgeschlossen. So können sie sich leicht und einfach aus den Pfändern befriedigen.

1.3.7 Sicherungsübereignungskredit – Schuldner nutzt die Sicherheit

Überträgt der Kreditnehmer das Eigentum an *beweglichen Sachen* treuhänderisch als Sicherheit an den Kreditgeber, dann liegt ein **Sicherungsübereignungskredit** vor. Zusätzlich zum Kreditvertrag wird zwischen dem Schuldner (Sicherungsgeber) und dem Gläubiger (Sicherungsnehmer) ein **Sicherungsübereignungsvertrag** geschlossen.

Die zur Übereignung notwendige Übergabe des Sicherungsgegenstands (BGB § 929) findet nicht statt und wird durch ein **Besitzkonstitut** (BGB § 930) ersetzt. Damit kann der Kreditnehmer weiterhin die tatsächliche Herrschaft über die Sache ausüben und diese wirtschaftlich nutzen. Rechtlich gesehen verfügt der Kreditnehmer im Rahmen eines Pacht-, Miet- oder Leihvertrags über die Sache. Der Kreditgeber hat nur ein **bedingtes Eigentum**, das erst wirksam wird, wenn der Kreditnehmer seinen Verpflichtungen aus dem Kreditvertrag nicht nachkommt. Der Kreditgeber hat in diesem Falle einen Herausgabeanspruch und kann das Sicherungsgut durch *freihändigen Verkauf* verwerten. Verkauft der Kreditnehmer die übereignete Sache zwischenzeitlich an einen gutgläubigen Dritten, dann hat der Kreditgeber keinen Herausgabeanspruch (BGB § 933). Zusätzlich muss der Kreditgeber in Kauf nehmen, dass der Sicherungsgegenstand untergeht, durch den Gebrauch an Wert verliert oder beschädigt wird.

Beispiel Auszug aus einem Sicherungsübereignungsvertrag

Sicherungs-übereignung ▶	Bezeichnung des Sicherheitsgutes (Bei Kfz. mit Fabrikmarke; kW/ccm), Erstzulassung, Fahrgestell-Nr., Zulassungsbescheinigung-II-Nr. und amtl. Kennzeichen. `1 Pkw Ford Focus 1,6l, 74 kW, WH-KK 27`	
Standort des Sicherungsgutes `Obere Allee 73, 92339 Wiesenhausen`	EUR Kaufpreis 15 950,00	EUR Anzahlung 5 950,00

Bedingungen zur Sicherungsübereignung (Nur in Verbindung mit einer vollständig ausgefüllten Sicherungsübereignung auf der Vorderseite gültig.)

1. Darlehensnehmer und Sparkasse sind sich einig, dass das Eigentum an den umseitig näher bezeichneten Sachen einschließlich Bestandteilen und Zubehör (auch soweit diese später ausgetauscht werden) zur Sicherung des Darlehens auf die Sparkasse übergeht.
2. Die Übergabe der Sachen wird dadurch ersetzt, dass die Sparkasse dem Darlehensnehmer die Sachen teilweise überlässt und ihm die Weiterbenutzung gestattet.
…
8. Handelt es sich bei dem Sicherungsgut um ein Kraftfahrzeug, übergibt der Darlehensnehmer der Sparkasse
8.1 die über das Fahrzeug ausgestellte Zulassungsbescheinigung II für die Dauer ihres Eigentums an dem Fahrzeug;
8.2 zum Zweck der Weiterleitung an die Straßenverkehrsbehörde eine Anzeige über die erfolgte Sicherungsübereignung des Fahrzeuges.
9. Sobald die Sparkasse wegen aller ihrer Ansprüche gegen den Darlehensnehmer befriedigt ist, ist sie verpflichtet, ihre Rechte an dem Sicherungsgut auf den Darlehensnehmer zurückzuübertragen.

Die Sicherungsübereignung ist nicht gesetzlich geregelt. Sie wurde im Geschäftsverkehr als Ersatz für die Pfandrechtsbestellung entwickelt und hat gegenüber dem Pfandrecht folgende Vorteile:

- der Kreditnehmer kann die Sicherungssache wirtschaftlich nutzen (z. B. Lkw, Maschinen),
- der Kreditgeber muss die Sicherungssache nicht verwahren,
- eine Änderung der Kreditsumme ist unerheblich; die Sache kann immer wieder als Sicherheit für Anschlusskredite verwendet werden (keine Akzessorietät).

Vom Standpunkt der Rechtssicherheit aus gesehen ist die gewohnheitsrechtliche Sicherungsübereignung bedenklich, da sie es unseriösen Geschäftsleuten erleichtert, ihre Vermögensverhältnisse zu verschleiern und eine vermeintliche Kreditwürdigkeit vorzutäuschen.

1.3.8 Grundkredit – Sicherung durch Grundpfandrecht

Wird ein Kredit durch Eintragung eines Grundpfandrechts ins Grundbuch gesichert, dann handelt es sich um einen **Grundkredit**. Ein **Grundpfandrecht** entsteht durch *Einigung* über die Bestellung des Rechts (also über die Belastung des Grundstücks) und die Eintragung ins Grundbuch (BGB § 873). Die *Eintragung ins Grundbuch* ersetzt bei der Veräußerung von unbeweglichen Sachen (unbebaute oder bebaute Grundstücke) die Übergabe.

Das Grundbuch ist ein *öffentliches Register*, das von den Grundbuchämtern (Amtsgerichten) geführt wird. Es gibt Aufschluss über sämtliche Grundstücke des Amtsbezirks, über das Eigentum an diesen Grundstücken und über die Belastungen, die darauf ruhen. Für jedes Grundstück besteht ein Grundbuchblatt; gehören mehrere Grundstücke ein und demselben Eigentümer, werden sie in einem gemeinsamen Grundbuchblatt verzeichnet.

Die in das Grundbuch eingetragenen belastenden Rechte haben eine *Rangordnung*, die sich grundsätzlich nach der Zeitfolge der Eintragungen richtet. Sie entscheidet darüber, in welcher Reihenfolge z. B. die Hypothekengläubiger bei einer Zwangsversteigerung zum Zuge kommen. Änderungen dieser Rangfolge müssen mit Zustimmung aller Beteiligten ausdrücklich im Grundbuch vermerkt werden.

Das Grundbuch genießt „öffentlichen Glauben", d. h., der gutgläubige Erwerber darf sich darauf verlassen, dass die Grundbucheintragungen den tatsächlichen Rechtsverhältnissen entsprechen. Deshalb unterliegt die Führung des Grundbuchs besonders strengen Formvorschriften. Nach den Bestimmungen des Bürgerlichen Gesetzbuches (BGB) erfordert jede Eintragung im Grundbuch auch die Löschung eines eingetragenen Rechts, den *Antrag* eines Beteiligten und die *Zustimmung* (Eintragungsbewilligung) desjenigen, dessen Recht von der Eintragung betroffen wird. Die Bewilligung soll notariell oder gerichtlich beurkundet sein. Bei einem Grundstückserwerb darf der Eigentumsübergang erst ins Grundbuch eingetragen werden, wenn dazu die notarielle Einigungserklärung von Käufer und Verkäufer vorliegt (*Auflassung*). Und erst mit der Grundbucheintragung ist der Erwerber tatsächlich Eigentümer des Grundstücks.

Wenn der Kreditnehmer seine Verpflichtungen aus dem Kreditvertrag nicht erfüllt, dann kann der Kreditgeber von seinem Grundpfandrecht Gebrauch machen. Die Verwertung von Grundpfandrechten vollzieht sich im Wege der gerichtlichen Zwangsvollstreckung, entweder als Zwangsversteigerung oder als Zwangsverwaltung. Bei der Zwangsversteigerung erhält der Gläubiger den Verkaufserlös, bei der Zwangsverwaltung wird der Gläubiger aus den Miet- bzw. Pachterträgen des Grundstücks befriedigt.

Inwieweit sich der einzelne Gläubiger aus dem Grundstück befriedigen kann, also sein Anteil am Verkaufserlös, bestimmt sich aus der Verwertbarkeit des Grundstücks (z. B. Standort, Alter und Zustand der Bebauung) und aus der Rangordnung seines eingetragenen Grundpfandrechts im Grundbuch.

Beispiel Grad der Befriedigung in Abhängigkeit vom Rang des Grundpfandrechts

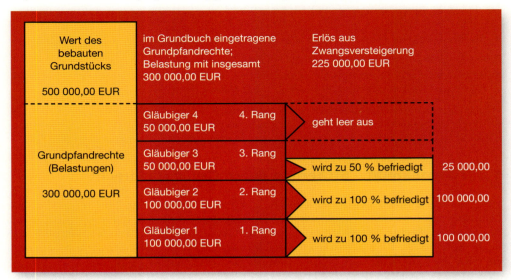

Der Gläubiger kann ein Grundpfandrecht als Grundschuld erwerben oder als Hypothek[1]; entsprechend ist sein Kredit ein Grundschuldkredit oder ein Hypothekarkredit.

Grundschuldkredit – auch ohne Schuldgrund möglich

Belastet der Kreditnehmer ein Grundstück in der Weise, dass dem Kreditgeber (Grundschuldgläubiger) *eine bestimmte Geldsumme aus dem Grundstück* zusteht, dann liegt ein **Grundschuldkredit** vor (BGB § 1191 ff.).

Die Grundschuld ist eine abstrakte, dingliche Schuld. Sie ist nicht mit einer Forderung verknüpft (keine Akzessorietät „Grundschuld ohne Schuldgrund"). Der Eigentümer kann auch für sich selbst eine Grundschuld an seinem Grundstück bestellen (Eigentümergrundschuld, BGB § 1196), um sie später einem Dritten zu übertragen.

Der Grundschuldgläubiger hat

- einen persönlichen Anspruch als Gläubiger aus dem Kreditvertrag;
- einen *dinglichen Anspruch* als Pfandberechtigter aus der Grundschuld; der dingliche Anspruch ist nicht vom Bestehen des persönlichen Anspruchs abhängig und ist auf die Zahlung aus dem Grundstück, d. h. auf die Duldung einer Zwangsvollstreckung in das Grundstück gerichtet.

Zwar ist die Grundschuld meist mit einer Kreditgewährung verbunden, doch bleibt sie auch bei vollständiger Rückzahlung des Kredits voll bestehen. Dies ermöglicht es dem Kreditnehmer, nach Tilgung des ersten Kredits einen neuen Kredit bei seinem oder einem anderen Gläubiger aufzunehmen, ohne dass die Grundschuld geändert werden muss. Die Grundschuld ist dadurch ein einfach zu handhabendes, vielseitig und flexibel einsetzbares Sicherungsmittel. Da der Betrag unabhängig von der Rückzahlung des Kredits unverändert bestehen bleibt, muss der Sicherungsgeber (Schuldner) dem Grundschuldgläubiger im Zweifelsfall beweisen, dass die Forderung nicht mehr besteht.

---

[1] Hypothek (griech.) = Unterpfand, Unterlage

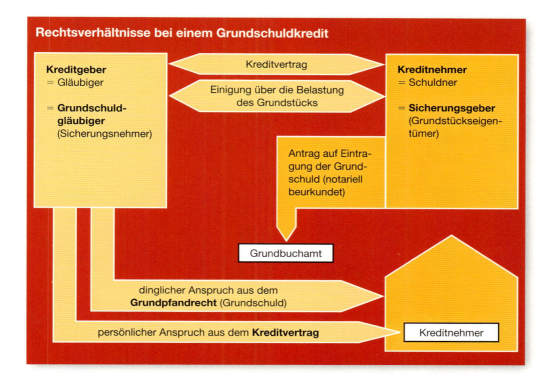

Die Grundschuld kann als Buchgrundschuld oder als Briefgrundschuld bestellt werden. Bei Letzterer wird zusätzlich zur Eintragung ins Grundbuch ein **Grundschuldbrief** ausgestellt (s. S. 172), der ohne Beteiligung des Notars durch einfache Abtretungserklärung und Übergabe dem Kreditgeber ausgehändigt wird. Nach Tilgung des Grundkredits erhält der Schuldner den Grundschuldbrief zurück und kann ihn ohne weitere Grundbucheintragung einem neuen Gläubiger übergeben.

Wenn ein Grundstückseigentümer eine Grundschuld zur Sicherung von Forderungen des Kreditgebers bestellt, so kann der Kreditgeber nicht über die Grundschuld hinaus auch noch die persönliche Haftung des Grundstückseigentümers für die bereits gesicherten Forderungen in einem Formularvertrag verlangen. Eine solche Vereinbarung verstößt gegen den Grundgedanken der Grundschuld und stellt eine unangemessene Haftungserweiterung dar, die nach § 307 (2) Nr. 1 des BGB unwirksam ist.

Hypothekarkredit – nur mit Schuldgrund möglich

Belastet der Kreditnehmer ein Grundstück in der Weise, dass dem Kreditgeber (Hypothekengläubiger) eine bestimmte *Geldsumme wegen einer ihm zustehenden Forderung* aus dem Grundstück zusteht, dann liegt ein **Hypothekarkredit** vor (BGB § 1113 ff.).

Die Hypothek ist keine abstrakte Schuld, da sie immer mit einer konkreten Forderung verknüpft ist (Akzessorietät). Der Gläubiger erwirbt die Hypothek erst mit Entstehen seiner Forderung. Die übliche Form der Hypothek (Verkehrshypothek) besteht immer in derselben Höhe wie die zugrunde liegende Forderung. Der Gläubiger muss also die Höhe seiner Forderung nicht gesondert nachweisen. Ohne Forderung erlischt die Hypothek; sie fällt auf den Grundstückseigentümer zurück und wird automatisch zu einer Eigentümergrundschuld.

Der Hypothekengläubiger hat

- einen **persönlichen Anspruch als Gläubiger** aus dem Kreditvertrag;

- einen dinglichen und persönlichen Anspruch als Pfandberechtigter aus der Hypothek; der dingliche Anspruch ist vom Bestehen des persönlichen Anspruchs aus dem Kreditvertrag abhängig und ist auf die Zahlung aus dem Grundstück, d. h. auf die Duldung einer Zwangsvollstreckung in das Grundstück gerichtet.

Gruppe 02

№ 0051861

Deutscher Grundschuldbrief

über

70 000,00 Euro

eingetragen im Grundbuch von Berghausen (Amtsgericht Berghausen) Band 24 Blatt 987 Abteilung III Nr. 2 (zwei).

Inhalt der Eintragung:

Nr. 2: Grundschuld zu siebzigtausend Euro;
     für BAUSPARKASSE SCHWÄBISCH HALL, Schwäbisch Hall; 10 % Zinsen;
     gem. Bew. vom 13. Februar ..; Rang vor Abt. II/1, 2, 3,
     Gleichrang mit Abt. III/1; eingetragen am 7. April ..

Belastetes Grundstück:

Das im Bestandsverzeichnis unter Nr. 1 verzeichnete Grundstück.

Berghausen, 7. April ..

Das Amtsgericht:

(Wall)
Rechtspflegerin

(Wegehaupt)

Finanzierung betrieblicher Investitionen

Aufgaben

1. Bilden Sie mehrere **Arbeitsgruppen**. Schreiben Sie die Fragen a) bis j) auf Kärtchen (eine Frage pro Kärtchen). Beantworten Sie in den Gruppen die Fragen und schreiben Sie die Lösungen auf das jeweilige Kärtchen. Veranstalten Sie in Ihrer Gruppe ein Frage-Antwort-Spiel (wer die meisten Kärtchen gewinnt, ist Gruppensieger). Die Gruppensieger können anschließend den Klassensieger des **Gruppenturniers** unter sich ausspielen.
   a) Erläutern Sie die Begriffe Personalkredit und Realkredit.
   b) Worin unterscheiden sich akzessorische von treuhänderischen Sicherheiten.
   c) Unterscheiden Sie zwischen Kreditfähigkeit und Kreditwürdigkeit.
   d) Nennen Sie einige Unterlagen zur Prüfung der Kreditwürdigkeit eines Schuldners.
   e) Beschreiben Sie Entstehung und Abwicklung eines
      – Bürgschaftkredits,
      – Zessionskredits,
      – Diskontkredits,
      – Lombardkredits,
      – Sicherungsübereignungskredits,
      – Grundschuldkredits.
   f) Erläutern Sie die verschiedenen Arten der Zession.
   g) Welche besonderen Risiken entstehen dem Zessionar?
   h) Führen Sie einige Vorteile des Diskontkredits gegenüber anderen Kreditarten an.
   i) Zählen Sie einige Vor- und Nachteile der Sicherungsübereignung auf.
   j) Welche Bedeutung hat die Rangfolge der Grundbucheintragung bei Grundpfandrechten?

2. Aus einer früheren Lieferung von Zubehörteilen hat Gerlinde Stark e. K. einen Wechsel über 8 400,00 EUR (Verfalltag am 10. Juli) im Kassenschrank. Gerlinde Stark benötigt kurzfristig 8 000,00 EUR für Lohnauszahlungen und überlegt, ob sie diesen Wechsel heute (30. Mai) flüssig machen oder ob sie den Kontokorrentkredit bei ihrer Hausbank in Anspruch nehmen soll. Der Sollzinssatz des Kontokorrents beträgt zurzeit 6,5 %, der Diskontsatz 5,5 %.
   Geben Sie eine Empfehlung auf der Grundlage von Berechnungen.

3. Berechnen Sie die Diskonttage, den Barwert und den Gutschriftsbetrag für jeden der folgenden Wechsel:

	Diskontierungstag	Verfalltag	Wechselsumme	Diskontsatz	Auslagen
a)	19.04.	30.06. (So)	1 500,90 EUR	6,75 %	8,00 EUR
b)	22.05.	30.07. (Sa)	2 766,80 EUR	7,75 %	6,00 EUR
c)	06.03.	01.05. (Fei)	9 800,00 EUR	9,00 %	5,00 EUR

Lernfeld 12

4. Die Kundin Lisa Werner schuldet uns insgesamt 10 280,00 EUR zum 9. Februar. Sie sendet uns am 9. Februar einen Wechsel (Wechselbetrag 8 389,00 EUR), fällig am 1. Mai. Den Rest überweist sie am gleichen Tag. Wir diskontieren noch am gleichen Tag den Wechsel bei unserer Bank, die 6,5 % Diskont und 5,00 EUR Spesen berechnet. Wie groß ist die Nachforderung an unsere Kundin?

5. Frau Mutig ist Geschäftsführerin eines Großhandelsunternehmens in der Rechtsform der GmbH. Sie handelt mit Autozubehör und plant folgende Investitionen:

   I. Erweiterungsinvestitionen
   - Erweiterung des Lagergebäudes   900 000,00 EUR
   - Kauf eines Grundstückes   500 000,00 EUR
   - Aufstockung der Warenvorräte   200 000,00 EUR
   - Erweiterung des Fuhrparks   100 000,00 EUR

   II. Bilanz zum 31.12... vereinfacht:

Aktiva	Bilanz zum ... in TEUR		Passiva
Vermögen		**Kapital**	
A. Anlagevermögen		**A. Eigenkapital**	1 800 000,00
1. Grundstücke u. Gebäude	1 600 000,00	**B. Fremdkapital**	
2. Fuhrpark	400 000,00	1. Hypothekenschuld	900 000,00
3. Betriebs- und Geschäfts-		2. Bankverbindlichkeiten	605 000,00
ausstattung	2 100 000,00	3. Verbindlichkeiten a. L.L.	2 200 000,00
		4. Wechselverbindlichkeiten	1 800 000,00
B. Umlaufvermögen			
1. Waren	1 000 000,00		
2. Forderungen	1 200 000,00		
3. Wertpapiere	1 000 000,00		
4. Kasse	5 000,00		
Summe	7 305 000,00	Summe	7 305 000,00

   III. Einnahmen und Ausgaben

Einnahmen aus Umsatzerlösen (in EUR):		Ausgaben für Wareneinsatz (in EUR):	
Januar	2 700 000,00	Januar	1 200 000,00
Februar	2 900 000,00	Februar	1 700 000,00
März	4 000 000,00	März	4 000 000,00

Lohn-/Gehaltszahlungen:		Sonstige Einnahmen:		Sonstige Ausgaben:	
Januar	1 200 000,00	Januar	800 000,00	Januar	1 300 000,00
Februar	1 250 000,00	Februar	900 000,00	Februar	1 500 000,00
März	1 200 000,00	März	950 000,00	März	1 000 000,00

   a) Frau Mutig wählte als Rechtsform für ihr Unternehmen die GmbH. Zwei Freundinnen übernahmen jeweils eine Stammeinlage von 100 000,00 EUR.
      Erläutern Sie drei Vorteile dieser Rechtsform.
   b) Frau Mutig benötigt einen Finanzplan für das I. Quartal des Folgejahres.
      – Erstellen Sie einen Finanzplan für Frau Mutig für die Monate Januar bis März. Die Erlöse und Aufwendungen werden im entsprechenden Monat einnahme- bzw. ausgabewirksam.

Finanzierung betrieblicher Investitionen

– Beurteilen Sie die finanzielle Lage in den Monaten Januar bis März aufgrund des prognostizierten Finanzplans.

c) Eine Lieferantenrechnung über 900 000,00 EUR, die Frau Mutig am 1. Februar erhalten hat, ist spätestens nach 60 Tagen fällig. Bei Bezahlung innerhalb von zehn Tagen können 3 % Skonto abgezogen werden. Frau Mutig erhält für ihre Firma einen kurzfristigen Bankkredit zu einem Zinsfuß von 13 %.

– Wie hoch wäre der Überweisungsbetrag, wenn am 10. Februar bezahlt wird? (rechnerischer Nachweis)

– Lohnt sich die Aufnahme des Bankkredits, um mit Skontoabzug bezahlen zu können? Berechnen Sie den möglichen Vor- bzw. Nachteil in Euro (rechnerischer Nachweis).

d) Die Gesellschafter der GmbH bringen aus ihrem Privatvermögen 400 000,00 EUR für die Erweiterungsinvestitionen in die Unternehmung ein. Des Weiteren verzichten die Gesellschafter auf einen Teil der Gewinnausschüttung in Höhe von 200 000,00 EUR zugunsten der Erweiterungsinvestitionen. Der Rest soll durch ein Bankdarlehen finanziert werden.

– Um welche Finanzierungsarten handelt es sich (jeweils 2 Nennungen)?

– Wie hoch ist das benötigte Bankdarlehen zur Finanzierung der Erweiterungsinvestition?

e) Frau Mutig rechnet bei ihrem Kreditbedarf eine Preissteigerung ein und beantragt einen Kredit in Höhe von 1 200 000,00 EUR. Die Hausbank verlangt zur Kreditbereitstellung die Vorlage der letzten Bilanz und einen Grundbuchauszug.

> Auszug aus dem Grundbuch: (Abt. III Hypotheken und Grundschulden)
> Grundschuld für die Hausbank über 1 000 000,00 EUR verzinslich zu 15 % pro Jahr
>
> Kreditbedingungen der Hausbank:
> Beleihungssatz für Grundstücke und Gebäude 80 %
> Beleihungssatz für sicherungsübereignete und lombardierte Gegenstände 60 %
> Beleihungssatz bei Abtretung von Kundenforderungen 50 %

– Welche Kreditsicherungsmöglichkeiten könnte Frau Mutig unter Berücksichtigung der dargestellten Bilanz den Kreditinstituten anbieten? Erläutern Sie vier Kreditsicherungsmöglichkeiten und ordnen Sie diese den Bilanzpositionen zu.

– Die Hypothekenschuld und die Bankverbindlichkeiten bestehen gegenüber der Hausbank. Prüfen Sie, ob die Finanzierung von 1 200 000,00 EUR unter Berücksichtigung der Bankbedingungen durchgeführt werden kann. Begründen Sie Ihre Antwort rechnerisch.

6. Der Autozulieferer Ernst Gombold e. Kfm. produziert seit einigen Jahren mit gutem Erfolg komplette Kabelbäume. Um die Produktion ausweiten zu können, ist eine neue Fertigungshalle geplant. Dafür wird ein Kapitalbedarf von 1 200 000,00 EUR (Gebäude 700 000,00 EUR, maschinelle Anlagen 500 000,00 EUR) notwendig.

In der letzten Ergebnisrechnung des Unternehmens wurden u. a. folgende Werte ermittelt:

Umsatzerlöse	5 000 000,00 EUR
Reingewinn	500 000,00 EUR
(Privatentnahmen des letzten Jahres	200 000,00 EUR)

Die vereinfachte Bilanz des letzten Jahres:

Aktiva	Bilanz zum 31. Dezember … in TEUR	Passiva	
Grundstücke und Gebäude	1 500	Eigenkapital	1 700
masch. Anlagen	900	Darlehen (durch Grundpfand-	
Betriebs- und GA	200	rechte gesichert)	1 000
Vorräte (RHB, UE, FE)	200	Verbindlichkeiten	600
Forderungen	400		
Bank/Kasse	100		
	3 300		3 300

Lernfeld 12

a) Ernst Gombold sieht für sich keine Möglichkeit, weitere private Mittel als Kapitaleinlage ins Unternehmen einzubringen. Er möchte allerdings weiterhin die Möglichkeiten der Innenfinanzierung nutzen.
   – Stellen Sie fest, in welcher Höhe er im letzten Geschäftsjahr offene Selbstfinanzierung durchgeführt hat.
   – Erläutern Sie demgegenüber an einem Beispiel die Möglichkeit der stillen Selbstfinanzierung.
   – Ernst Gombold hofft auch auf zusätzliche Finanzierung durch die Abschreibung der neuen maschinellen Anlagen. Erklären Sie, wie eine Finanzierung aus Abschreibungen zustande kommt.

b) Herr Gombold muss dem Unternehmen Kapital von außen zuführen. Sigbert Schneider wäre evtl. bereit, Kapital in Höhe von 1 200 000,00 EUR in das Unternehmen einzubringen. Zwei Finanzierungsmöglichkeiten werden diskutiert:
   (1) Herr Schneider stellt das Kapital als Darlehen bei entsprechenden Sicherheiten zu einem Zinssatz von 8 % für eine Laufzeit von sechs Jahren zur Verfügung.
   (2) Herr Schneider bringt die Summe als Kommanditist in die zu gründende Gombold KG ein.
   – Vergleichen Sie die beiden Finanzierungsmöglichkeiten hinsichtlich ihrer Auswirkung auf die Kreditwürdigkeit des Unternehmens und drei weiterer wichtiger Kriterien laut nachstehendem Muster:

Kriterien	Darlehen	Kommanditgesellschaft
Kreditwürdigkeit		
Kosten/Liquiditätsbelastung	MUSTER	
Überlassungsdauer		
Selbstständigkeit		

   – Zu welcher Entscheidung raten Sie Ernst Gombold? (kurze Begründung)

c) Überraschend zieht Herr Schneider sein Kapitalangebot zurück, da er eine günstigere Anlagemöglichkeit gefunden hat.
   Herr Gombold wendet sich nun an seine Hausbank mit der Bitte um ein Fälligkeitsdarlehen über 1 200 000,00 EUR mit einer Laufzeit von sechs Jahren.
   Welchen Nachteil hat diese Form des Darlehens für das Unternehmen?

d) Können der Bank ausreichende Sicherheiten für dieses Darlehen angeboten werden?
   Die Neuinvestitionen möchte Herr Gombold zunächst noch nicht belasten.
   Beleihungswerte der Bank:
   Grundstücke und Gebäude: 80 %   Vorräte   50 %
   Maschinen und BGA   60 %   Forderungen   50 %
   Führen Sie den rechnerischen Nachweis durch.

e) Die Hausbank fordert u. a. eine erstrangige Grundschuld auf das zu erstellende Gebäude.
   – Erläutern Sie, wie eine Grundschuld entsteht.
   – Begründen Sie, warum die Bank eine erstrangige Grundschuld wünscht.

f) Bei der Ausstattung der neuen Arbeitsplätze kommen zwei Alternativen in Frage:
   A: Anschaffungskosten 420 000,00 EUR,
       Nutzungsdauer sechs Jahre,
       lineare Abschreibung,
       erwarteter jährlicher Gewinnzuwachs 120 000,00 EUR.
   B: Anschaffungskosten 700 000,00 EUR,
       Nutzungsdauer sieben Jahre,
       lineare Abschreibung,
       erwarteter Gewinnzuwachs 170 000,00 EUR pro Jahr.
   Ermitteln Sie die günstigere Ausstattung, indem Sie für beide Alternativen berechnen, in welcher Zeitspanne sie sich amortisieren.

2 Finanzdienstleistungen eines Kraftfahrzeugunternehmens

2.1 Kreditfinanzierung über die Herstellerbank

Mit den Autobanken zu „Mehr Auto"

Eine Studie des Arbeitskreises Autobanken belegt den Einfluss der Finanzierung auf die Fahrzeugwahl des Kunden.

Finanziert der Autokäufer sein Traumauto gezwungenermaßen oder aus praktischen Erwägungen? Holt er sich den Kredit bei der eigenen Hausbank oder bei der Bank des Autoherstellers? Und was steht beim Vergleich der Angebote im Vordergrund: Die Monatsrate oder der Zinssatz?

Ein bekanntes Marktforschungsinstitut spürte im Auftrag des „Arbeitskreises der Banken und Leasinggesellschaften der Automobilwirtschaft" zum zweiten Mal genau diesen Fragen nach.

FRÜHER, BESSER, GRÖSSER, MEHR

„Hatte das Finanzierungsangebot Einfluss auf die Pkw-Anschaffung?"

42 % aller Autobank-Kunden beantworteten diese Frage mit „Ja". Die genaue Aufschlüsselung zeigt folgendes Bild (Mehrfachnennungen waren möglich):

- 27 % konnten sich das Auto früher als geplant anschaffen
- 21 % konnten sich einen Neuwagen anstatt eines Gebrauchten ermöglichen
- 17 % leisteten sich eine bessere Ausstattung
- 9 % konnten ein größeres Modell wählen

Sehr viele Kunden von Autobanken „korrigieren" ihre Kaufentscheidung vor dem Hintergrund des Finanzangebotes also noch einmal nach oben. Die Offerte ihres Autohändlers ermöglicht ihnen über die Monatsrate „mehr Auto". Das freut natürlich nicht nur den Kunden selbst, sondern sorgt dafür, dass auch der Authandel mehr Umsatz macht. ...

Die hohe Kundenakzeptanz der Autobanken zeigt sich daran, dass von den 2,9 Millionen Neuzulassungen 2010 ca. 1 Million über die herstellerverbundenen Banken und Leasinggesellschaften auf die Straße gebracht wurden. Das ist bereits mehr als jedes dritte Auto.

Quelle: www.autobanken.de/presse-mitteilungen.php?idx=7&bereich=mit (veröffentlicht am 10.02.1999, Abruf am 27.12.2011, verändert)

Neuwagen- und Gebrauchtwagen-Finanzierung		
Finanzierungsart	**Anteil am Kaufpreis**	
	Neuwagenkauf	Gebrauchtwagenkauf
	Gesamt	Gesamt
eigene Ersparnisse	41,6 %	56,3 %
Erlöse aus Vorwagenverkauf	16,3 %	14,8 %
Geschenke/Zuschüsse	4,9 %	5,9 %
Kredit	37,2 %	24,0 %

(angelehnt an: DAT-Report 2011, S. 30)

Welchen Einfluss hat das Finanzierungsangebot des Autohauses auf die Kaufentscheidung des Autokunden?

2.1.1 Finanzierungsservice – ein Verkaufsinstrument des Autohauses

Beim Kauf eines neuen oder gebrauchten Autos geben die eigenen Ersparnisse der Käufer immer weniger die Grenzen vor. Angesichts attraktiver Finanzierungsangebote der Autohäuser mit niedrigen Monatsraten (z. B. ab 99,00 EUR monatlich) ziehen immer mehr Käufer ihre Kaufentscheidung vor oder entschließen sich zum Kauf höherklassiger Autos mit besserer Ausstattung. Immer mehr Autohäuser nutzen günstige Finanzierungsangebote als Marketinginstrument. Ein schlagendes Verkaufsargument ist dabei die Null-Prozent-Finanzierung. Sie ist bei Kunden sehr beliebt – inzwischen erwerben sieben von zehn Neuwagenkäufer ihr Auto auf Kredit oder per Leasing.

Heute kann jedes Autohaus seinen Kunden die Finanzierung über die herstellereigene Bank anbieten. Das Finanzierungsangebot kann auf die individuellen Wünsche des Kunden und die Belange des Fahrzeugs zugeschnitten werden. Der Kunde wird dabei rundum vom Händler betreut. Der Händler richtet in der Regel eine Online-Anfrage an seine Herstellerbank und kann kurze Zeit später dem Kunden die Finanzierung zusagen. Darlehensantrag, Darlehensvertrag und die Selbstauskunft werden dann sofort vom Händler vor Ort ausgefertigt.

---

100 % Opel, 0 % Zinsen

OPEL CORSA

Bei uns so günstig wie noch nie!

Unser SmartBuy-Angebot z. B. für den Opel Corsa 1,0 Twinsport-Motor mit 44 kW (60 PS)

Unser Barpreis:	**ab 9.900,– EUR**
Monatliche Rate:	ab 99,–EUR
Laufzeit:	36 Monate
Anzahlung:	3.075,–EUR
Schlussrate:	4.426,–EUR
Kaufpreis bei Finanzierung:	ab 11.065,–EUR
Effektiver Jahreszins:	**0,00 %**

Ein Finanzierungsangebot der GMAC Bank GmbH.

Kraftstoffverbrauch, kombiniert: 5,3 l/100km, innerorts: 6,9 l/100km, außerorts: 4,4 l/100km, CO_2-Emissionen 127 g/km (gemäß 1999/100/EG).

* Ein Finanzierungsangebot der GMAC Bank GmbH bei einer Laufzeit von bis zu 36 Monaten. Ausgenommen ist der Opel Astra Twin Top.

Bar zahlen oder finanzieren?

Hartnäckig hält sich das Gerücht, dass Barzahler im Autohaus höhere Rabatte erhalten. Fakt ist aber, dass es für den Kunden keinen Unterschied macht, ob er sein Fahrzeug bar zahlt oder finanziert. Für den Handel allerdings sind Barzahler kontraproduktiv. Denn Autobankkunden unterscheiden sich deutlich von jenen, die als Barzahler auftreten (und in der Regel ihr Fahrzeug nicht im Autohaus, sondern bei Geschäftsbanken bzw. Sparkassen finanzieren). Der Handel profitiert nämlich in mehrfacher Hinsicht von Finanzierungs- und Leasingkunden:

1. Sie wechseln ihr Fahrzeug öfter als Barzahler. Das bedeutet für das Autohaus schnellerer Fahrzeugumschlag und eine höhere Quote beim Fahrzeugwechsel.

2. Sie statten ihr Fahrzeug auch besser aus und wählen wesentlich häufiger einen Neu- anstatt eines Gebrauchtwagens.

3. Sie sind ihrem Autohaus enger verbunden. Bei Kunden der Autobanken ist die Bindung an das Autohaus deutlich enger als bei anderen Kundengruppen (42 % gegenüber 21 %).

Vor allem aber rechnet sich das Geschäft mit den Angeboten der Autobanken rund um Finanzierung, Leasing, Versicherung und weitere Finanzdienstleistungen. Für den Handel erreichen Erträge aus den Finanzdienstleistungen zusammen genommen eine betriebswirtschaftlich relevante Erfolgsgröße

(Quelle: One-Stop-Shopping-Studie (OSS) des Marktforschungsinstituts Consilium & Co. und des Arbeitskreises der Autobanken, 2005; www.presseportal.de/pm/52520/ 706672/autofinanzierung-trotz-gefuelltem-konto)

2.1.2 Abwicklung einer Finanzierung über die Herstellerbank

Beispiel Mario Töpfer (Auszubildender zum Automobilkaufmann im Autohaus Fritz) unterhält sich mit seinem Tennisfreund Bernd Klüwer:

Bernd: „Was habt Ihr denn so an Kleinwagen im Programm?"

Mario: „Der PRIMOS, der wäre was für dich!"

Bernd: „Was soll der denn kosten?"

Mario: „Schlappe 10 000,00 EUR musst Du schon anlegen!"

Bernd: „Ich bin im Augenblick knapp bei Kasse. Aber meinen Roller habe ich satt. Im Sommer regnet es fast jeden Tag und im Winter fahre ich sowieso mit dem Bus. So ein kleiner Flitzer wäre ganz gut. Habt ihr auch so günstige Kredite mit 0,00 % effektivem Jahreszins?"

Mario: „Hast du unsere Werbung noch nicht gesehen? Wir haben zur Zeit ein supergünstiges Finanzierungsangebot für den PRIMOS, das ist genau auf deine Verhältnisse zugeschnitten."

Bernd: „Mehr als 150,00 EUR im Monat kann ich in nächster Zeit nicht abdrücken. Reicht das für Euren PRIMOS?"

Mario: „Das hängt von verschiedenen Größen ab, der Laufzeit der Finanzierung, der Höhe der Anzahlung usw. Am besten kommst du mal bei uns vorbei, dann rechne ich dir am Computer mal verschiedene Finanzierungsmöglichkeiten durch."

Bernd: „Mein Leben lang möchte ich das Auto nicht abzahlen, wie hoch ist eigentlich die Anzahlung?"

Mario: „Ich denke mal, mh, mh ... bei rund 150,00 EUR müsste die Anzahlung bei 2 500,00 EUR liegen. Du hast doch eine nette Oma, besuche sie doch mal wieder. Du kannst mich ja mitnehmen. Ich möchte wieder mal einen richtig guten Kuchen essen."

Bernd: „Klingt nicht schlecht!"

Am nächsten Tag treffen sich Bernd Klüwer und Mario Töpfer im Verkaufsraum des Autohauses Fritz. Das Modell PRIMOS sagt Bernd Klüwer zu. Mario Töpfer erstellt mithilfe des Computerprogramms folgendes Angebot:

```
Angebot vom 12.07··· an Herrn Klüwer


PRIMOS Kombi Comfortline, 55 kW mit geregeltem Drei-Wege-KAT
Grundpreis ab Werk (inkl. MwSt.)                        11 690,00 EUR
Lackierung: flash-rot
Ausstattung: offblack/offblack/offblack

Sonderausstattungen/Zubehör:
Lackierung flash-rot                                       110,00 EUR
Anti-Blockier-System ABS                                   300,00 EUR
Radioanlage alpha                                          305,00 EUR

Sonderausstattungen/Zubehör gesamt:                        715,00 EUR

Fahrzeugpreis                                         12 405,00 EUR


Alle Werte inkl. gesetzlicher Mehrwertsteuer.
```

Eine weitere Maske des „Finanzierungsprogramms" berechnet für unterschiedliche prozentuale Anzahlungen und/oder Schlussraten die monatliche Ratenhöhe und die Effektivverzinsung.

```
UNICA Bank/UNICA Leasing

                              Autohaus Arthur Fritz GmbH
                              Einzelabnehmer

        ┌─ Eingabemaske Finanzierung: PRIMOS Comfortline ─┐
        ┌── Drei-Wege-Finanzierung ──┐         ┌─ Standardkredit ─┐
    Verkaufspreis:        EUR   12 405,00                  12 405,00
    Anzahlung:            EUR    2 481,50  → 20,00 %        2 481,50
      davon nach 3 Mon.   EUR        0,00                       0,00
    Restschuldvers.:      EUR        0,00                       0,00
    Nettokreditbetrag:    EUR    9 923,50                   9 923,50

    Laufzeit:             Monate      48                          48
    Fahrleistung:         km/J     15 000
    Schlussrate:          EUR    5 025,04  → 40,50 %
    Tabelle:              UNICA Aktion
    Aktion:               eff. Zins:          5,90 %

    monatliche Rate:     │ EUR      141,17 │ ohne RSV        252,50

    ─ Eingabe in EUR oder % (<100 = Prozent-Eingabe) ─

  ESC Zurück    Bild int./ext.    F2 Akt.-Richtl.   F6 Speichern   F10 Fertig
```

Laufzeit der Drei-Wege-Finanzierung (Schlussratenkredit)

Die **Laufzeit** eines Schlussratenkredits liegt bei Neuwagen zwischen 12 und 72 Monaten (ausnahmsweise auch länger); bei Gebrauchtwagen zwischen 12 und 60 Monaten.

Höhe der monatlichen Raten

Es fällt auf, dass der Standardkredit eine höhere Monatsrate ausweist als die sogenannte Drei-Wege-Finanzierung. Der **Standardkredit** entspricht einem normalen Abzahlungsdarlehen zu marktüblichen Zinsen, wobei über die monatlichen Raten der gesamte Kaufpreis getilgt wird. Bei der Drei-Wege-Finanzierung wird über die monatlichen Raten lediglich die Differenz zwischen dem Kaufpreis und der Summe aus Anzahlung und kalkuliertem Restwert getilgt.

Bei der **Drei-Wege-Finanzierung (Ballon- oder Schlussratenfinanzierung)** werden in der Regel eine *Anzahlung* (10 % bis 25 % des Kaufpreises), die *Monatsraten* und eine *Schlussrate (Ballonrate)* vereinbart, die je nach Kundenwunsch bis zu 60 % des Kaufpreises ausmachen kann. Deshalb wird der Autokredit im Branchenjargon *Ballonratenfinanzierung* genannt, da sich wie auf einer Schnur gleichmäßige kleine Raten aufreihen und am Schnurende der Ballon (höhere Schlussrate) folgt.

Schlussrate und monatliche Rate sind voneinander abhängig. Wählt der Kunde eine höhere Schlussrate, dann fällt seine monatliche Rate niedriger aus. Die Höhe der Monatsrate sollte so gewählt werden, dass der Kunde sie neben seinen sonstigen finanziellen Belastungen problemlos aufbringen kann. Hier muss der Autohändler in seinem eigenen Interesse auf den Kunden einwirken und zusammen mit dem Kunden eine **Haushaltskostenrechnung** durchführen, in der die wichtigsten laufenden Einnahmen und Ausgaben aufgelistet und saldiert werden. Auf diese Weise kann der Autohändler die Ratenhöhe (laufende finanzielle Belastung) auf die *persönlichen Verhältnisse* seines Kunden zuschneiden.

Vergleichsgrundlage für eine solche Haushaltskostenrechnung können Daten des Statistischen Bundesamtes in Wiesbaden sein.

Finanzdienstleistungen eines Kraftfahrzeugunternehmens

Beispiel Haushaltsrechnung einer typischen Arbeitnehmerfamilie

Kreditwürdigkeitsprüfung – sicher ist sicher

Die Höhe der Anzahlung (Bonitätsprüfung) hängt von *den Vorerfahrungen des Händlers* mit dem Kunden und von den Ergebnissen einer **Kreditwürdigkeitsprüfung** ab. Bei Privatkunden wird diese meist in Form einer *SCHUFA-Abfrage* (der Kunde muss der Abfrage vorher zustimmen) vorgenommen. Zusätzlich verlangen die Autohäuser eine *Selbstauskunft*, in der der Kunde wichtige Daten über seine persönlichen und wirtschaftlichen Verhältnisse angibt. Fällt die Kreditwürdigkeitsprüfung für den Kunden negativ aus, dann hat er verschiedene Möglichkeiten. Er bringt dem Händler (bzw. der Herstellerbank) einen **Bürgen** bei (dieser haftet nur in Höhe des *Darlehensbetrags* – Höchstbetragsbürgschaft) oder er findet einen **Mitdarlehensnehmer** (Mitschuldner, Mitantragsteller). Der Bürge haftet selbstschuldnerisch (vgl. S. 162), der Mitdarlehensnehmer haftet gesamtschuldnerisch, d. h., er muss für den gesamten Betrag der *jeweiligen Restschuld* eintreten. Auch die Möglichkeit, ein **kleineres Fahrzeug** zu wählen, sollte geprüft werden, sodass Fahrzeug und finanzielle Verhältnisse des Kunden besser zusammenpassen.

Beispiel Selbstauskunft für private Kunden mit Bürgen:
Bernd Klüwers Vater stellt sich als Bürge zur Verfügung (siehe Abbildung auf S. 182).

Beispiel Selbstauskunft der UNICA Bank für private Kunden

UNICA BANK

UNICA LEASING

■ **Selbstauskunft für private Kunden**

Antragsteller

Name und ggf. vorheriger Name
Klüwer

Vorname	Telefon
Bernd	

Straße
Daimlerstraße 12

PLZ/Wohnort	seit
14482 Potsdam	**1986**

Frühere Anschrift der letzten 3 Jahre / 2. Wohnsitz

Geburtsdatum/-ort
5. Mai 1986

Staatsangehörigkeit
deutsch

Wehrdienst / Ersatzdienst

noch bevorstehend ☐ ja ☒ nein

	ledig	verh.	verw.	gesch.	getr. lebend	unterh. Kinder
Familienstand	☒	☐	☐	☐	☐	☒

Ausgeübter Beruf
Bürokaufmann

Arbeitgeber	beschäftigt seit
Kurt Weller KG	**2005**

Branche
Möbelhersteller

Netto-Monats-Einkommen
ca. 1 500,00 EUR

☒ Mietwohnung   Miete **350,00 EUR**
☐ Eigentumswohnung   mtl. Belastung
☐ Haus-Eigentum   mtl. Belastung

☐ Volkswagen- / Audi Card System
☒ Scheck- / sonstige Kreditkarte vorhanden

Kunde der UNICA Bank GmbH oder UNICA Leasing GmbH
☒ nein   ☐ ja, Kunden-Nr.

Fahrzeugversicherung
☒ Vollkasko mit **500,00 EUR**   Selbstbeteiligung ☐ Teilkasko
☒ Vers.-Gesellschaft **UNICA**

Bürge

Name und ggf. vorheriger Name
Klüwer

Vorname	Telefon
Gustav	

Straße
Daimlerstraße 12

PLZ/Wohnort	seit
14482 Potsdam	**1984**

Frühere Anschrift der letzten 3 Jahre / 2. Wohnsitz

Geburtsdatum/-ort
6. August 1960

Staatsangehörigkeit
deutsch

Wehrdienst / Ersatzdienst

noch bevorstehend ☐ ja ☒ nein

	ledig	verh.	verw.	gesch.	getr. lebend	unterh. Kinder
Familienstand	☐	☒	☐	☐	☐	

Ausgeübter Beruf
Handelsvertreter

Arbeitgeber	beschäftigt seit
	/

Branche
Elektro

Netto-Monats-Einkommen
ca. 4 000,00 EUR

☐ Mietwohnung   Miete
☐ Eigentumswohnung   mtl. Belastung
☒ Haus-Eigentum   mtl. Belastung **500,00 EUR**

☐ UNICA Card System
☒ Scheck- / sonstige Kreditkarte vorhanden

Kunde der UNICA Bank GmbH oder UNICA Leasing GmbH
☒ nein   ☐ ja, Kunden-Nr.

☐ Vers.- / Antrags-Nr.: **noch nicht bekannt**

Nur bei Ausländern

Heimatadresse

In der BRD seit	Aufenthaltserlaubnis bis	Arbeitserlaubnis bis	Deutscher Führerschein seit

Wir versichern, vorstehende Angaben zur Beurteilung unserer persönlichen und wirtschaftlichen Verhältnisse nach bestem Wissen und Gewissen gemacht zu haben, insbesondere in den letzten 3 Jahren keine Zahlungsschwierigkeiten gehabt zu haben. Uns ist bekannt, dass die angegebenen Daten für die Gewährung des Darlehens-/Leasing-Vertrages maßgebend sind.

Ich/Wir willige(n) ein, dass die UNICA Bank GmbH/UNICA Leasing GmbH bei bestehender und/oder bei Aufnahme einer Geschäftsverbindung zur UNICA Financial Services AG/ UNICA Bank GmbH/UNICA Leasing GmbH die Personen- und Vertragsdaten sowie Angaben über die Vertragsentwicklung (Höhe der Forderung, Laufzeit, evtl. Kündigung, Angaben zum Fahrzeug sowie über evtl. gerichtliche Maßnahmen) an die genannten Gesellschaften für eine umfassende Beratung und Betreuung übermitteln darf. Dies schließt die Übermittlung und Verarbeitung von Daten zur Person von Gesellschaftern und Geschäftsführern ein. Erlaubt wird auch der Austausch und die Verwertung meiner Daten zum Zweck der Kundenbetreuung und Werbeaktionen durch die Gesellschaften des UNICA Konzerns. Ich/Wir entbinde(n) die UNICA Bank insoweit auch von dem Bankgeheimnis.

Schufa-Klausel

Ich/Wir willige(n) ein, dass die UNICA Bank GmbH/UNICA Leasing GmbH der für meinen/unseren Wohnsitz zuständigen SCHUFA-Gesellschaft Daten über die Beantragung, die Aufnahme (Kreditnehmer, Mitschuldner, Kreditbetrag, Laufzeit, Ratenbeginn) und vereinbarungsgemäße Abwicklung (z. B. vorzeitige Rückzahlung, Laufzeitverlängerung) dieses Kredits übermittelt.

Unabhängig davon wird die UNICA Bank GmbH/UNICA Leasing GmbH der SCHUFA auch Daten aufgrund nicht vertragsgemäßer Abwicklung (z. B. Kündigung des Kredites, Inanspruchnahme einer vertraglich vereinbarten Lohnabtretung, beantragter Mahnbescheid bei unbestrittener Forderung sowie Zwangsvollstreckungsmaßnahmen) melden. Diese Meldungen dürfen nach dem Bundesdatenschutzgesetz nur erfolgen, soweit dies zur Wahrnehmung berechtigter Interessen der UNICA Bank GmbH/UNICA Leasing GmbH, eines Vertragspartners der SCHUFA oder der Allgemeinheit erforderlich ist und dadurch meine/unsere schutzwürdigen Belange nicht beeinträchtigt werden.

Soweit hiernach eine Übermittlung erfolgen kann, befreie(n) ich/wir die UNICA Bank GmbH/UNICA Leasing GmbH zugleich vom Bankgeheimnis. Die SCHUFA speichert die Daten, um den ihr angeschlossenen Kreditinstituten, Leasinggesellschaften, Einzelhandels-, Versandhandels- und sonstigen Unternehmen, die gewerbsmäßig Geld- oder Warenkredite an Konsumenten geben, Informationen zur Beurteilung der Kreditwürdigkeit von Kunden geben können. Sie stellt diese Daten ihren Vertragspartnern nur zur Verfügung, wenn diese ein berechtigtes Interesse an der Datenübermittlung glaubhaft darlegen. Die SCHUFA übermittelt nur objektive Daten ohne Angabe des Kreditgebers; subjektive Werturteile, persönliche Einkommens- und Vermögensverhältnisse sind in SCHUFA-Auskünften nicht enthalten.

Ich/Wir können Auskünfte bei der SCHUFA über die mich/uns betreffenden gespeicherten Daten erhalten. Ich/Wir willigen ein, dass im Falle eines Wohnsitzwechsels die vorgenannte SCHUFA die Daten an die dann zuständige SCHUFA übermittelt. Weitere Informationen über das SCHUFA-Verfahren enthält ein Merkblatt, das auf Wunsch zur Verfügung gestellt wird.

Potsdam, 12. Juli ..

Ort/Datum

Klüwer
Unterschrift des Antragstellers

K...
Unterschrift des Bürgen

Um sicherzugehen, dass die Person, die die Selbstauskunft gegeben hat, identisch ist mit der Person, die der Autohändler vor sich hat, wird noch eine **Legitimationsprüfung** vorgenommen. Dazu bestätigt der Autohändler meist auf dem Selbstauskunftsformular Nummer, ausstellende Behörde und Ausstellungsdatum des Personalausweises des Darlehenskunden.

Effektiver Jahreszins

Die Angabe des **effektiven Jahreszinses**[1] (hier: 5,90 % pro Jahr) ist bei privaten Kunden aufgrund der § 492 ff. BGB notwendig, damit er verschiedene Kreditangebote vergleichen kann. Der effektive Jahreszins entspricht dem Nominalzinssatz, wenn, wie im vorliegendem Fall, kein Damnum und keine Bearbeitungsgebühren hinzukommen. Bei besonders niedrigen effektiven Zinssätzen der Herstellerbank muss sich der Händler an den „Zinsausfällen" (gegenüber dem Marktzins) beteiligen (z. B. 1,4 % vom Verkaufspreis des Fahrzeugs). In der Regel wird der Effektivzinssatz mithilfe eines Kreditrechners ermittelt.

Der Berechnung des Effektivzinssatzes liegt folgende Formel zugrunde (**Uniform-Methode**):

1.	Effektivzinssatz in % pro Jahr (ohne einmalige Gebühren/Kosten)
	$\dfrac{12 \cdot \text{Zinssatz pro Monat} \cdot \text{Laufzeit (Monate)}}{\text{mittlere Laufzeit} = \dfrac{\text{Laufzeit} + 1}{2}} = \dfrac{24 \cdot \text{Zinssatz pro Monat} \cdot \text{Laufzeit}}{\text{Laufzeit} + 1}$
2.	Effektivzinssatz in % pro Jahr (mit einmaliger Bearbeitungsgebühr)
	$\dfrac{24 \cdot \text{Zinssatz pro Monat} \cdot \text{Laufzeit} + 24 \cdot \text{\%-Satz der Gebühr}}{\text{Laufzeit} + 1}$

Beispiel 1 Effektivzinssatz = 5,90 %; Laufzeit: 48 Monate; nominaler Zinssatz pro Monat?

$$\text{Zinssatz pro Monat} = \frac{5,9 \cdot (48 + 1)}{24 \cdot 48} = 0,25 \text{ \% pro Monat}$$

Beispiel 2 Der Nominalzinssatz beträgt 0,25 %; Laufzeit: 48 Monate; Bearbeitungsgebühren: 2 %

$$\text{Effektiver Jahreszinssatz} = \frac{24 \cdot 0,25 \text{ \%} \cdot 48 + 24 \cdot 2}{48 + 1} = \frac{336}{49} = 6,86 \text{ \% p. a.}$$

Beispiel Vergleich Drei-Wege-Finanzierung und Barzahlung

Bernd: „Was spricht eigentlich dagegen, dass ich das Auto bar bezahle?"

Mario: „Wir können ja mal eine Vergleichsrechnung aufstellen. Du wirst sehen, mein Angebot ist unschlagbar!"

Annahme: In beiden Fällen ist der Preisnachlass gleich hoch. Bernds Hausbank verzinst Geldanlagen mit vierjähriger Laufzeit zurzeit mit 4,5 %.

---

[1] Siehe hierzu auch Seite 142. Gemäß PAngV ist der effektive Zinssatz nach der internen Zinsfußmethode zu berechnen, deren Erläuterung hier zu weit führen würde.

Der Anteil der Zinsen an den gezahlten Raten errechnet sich wie folgt:

Anzahlung + Ratenzahlungen (47 Monatsraten à 141,17 EUR) + Schlussrate (Restwert)	2 481,50 EUR + 6 634,99 EUR + 5 025,04 EUR	
Gesamte Ausgaben (Bruttoertrag des Händlers) − Verkaufspreis	14 141,53 EUR 12 405,00 EUR	
Zinsanteil in den Raten (Zinsaufwendungen)	1 736,53 EUR	

	Drei-Wege-Finanzierung	Barzahlung
Verkaufspreis − Anzahlung bzw. Barzahlung	12 405,00 EUR − 2 481,50 EUR	12 405,00 EUR − 12 405,00 EUR
Finanzierungssumme (frei verfügbar für Kapitalanlage)	9 923,50 EUR	0,00 EUR
Zinsertrag für Kapitalanlage (4 Jahre à 4,5 % mit Zinseszins = $9\,923{,}50 \cdot 1{,}045 \cdot 1{,}045 \cdot 1{,}045$ $\cdot\ 1{,}045 - 9\,923{,}50$)	+ 1 910,46 EUR	0,00 EUR
Zinsaufwendungen	− 1 736,53 EUR	0,00 EUR
Zinsgewinn	+ 173,93 EUR	0,00 EUR

Restschuldversicherung

Persönliche Schicksalsschläge können die Rückzahlung der jeweiligen Restschuld gefährden. Für diesen Fall empfehlen die Herstellerbanken ihren Kreditkunden eine ausreichende Risikolebensversicherung.

Hat der Kunde keine ausreichende anderweitige Risikolebensversicherung, dann wird ihm der Abschluss einer **Restschuldlebensversicherung** (RSV) zum zugehörigen Darlehensvertrag empfohlen. Die Restschuldlebensversicherung ist eine Todesfallversicherung mit Einschluss einer Berufsunfähigkeits-Zusatzversicherung. Die Versicherungsdauer kann sechs bis 72 Monate, die Versicherungssumme darf nicht höher als der zu sichernde Darlehensbetrag sein. Der Versicherungsschutz beginnt mit der Bezahlung des Einmalbeitrags. Versichert sind während der Versicherungsdauer die vereinbarte Versicherungssumme bei Tod und eine monatliche Leistung bei Berufsunfähigkeit.

Darlehensantrag

Mit der Unterschrift unter den Darlehensantrag erklärt sich der Kunde mit den **Darlehensbedingungen** und den **Sicherungsansprüchen** der Herstellerbank einverstanden.

Finanzdienstleistungen eines Kraftfahrzeugunternehmens

Beispiel Darlehensantrag an die UNICA Bank GmbH (Herstellerbank)

DARLEHENSANTRAG

UNICA BANK GMBH
im Folgenden „Bank" genannt

Vertragsnummer:

(1) Händler:
Autohaus Fritz GmbH
Am Templiner See 12
14471 Potsdam

(2) Darlehensnehmer:
Bernd Klüwer
Daimlerstraße 12
14482 Potsdam

Verkäufer:

(3) Mitdarlehensnehmer
Gustav Klüwer (wie oben)

(4) Fahrzeug

	Marke/Modell	Fahrgestellnummer	Erstzulassung	Polizeiliches Kennzeichen
UNICA	PRIMOS	–	01.08.20..	P-WD 1262

(5) Versicherung
(abzuschließen durch DN/MDN) Berlinische Leben

Antrags-/Versicherungs-Nr. —

	Haftpflicht	Teilkasko	Vollkasko mit SB von
	⊗	⊗	300

(6) Darlehen zur Finanzierung des Erwerbs des obigen Fahrzeuges.

[1] Gesamtrechnungspreis	12 405,00	[6] Nettodarlehensbetrag (Ziffer 4 + 5)		9 923,00
[2] Baranzahlung (keine Wechsel)	2 481,50	[7] Zinsen	5,9 % p.a.	1 736,53
[3] Nettogutschrift für ein in Zahlung gegebenes Kraftfahrzeug bzw. geschätzter Erlös aus Auftrag zur Vermittlung des Kfz-Verkaufs	0,00	[8] Bearbeitungsgebühr		0,00
[4] Restrechnungspreis (Ziffer 1 abzgl. Ziffer 2 und/oder 3)	9 923,50	[9] Gesamt-Darlehensbetrag (Ziffer 6 + 7 + 8)		11 660,03
[5] Restschuldversicherungs-Betrag	0,00	[10] Effektiver Jahreszins	%	5,9

(7) Zahlungsplan

Gesamtzahl der Raten **48** Ratenhöhe: Rate 1 bis **47** : **141,17** ; Rate **48** : **5 025,04** EUR

Fälligkeit: 1. Rate am **01.08...** ; erfolgt die Zulassung erst nach vorgenanntem Datum, so ist die erste Rate am 30. Tag nach Zulassungsdatum fällig. Folgeraten jeweils am gleichen Tage des folgenden Monats. Maßgebend für die Rechtzeitigkeit der Zahlungen ist der Zahlungseingang bei der Bank.

(8) Restschuldversicherung Gilt, wenn Versicherungsbeitrag in Ziffer 6.5 eingesetzt ist, für den Darlehensnehmer (DN), bzw. Mitdarlehensnehmer (MDN):_____
Fehlt der Eintrag DN oder MDN, so gilt der Darlehensnehmer (DN) als versicherte Person. Der Versicherungsschutz erstreckt sich nicht auf die der versicherten Person bekannten ernstlichen Erkrankungen und Unfallfolgen, wegen derer sie in den letzten 12 Monaten vor Beginn des Versicherungsschutzes ärztlich beraten oder behandelt wurde. Diese Einschränkung gilt nur, wenn der Versicherungsfall innerhalb von 24 Monaten seit Beginn des Versicherungsschutzes eintritt und mit diesen Erkrankungen und Unfallfolgen in ursächlichem Zusammenhang steht.

Rücktritt von der Restschuldversicherung: Die zu versichernde Person (DN bzw. MDN) kann vom Versicherungsvertrag innerhalb eines Monats nach Zahlung des Einmalbeitrages zurücktreten (vgl. § 6 der Bedingungen für die Restschuldversicherung). Zur Wahrung der Frist genügt die rechtzeitige Absendung der Rücktrittserklärung an die UNICA Bank GmbH oder die Berlinische Leben.

(9) Erklärungen des Darlehensnehmers und des Mitdarlehensnehmers
1. Darlehen: Der Darlehensnehmer beantragt/Darlehensnehmer und Mitdarlehensnehmer als Gesamtschuldner beantragen über den Händler bei der Bank Gewährung des oben bezeichneten Darlehens zu den Bedingungen dieses Darlehensantrages **(einschließlich der umseitigen Darlehensbedingungen).** Die Auszahlung des Darlehens zur Abdeckung des Restrechnungspreises soll direkt an den Händler erfolgen. Nimmt die Bank entsprechend den umseitigen Darlehensbedingungen das Fahrzeug an sich, so liegt hierin keine Ausübung eines Rechts, von diesem Darlehensantrag zurückzutreten. Die Bank wird in diesem Fall dem Darlehensnehmer den gewöhnlichen Verkaufswert des Fahrzeuges im Zeitpunkt der Ansichnahme in entsprechender Anwendung des Abschnitts 6.4 der Darlehensbedingungen vergüten.
2. Sicherheiten: Der Darlehensnehmer bestellt hiermit nach Maßgabe von Ziffer 6 der umseitigen Darlehensbedingungen der Bank die folgenden Sicherheiten a) Sicherungsübereignung des Fahrzeugs, b) Sicherungsabtretung von Schadenersatz-, Versicherungs- und Ansprüchen auf Arbeitseinkommen jeder Art sowie c) unwiderrufliche Bezugsberechtigung für die Bank bei Abschluss einer Restschuldversicherung sowie Abtretung aller Ansprüche und Rechte aus dieser Versicherung. Der Mitdarlehensnehmer bestellt hiermit der Bank Sicherheiten an einer etwaigen für ihn abgeschlossenen Restschuldversicherung nach Maßgabe von Ziffer 6.1 e) der umseitigen Darlehensbedingungen.
3. Restschuldversicherung: (gilt nur, wenn der Beitrag in Ziff. 6.5 eingesetzt ist): Der Darlehensnehmer/Mitdarlehensnehmer (die zu versichernde Person) beauftragt die Bank, für ihn als Versicherungsnehmer eine Restschuldversicherung auf den Todes- und Arbeitsunfähigkeitsfall, hilfsweise Todesfall allein, bei der Schweizerischen Rentenanstalt gemäß den beigefügten „Bedingungen für die Restschuldversicherung", die Bestandteil des Antrages sind, abzuschließen.
4. Einziehungsermächtigung: Der Darlehensnehmer/Mitdarlehensnehmer ermächtigt hiermit die Bank widerruflich, die im Zusammenhang mit diesem Darlehensantrag zu entrichtenden Zahlungen bei Fälligkeiten mittels Lastschrift zulasten des folgenden Kontos einzuziehen.

Name des Kreditinstitutes/Ort	BLZ	Konto-Nr.	Kontoinhaber: [Darlehensnehmer (DN) / Mitdarlehensnehmer (MDN)]	
Volksbank Potsdam	502 800 00	298 006 125		DN

5. Ich/Wir bestätige(n) hiermit, eine Kopie dieses Darlehensantrages einschließlich der Belehrung über das Widerrufsrecht (Ziffer 11, unten) und der in Ziffer 9.3 aufgeführten Unterlagen erhalten und hiervon Kenntnis genommen zu haben. Die Allgemeinen Bedingungen für die Restschuldversicherung habe ich bei Vertragsabschluss zur Kenntnis genommen und erhalten. Die Schlusserklärung zur Entbindung von der Schweigepflicht und des Datenschutzes mache ich zum Bestandteil meines Antrags.

(10) Ort/Datum   Darlehensnehmer   Mitdarlehensnehmer

Potsdam, 12.07...

(11) Widerrufsbelehrung (entfällt bei Darlehensaufnahme für eine bereits ausgeübte gewerbliche oder selbstständige berufliche Tätigkeit)
1. Der **Darlehensnehmer** kann seinen Darlehensantrag innerhalb zwei Wochen schriftlich **widerrufen.** Der Widerruf ist an die UNICA Bank GmbH, Stahlstraße 34, Postfach 17 61, 12890 Berlin oder den Händler (Name/Adresse s. o.) zu richten. Die Frist beginnt, sobald dem Darlehensnehmer eine Durchschrift des Darlehensantrags mit dieser Widerrufsbelehrung ausgehändigt worden ist. Zur Wahrung der Frist genügt die rechtzeitige Aushändigung des Widerrufs. Der Widerruf hat die Unwirksamkeit des Darlehens- und des Kaufvertrages für das oben in Ziffer 4 bezeichnete Fahrzeug sowie der etwa mitfinanzierten Restschuldversicherung (oben Ziffer 6) zur Folge.
2. Der **Mitdarlehensnehmer** kann seinen Darlehensantrag ebenfalls **widerrufen.** Für das Widerrufsrecht des Mitdarlehensnehmers gelten die vorstehenden Bestimmungen entsprechend. Die Widerrufsfrist beginnt jedoch erst, wenn dem Mitdarlehensnehmer eine Durchschrift des Darlehensantrags mit dieser Widerrufsbelehrung ausgehändigt worden ist.

Ort/Datum   Darlehensnehmer   Mitdarlehensnehmer

Potsdam, 12.07...

UNICA Bank GmbH, 12890 Berlin, Amtsgericht Berlin-Tiergarten, HRB 2002

Beispiel Darlehensbedingungen der UNICA Bank GmbH (Herstellerbank)

Darlehensbedingungen
(Gelten entsprechend für Mitschuldner, Miteigentümer und Bürgen)

1. **Laufende Verpflichtungen**: Der Darlehensnehmer ist verpflichtet, das Fahrzeug in einwandfreiem Zustand zu halten und notwendige Reparaturen auf seine Kosten sofort ausführen zu lassen. Der Darlehensnehmer ist verantwortlich, dass die gesetzlich vorgeschriebenen Steuern und Versicherungen bezahlt werden. Er ist nicht befugt, über das Fahrzeug ohne Zustimmung der Bank zu verfügen, soweit dadurch ihre Sicherheit beeinträchtigt wird. Er hat die Bank unverzüglich davon zu unterrichten, falls Dritte Ansprüche an dem Wagen geltend machen oder in sonstiger Weise das Sicherungsrecht der Bank gefährdet ist. Ebenso ist jeder Schaden unverzüglich anzuzeigen.

2. Der Darlehensnehmer hat der Bank von jedem Wechsel seines Wohnortes und seines Arbeitgebers Kenntnis zu geben.

3. **Vorzeitige Rückzahlung**:
   a) Der Darlehensnehmer kann das Darlehen nach Ablauf von sechs Monaten nach dem vollständigen Empfang unter Einhaltung einer Kündigungsfrist von drei Monaten ganz oder teilweise kündigen. Eine Kündigung gilt als nicht erfolgt, wenn der Darlehensnehmer den geschuldeten Betrag nicht binnen zweier Wochen nach Wirksamwerden der Kündigung zurückzahlt (§ 489 BGB). Bei vorzeitiger Rückzahlung vergütet die Bank für jeden vollen Monat, um den sich die Laufzeit verkürzt, die nicht verbrauchten staffelmäßig errechneten Kreditgebühren zum zuletzt vereinbarten Gebührensatz.
   b) Bei Darlehen, die in gleichbleibenden Monatsraten getilgt werden, erfolgt die Errechnung der nicht verbrauchten Kreditgebühren nach der Formel
   $$\frac{\text{Restlaufzeit} \cdot (\text{Restlaufzeit} + 1) \cdot \text{Kreditgebühren}}{\text{Laufzeit} \cdot (\text{Laufzeit} + 1)}.$$
   c) Eine Rückvergütung erfolgt nur, sofern die Rückzahlungssumme mindestens zwei Monatsraten umfasst und die Rückzinsen höher als 5,00 EUR sind.
   d) Die Bearbeitungsgebühr wird nicht erstattet.
   e) Zahlt der Darlehensnehmer vor Ablauf der Kündigungsfrist das Darlehen zurück, so ist die Bank nur verpflichtet, die Rückvergütung ab Wirksamwerden der Kündigung vorzunehmen; dem Kunden steht das Recht zu, den vorzeitig gezahlten, noch nicht fälligen Betrag zurückzufordern.

4. **Rückübereignung**: Nachdem das Darlehen einschließlich aller Kosten, auch eventuell solche gegen Mitschuldner bzw. Bürgen, getilgt ist, ist auch die Bank verpflichtet, das Eigentum an dem Fahrzeug auf den Darlehensnehmer zurückzuübertragen, indem sie ihm den Fahrzeugbrief unmittelbar oder über die Verkäufer-/Reparatur-/Vermittlungsfirma aushändigt.

Erfolgt die Befriedigung der Ansprüche der Bank durch die Verkäufer-/Reparatur-/Vermittlerfirma, einen Bürgen oder einen sonstigen Dritten, so ist sie berechtigt, diesen die Forderungen gegen den Darlehensnehmer und das Sicherungseigentum an dem Fahrzeug unter gleichzeitiger Aushändigung des Fahrzeugbriefes zu übertragen.

5. **Besondere Gebühren**: Liegt zwischen der Auszahlung des Darlehens und der Fälligkeit der ersten Rate ein größerer Zeitraum als 30 Tage – bei vierteljährlicher Ratenzahlung größer als 90 Tage – so kann die Bank für jeden weiteren Tag zusätzliche Kreditgebühren unter Zugrundelegung des ursprünglich vereinbarten effektiven Jahreszinssatzes berechnen.

   Bei Verlängerung der Laufzeit von einzelnen Darlehensraten wird die Bank Kreditgebühren ebenfalls nach dem ursprünglich vereinbarten effektiven Jahreszinssatz berechnen. Sie kann ferner für nachstehende Leistungen als Bearbeitungsgebühr verlangen: 4,00 EUR für den Versand des Fahrzeugbriefes, 12,00 EUR für Fahrzeugtausch, 8,00 EUR für eine Änderung der Laufzeit aller noch nicht bezahlten Raten (Umfinanzierung), 10,00 EUR ab dem zweiten Wechsel der Vertragswährung, 25,00 EUR für einen Wechsel des Darlehensnehmers (Vertragsumschreibung) oder des Bürgen. Diese zusätzlichen Gebühren sind sofort fällig.

6. **Zahlungsverzug**: Bei Zahlungsverzug verlangt die Bank Ersatz des Verzugsschadens gemäß den gesetzlichen Bestimmungen.

7. Kündigung durch die Bank: Die Bank kann das Darlehen aus wichtigem Grund zur vorzeitigen Rückzahlung kündigen, insbesondere wenn
   a) der Darlehensnehmer mit mindestens zwei aufeinander folgenden Raten ganz oder teilweise und mindestens 10 %, bei einer Laufzeit des Darlehensvertrages über drei Jahre mit 5 % des Nennbetrages des Darlehens in Verzug ist und die Bank dem Darlehensnehmer erfolglos eine zweiwöchige Frist zur Zahlung des rückständigen Betrages mit der Erklärung gesetzt hat, dass sie bei Nichtzahlung innerhalb der Frist die gesamte Restschuld verlange;
   b) das Sicherungseigentum der Bank an dem Fahrzeug gefährdet oder verloren gegangen ist;
   c) über das Vermögen des Darlehensnehmers ein Insolvenzverfahren beantragt wurde; gegen ihn Zwangsvollstreckungsmaßnahmen eingeleitet wurden oder Wechsel- bzw. Scheckproteste erhoben worden sind;
   d) der Darlehensnehmer, Mitschuldner oder Bürge bei Beantragung des Darlehens falsche Angaben gemacht oder gegen wesentliche Vertragsverpflichtungen verstoßen haben.

Im Falle der Kündigung vermindert sich die Restschuld um die Zinsen und sonstigen laufzeitabhängigen Kosten des Darlehens, die bei staffelmäßiger Berechnung auf die Zeit nach Wirksamwerden der Kündigung entfallen.

8. **Verwertung des Fahrzeuges**:

   a) Zahlen im Falle der Kündigung der Darlehensnehmer eventuelle Mitschuldner oder Bürgen das Darlehen innerhalb der gesetzten Frist nicht zurück, so ist die Bank berechtigt, das Fahrzeug zu verwerten. Den Erlös wird die Bank dem Darlehenskonto gutschreiben. Die mit dem Verkauf im Zusammenhang stehenden Kosten gehen zu Lasten des Darlehensnehmers und sonstiger Mitverpflichteter.

   Erfolgt die Verwertung des Fahrzeuges im Wege der Zwangsversteigerung, so tritt hiermit der Darlehensnehmer seinen eventuell entstehenden Anspruch auf Auszahlung des Versteigerungserlöses oder Teilen desselben an die Bank ab.

   b) Nimmt die Bank das Fahrzeug zur Verwertung zurück, so wird schon jetzt vereinbart, dass sie dem Darlehensnehmer den gewöhnlichen Verkaufswert des Fahrzeugs im Zeitpunkt der Rücknahme vergütet und damit Rücknahme des Fahrzeuges nicht als Ausübung des Rücktrittrechts gilt. **Als gewöhnlicher Verkaufswert wird der am Markt zu erzielende Preis vereinbart.** Zur Feststellung desselben holt die Bank ein Sachverständigengutachten ein, auf dessen Grundlage die Verwertung betrieben wird. Der Darlehensnehmer kann innerhalb von 8 Tagen nach Mitteilung des im Gutachten ermittelten Schätzpreises einen Dritten benennen, der das Fahrzeug zum Schätzpreis oder zu einem höheren Preis abzunehmen verbindlich bereit ist. Ansonsten gilt der von der Bank tatsächlich erzielte Preis als vereinbart.

9. **Haftungsauschluss**: Soweit die Verkäufer-/Reparatur-/ Vermittlerfirma als Erfüllungsgehilfe der Bank tätig ist, haftet die Bank nur für evtl. vorsätzliches oder grob fahrlässiges Verschulden.

10. **Inkasso**: Die Verkäufer-/Reparatur-/Vermittlerfirma ist keine Inkassostelle der Bank.

11. **Erfüllungsort** für alle Rechte und Pflichten aus diesem Vertrag ist Berlin.

12. Gerichtsstand: Für sämtliche Ansprüche aus der Geschäftsverbindung mit Vollkaufleuten einschl. Scheckforderungen ist ausschließlicher Gerichtsstand Braunschweig. Das Gleiche gilt, wenn der Schuldner keinen allgemeinen Gerichtsstand im Inland hat, nach Vertragsabschluss seinen Wohnsitz oder gewöhnlichen Aufenthaltsort aus dem Inland verlegt oder sein Wohnsitz oder gewöhnlicher Aufenthaltsort zum Zeitpunkt der Klageerhebung nicht bekannt ist.

Sicherheiten

Zur Sicherung aller Ansprüche der Bank aus diesem Vertrag werden der Bank folgende Sicherheiten eingeräumt:

1. Der **Darlehensnehmer**, gegebenenfalls Mitschuldner u./o. Bürge, überträgt/übertragen das Eigentum an dem umseitig bezeichneten Fahrzeug nebst allen Bestandteilen und dem gesamten Zubehör auf die Bank. Die Übergabe des Kraftfahrzeuges an die Bank wird dadurch ersetzt, dass zwischen dem Darlehensnehmer, gegebenenfalls Mitschuldner/Bürgen, und der Bank hiermit ein Leihverhältnis vereinbart wird, kraft dessen ihm/ihr das Recht zur Benutzung des Fahrzeuges zusteht/zustehen.

   Steht dem Darlehensnehmer und Mitschuldner/Bürgen ein Anwartschaftsrecht auf Erwerb des Fahrzeuges zu, wird dieses hiermit an die Bank abgetreten.

   Sofern das Fahrzeug im Besitz eines Dritten ist, tritt/treten der Darlehensnehmer und Mitschuldner/Bürgen die Ansprüche auf Herausgabe und Übereignung an die Bank ab.

   Der Fahrzeugbrief (Zulassungsbescheinigung Teil II) ist der Bank auszuhändigen.

2. Er/sie tritt/treten sämtliche Ansprüche ab, die ihm/ihnen im Falle einer Beschädigung des Fahrzeuges gegen den Schädiger und/oder dessen Versicherung zustehen. Ferner tritt er/treten sie seine/ihre Ansprüche aus dem Kraftfahrzeug-Versicherungsvertrag und auf Rückerstattung unverbrauchter Versicherungsprämien an die Bank ab und ermächtigt/ermächtigen die Versicherungsgesellschaft zur Ausstellung eines auf die Bank lautenden Sicherungsscheines.

3. a) Der **Darlehensnehmer** tritt den jeweils pfändbaren Teil seiner Lohn- und Gehaltsforderungen sowie seine Provisions- und Rentenansprüche, Ansprüche auf Zahlung von Tantiemen, Gewinnbeteiligungen und Abfindungen aus seinem Arbeits- und/oder Dienstverhältnis ab. Ferner tritt er seine Ansprüche auf laufende Geldleistungen gem. § 53 Abs. 3 Sozialgesetzbuch (SGB I) – soweit sie den für Arbeitseinkommen geltenden unpfändbaren Betrag übersteigen – gegen den jeweiligen Leistungsträger ab, dies sind insbesondere Ansprüche auf Zahlungen von Arbeitslosengeld, Arbeitslosenhilfe, Erwerbsunfähigkeits- und Hinterbliebenenrente.

   b) Die Abtretung sichert auch Forderungen nach den Vorschriften des BGB zu Verbraucherdarlehen sowie aus ungerechtfertigter Bereicherung.

   c) Die Abtretung ist der Höhe nach begrenzt auf die Darlehenssumme zzgl. einer Pauschale von 20 % zur Deckung etwaiger Rechtsverfolgungskosten und Verzugszinsen.

2.1.3 Zusatzvereinbarung bei der Drei-Wege-Finanzierung

Auf der Basis einer Zusatzvereinbarung zum Kaufvertrag (s. S. 189) hat der Kunde (Darlehensnehmer) einen Monat vor Ablauf des Darlehensvertrages drei Wahlmöglichkeiten:

- **Kauf (Übernahme):** Der Kunde kann durch Zahlung der Schlussrate das Eigentum am Fahrzeug endgültig erwerben.

- **Anschlussfinanzierung:** Sie garantiert dem Kunden die Anschlussfinanzierung der Schlussrate zu den Bedingungen einer Gebrauchtwagenfinanzierung. Voraussetzung ist, dass der Kunde seine Darlehensraten bisher pünktlich geleistet hat und dass das Fahrzeug sich in einem vertragsgemäßen Zustand befindet.

- **Rückkauf durch den Händler:** Der Kunde kann das Fahrzeug am Tag der Fälligkeit der Schlussrate an den Händler zurückgeben. Der Händler kauft das in vertragsgemäßem Zustand befindliche Fahrzeug zu einem garantierten Mindestbetrag (dieser entspricht der Schlussrate) zurück, auch wenn der Preis für das Fahrzeug auf dem Gebrauchtwagenmarkt in der Zwischenzeit gesunken sein sollte. Der Kunde muss in diesem Fall die Schlussrate nicht bezahlen, denn der vereinbarte Rückkaufpreis, den der Händler an die Bank entrichtet, entspricht der Schlussrate. Der Kunde zahlt außerdem eine Rate weniger; denn er fährt das Fahrzeug z. B. 48 Monate und zahlt lediglich 47 Monatsraten.

2.1.4 Vorteile des Finanzierungsangebots für das Autohaus

Ein gut durchdachtes Finanzierungsangebot bringt dem Autohaus folgende Vorteile:

- Zusatzerträge, da sich der Kunde eine Sonderausstattung bzw. weiteres Zubehör leisten kann;

- ggf. Provisionserträge für die Vermittlung von Krediten der Herstellerbank;

- ggf. Provisionserträge für die Vermittlung der Restschuldversicherung;

- mehr Fahrzeugverkäufe; durch die maßgerechte Finanzdienstleistung entscheidet sich der Kunde oft erst für einen Fahrzeugkauf;

- höhere Umschlagshäufigkeit, da Kreditkunden erwiesenermaßen schneller ihr altes durch ein neues Fahrzeug ersetzen (Barzahlungskunden fahren ihr Fahrzeug durchschnittlich 58 Monate, während die Fahrzeughaltedauer bei Kreditkunden nur 38 Monate beträgt);

- höhere Kundenbindung, etwa 70 % der Kreditkunden kaufen wieder beim gleichen Autohändler (bei Barzahlung sind es nur etwa 40 %);

- höhere Kundenzufriedenheit, da der Verkaufsberater dem Kunden mithilfe der Finanzdienstleistung zeigen kann, dass ihm die Lösung der Finanzierungsfragen des Kunden (welcher Kunde hat die nicht?) wichtig ist.

Die Bedeutung der Finanzdienstleistung für den Autokauf wird von den Marktforschungsergebnissen eines großen Fahrzeugherstellers auf Testmärkten in Magdeburg und Bremen belegt. Auf die Frage „Hätten Sie sich auch ohne das Finanzierungsangebot ihres Autohauses Ihren Neuwagen leisten können?" antworteten

32 % der Kunden: „Ich hätte mir ein billigeres Auto gekauft";   23 % der Kunden: „Ich hätte das Auto später gekauft";   18 % der Kunden: „Ich hätte mir eine andere Marke gekauft";   14 % der Kunden: „Ich hätte kein Auto gekauft";   14 % der Kunden: „Ich hätte mir einen Gebrauchtwagen gekauft".

(Mehrfachantworten waren möglich.)

Finanzdienstleistungen eines Kraftfahrzeugunternehmens

Beispiel   Zusatzvereinbarung zum Kaufvertrag (mit verbrieftem Rückgaberecht)

UNICA BANK
SMARTBUY®

Firma (Händler):	Kunde (Käufer und Darlehensnehmer):
Autohaus Fritz GmbH Am Templiner See 12 14471 Potsdam Tel. 0331 903232	Bernd Klüwer

Zusatzvereinbarung zum Kaufvertrag vom : __12. Juli ..__

über das Fahrzeug (Hersteller / Modell) : __UNICA PRIMOS__

Ausstattung laut Kaufvertrag : __s. o.__

[1] vereinbarte Gesamt-Kilometerleistung : __60 000__ km   Nutzungsart: __privat__

[2] Schlussrate / Mindestwert / Rückkaufpreis : __5 025,00__ EUR   fällig am: __1. August 2016__

in Worten : __fünf-null-zwei-fünf__

Abrechnungssätze je   [3] a-Kilometer : __0__ Ct   [4] Minder-Kilometer: __0__ Ct

Zur Finanzierung des im Kaufvertrag vereinbarten Kaufpreises hat der Käufer (Kunde) das von der UNICA Bank GmbH (Bank) angebotene Finanzierungsprogramm SmartBuy gewählt. Im Rahmen dieses Programms schließt der Kunde einen Darlehensvertrag mit der Bank ab. Dieser Darlehensvertrag beinhaltet gleiche monatliche Raten sowie eine Schlussrate / Mindestwert. Besonderer Vorteil des Programms SmartBuy ist, dass dem Kunden einen Monat vor Ablauf des Darlehensvertrages folgende

zur Verfügung stehen: **DREI WAHLMÖGLICHKEITEN**

1. **Kauf / Übernahme:** Der Kunde kann durch Zahlung der Schlussrate das Eigentum am Fahrzeug endgültig erwerben.

2. **Anschlussfinanzierung:** Die Bank garantiert dem Kunden – wenn der Kunde sämtliche vor der Schlussrate fällig gewordenen Darlehensraten ordnungsgemäß und pünktlich geleistet hat und sich das Fahrzeug in einem vertragsgemäßen Zustand befindet – die Anschlussfinanzierung der Schlussrate zu den dann gültigen Bedingungen für Gebrauchtwagenfinanzierungen. Zu diesem Zweck schließt der Kunde mit der Bank einen neuen Darlehensvertrag ab, in dem die Zahlung der Schlussrate kreditiert wird und der an die Stelle des bisherigen Darlehensvertrages tritt.

3. **Rückkauf:** Der Kunde kann das Fahrzeug am Tag der Fälligkeit der Schlussrate an den Händler zurückgeben. Der Händler wird das in altersgerechtem, einwandfreien Zustand befindliche Fahrzeug zum garantierten Mindestwert vom Kunden zurückkaufen. Der Kunde braucht in diesem Falle nicht die Schlussrate zu bezahlen, denn der Rückkaufpreis, den der Händler dem Kunden schuldet und unmittelbar an die Bank entrichtet, entspricht bei vertragsgemäßem Zustand des Fahrzeugs der Schlussrate, auch wenn etwa der Preis für das Fahrzeug auf dem Gebrauchtwagenmarkt in der Zwischenzeit gesunken sein sollte (Mindestwertgarantie).

Nimmt der Kunde die Rückkaufgarantie in Anspruch, so gelten ergänzend zum Kaufpreis die folgenden Bestimmungen:

a. Hat der Kunde sämtliche vor der Schlussrate fällig gewordenen Darlehensraten ordnungsgemäß und pünktlich an die Bank geleistet, so ist der Händler verpflichtet, auf Anerbieten des Kunden das Fahrzeug vom Kunden zurückzukaufen. Den Rückkaufpreis wird der Händler danach an die Bank zur Verrechnung mit der restlichen Darlehensschuld (Schlussrate) überweisen.

b. Der Rückkaufpreis entspricht der gemäß Ziffer 7 des Darlehensvertrages zwischen Kunde und Bank vereinbarten Schlussrate (siehe [2] oben). Dabei ist vorausgesetzt, dass

   – das Fahrzeug bei Rückgabe eine Gesamtkilometerleistung aufweist, die der oben in [1] vereinbarten Kilometerleistung entpricht;

   – sich das Fahrzeug bei Rückgabe in einem dem Alter und der vereinbarten Kilometerleistung entsprechenen Erhaltungszustand befindet, frei von Schäden sowie verkehrs- und betriebssicher (vertragsgemäßer Zustand) ist. Über den Zustand wird bei Rückgabe durch den Händler ein gemeinsames Protokoll angefertigt und von beiden Vertragspartnern oder ihren Bevollmächtigten rechtsverbindlich unterzeichnet.

c. Der Rückkaufpreis erhöht sich um den oben in [4] genannten Betrag je Kilometer, um den die vereinbarte Fahrleistung unterschritten wird. Der Rückkaufpreis vermindert sich um den oben in [3] genannten Betrag je Kilometer, um den die vereinbarte Fahrleistung überschritten wird. Eine Abweichung bis zu 2 500 km von der vereinbarten Kilometerleistung bleibt bei der Berechnung unberücksichtigt.

d. Befindet sich das Fahrzeug nicht in vertragsgemäßem Zustand, so vermindert sich der Rückkaufpreis außerdem um die sich daraus ergebende Wertminderung des Fahrzeuges. Können sich die Vertragspartner über die Wertminderung nicht einigen, wird der Wert des Fahrzeuges auf Veranlassung einer Vertragspartei durch einen öffentlich bestellten und vereidigten Sachverständigen oder ein unabhängiges und unparteiisches Sachverständigenunternehmen als Schiedsgutachter ermittelt. Die Kosten tragen die Vertragsparteien je zur Hälfte. Der Rechtsweg wird nicht ausgeschlossen.

e. Der Händler erstellt über die Höhe des Rückkaufpreises eine Abrechnung. Eine gemäß Ziffer c. und d. berechnete Minderung des Rückkaufpreises hat der Kunde zum Zeitpunkt der Fälligkeit der Schlussrate oder, falls die Abrechnung durch den Händler zu einem späteren Zeitpunkt erfolgt, bei Erhalt der Abrechnung an den Händler zu zahlen. Eine gemäß Ziffer c. berechnete Erhöhung des Rückkaufpreises hat der Händler an den Kunden bei Fälligkeit der Schlussrate zu zahlen.

f. Der Kunde hat die Ausübung der Rückkaufoption spätestens einen Monat vor Fälligkeit der Schlussrate dem Händler gegenüber zu erklären. Spätestens eine Woche vor Fälligkeit der Schlussrate hat der Kunde das Fahrzeug dem Händler zwecks Bewertung vorzuführen.

g. Nach Ausübung der Rückkaufoption wird der Händler den Rückkaufpreis in der Weise entrichten, dass er für Rechnung des Kunden einen Betrag in Höhe der Schlussrate bei Fälligkeit an die Bank zahlt. In Höhe des Betrages, den die Bank von dem Händler erhält, wird der Kunde gegenüber der Bank von der Zahlung der Schlussrate befreit.

h. Mit Zahlung des oben in [2] vereinbarten Rückkaufpreises durch den Händler an die Bank geht das Eigentum an dem Fahrzeug von der Bank auf den Händler über. Der Kunde überträgt hiermit dem Händler sein Anwartschaftsrecht gegenüber der Bank auf Rückübertragung des Eigentums am Fahrzeug.

i. Zahlt der Händler den vereinbarten Rückkaufpreis bei Fälligkeit der Schlussrate, gleich aus welchem Grunde, nicht oder nicht vollständig an die Bank, bleibt der Kunde gegenüber der Bank zur Zahlung der Schlussrate verpflichtet. Mit Zahlung der Schlussrate durch den Kunden an die Bank geht das Eigentum an dem Fahrzeug von der Bank auf den Kunden über.

j. Diese Zusatzvereinbarung erlischt, wenn der Darlehensvertrag von der Bank oder dem Kunden vorzeitig gekündigt wird.

4. **Die Bank ist berechtigt, die zur Durchführung dieser Vereinbarung erforderlichen Daten an den Händler weiterzugeben.**

Ort / Datum	Händler	Kunde / Darlehensnehmer
Potsdam, 12. Juli ..	*Fritz*	*Klüwer*

Lernfeld 12

Aufgaben

1. Bilden Sie mehrere **Arbeitsgruppen**. Schreiben Sie die Begriffe a) bis n) auf Kärtchen (eine Frage pro Kärtchen). Beantworten Sie in den Gruppen die Fragen und schreiben Sie die Lösungen auf das jeweilige Kärtchen. Veranstalten Sie in Ihrer Gruppe ein Frage-Antwort-Spiel (wer die meisten Kärtchen gewinnt, ist Gruppensieger). Die Gruppensieger können anschließend den Klassensieger des **Gruppenturniers** unter sich ausspielen.

   Begriffe:
   a) Standardkredit
   b) Drei-Wege-Finanzierung
   c) Schlussrate
   d) Haushaltskostenrechnung
   e) Kreditwürdigkeitsprüfung
   f) SCHUFA-Abfrage
   g) Selbstauskunft
   h) Bürge
   i) Mitdarlehensnehmer
   j) Höchstbetragsbürgschaft
   k) Legitimationsprüfung
   l) effektiver Jahreszins
   m) Restschuldversicherung
   n) garantierter Mindestwert

2. a) Inwiefern sind Finanzierungsangebote der Automobilhersteller und -händler ein wichtiges Absatzinstrument?
   b) Unterscheiden Sie zwischen Standardkredit und Autokredit (Schlussratenkredit, Drei-Wege-Finanzierung).
   c) Interpretieren Sie die Tabelle auf Seite 177.
   d) Diskutieren Sie über den Beitrag „Bar zahlen oder finanzieren?" auf S. 178.

3. Erläutern Sie den Bildschirmausdruck (Eingabemaske Finanzierung) auf Seite 180.

4. Sie sind Mitarbeiter im Verkauf des Autohauses Fritz. Für ein Finanzierungsangebot liegen folgende Angaben vor:
   Verkaufspreis des LUXERA: 25 000,00 EUR;
   Laufzeit des Autokredits: 36 Monate;
   Monatsrate: 350,00 EUR;
   Schlussrate: 10 000,00 EUR;
   Anzahlung 5 000,00 EUR.
   Der Kunde will den Zinsvorteil errechnet haben, den ein Autokredit bringt. Er kann sein Geld zu 6 % p. a. verzinslich anlegen.
   a) Berechnen Sie den Zinsanteil in den Raten.
   b) Errechnen Sie den Zinsvorteil des Kunden.

5. Simulieren Sie ein Kundengespräch (kurzes **Rollenspiel**), in dem Sie auch die Vorteile der Finanzdienstleistungen Ihres Autohauses herausstreichen und auf Einwendungen des Neuwagenkunden (z. B. Barzahlung ist günstiger) reagieren.

6. Nehmen Sie zu folgender Aussage Stellung.

   ### Freie Wahl beim Finanzieren

   Bei der Finanzierung hat der Autokäufer die Wahl: Außer Barzahlung sind Kredit-, Leasing- oder Drei-Wege-Finanzierung möglich. Bei der Kreditfinanzierung kann der Kunde zwischen seiner Hausbank, anderen Geldinstituten oder der Autobank des Herstellers wählen. Letztere hat häufig die günstigsten Konditionen. Grund: Hersteller und Händler subventionieren den Kredit, um den Autoverkauf anzukurbeln. Nachteil: Rabatte auf den Listenpreis des Wunschautos sind nur noch eingeschränkt zu haben. Anders der Weg über die Hausbank: Wer hier seinen Kredit aufnimmt, muss zwar einen höheren – den marktüblichen – Zinssatz zahlen. Er kann jedoch als Barzahler wieder mit dem Händler um den Kaufpreis feilschen.

Finanzdienstleistungen eines Kraftfahrzeugunternehmens

7. Vergleichen Sie die auf den Seiten 186 bis 187 abgedruckten Darlehensbedingungen mit denen Ihrer Herstellerbank bzw. Ihres Autohauses.

8.

> **Kunde trägt Finanzierungsrisiko beim Erwerb eines Fahrzeugs**
> Schadenersatz bis zu 15 % vom Kaufpreis möglich
>
> Kunden, die Kaufverträge für Neufahrzeuge unterschreiben, tragen auch das Finanzierungsrisiko. Dies auch dann, wenn die Finanzierung von der Zusage eines Kreditinstituts abhängt.
>
> Das Oberlandesgericht Oldenburg hatte einen Fall zu entscheiden, in dem ein Kunde ein Fahrzeug erwerben und es über die Partnerbank des Autohauses finanzieren lassen wollte. Ohne die Zustimmung der Bank abzuwarten, unterschrieb er den Kaufvertrag. Dieser Kaufvertrag enthielt den Absatz: „Bezahlung bei Erstzulassung bzw. Finanzierung nach beigefügtem Angebot". Allerdings verweigerte die Bank den Kredit und das Autohaus verlangte Schadenersatz. Zu Recht, wie die Richter entschieden. Der Käufer trägt das Finanzierungsrisiko, auch dann, wenn er vor lauter Freude über das neue Fahrzeug den Kaufvertrag unterschreibt, ohne vorher die Finanzierung zu klären. Das Risiko trägt er auch dann, wenn er dem Verkäufer erklärt hat, dass er das Fahrzeug wird fremd finanzieren müssen.
>
> Das Autohaus ist in solchen Fällen berechtigt, Schadenersatz zwischen zehn und 15 % des Kaufpreises vom Kunden zu verlangen (Oberlandesgericht Braunschweig, Aktenzeichen 4 U 13/97).
>
> **(Quelle: ex, Kunde trägt Finanzierungsrisiko beim Erwerb eines Fahrzeugs, in: kfz-betrieb vom 15. April 1999, S. 5)**

a) Wie kann eine gute Verkaufskraft eine Situation, wie sie in der Zeitungsmeldung geschildert wird, von vornherein vermeiden?
b) Weshalb liegt es im Interesse des Autohauses, dass solche Vorkommnisse nicht geschehen?

2.2 Leasingfinanzierung als Serviceangebot

> Immer mehr Autokäufer nutzen trotz gefüllten Bankkontos die Finanzdienstleistungen der Autobanken. Sie bekommen damit „alles aus einer Hand" (One-Stop-Shopping).

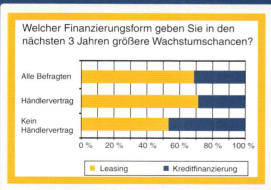

Fahrzeugklasse	Leasinganteil
Transporter	53,53 %
Luxusklasse	52,99 %
Oberklasse	46,26 %
Obere Mittelklasse	37,91 %
SUV	34,12 %
Mittelklasse	28,67 %
Van	28,18 %
Cabrio	23,63 %
Untere Mittelklasse	19,55 %
Kleinwagen	18,57 %

Die Frage nach der Wichtigkeit des Leasings für den Automobilabsatz beantworteten 3/4 der Unternehmen mit den Kategorien „wichtig" und „sehr wichtig". Dieser Anteil liegt in der Gruppe der Vertragshändler noch deutlich höher bei über 85 %. Insbesondere im Geschäftskundensegment spielt die Leasingfinanzierung für den Automobilhandel eine sehr wichtige Rolle. Hier ist eine signifikant positive Korrelation zwischen dem Anteil der Geschäftskunden am Umsatz und der Beurteilung der Wichtigkeit festzustellen. Durch diese Art der Finanzierung kann seitens der Händler auch die Kundenbindung intensiviert werden, da Leasingverträge eine Dauer von 24 bis 36 Monaten in der Regel nicht überschreiten. Am Ende der Leasinglaufzeit wird das Fahrzeug wieder dem Leasinggeber übergeben. Bei anderen Finanzierungsformen wird sich der Kunde häufig erst wieder nach durchschnittlich 60 Monaten für einen Neuwagen interessieren.

(Quelle: Manfred Steiner (Hrsg.): Leasing im Automobilhandel – Eine Studie des Lehrstuhls für Finanz- und Bankwirtschaft der Universität Augsburg, 2005, S. 10 f.)

Nehmen Sie zu den oben dargestellten Ergebnissen der Leasingstudie Stellung.

2.2.1 Was ist Leasing? – Jedenfalls kein Mietkauf!

Die mittel- und langfristige Überlassung der Nutzungsrechte an Anlagegegenständen gegen Entgelt bezeichnet man als **Leasing**[1]. Beteiligte des Leasinggeschäfts sind der *Hersteller bzw. Händler* des Leasingguts, der *Leasingnehmer* und der *Leasinggeber* (Leasinggesellschaft). Leasing ist eine *Sonderform der Fremdfinanzierung*, da der Leasinggeber nicht Geldkapital zur Verfügung stellt sondern Sachkapital (z. B. Fahrzeug, Gebäude).

Im Gegensatz zur reinen Miete bzw. Pacht richtet sich das Hauptaugenmerk des Leasings nicht auf die bloße Gebrauchsüberlassung von Gegenständen ohne bzw. mit Fruchtgenuss, sondern auf *die Finanzierungs- und Serviceleistung*. Die monatlichen Leasingraten sollen nicht mittels Eigen- oder Fremdkapital aufgebracht werden, sondern aus den laufenden Erträgen, die mit dem Leasinggut erwirtschaftet werden. Man will investieren, ohne Kapital einzusetzen und Finanzmittel zu binden. Die Formel lautet: „Pay as you earn!" oder „Die Investition soll sich selbst bezahlen!"

Vom Leasing ist der **Mietkauf** zu unterscheiden. Beim Mietkauf steht von vornherein fest, dass der Mieter (Kunde) den Mietgegenstand (meist ein Konsumgut) am Ende der Mietdauer übernimmt. Ein gewerblicher Mieter muss deshalb den durch Mietkauf finanzierten Anlagegegenstand bilanzieren. Die Mietraten sind so hoch bemessen, dass der Mieter quasi am Ende des Mietvertrags zum Kauf gezwungen wird, da er bei der Rückgabe einen unangemessenen Verlust (die gezahlten Mieten übersteigen die Wertminderung durch Gebrauch erheblich) erleiden würde.

2.2.2 Leasingarten – was darf es denn sein?

Leasing verwirklicht den Grundsatz, dass Güter, die im Laufe der Zeit an Wert gewinnen, gekauft, während Güter, die durch Gebrauch oder technischen Wandel an Wert verlieren, gemietet werden sollten. Es gibt heute kaum ein Objekt, das nicht im Wege des Leasings angeschafft werden kann. Geleast werden Fahrzeuge aller Art, Produktions- und Büromaschinen, Computer, Lager-, Büro-, Produktionsgebäude samt Einrichtung, der Düsenjet der Fluggesellschaft, die Arbeitskleidung der Mitarbeiter, die Tischwäsche im Restaurant, das Ölgemälde im Foyer – ja sogar Löwen in einem Safaripark.

---

[1] To lease (engl.) = jemandem etwas überlassen, verpachten, vermieten

Kann der Gegenstand nur vom Leasingnehmer allein sinnvoll genutzt werden (auf den Leasingnehmer zugeschnittene Spezialmaschine oder -einrichtung), dann spricht man von **Spezialleasing**, das betriebswirtschaftlich und steuerlich als Kauf behandelt wird.

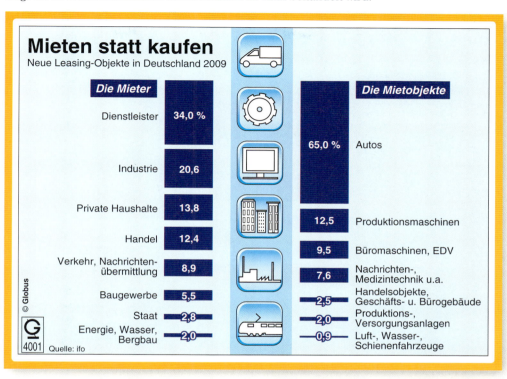

Leasingarten im Überblick

Nach dem Leasinggut	**Mobilienleasing:** Leasinggut ist beweglich (z. B. Pkw, Computer). **Immobilienleasing:** Leasinggut ist ein Gebäude.
Nach der Leasingdauer	**Operate Leasing (Gebrauchsleasing):** Kurzfristiges Leasen (unter einem Jahr), wobei der Leasinggeber das Investitionsrisiko (z. B. zweckfremde Nutzung, Gefahr des Untergangs, Veräußerungsrisiko) trägt. Das Operate Leasing kommt, bis auf besondere mietuntypische Serviceleistungen (z. B. Wartung), der reinen Miete sehr nahe. Operate Leasingverträge sind jederzeit unter Einhaltung der vereinbarten Kündigungsfrist kündbar. **Finance Leasing (Finanzierungsleasing):** Langfristiges Leasen, wobei eine unkündbare Grundmietzeit vereinbart wird, während der der Leasingnehmer das Investitionsrisiko trägt. Der Leasinggeber übernimmt lediglich das Kreditrisiko und bestimmte vereinbarte Dienstleistungen.
Nach dem Leasinggeber	**Direktes Leasing:** Hersteller vermietet das Leasinggut selbst oder über eine herstellereigene Leasinggesellschaft. **Indirektes Leasing:** Herstellerunabhängige Gesellschaft vermietet das Leasinggut.

Als Leasinggeber treten *herstellerabhängige* Leasinggesellschaften (in der Regel Tochtergesellschaften von Herstellern) oder *herstellerunabhängige, freie* Leasinggesellschaften auf (meist Tochtergesellschaften von Kreditinstituten). Das Leasing über herstellergebundene Leasinggesellschaften wird als **direktes Leasing** bezeichnet, weil der Leasingnehmer (Kunde) den Leasinggegenstand unmittelbar vom Hersteller erhält. Das direkte Leasing wird auch als *unechtes Leasing* bezeichnet, da Kundenkontakt, Absatzfinanzierung und Serviceleistungen im Vordergrund stehen. Beim **indirekten Leasing** erhält der Leasingnehmer den Leasinggegenstand von einer herstellerunabhängigen Leasinggesellschaft, die das Leasinggut zuvor vom Hersteller erworben hat. Die Leasinggesellschaft übernimmt beim indirekten Leasing lediglich die Finanzierungsaufgabe.

Beispiele   herstellereigene Leasinggesellschaften: Volkswagen Leasing GmbH, Opel Leasing GmbH & Co. OHG; herstellerunabhängige Leasinggesellschaften: ALD Auto Leasing GmbH, Deutsche Leasing AG

Der Kfz-Händler kann sowohl mit der Leasinggesellschaft seines Herstellers als auch mit freien Leasinggesellschaften zusammenarbeiten.

2.2.3 Vertragsmodelle beim Finanzierungsleasing

Nach der vertraglichen Ausgestaltung des Leasings werden Voll- und Teilamortisationsverträge[1] unterschieden.

Vollamortisationsvertrag

Sind die Leasingraten so bemessen, dass der Leasingnehmer während der vereinbarten unkündbaren Grundmietzeit die Anschaffungskosten sowie alle Nebenkosten einschließlich Finanzierungskosten und Gewinn für den gemieteten Gegenstand aufbringt, dann handelt es sich um einen **Vollamortisationsvertrag**.

---

[1] Amortisieren = allmählich tilgen

Überschreitet die Nutzungsmöglichkeit des Leasingguts die Grundmietzeit, dann sind folgende Vertragsregelungen (diese müssen bereits beim Abschluss des Leasingvertrags vereinbart werden) möglich:

- **Vertrag ohne Kauf- oder Mietverlängerungsoption[1]:** Der Leasingnehmer gibt den Leasinggegenstand nach Ablauf der Grundmietzeit an den Leasinggeber zurück.

- **Vertrag mit Mietverlängerungsoption:** Der Leasingnehmer kann den Leasinggegenstand nach Ablauf der Grundmietzeit weiterhin mieten.

- **Vertrag mit Kaufoption:** Der Leasingnehmer ist berechtigt, den Leasinggegenstand nach Ablauf der Grundmietzeit zu einem festgelegten Preis zu kaufen.

- **Vertrag mit Kauf- oder Verlängerungsoption:** Der Leasingnehmer kann den Leasinggegenstand nach Ablauf der Grundmietzeit kaufen oder weiterhin mieten.

Teilamortisationsvertrag

Bringt der Leasingnehmer über seine Leasingraten *weniger als den vollen Kaufpreis (einschließlich Verzinsung)* für den gemieteten Gegenstand auf, dann handelt es sich um einen **Teilamortisationsvertrag**. Grundsätzlich schuldet der Leasingnehmer auch hier die Vollamortisation, was durch folgende Vertragsregelungen sichergestellt wird (diese müssen bereits beim Abschluss des Leasingvertrags vereinbart werden):

- **Vertrag mit Andienungsrecht des Leasinggebers:** Wenn keine Mietverlängerung zustande kommt, verpflichtet sich der Leasingnehmer, den Leasinggegenstand nach Ablauf der Grundmietzeit zu einem vereinbarten Preis abzunehmen. Er hat jedoch kein Kaufoptionsrecht, da der Leasinggeber von seinem Andienungsrecht nicht Gebrauch machen muss. Der Leasinggeber kann damit von einer Wertsteigerung des Leasingguts profitieren.

- **Vertrag mit Aufteilung des Mehrerlöses:** Der Leasinggeber verkauft den Leasinggegenstand nach Ablauf der Grundmietzeit. Ist der Veräußerungserlös niedriger als der Restbuchwert, dann muss der Leasingnehmer die Differenz zwischen Restbuchwert und Veräußerungserlös zu 100 % zahlen. Ist der Veräußerungserlös höher als der Restbuchwert, dann wird dieser Betrag zwischen Leasinggeber und Leasingnehmer aufgeteilt. Der Leasingnehmer erhält höchstens 75 % des Mehrerlöses, der Leasinggeber mindestens 25 %.

- **Kündbarer Leasingvertrag mit Schlusszahlung:** Der Leasingnehmer kann den auf unbestimmte Zeit abgeschlossenen Leasingvertrag frühestens nach Ablauf der Grundmietzeit (40 % der Nutzungsdauer) kündigen. Für den noch nicht amortisierten Teil des Anschaffungswerts hat der Leasingnehmer eine Abschlusszahlung zu leisten. Auf diese Zahlung wird ihm ein bestimmter Prozentsatz (meist 90 %) des Veräußerungserlöses angerechnet. Ist die Summe aus 90 % des Veräußerungserlöses und gezahlten Leasingraten niedriger als die Gesamtausgaben des Leasinggebers, dann muss der Leasingnehmer den Differenzbetrag als Schlusszahlung leisten. Im umgekehrten Falle darf der Leasingnehmer den Differenzbetrag im vollen Umfang behalten.

Vertragsmodelle beim Kraftfahrzeug-Leasing

Beim Leasen von Fahrzeugen sind die Vertragsvarianten Leasing mit Kilometerabrechnung und Leasing mit Restwertabrechnung üblich.

Leasing mit Kilometerabrechnung – Closed End

Das Vertragsmodell **Leasing mit Kilometerabrechnung** (Closed-End-Leasing) kommt den Merkmalen des Operate Leasings sehr nahe. Es werden Laufzeiten zwischen einem Monat und 54 Monaten angeboten. Der Leasingnehmer hat mit dem Vermarktungsrisiko des Leasingguts nach

---

[1] Option = Möglichkeit, Recht

Ablauf des Leasingvertrags nichts zu tun und zahlt ausschließlich für die Nutzung. Das Restwertrisiko liegt allein beim Leasinggeber. Da keine Gebrauchtwagenabrechnung erfolgt, heißt dieses Vertragsmodell auch Closed-End-Leasing bzw. Leasing mit fixem (festem) Restwert.

Der Leasinggeber berechnet am Ende der Laufzeit:

- Schäden, die über den vertragsgemäßen Gebrauch nach Alter und Fahrleistung hinausgehen;
- die innerhalb einer Kulanz- bzw. Freigrenze von plus/minus 2 500 bzw. 5 000 Kilometern gefahrenen Mehrkilometer in der Regel mit 0,03 % des Fahrzeugwerts in Cent (oder 15 Cent/km) und vergütet Minderkilometer in der Regel mit 0,02 % des Fahrzeugwerts in Cent (oder 5 Cent/km).

Beispiel Der Neuwert des Fahrzeugs beträgt 12 405,00 EUR (UPE), die Kilometerabrechnung erfolgt auf der Basis von 15 000 Kilometern. Der Kunde ist 19 000 Kilometer gefahren und hat einen kleinen Schaden (Schätzwert 100,00 EUR) am Fahrzeug verursacht. Die Fahrleistung des Kunden liegt somit 1 500 Kilometer über der Freigrenze von 2 500 Kilometer.

Der Leasinggeber berechnet die Mehrkilometer wie folgt:

1 500 Kilometer · 12 405 Cent · 0,03 % = 1 500 · 3,7215 Cent = 55,82 EUR

Mit dem Schaden muss der Kunde bei Rückgabe des Fahrzeugs 155,82 EUR bezahlen.

Ist abzusehen, dass die Gesamtfahrleistung erheblich über- oder unterschritten wird, dann kann jede Vertragspartei verlangen, dass über eine entsprechende Anpassung der Leasingraten und eine Neufestsetzung der Gesamtfahrleistung verhandelt wird.

Viele Leasinggeber (Leasinggesellschaften) treffen mit dem Autohändler eine Rückkaufvereinbarung zu bestimmten **Rücknahmewerten**, um sich so vor dem Risiko des Mindererlöses zu schützen. Die Höhe der Rücknahmewerte richtet sich nach sogenannten Empfehlungswerten, die aus einer Mischung von eigenen Erfahrungswerten, Schwackeliste und DAT-Marktberichten errechnet werden. Der kalkulierte Rücknahmewert ist von Fahrzeugtyp, Laufzeit und kalkulierter Laufleistung abhängig und wird als Prozentsatz des Fahrzeugwerts (UPE) ausgedrückt.

Beispiel Auszug aus der UNICA-Liste der Rücknahmewerte (Restwertabrechnung)

Restwertgruppen (RWG)		Laufzeit	Kilometer	Gruppe 1	Gruppe 2	Gruppe 6
1	PRIMOS Limousine	12 Mo	20 000	70 %	68 %	57 %
2	MAGNA Limousine	12 Mo	40 000	65 %	64 %	53 %
3	LUXERA Limousine	12 Mo	60 000	61 %	59 %	49 %
4	PRIMOS Kombi	12 Mo	90 000	54 %	52 %	42 %
5	MAGNA Kombi	12 Mo	120 000	48 %	46 %	35 %
6	LUXERA Cabriolet	18 Mo	25 000	65 %	64 %	55 %

Das Leasing mit Kilometerabrechnung ist inzwischen vorherrschend, da Kilometerverträge in hohem Maße den Wunsch nach Kostentransparenz, Kostensicherheit, Flexibilität und einem unproblematischen Umstieg auf ein neues Fahrzeug erfüllen.

Leasing mit Restwertabrechnung – Open-End-Leasing

Die Vertragsvariante **Leasing mit Restwertabrechnung** (Open-End-Leasing) entspricht einem Finance Leasing mit Teilamortisation. Die Laufzeiten solcher Leasingverträge liegen zwischen 40 % und 90 % der betriebsgewöhnlichen Nutzungsdauer des Fahrzeugs. Daraus ergeben sich bei einer betriebsgewöhnlichen Nutzungsdauer von 72 Monaten (6 Jahre) Laufzeiten zwischen 28 und 64 Monaten.

Nach Ablauf der Grundmietzeit erfolgt in der Regel eine Aufteilung des Mehrerlöses, der sich aus der Differenz zwischen kalkuliertem Restwert und dem tatsächlichen Verkaufserlös ergibt. Das Vermarktungsrisiko trägt bei diesem Vertragsmodell der Leasingnehmer. Er muss einen Mindererlös zu 100 % ausgleichen (Schlusszahlung). An einem Mehrerlös ist er normalerweise mit 75 % beteiligt; die restlichen 25 % stehen dem Leasinggeber zu. Da der tatsächliche Fahrzeugwert bei Vertragsabschluss noch nicht feststeht, heißt dieses Vertragsmodell auch Open-End-Leasing bzw. Leasing mit offenem Restwert.

Beispiel   Auszüge aus den Leasingbedingungen eines Leasinggebers

PrivatLeasing-Bedingungen

Nachstehende Bedingungen gelten für alle Leasingverträge der UNICA Leasing GmbH – nachstehend Leasinggeber – mit ihren PrivatLeasing-Kunden – nachstehend Leasingnehmer –.

I. Vertragsabschluss

1. Der Leasingnehmer ist an seinen Leasingantrag vier Wochen gebunden. Der Leasingvertrag ist abgeschlossen, wenn der Leasinggeber innerhalb dieser Frist die Annahme des Antrages schriftlich bestätigt. Dies gilt nicht, wenn der Leasingnehmer von seinem Widerrufsrecht (s. Vorderseite) Gebrauch macht.
2. Sämtliche Vereinbarungen sind schriftlich niederzulegen. Dies gilt auch für Nebenabreden und Zusicherungen sowie für nachträgliche Vertragsänderungen.
…

III. Beginn der Leasingzeit

Die Leasingzeit, die der im Leasingvertrag genannten Vertragsdauer in Monaten entspricht, beginnt an dem zwischen dem Lieferanten und dem Leasingnehmer vereinbarten Tag der Übergabe. Falls auf Wunsch des Leasingnehmers das Fahrzeug vorher zugelassen wird, beginnt die Leasingzeit am Tag der Zulassung. Kommt keine Vereinbarung über den Übergabezeitpunkt zustande, beginnt die Leasingzeit 14 Tage nach Anzeige der Bereitstellung des Fahrzeuges.

IV. Leasingentgelte und sonstige Kosten

1. Die Leasingraten, eine vereinbarte Sonderzahlung und eine Mehrkilometerbelastung nach Ziffer 3 sind Gegenleistungen für die Gebrauchsgüterüberlassung des Fahrzeuges.
2. Eine vereinbarte Leasingsonderzahlung ist zusätzliches Entgelt neben den Leasingraten und dient nicht als Kaution. Durch sie werden Leasingraten nicht getilgt.
3. Nur für Verträge ohne Gebrauchtwagen-Abrechnung: Ist bei Rückgabe des Fahrzeuges nach Ablauf der bei Vertragsabschluss vereinbarten Leasingzeit die festgelegte Gesamtkilometer-Laufleistung über- bzw. unterschritten, werden die gefahrenen Mehr- bzw. Minderkilometer dem Leasingnehmer zu dem im Leasingvertrag genannten Satz nachberechnet bzw. vergütet. Bei der Berechnung von Mehr- und Minderkilometern bleiben 2 500 km ausgenommen.
4. Vereinbarte Nebenleistungen, wie z. B. Überführung, An- und Abmeldung des Fahrzeuges sowie Aufwendungen für Versicherung und Steuern, soweit sie nicht als Bestandteil der Leasingrate ausdrücklich ausgewiesen werden, sind gesondert zu bezahlen.
…

VII. Übernahme und Übernahmeverzug

1. Der Leasingnehmer ist verpflichtet, das Fahrzeug innerhalb von 14 Tagen nach Zugang der Bereitstellungsanzeige am vereinbarten Übernahmeort abzunehmen. Im Falle der Nichtabnahme kann der Leasinggeber von seinen gesetzlichen Rechten Gebrauch machen.
2. Verlangt der Leasinggeber Schadenersatz, so beträgt dieser 15 % des Fahrzeugpreises entsprechend der unverbindlichen Preisempfehlung (einschließlich Umsatzsteuer) des Fahrzeugherstellers zum Zeitpunkt des Vertragsabschlusses für dieses Fahrzeug. …

VIII. Eigentumsverhältnisse,
Halter des Fahrzeuges und Zulassung

1. Der Leasinggeber ist Eigentümer des Fahrzeuges. Er ist berechtigt, in Abstimmung mit dem Leasingnehmer das Fahrzeug zu besichtigen und auf seinen Zustand zu überprüfen. …
4. Der Leasingnehmer ist Halter des Fahrzeuges. Es wird auf ihn zugelassen. Der Fahrzeugbrief (Zulassungsbescheinigung Teil II) wird vom Leasinggeber verwahrt. Benötigt der Leasingnehmer zur Erlangung behördlicher Genehmigungen den Fahrzeugbrief (Zulassungsbescheinigung Teil II), wird dieser der Behörde auf sein Verlangen vom Leasinggeber vorgelegt. Wird der Fahrzeugbrief (Zulassungsbescheinigung Teil II) dem Leasingnehmer von Dritten ausgehändigt, ist der Leasingnehmer unverzüglich zur Rückgabe an den Leasinggeber verpflichtet.
…

X. Versicherungsschutz und Schadenabwicklung

1. Der Leasinggeber schließt im Namen und für Rechnung des Leasingnehmers auf dessen Wunsch für das Leasingfahrzeug zu unten abgedruckten Bedingungen der UNICA-Versicherungsdienst GmbH / der Frankfurter-Versicherungs AG eine Kfz-Haftpflicht- (unbegrenzte Deckung) und eine Kfz-Vollkaskoversicherung (Selbstbeteiligung 300,00 EUR je Schadenereignis) für den Leasingnehmer ab. Der Leasingnehmer schuldet dem Leasinggeber die Prämie für die Fahrzeugversicherungen, die dieser aufgrund einer Einzugsermächtigung des Versicherers nach Ausfertigung der Versicherungspolice neben der monatlichen Leasingrate berechnet. Die Höhe der Prämie richtet sich nach dem Inhalt der Versicherungspolice. Die Fälligkeit der Erstprämie ergibt sich aus § 33 VVG. Die Folgeprämien sind jeweils am 1. eines Kalendermonats fällig.

Versichert der Leasingnehmer das Fahrzeug nicht über den Leasinggeber, hat der Leasingnehmer eine Kraftfahrzeug-Haftpflichtversicherung und eine Vollkaskoversicherung, jeweils mit dem gleichen Umfang wie vorstehend, abzuschließen und dem Leasinggeber nachzuweisen, Letztere durch einen Sicherungsschein.

5. Entschädigungsleistungen für Wertminderung sind in jedem Fall an den Leasinggeber weiterzuleiten.

Bei Verträgen mit Gebrauchtwagenabrechnung rechnet der Leasinggeber erhaltene Wertminderungsbeträge dem aus dem Verkauf des Fahrzeuges erzielten Verkaufserlös am Vertragsende zu. Bei Verträgen ohne Gebrauchtwagenabrechnung kann der Leasinggeber vom Leasingnehmer am Vertragsende eine dann noch bestehende schadenbedingte Wertminderung des Fahrzeuges ersetzt verlangen, soweit der Leasinggeber nicht schon im Rahmen der Schadenabwicklung eine Wertminderungsentschädigung erhalten hat.

6. Bei Totalschaden oder Verlust des Fahrzeuges kann jeder Vertragspartner den Leasingvertrag zum Ende eines Vertragsmonats kündigen. Bei schadenbedingten Reparaturkosten von mehr als 60 % des Wiederbeschaffungswertes des Fahrzeuges kann der Leasingnehmer innerhalb von 3 Wochen nach Kenntnis dieser Voraussetzungen zum Ende eines Vertragsmonats kündigen. Macht der Leasingnehmer von diesem Kündigungsrecht keinen Gebrauch, hat er das Fahrzeug an den ausliefernden Händler zurückzugeben.

Totalschaden, Verlust oder Beschädigung des Fahrzeuges entbinden nur dann von der Verpflichtung zur Zahlung weiterer Leasingraten, wenn der Leasingvertrag wirksam nach Satz 2 gekündigt ist und nicht gemäß Satz 6 fortgesetzt wird.

Die Folgen einer Kündigung nach Absatz 1 sind in Abschnitt XV geregelt.

XI. Haftung

1. Für Untergang, Verlust, Beschädigung und Wertminderung des Fahrzeuges und seiner Ausstattung haftet der Leasingnehmer dem Leasinggeber auch ohne Verschulden, jedoch nicht bei Verschulden des Leasinggebers.

…

XIV. Vertragsaufhebung und Kündigung

1. Der Leasingvertrag ist fest über die vereinbarte Vertragszeit abgeschlossen, doch kann auf Wunsch des Leasingnehmers 6 Monate nach Vertragsbeginn, bei Totalschaden, Verlust oder unfallbedingten Reparaturkosten von mehr als 60 % des Wiederbeschaffungswertes des Fahrzeuges jederzeit eine vorzeitige Beendigung des Leasingvertrages durch schriftlichen Aufhebungsvertrag erfolgen. Zu diesem Zweck kann der Leasingnehmer unter Vorführung des Fahrzeuges und Angabe der tatsächlichen Kilometerleistung erfragen, zu welchen finanziellen Bedingungen der Leasinggeber den Leasingvertrag aufzuheben bereit ist.

Unberührt von der Regelung des Absatzes 1 bleiben die Kündigungsrechte nach Ziffern 2 bis 4 sowie nach Abschnitt X Ziffer 6 (Bei Totalschaden, Verlust oder Beschädigung).

…

XVI. Rückgabe des Fahrzeuges

1. Nach Beendigung des Leasingvertrages ist das Fahrzeug mit Schlüsseln und allen überlassenen Unterlagen (z. B. Fahrzeugschein, Kundendienstheft, Ausweise) vom Leasingnehmer auf seine Kosten und Gefahr unverzüglich dem ausliefernden Händler zurückzugeben. Gibt der Leasingnehmer Schlüssel oder Unterlagen nicht zurück, hat er die Kosten der Ersatzbeschaffung sowie einen sich daraus ergebenden weiteren Schaden zu ersetzen.

2. Bei Rückgabe muss das Fahrzeug in einem dem Alter und der vertragsgemäßen Fahrleistung entsprechenden Erhaltungszustand, frei von Schäden sowie verkehrs- und betriebssicher sein. Normale Verschleißspuren gelten nicht als Schaden.

Über den Zustand wird bei Rückgabe ein gemeinsames Protokoll angefertigt und von beiden Vertragspartnern oder ihren Bevollmächtigten unterzeichnet.

3. Bei Rückgabe des Fahrzeuges nach Ablauf der bei Vertragsschluss vereinbarten Leasingzeit gilt folgende Regelung:

Entspricht das Fahrzeug bei Verträgen ohne Gebrauchtwagenabrechnung nicht dem Zustand gemäß Ziffer 2 Absatz 1, ist der Leasingnehmer zum Ersatz des entsprechenden Schadens verpflichtet. Eine schadenbedingte Wertminderung (Abschnitt X Ziffer 5) bleibt dabei außer Betracht, soweit der Leasinggeber hierfür bereits eine Entschädigung erhalten hat.

Können sich die Vertragspartner über einen vom Leasingnehmer auszugleichenden Schadenersatz oder – bei Verträgen mit Gebrauchtwagenabrechnung – über den Wert des Fahrzeuges (Händlereinkaufspreis) nicht einigen, werden Schadenersatz bzw. Wert des

Fahrzeuges auf Veranlassung des Leasinggebers mit Zustimmung des Leasingnehmers durch einen öffentlich bestellten und vereidigten Sachverständigen oder ein unabhängiges Sachverständigenunternehmen ermittelt. Die Kosten tragen die Vertragspartner je zur Hälfte.
4. Wird das Fahrzeug nicht termingemäß zurückgegeben, werden dem Leasingnehmer für jeden überschrittenen Tag als Grundbetrag 1/30 der für die Vertragszeit vereinbarten monatlichen Leasingrate und die durch die Rückgabeverzögerung verursachten Kosten berechnet.
Im Übrigen gelten während dieser Zeit die Pflichten des Leasingnehmers aus diesem Vertrag sinngemäß fort.
5. Ein Erwerb des Fahrzeuges vom Leasinggeber durch den Leasingnehmer nach Vertragsablauf ist ausgeschlossen.

Full-Service-Leasing – nur fahren muss man noch selbst

Immer mehr Leasingkunden nehmen das Dienstleistungsangebot von Leasinggesellschaften in Anspruch. Sie schätzen den Vorteil, alles aus einer Hand angeboten zu bekommen (*One-Stop-Shopping*). Unter dem Begriff **Full-Service-Leasing** bieten die herstellergebundenen Leasinggesellschaften in Zusammenarbeit mit den angeschlossenen Händlerorganisationen komplette Systemlösungen an. Das beginnt mit der Beratung bei der Auswahl des richtigen Fahrzeugtyps für den jeweiligen Einssatzzweck, geht weiter mit den Serviceangeboten während der Nutzungszeit und reicht bis hin zur Fahrzeugverwertung.

Über die reine Fahrzeugnutzung hinaus haben vor allem gewerbliche Kunden (z. T. auch der private Kunde) die Möglichkeit, verschiedene Dienstleistungen zu vereinbaren:

- **Kraftfahrzeugversicherungen:** Dazu gehört ein umfassender Versicherungsschutz aus Haftpflicht und Vollkasko mit individueller Ein- und Weiterstufung sowie eine Insassen-, Unfall-, Rechtsschutz- und Elektronikversicherung. Bei einem Unfall sorgt die Leasinggesellschaft (unabhängig von der Verschuldensfrage) dafür, dass der Schaden mit den Versicherern abgewickelt wird. Die Leasinggesellschaft verauslagt die unfallbedingten Reparaturkosten sowie die Gebühren für einen Sachverständigen. Versierte Spezialisten sorgen darüber hinaus für die bestmögliche Durchsetzung von Schadenersatzansprüchen. Für Leasingfahrzeuge im Premiumbereich bieten z. B. BMW und Daimler einen kostenlosen *Unterdeckungsschutz* an (**GAP-Deckung**). Dieser deckt die Risiken des Diebstahls und des Totalschadens ab, die dadurch entstehen, dass die Fahrzeugversicherungen in solchen Fällen nach den ersten 24 Monaten nur noch den Zeitwert ersetzen, der i. d. R. unter dem offen stehenden Restbetrag der Leasingraten liegt.

- **Zahlung der Kraftfahrzeugsteuer:** Der Leasinggeber sorgt während der Laufzeit des Leasingvertrages für die termingerechte Zahlung der Kfz-Steuer an das zuständige Finanzamt.

- **Wartung und Verschleißreparaturen:** Darunter fallen der Inspektionsservice laut Serviceplan und sämtliche Werkstattleistungen bei normalem Fahrzeugverschleiß. Auch Abschlepp- und Bergungskosten und die Kosten für einen Mietwagen während des Werkstattaufenthalts werden übernommen. Außerdem kommt die Leasinggesellschaft für die TÜV-Gebühren und die Kosten für die Abgasuntersuchung auf.

- **Reifenersatz:** Die Leasinggesellschaft übernimmt die Kosten für den Reifenersatz einschließlich Montage und Auswuchten. Ebenso ist der jahreszeitliche Reifenwechsel inbegriffen.

- **Zahlung der Rundfunkgebühren:** Für Radioanlagen in Geschäftsfahrzeugen müssen Gebühren an die GEZ (Gebühreneinzugszentrale) abgeführt werden. An- und Abmeldungen sowie die termingerechte Gebührenzahlung werden vom Leasinggeber übernommen.

- **Kraftstoffabrechnung und Verbrauchsanalyse:** Für Unternehmen mit größeren Fahrzeugflotten bieten manche Leasinggeber in Zusammenarbeit mit Mineralölgesellschaften Tankkarten an, sodass die Mitarbeiter bargeldlos tanken können und bestimmte Warengruppen (Motoröl, Scheinwerferlampen u. Ä.) bargeldlos bezahlen können. Der Leasingnehmer erhält eine monatliche Betriebskostenabrechnung mit den entsprechenden Einzelbelegen.

Lernfeld 12

Beispiel Leasingantrag der UNICA Leasing GmbH

LEASINGANTRAG

UNICA Leasing GmbH & Co. OHG
im Folgenden „LG" (Leasinggeber) genannt

Vertragsnummer:

Händler

Autohaus Fritz GmbH
Am Templiner See 12
14471 Potsdam

Verkäufer: Mario Töpfer

Leasingnehmer:

Bernd Klüwer
Daimlerstraße 12
14482 Potsdam

③ MITANTRAGSTELLER (SELBSTSCHULDNERISCHER BÜRGE):

④ LEASINGFAHRZEUG: Hersteller: **UNICA** Modell: **PRIMOS Kombi Comfortline**

⑤ LEASINGZEIT: __48__ Monate Gesamt-Fahrzeugpreis: (inkl. MWSt.) **12 405,00**

⑥ ABRECHNUNG DER RESTZAHLUNG/VERGÜTUNG NACH VERTRAGSENDE:

○ KILOMETERABRECHNUNG

Vereinbarte Gesamtfahrleistung: _____ km

Nachberechnung

je Mehr-km* _____ Cent Brutto

Rückvergütung

je Minder-km* _____ Cent Brutto

* 2 500 km bleiben ausgenommen.
Den angegebenen Brutto-Beträgen liegt die gesetzliche MwSt. bei Vertragsabschluss zugrunde. Maßgebend für die Abrechnung ist in allen Fällen die gesetzliche MWSt. im Zeitpunkt der Abrechnung.

⊗ RESTWERTABRECHNUNG
Kalkulierter Netto-Rücknahmewert:
(vom Leasingnehmer garantierter Mindestwert bei Fahrzeugrücknahme)

Netto **4 690,97**

MWSt. **891,28**

Brutto **5 582,25**

Bei vorzeitiger Vertragsbeendigung erfolgt die Abrechnung ohne Rücksicht auf die vereinbarte Gesamtfahrleistung ausschließlich nach Abschnitt XVIB der Leasingbedingungen.

⑦ ZAHLUNG BEI FAHR-ZEUGÜBERGABE	Netto	MWSt.	Brutto
Leasing-Sonderzahlung			1 860,75
1. Leasingrate			145,00
1. mtl. Zuschlag für Versicherung			
Fracht/Zulassung			
GESAMTZAHLUNG bei Fahrzeugübergabe			2 005,75

⑧ MONATLICHE LEASINGRATE:	Netto	MWSt.	Brutto
mtl. Leasingrate			145,00
mtl. Zuschlag für Versicherung			/
			/
MONATLICHE LEASINGRATE GESAMT			145,00

⑨ BÜRGSCHAFTSERKLÄRUNG
Der Mitantragsteller übernimmt hiermit die selbstschuldnerische Bürgschaft für alle Ansprüche des LG, gleich aus welchem Rechtsgrund, gegen den Leasingnehmer im Zusammenhang mit Abschluss, Durchführung, Ab- und Rückentwicklung des Leasingvertrags. Er verzichtet auf das Recht zur Aufrechnung, soweit es sich nicht um unbestrittene oder rechtskräftig festgestellte Ansprüche handelt. Ein gleicher Verzicht gilt für seine Leistungsverweigerungs- und Zurückbehaltungsrechte, soweit sie nicht auf dem Bürgschaftsverhältnis beruhen.

⑩ ERKLÄRUNGEN DES LEASINGNEHMERS/MITANTRAGSTELLERS:
a) Leasingantrag: Der Leasingnehmer beantragt beim LG den Abschluss eines Leasingvertrags zu den Bedingungen dieses Leasingantrags, den umseitigen Leasingbedingungen und den Bedingungen in dem Formular „Selbstauskunft, Fahrzeugdaten, Einwilligungserklärung Datenschutz" einschließlich der dort aufgeführten Fahrzeugdaten.
b) Einzugsermächtigung: Der Leasingnehmer/Mitantragsteller ermächtigt hiermit den LG, die im Zusammenhang mit dem Leasingvertrag zu entrichtenden Zahlungen bei Fälligkeit mittels Lastschrift zulasten des folgenden Kontos einzuziehen:

Name des Kreditinstituts/Ort	BLZ	Konto-Nr.	Kontoinhaber:
Volksbank Postdam	160 800 00	298 006 125	[Leasingnehmer (LN)/ Mitantragsteller (MA)] **LN**

c) Ich/Wir bestätige(n) hiermit, eine Kopie dieses Leasingantrages einschließlich der Belehrung über das Widerrufsrecht (Ziffer 12. unten) erhalten zu haben.

⑪ Ort/Datum   Leasingnehmer   Mitantragsteller als selbstschuldnerischer Bürge

Potsdam, 12.07...   *Klüwer*   *Kl*

WIDERRUFSBELEHRUNG (entfällt bei Fahrzeugüberlassung zum Zweck einer bereits ausgeübten gewerblichen oder selbstständigen beruflichen Tätigkeit)
1. Der Leasingnehmer kann seinen Leasingantrag binnen zwei Wochen schriftlich **widerrufen**. Die Frist beginnt, sobald dem Leasingnehmer eine Durchschrift des Leasingantrages mit dieser Widerrufsbelehrung ausgehändigt worden ist. Zur Wahrung der Frist genügt die rechtzeitige Absendung des Widerrufs. Der Widerruf ist an die UNICA Leasing GmbH, 12890 Berlin, zu richten. Der Widerruf hat die Unwirksamkeit des Leasingvertrages und eines etwaig verbundenen Kaufvertrages über das unter Ziffer 4 oben genannte Leasingfahrzeug zur Folge.
2. Der Mitantragsteller kann seine Verpflichtungserklärung ebenfalls **widerrufen**. Die vorstehenden Bestimmungen gelten entsprechend. Die Widerrufsfrist beginnt jedoch erst, wenn dem Mitantragsteller eine Durchschrift des Leasingvertrages mit dieser Widerrufsbelehrung ausgehändigt worden ist.

Ort/Datum   Leasingnehmer   Mitantragsteller als selbstschuldnerischer Bürge

Potsdam, 12.07...   *Klüwer*   *Kl*

UNICA Leasing GmbH, 12890 Berlin, Amtsgericht Berlin-Tiergarten, HRB 1599

Zusätzliche DV-Auswertungen sorgen für Kostentransparenz und zeigen anhand von so genannten Ausreißerlisten Schwachstellen z. B. in der Fahrzeugauslastung auf. Der enorme Papierkrieg mit Belegen der Außendienstmitarbeiter wird dadurch stark reduziert.

- Beschaffung und Durchführung von An- und Aufbauten sowie Anbringung von Firmenemblemen und Lackierung des Fahrzeugs nach Angaben des Kunden.

Der Leasingnehmer kann sich aus diesen Bausteinen (Modulen) ein auf seine Bedürfnisse zugeschnittenes Dienstleistungsangebot erstellen lassen. Der Service und die Betreuung nach dem Vertragsabschluss (z. B. auch Schulungen) sind bei komplizierten Produkten wie Personen-, Nutzfahrzeugen aber auch Immobilien und Computeranlagen von entscheidender Bedeutung.

Nach Einschätzung von Fachleuten kann die vollständige Ausgliederung (Outsourcing) der Fuhrparkverwaltung an einen externen Dienstleister die Kosten der Position Fuhrpark um rund 20 % senken. Manche Unternehmen gehen deshalb dazu über, ihre Fahrzeugflotte komplett an eine Leasinggesellschaft zu verkaufen und sie dann wieder zurückzuleasen **(Sale and Lease back)**. Dadurch gewinnen sie mit einem Schlag zusätzliche Liquidität.

2.2.4 Sicherheiten und gesetzliche Vorschriften

Neben der Einbehaltung des Fahrzeugbriefes sichern sich die Leasinggesellschaften durch eine Reihe weiterer Maßnahmen ab:

- Selbstauskunft[1] des Leasingnehmers über seine persönlichen Verhältnisse;
- Mitteilung der Daten des Leasingnehmers an die SCHUFA;
- ggf. Bürgschaftserklärung;
- ggf. Abschluss einer Mietratenversicherung für den Todesfall und den Fall der Arbeitsunfähigkeit;
- ggf. Abtretung der pfändbaren Teile des Arbeitsentgelts bzw. Versorgungsbezüge;
- Versicherungsschein der Fahrzeugversicherung[2].

Bei Leasingverträgen mit **Privatpersonen** ist auf eine verständliche (transparente) Vertragsgestaltung zu achten, da dem privaten Leasingkunden die komplizierten Zusammenhänge in der Regel nicht bekannt sind.

Der Vertrag mit Restwertabrechnung muss außer der Verteilungsregelung für den Fall eines Mehrerlöses den deutlichen Hinweis enthalten, dass der Leasingnehmer im Falle eines Mindererlöses eine Abschlusszahlung zu leisten hat. Dies darf nicht nur in den AGB auf der Rückseite des Vertragsformulars ersichtlich sein, sondern muss nach vorherrschender Rechtsprechung auf der Vorderseite des Formulars deutlich gemacht werden. Verstößt der Leasinggeber gegen dieses *Transparenzgebot*, dann kann er sich auf eine Restwertabsicherung bzw. auf ein Andienungsrecht nicht erfolgreich berufen, da diese Klauseln dann als Überraschungsklauseln im Sinne von § 305 c BGB gelten, mit denen der Leasingnehmer nicht zu rechnen braucht.

Für Leasingverträge mit Privatkunden gelten die **Verbraucherschutzvorschriften** (BGB § 500). Danach sind Leasingverträge schriftlich abzufassen. Der Leasingnehmer kann seine Willenserklärung innerhalb von zwei Wochen widerrufen (BGB § 495). Über sein *Widerrufsrecht* ist er vom Leasinggeber zu belehren. Diese Belehrung muss dem Leasingnehmer gesondert in Textform ausgehändigt werden. Fehlt die *Widerrufsbelehrung*, dann erlischt das Widerrufsrecht erst dann, wenn beide Seiten ihre Leistungen vollständig erbracht haben, spätestens ein Jahr nach Vertragsabschluss. Für

---

[1] Siehe hierzu Seite 182.
[2] Siehe hierzu Seite 216 ff.

den Fall, dass der Leasingnehmer mit Leasingraten in Verzug kommt, muss er alle Raten, mit denen er in Verzug ist, mit einem Zinssatz verzinsen, der 8 % (bei Verbrauchern 5 %) über dem Basiszinssatz der Deutschen Bundesbank (zz. 0,37 %) liegt (BGB § 497 i. V. m. § 288). Der Leasingvertrag kann vom Leasinggeber fristlos gekündigt werden, wenn der Leasingnehmer mit zwei aufeinanderfolgenden Raten ganz oder teilweise in Verzug ist. In diesem Falle kann der Leasinggeber sämtliche noch ausstehenden Leasingraten und den kalkulierten Restwert des Fahrzeugs verlangen.

Die Leasinggesellschaften müssen ihre Kalkulationsgrundlagen nicht aufdecken. Das bedeutet, dass bei Leasingverträgen Barzahlungspreis, Teilzahlungspreis und Effektivverzinsung u. Ä. nicht angegeben werden müssen (BGB § 500 i. V. m. § 492[1]).

2.2.5 Einflussgrößen der Kalkulation des Leasinggebers

Beim Finanzierungsleasing bestimmen fünf Einflussgrößen die Kalkulation des Leasinggebers:

- **Anschaffungswert des Fahrzeugs:** Dieser ergibt sich aus dem Angebotspreis des Händlers für das Fahrzeug, ergänzt um die Kosten für zusätzliches Zubehör, Zulassung und Überführung.

- **Laufzeit des Leasingvertrages:** Je länger die Laufzeit, desto niedriger sind die monatlichen Leasingraten.

- **Sonderzahlung:** Mit dieser Einmalzahlung (10 % bis 30 % des Anschaffungswerts) gleicht der Leasinggeber das beim privaten Leasingnehmer höhere und schlechter einzuschätzende Bonitätsrisiko aus. Für die Sonderzahlung kann ein vorhandener Gebrauchtwagen eingesetzt werden.

- **Restwert des Fahrzeugs:** Er stellt den Wert dar, der beim Verkauf des Fahrzeugs am Ende der Leasingdauer mindestens erzielt werden soll. Wird der Restwert zu hoch angesetzt und nicht realisiert, dann kommt der Leasingnehmer für den Mindererlös auf. Vorsicht ist geboten bei Verträgen mit kurzer Laufzeit (z. B. 18 Monate) und hohem Restwert, denn der Wert eines Fahrzeugs sinkt im ersten Jahr nach der Zulassung am stärksten.

- **Leasingfaktor:** Dieser Multiplikator wird vom Leasinggeber je nach seinen betriebswirtschaftlichen Ausgangsdaten und für jedes Vertragsmodell individuell ermittelt. Der Leasingfaktor enthält den Ersatz für die durch Beschaffung und Verwaltung von Fahrzeugen entstehenden Kosten einschließlich Zinsen und Gewinnzuschlag.

Die monatliche Leasingrate errechnet sich aus dem Anschaffungspreis abzüglich der Sonderzahlung und abzüglich des Restwertes, verteilt über die Laufzeit des Vertrags und multipliziert mit dem jeweiligen Leasingfaktor.

Beispiel   Berechnung der Leasingrate für den PRIMOS Kombi Comfortline

Berechnungsgrundlagen			
Anschaffungspreis – evtl. Rabatt – Sonderzahlung	12 405,00 EUR 0,00 EUR 1 860,75 EUR	**Miet- faktor in %**	**Leasingrate**
Anschaffungskosten Fahrzeug	10 544,25 EUR	· 3,00	317,38 EUR
Anschaffungskosten Zubehör	0,00 EUR	· 3,20	+ 0,00 EUR
Kalkulierter Restwert z. B. 45 % des Anschaffungspreises	5 582,25 EUR	· 3,088	– 172,38 EUR
			145,00 EUR

Manchmal werden von den Leasinggesellschaften Leasingangebote unterbreitet, bei denen die Leasingraten bzw. die Leasingfaktoren keinen Aufwand für Zinsen und übrige laufende Kosten enthalten (sogenanntes **Null-Leasing**). Diese nicht gedeckten Kosten werden von den Herstellern oder Händlern übernommen. Für die Hersteller oder Händler sind diese *quersubventionierten* Leasingraten ein Instrument der Absatzförderung.

2.2.6 Drei-Wege-Finanzierung und Leasing im Vergleich

Beim Vergleich der Kreditfinanzierung mit dem Leasing müssen private und gewerbliche Kunden unterschieden werden.

Vergleich Autokredit und Leasing bei Privatkunden

Privatpersonen haben nicht die Möglichkeit, den Leasingvertrag so zu gestalten, dass Steuervorteile erzielt werden können. Beim Vergleich unterschiedlicher Finanzierungsalternativen können nur die reinen Geldausgaben herangezogen werden.

Beispiel

Bernd: „Viele meiner Bekannten haben ihr Auto geleast. Mario, könntest du mir, nur mal zum Vergleich, ein Leasingangebot am Computer erstellen?"

Mario: „Nichts leichter als das! Die Leasingraten dürften nicht viel höher sein als deine Autokreditraten. Wenn du unser Leasingangebot wahrnimmst, dann kann ich dir auch ein sehr günstiges Versicherungsangebot machen. Das Auto musst du sowieso versichern. Du hast deinen Führerschein ja noch keine drei Jahre. Das bedeutet, dass du mit 175 % oder noch schlechter eingestuft wirst. Bei uns sind es höchstens 120 %. Da kannst du sparen."

Mario erstellt folgenden Computerausdruck:

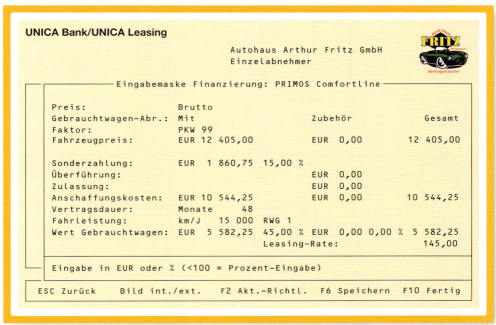

Aus den Daten lässt sich folgende Vergleichsrechnung erstellen:

Annahme: Bernd Klüwer gibt das Fahrzeug sowohl bei der Drei-Wege-Finanzierung (mit Rückkaufvereinbarung[1]) als auch bei der Leasingalternative an den Autohändler in vertragsgemäßem Zustand zurück.

---

[1] Siehe hierzu Seite 188.

Lernfeld 12

Drei-Wege-Finanzierung mit Rückkaufvereinbarung

Anzahlung	2 481,50 EUR
+ Ratenzahlungen (47 Monatsraten à 141,17 EUR)	+ 6 634,99 EUR
+ Schlussrate (Restwert)	0,00 EUR
Gesamte Ausgaben (Bruttoertrag des Händlers)	**9 116,49 EUR**

Leasing mit Restwertabrechnung

Sonderzahlung	1 860,75 EUR
+ Leasingraten (48 Leasingraten à 145,00 EUR)	+ 6 960,00 EUR
+ Mindererlös bzw. − Mehrerlös am Ende der Leasingzeit	+ 0,00 EUR
Gesamte Ausgaben (Bruttoertrag des Händlers)	**8 820,75 EUR**

Ergebnis: Unter der Annahme, dass Bernd das Fahrzeug sowohl bei der Drei-Wege-Finanzierung als auch bei der Leasingalternative an den Autohändler in vertragsgemäßem Zustand zurückgibt, ist im vorliegendem Fall die Leasingfinanzierung insgesamt günstiger.

Bernd: „Ich denke, wir machen den Darlehensantrag wieder rückgängig. Das Leasingangebot ist doch um einiges günstiger."

Mario: „Das überrascht mich! Ich wusste gar nicht, dass die UNICA-Leasing so gut ist."

Dieses Ergebnis lässt sich jedoch nicht verallgemeinern, da die Leasing- und Autokreditbedingungen vom Fahrzeugtyp, von der Sonderzahlung, von den aktuellen Verkaufsaktionen des Händlers und vom Restwertrisiko abhängen.

Die endgültige Finanzierungsentscheidung sollte nicht nur aufgrund des rein rechnerischen Vergleichs getroffen werden. Es sollten auch weitergehende Vor- und Nachteile der Alternativen abgewogen werden.

Vorteile und Nachteile des Leasings für einen Privatkunden

Vorteile	Nachteile
• kein Problem mit der Verwertung des Altwagens • eingespartes Kapital kann in ertragreichere/n Anlageformen bleiben oder fließen • Kunde zahlt nur für die Nutzung des Fahrzeugs (nicht das Eigentum am Fahrzeug bringt den Nutzen, sondern der Gebrauch des Fahrzeugs) • flexible Vertragsgestaltung je nach individueller Einkommenslage • überschaubare, monatlich gleichbleibende Belastung durch die Leasingraten • alle 2–3 Jahre wird das alte gegen ein neues Fahrzeug getauscht; dadurch wird das Reparaturrisiko minimiert, und die Fahrzeuge sind immer auf dem neuesten Stand	• Leasingraten sind weiterzuzahlen bei Totalschaden, Verlust oder Beschädigung des Fahrzeugs, wenn der Vertrag nicht gekündigt oder abgerechnet wird. • Verwertungsrisiko des geleasten Fahrzeugs nach Ablauf des Leasingvertrags (nur bei Restwertabrechnung)

Die Nachteile des Leasings treffen auch bei der Drei-Wege-Finanzierung zu, denn auch hier trägt der Kunde das Schadensrisiko. Auch das Verwertungsrisiko ist beim Autokredit nicht vollkommen ausgeschlossen, da die Schlussrate immer auf den vertragsgemäßen Zustand des Fahrzeugs abstellt und der Verkauf bzw. die Inzahlungnahme nicht immer den angestrebten Preis erbringt. Die Drei-Wege-Finanzierung bringt die gleichen Vorteile wie das Leasing, nur dass der Kunde Eigentümer des Fahrzeugs ist.

Vergleich Drei-Wege-Finanzierung und Leasing bei Geschäftskunden

Bei der Kreditfinanzierung haben gewerbliche Kunden die Möglichkeit, den Gegenstand zu aktivieren (Bilanzierung) und abzuschreiben, sodass beim Finanzierungsvergleich auch diese Gesichtspunkte zu berücksichtigen sind. Das Ergebnis solcher Vergleiche hängt von den Umständen des jeweiligen Einzelfalls ab und wird von folgenden Faktoren beeinflusst:

- Gestaltung und Konditionen des Leasingvertrags und der damit verbundenen Bilanzierungsvorschriften;
- Kreditkonditionen (Zinssatz, Laufzeit, Tilgungsvereinbarung);
- Höhe der individuellen Steuersätze bei der Einkommen- und Gewerbesteuer;
- Abschreibungssatz.

Wäre Bernd Klüwer ein Gewerbetreibender (hier: Inhaber einer Einzelunternehmung) und würde er das Fahrzeug als Geschäftswagen einsetzen, dann müssten bei einen Finanzierungsvergleich auch die bilanziellen und ertragsteuerlichen Wirkungen einbezogen werden.

Bilanzierungsvorschriften für das Leasinggut

Beim *Operate Leasing* wird wegen der kurzen Leasingdauer der Leasinggegenstand immer dem rechtlichen und wirtschaftlichen Eigentum des Leasinggebers zugerechnet.

Beim *Finance Leasing* hängt die Zurechnung des Leasingguts davon ab, ob bei der Gestaltung des Leasingvertrags die Nutzungsüberlassung oder die Eigentumsübertragung überwiegt. Laut Abgabenordnung [AO § 39 (2)] kann das **wirtschaftliche Eigentum** vom rechtlichen Eigentum ab-

Bilanzierung geleaster Güter gemäß BMF-Leasingerlassen	
Bilanzierung beim Leasingnehmer BdF-Schreiben vom 19.04.1971 IV B/2-S2170-31/71	• Spezialleasing, da nur der Leasingnehmer den Gegenstand sinnvoll nutzen kann • Finance-Leasing-Verträge – mit einer Grundmietzeit unter 40 % bzw. über 90 % der betriebsgewöhnlichen Nutzungsdauer (bei einer Grundmietzeit von unter 40 % wird unterstellt, dass der Leasingnehmer den Gegenstand nach Ablauf der Grundmietzeit weiter nutzen wird; bei einer Grundmietzeit von über 90 % übt der Leasingnehmer das Herrschaftsrecht über das Leasinggut nahezu während der gesamten Nutzungsdauer aus; der Herausgabeanspruch des Leasinggebers ist bedeutungslos). – mit Kaufoption, wenn der vereinbarte Kaufpreis unter dem mittels linearer Abschreibung ermittelten Restbuchwert liegt. Hier ist nahezu sicher, dass der Leasingnehmer den Leasinggegenstand nach der Grundmietzeit kauft. – mit Mietverlängerungsoption, wenn die vereinbarte Verlängerungsleasingrate bei beweglichen Gütern unter der linearen Abschreibung auf den Restbuchwert, bei unbeweglichen Gütern unter 75 % der marktüblichen Miete liegt.

Lernfeld 12

weichen. Im § 39 AO heißt es: „Übt ein anderer als der Eigentümer die tatsächliche Herrschaft über ein Wirtschaftsgut in der Weise aus, dass er den Eigentümer im Regelfall für die gewöhnliche Nutzungsdauer von der Einwirkung auf das Wirtschaftsgut wirtschaftlich ausschließen kann, so ist ihm das Wirtschaftsgut zuzurechnen." Wenn das Leasinggut dem wirtschaftlichen Eigentum des Leasingnehmers zuzuordnen ist, dann muss dieser das Gut in der Bilanz aktivieren. Für die Bilanzierung geleaster Güter sind spezielle Leasingerlasse des Bundesministeriums für Finanzen (BMF) richtungsweisend.

Konsequenz:

Leasingraten werden in einen **Tilgungsanteil** und einen **Zinsanteil** aufgesplittet. Nur der Zinsanteil ist als beim Leasingnehmer als Betriebsausgabe absetzbar bzw. beim Leasinggeber eine Betriebseinnahme. Der Leasingnehmer muss den Leasinggegenstand mit den Anschaffungs- und Herstellungskosten des Leasinggebers aktivieren und kann die **Abschreibungen** als Aufwand absetzen; gleichzeitig muss er eine Verbindlichkeit in gleicher Höhe passivieren. Der Leasinggeber aktiviert eine entsprechende Forderung gegenüber dem Leasingnehmer. Den Tilgungsanteil der Leasingrate muss der Leasingnehmer mit seiner Verbindlichkeit verrechnen, der Leasinggeber mit seiner Forderung.

Bilanzierung beim Leasinggeber BMF-Schreiben vom 22.12.1975 IVB2-S2170-161/75	<ul><li>Operate-Leasing-Verträge, da der Leasinggeber wie ein Vermieter auftritt</li><li>Finance-Leasing-Verträge<ul><li>mit einer Grundmietzeit zwischen 40 % und 90 % der betriebsgewöhnlichen Nutzungsdauer, da die Leasingraten die gesamten Anschaffungskosten des Leasingguts nur zum Teil decken;</li><li>mit Vollamortisation ohne Kaufoption;</li><li>mit Kaufoption, wenn der vereinbarte Kaufpreis mindestens dem mittels linearer Abschreibung ermittelten Restbuchwert entspricht. Der Leasinggeber ist begünstigt, da er neben den Mieten noch den Buchwert vergütet bekommt.</li><li>mit Mietverlängerungsoption, wenn die vereinbarte Verlängerungsleasingrate bei beweglichen Gütern mindestens der linearen Abschreibung auf den Restbuchwert, bei unbeweglichen Gütern 75 % der marktüblichen Miete entspricht.</li><li>mit Andienungsrecht, da der Leasingnehmer, wie ein rechtlicher Eigentümer, die Chance einer Wertsteigerung wahrnehmen kann;</li><li>mit Aufteilung des Mehrerlöses, da der Leasinggeber noch wesentlich an den Wertsteigerungen des Leasingguts beteiligt ist;</li><li>mit Kündigungsklausel, da eine Wertsteigerung des Leasingguts dem Leasinggeber in voller Höhe zugutekommt.</li></ul></li></ul>

Konsequenz:

Leasingraten sind für den Leasingnehmer in voller Höhe Betriebsausgaben.

Leasingraten sind für den Leasinggeber Betriebseinnahmen. Der Leasinggeber muss den Leasinggegenstand mit den Anschaffungs- und Herstellungskosten aktivieren und kann die Abschreibungen als Aufwand steuerlich geltend machen.

Beim kreditfinanzierten Kauf sind steuerlich abzugsfähig:

- Abschreibungen bei der Ermittlung des gewerbe-, einkommen- bzw. körperschaftsteuerpflichtigen Gewinns;
- Darlehenszinsen bei der Ermittlung des gewerbe-, einkommen- bzw. körperschaftsteuerpflichtigen Gewinns.

Bei einem „leasingerlass-konformen" Leasingvertrag sind als Betriebsausgaben absetzbar:
- Leasingraten bei der Ermittlung des gewerbe-, einkommen- bzw. körperschaftsteuerpflichtigen Gewinns.

Bei der Ermittlung des Gewerbeertrags sind 25 % der Darlehenszinsen und 5 % der Miet- und Pachtzinsen (also auch der Leasingraten) dem Gewinn hinzuzurechnen, soweit die Summe den Betrag von 100 000,00 EUR übersteigt (GewStG § 8). Die Höhe der Gewerbesteuer errechnet sich als Produkt aus Steuermesszahl und Hebesatz der Gemeinden (140 % bis 600 %) Die Steuermesszahl beträgt einheitlich 3,5 % (GewStG § 11). Vorher wird der Gewerbeertrag um den Freibetrag von 24 500,00 EUR (Einzelunternehmen und Personengesellschaften) bzw. 5 000,00 EUR (Kapitalgesellschaften) gekürzt.

Beispiel Bernd Klüwer schreibt seinen PRIMOS mit 16 2/3 % linear ab (6 Jahre Nutzungsdauer). Im Darlehensfall erhält er die gleichen Konditionen wie beim Autokredit: Zinsen insgesamt 1 736,53 EUR, 47 Monatsraten bei Rückkauf des Gebrauchtwagens durch den Händler.
Bernd wählt die Leasingvariante mit Restwertabrechnung (Mehr- oder Mindererlös fallen nicht an): Leasingraten insgesamt 6 960,00 EUR. Anzahlung bzw. Sonderzahlung sind erfolgsneutral. Bei einem Hebesatz von 400 % beträgt sein Gewerbesteuersatz 14 % (3,5 % x 400 %). Dabei sei angenommen, dass Bernd Klüwers Gewerbeertrag über dem Gewerbesteuer-Freibetrag liegt. Hinzurechnungen fallen keine an, da die Summe aus Darlehens-, Miet- und Pachtzinsen den Betrag von 100 000,00 EUR nicht übersteigt.

Kredit-Leasing-Vergleich unter Berücksichtigung steuerlicher Aspekte:

(1) Vergleich unter Kostengesichtspunkten:

Finanzierung mittels Autokredit (Drei-Wege-Finanzierung)	
Summe des Zinsanteils der Raten $\quad\quad 12\,405 \cdot \frac{48}{72}$	1 736,53 EUR
+ Summe der Abschreibungen (Kunde bilanziert)	8 270,00 EUR
= erfolgswirksame Aufwendungen vor Steuerwirkung	10 006,53 EUR
− Steuervorteil bei der GewSt (14 % der Aufwendungen)	1 400,91 EUR
− Steuervorteil bei der ESt (30 % der gesamten Aufwendungen)	3 001,96 EUR
= **Aufwendungen nach Steuerwirkung**	**5 603,66 EUR**

Leasing mit Restwertabrechnung	
Summe der Leasingraten	6 960,00 EUR
= erfolgswirksame Aufwendungen vor Steuerwirkung	6 960,00 EUR
− Steuervorteil bei der GewSt (14 %)	974,40 EUR
− Steuervorteil bei der ESt (30 %)	2 088,00 EUR
= **Aufwendungen nach Steuerwirkung**	**3 897,60 EUR**

Ergebnis (1): Unter der Annahme, dass Bernd Klüwer das Fahrzeug sowohl im Falle der Drei-Wege-Finanzierung als auch des Leasings an den Autohändler in vertragsgemäßem Zustand zurückgibt, ist im vorliegenden Fall auch unter Berücksichtigung steuerlicher Aspekte die Leasingfinanzierung erheblich günstiger.

(2) Vergleich unter Liquiditätsgesichtspunkten

Finanzierung mittels Autokredit (Drei-Wege-Finanzierung)

Anzahlung	2 481,50 EUR
+ Ratenzahlungen (47 Monatsraten à 141,17 EUR)	6 634,99 EUR
+ Schlussrate (Restwert) entfällt bei Rückkauf	0,00 EUR
− Liquiditätswirkung des Steuervorteils bei ESt/GewSt	4 402,87 EUR
= Liquiditätswirksame Aufwendungen nach Steuerwirkung	**4 713,62 EUR**

Leasing mit Restwertabrechnung

Sonderzahlung	1 860,75 EUR
+ Leasingraten (48 Leasingraten à 145,00 EUR)	6 960,00 EUR
+ Mindererlös bzw. − Mehrerlös am Ende der Leasingzeit	0,00 EUR
− Liquiditätswirkung der Steuerersparnis (ESt − GewSt)	3 062,40 EUR
= Liquiditätswirksame Aufwendungen nach Steuerwirkung	**5 758,35 EUR**

Ergebnis (2): Unter Liquiditätsgesichtspunkten ist im vorliegenden Fall unter Berücksichtigung steuerlicher Aspekte die Kreditfinanzierung erheblich günstiger, da die Abschreibungen nicht zu Ausgaben führen.

Ergebnis (1) und (2): Wäre Bernd Klüwer ein Geschäftsmann und würde er das Fahrzeug für Geschäftszwecke verwenden, dann hinge die Finanzierungsentscheidung von der Geschäftslage des Unternehmens ab. Werden künftig Liquiditätsengpässe erwartet, dann ist im vorliegenden Fall die Kreditfinanzierung zu empfehlen. Sollen die Steuerersparnisse möglichst hoch sein (bei guten Gewinnerwartungen), dann ist ebenfalls (wegen der Abschreibungen) die Kreditfinanzierung zu empfehlen. Sollen die Aufwendungen möglichst gering gehalten werden, damit ein möglichst hoher Gewinn ausgewiesen wird und eventuelle Teilhaber zufriedengestellt sind, dann müsste Mario Töpfer im vorliegenden Fall die Leasingfinanzierung empfehlen.

Beim Finanzierungsvergleich ist zu berücksichtigen, dass das Leasing für Geschäftsleute **zusätzliche Vorteile** bringt:

- nur Geschäftskunden haben die Möglichkeit, das Dienstleistungsangebot des Full-Service-Leasing in vollem Umfang zu nutzen

- die Leasingraten tragen sich aufgrund der Erträge, die mit dem Leasinggut erwirtschaftet werden, selbst („Pay-as-you-earn-Effekt")

- die Kraftfahrzeugkosten sind einfach zu kalkulieren aufgrund gleichbleibender Leasingraten

- der Fuhrpark erneuert sich alle 24–48 Monate (Imagewirkung, geringes Reparaturkostenrisiko)

- Leasingfahrzeuge müssen nicht in der Anlagenbuchhaltung geführt und verwaltet werden (geringer Verwaltungsaufwand für Abschreibungen usw.)

- Kreditlinien werden nicht beansprucht und stehen in voller Höhe für laufende Zahlungsverpflichtungen zur Verfügung

- Kreditsicherheiten (mit oft geringen Beleihungssätzen) müssen nicht beigebracht werden (Ausnahme: ggf. Bürge) und können für wichtige Investitionen in den Betrieb verwandt werden

- die Eigenkapitalquote ist höher als bei der Kreditfinanzierung (bessere Kreditwürdigkeit)

Finanzdienstleistungen eines Kraftfahrzeugunternehmens

(3) Vergleich unter dem Gesichtspunkt der zeitlichen Verteilung der Liquiditätsbelastung

Für die Wahl der Finanzierungsart ist oft entscheidend, wie sich die Zahlungsströme auf die einzelnen Jahre der Nutzung verteilen. Anzustreben ist eine möglichst gleichmäßige Verteilung der Auszahlungen, da diese dann am ehesten mit möglichen Einzahlungen (z. B. Lohnzahlungen bei Privatleuten, Umsatzeinnahmen bei Geschäftsleuten) korrespondieren. Sprunghafte Auszahlungen können sehr schnell zu Liquiditätsengpässen und damit zu Zahlungsschwierigkeiten führen.

Vergleichsannahmen: Aus Gründen der Vergleichbarkeit der Finanzierungsalternativen soll angenommen werden, dass der Kunde das Fahrzeug am Ende der Laufzeit als Eigentum erwirbt (beim Standardkredit ist das anders nicht möglich). Bei der Leasingvariante mit Kilometerabrechnung ist das nicht vorgesehen, weshalb hier das Leasing mit Restwertabrechnung gewählt wurde. Abschreibungen, steuerliche Aspekte und Zinswirkungen werden vernachlässigt, da im Vergleich nur tatsächliche Zahlungsströme, die auch im Finanzplan in Erscheinung treten, berücksichtigt werden sollen. Entgangene Zinserträge, Steuervorteile oder Abschreibungen führen weder zu echten Einzahlungen noch zu echten Auszahlungen.

Finanzierungs-alternative	Art der Auszah-lungen (EUR)	1. Jahr	2. Jahr	3. Jahr	4. Jahr	Summe der Auszahlungen
Barzahlung	Kaufpreis	**12 405,00**				**12 405,00**
Standard-kredit	Anzahlung	2 481,50				2 481,50
	Raten (monat-lich 252,50)	3 030,00	3 030,00	3 030,00	3 030,00	12 120,00
	Summe der Auszahlungen	**5 511,50**	**3 030,00**	**3 030,00**	**3 030,00**	**14 601,50**
Autokredit (Drei-Wege-Finanzierung)	Anzahlung	2 481,50				2 481,50
	Raten (monat-lich 141,17)	1 694,04	1 694,04	1 694,04	1 552,87	6 634,99
	Schlussrate				5 025,04	5 025,04
	Summe der Auszahlungen	**4 175,54**	**1 694,04**	**1 694,04**	**6 577,91**	**14 141,53**
Leasing (Restwert-abrechnung)	Sonderzahlung	1 860,75				1 860,75
	Leasingraten (monatlich 145,00)	1 740,00	1 740,00	1 740,00	1 740,00	6 960,00
	Restwert				5 582,25	5 582,25
	Summe der Auszahlungen	**3 600,75**	**1 740,00**	**1 740,00**	**7 322,25**	**14 403,00**

Ergebnis: Die Barzahlung ist von der Gesamtbelastung her gesehen am günstigsten. Jedoch ist hier keine Verteilung der Auszahlungen auf die Nutzungsdauer möglich. Die Liquiditätsbelastung im Anschaffungsjahr ist äußerst hoch. Bei allen Fremdfinanzierungsalternativen verteilen sich die Auszahlungen auf die Nutzungsjahre. Dadurch sind Liquiditätsengpässe nahezu ausgeschlossen. Der Autokredit ist die günstigste Art der Fremdfinanzierung, da hier die Raten z. T. vom Händler bzw. Hersteller im Zuge der Absatzförderung mitfinanziert werden. Am günstigsten verteilen sich die Zahlungsströme beim Standardkredit, da hier keine Schlussrate anfällt.

Beim Autokredit und dem Leasing (mit Restwertabrechnung) ist die Liquiditätsbelastung im ersten und letzten Jahr relativ hoch.

Aufgaben

1. Bilden Sie mehrere **Arbeitsgruppen**. Schreiben Sie die Begriffe a) bis p) auf Kärtchen (ein Begriff pro Kärtchen). Klären Sie die Begriffe in den Gruppen und schreiben Sie die Lösungen auf das jeweilige Kärtchen. Veranstalten Sie in Ihrer Gruppe ein Frage-Antwort-Spiel (wer die meisten Kärtchen gewinnt, ist Gruppensieger). Die Gruppensieger können anschließend den Klassensieger des **Gruppenturniers** unter sich ausspielen.

   Begriffe:
   a) Leasing
   b) Mietkauf
   c) Spezialleasing
   d) Operate Leasing
   e) Finance Leasing
   f) direktes Leasing
   g) indirektes Leasing
   h) Vollamortisation
   i) Teilamortisation
   j) Andienungsrecht
   k) Closed-End-Leasing
   l) Open-End-Leasing
   m) Full-Service-Leasing
   n) Leasingfaktor
   o) Null-Leasing
   p) Sale and Lease back

2. Beschreiben Sie die Varianten der folgenden Vertragsmodelle
   a) Vollamortisationsvertrag
   b) Teilamortisationsvertrag
   c) Fahrzeugleasing mit Kilometerabrechnung
   d) Fahrzeugleasing mit Restwertabrechnung

   Bilden Sie vier thementeilige **Expertengruppen** A, B, C und D. Anschließend bilden Sie neue sogenannte Puzzlegruppen, in denen mindestens jeweils ein Mitglied jeder Expertengruppe vertreten ist. Dieses Mitglied erklärt den anderen Mitgliedern die Ergebnisse seiner jeweiligen Expertengruppe, sodass am Ende alle Schüler den gleichen Wissensstand haben.

3. a) Erläutern Sie die wesentlichen Vereinbarungen eines Leasingvertrages. Legen Sie den auf Seite 200 abgebildeten UNICA-Leasingantrag zugrunde.

   b) Fassen Sie die wesentlichen Privat-Leasing-Bedingungen mit eigenen Worten zusammen. Legen Sie die auf Seiten 197 ff. abgebildeten UNICA-Leasingbedingungen zugrunde.

   c) Bringen Sie Leasinganträge mit Leasingbedingungen aus Ihren Ausbildungsbetrieben mit und vergleichen Sie diese. Erläutern Sie wesentliche Unterschiede.
   Bilden Sie mehrere **Gruppen** und **präsentieren** Sie Ihre Ergebnisse vor dem Klassenverband.

   d) Vergleichen Sie ebenso Leasinganträge von Privatkunden und gewerblichen Kunden und die zugehörigen Leasingsbedingungen. Erläutern Sie wesentliche Unterschiede.
   Bilden Sie mehrere **Gruppen** und **präsentieren** Sie Ihre Ergebnisse vor dem Klassenverband.

4. Welche gesetzlichen Vorschriften sind zu beachten, wenn der Leasingnehmer eine Privatperson ist? Erläutern Sie in diesem Zusammenhang die Begriffe Transparenzgebot und Widerrufsrecht.

5. a) Beschreiben Sie die sechs Einflussgrößen für die Kalkulation des Leasinggebers.
   b) Vollziehen Sie die Berechnung der Höhe der Leasingrate nach, wenn Ihnen der folgende Bildschirmausdruck vorliegt:

Finanzdienstleistungen eines Kraftfahrzeugunternehmens

```
UNICA Bank/UNICA Leasing
                               Autohaus Arthur Fritz GmbH
                               Einzelabnehmer
           ┌─── Eingabemaske Finanzierung: PRIMOS Comfortline ───┐
           Preis:                Brutto
           Gebrauchtwagen-Abr.:  Mit              Zubehör              Gesamt
           Leasingfaktor:        3,00
           Fahrzeugpreis:        EUR 25 000,00    EUR     0,00         25 000,00
           Sonderzahlung:        EUR  5 000,00 20,00 %
           Überführung:                           EUR  1 000,00
           Zulassung:                             EUR    250,00
           Anschaffungskosten:   EUR 26 250,00    EUR     0,00         26 250,00
           Vertragsdauer:        Monate    36
           Fahrleistung:         km/J   15 000    RWG 1
           Wert Gebrauchtwagen:  EUR 12 500,00 50,00 % EUR  0,00 0,00 % 12 500,00
           Leasingfaktor:        EUR     2,35
                                                 Leasing-Rate:            345,75

           Eingabe in EUR oder % (<100 = Prozent-Eingabe)
           ESC Zurück    Bild int./ext.    F2 Akt.-Richtl.   F6 Speichern   F10 Fertig
```

c) Welche wesentlichen Vorteile bietet die Erstellung eines Leasingangebots per Computer für den Verkaufsberater und für den Kunden?

d) Die Finanzierung über einen Autokredit könnte zu folgenden Konditionen erfolgen: Laufzeit des Autokredits: 36 Monate; Monatsrate: 350,00 EUR; Schlussrate: 10 000,00 EUR; Anzahlung 5 000,00 EUR.
Vergleichen Sie die Leasingfinanzierung (siehe b) mit der Finanzierung über einen Autokredit, unter Kosten- und Liquiditätsgesichtspunkten.
Treffen Sie eine Entscheidung
(1) als Privatperson (ohne steuerliche Aspekte);
(2) als Geschäftsfrau/-mann (mit Berücksichtigung steuerlicher Aspekte).

e) Erstellen Sie für beide Finanzierungsmöglichkeiten einen **Finanzplan** (über drei Jahre) mit den wichtigsten Zahlungsströmen.

6. Auszug aus einer Werbebroschüre des Autohauses Fritz:

Manche investieren in eigene Autos – andere in Erfolg

Aus der Nähe betrachtet ist Leasing eine sehr rentable Anlageform
Das Wichtigste zuerst: UNICA Leasing bindet kein Kapital und schont Ihre Liquidität. Denn Sie zahlen ja nicht den vollen Kaufpreis, sondern nur für die Zeit der tatsächlichen Nutzung. Und das in niedrigen monatlichen Leasingraten, die Sie bequem den monatlichen Einnahmen entnehmen können („pay-as-you-earn"). So erhalten Sie Ihren Kreditspielraum und können das frei gebliebene Kapital dort einsetzen, wo es die größte Rendite bringt.
Ob für Rationalisierungen, Erweiterungen, Marketing oder Forschung – Sie stecken Ihr Geld ins Geschäft und nicht in den Geschäftswagen.
Monatlich gleichbleibende Leasing-Raten schaffen auch klare Kostengrundlagen, denn sie ermöglichen eine präzise Kalkulation und Budgetierung. Sie fahren immer das neueste Modell und haben kein Gebrauchtwagenrisiko, weil Sie Ihren UNICA am Ende der Vertragszeit einfach zurückgeben und einen neuen leasen können. Und Sie kennen kein Reparaturkostenrisiko, wenn wir für die gesamte Vertragsdauer zu einem günstigen Tarif sämtliche Kosten übernehmen.
Natürlich bringt Ihnen Leasing auch Steuererleichterungen: Leasing-Raten sind Betriebsausgaben, die bei ausschließlich gewerblicher Nutzung in voller Höhe absetzbar sind. Und dass Sie bei all dem immer repräsentative, sichere und wirtschaftliche UNICAS fahren, steigert nicht nur das Image Ihres Unternehmens. Sondern auch das Engagement Ihrer Mitarbeiter.

a) Welche Vorteile des Leasings werden angesprochen? Führen Sie eine **Kartenabfrage** durch.
b) Nennen Sie weitere Vorteile des Leasings für Privat- und Geschäftsleute.
c)

Welche Vorteile hat das Leasingangebot für den Hersteller bzw. Händler? Welcher Vorteil kommt in der obigen Karikatur zum Ausdruck?

7. Bei welcher jeweiligen Gestaltung des Leasingvertrags ergeben sich die in der Tabelle beschriebenen Konsequenzen?

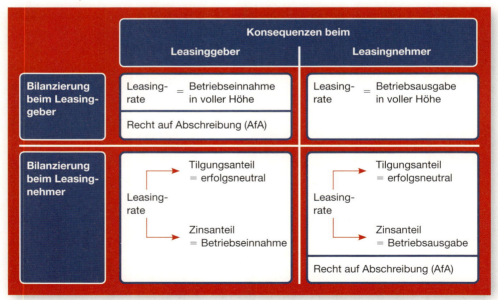

8. Führen Sie zwecks Vergleich von Finanzierungsmöglichkeiten Internet-Recherchen durch. Durchsuchen Sie hierzu die Webseiten bekannter Automobilhersteller und Finanzierungsgesellschaften nach Finanzangeboten. Rechnen Sie unterschiedliche Finanzierungsprogramme für ein vergleichbares Fahrzeug durch. Vergleichen Sie die Ergebnisse. Erstellen Sie ein **Übersichtsplakat** mit Ihren Ergebnissen.

9.

a) Beschreiben Sie die Beziehungen des dargestellten Leasinggeschäfts. Bringen Sie die Beziehungen in die richtige zeitliche Reihenfolge.
b) Welche Leasingart (nach dem Leasinggeber) liegt vor?

10. Welche Aussagen sind richtig? Es können auch mehrere Vorschläge richtig sein.
a) Wie kann der Händler beim Privatleasing den Händlerrabatt niedrig halten? Durch
(1) lange Laufzeiten,
(2) hohe Mietsonderzahlungen,
(3) hohen Restwert,
(4) niedrigen Restwert.
b) Woraus kann ein Leasingkunde die Mietsonderzahlungen des Anschluss-Leasingvertrages finanzieren?
(1) durch Bareinzahlung
(2) aus der positiven Differenz von Marktwert und kalkuliertem Restwert des alten Leasingfahrzeugs
(3) aus Verkaufserlös durch Eigenverkauf des Leasingfahrzeugs während der Laufzeit
(4) durch Kreditaufnahme
(5) durch niedrigen Restwert des neuen Leasingautos

11.

Autoleasing – herstellerabhängig oder frei?

Die attraktiven Konditionen der herstellerabhängigen Leasinggesellschaften spiegeln sich nicht nur in konkurrenzfähigen Angeboten für den Endverbraucher wider, sondern auch in vergleichsweise guten Verdienstmöglichkeiten für den Automobilhandel. 56 % der befragten Händler gaben an, mit der Gruppe der Herstellerbanken die höchsten Margen zu erzielen.

Trotz der angesprochenen Quersubventionen seitens der Fahrzeughersteller sind auch die unabhängigen Leasinggesellschaften in der Lage, dem Handel auskömmliche Margen zuzusichern. Etwa 30 % bescheinigen dieser Gruppe einen Vorteil bei den Margen für die Händler, während 7 % bzgl. der Höhe der Margen keine Unterschiede zwischen den beiden Gruppen sehen.

Der intensive Konkurrenzkampf auf dem Leasingmarkt geht stark zu Lasten der übrigen Anbieter von Finanzierungslösungen (Sparkassen, Genossenschaftsbanken, Groß- und Privatbanken). Diese bieten aktuell in der Regel keine konkurrenzfähigen Leasingprodukte an. …

Die herstellerabhängigen Finanzierungsgesellschaften unterbreiten ihren Vertragshändlern spezielle Angebote. So ist nicht verwunderlich, dass über 60 % der Vertragshändler die höchsten Margen mit den Herstellerbanken erzielen.

Ebenso viele Händler ohne Vertrag verdienen mit herstellerunabhängigen Leasinggesellschaften mehr oder mindestens so viel wie mit den Herstellerbanken. Interessanterweise profitieren fast 30 % der Vertragshändler von größeren Margen der herstellerunabhängigen Leasinggesellschaften.

Erneut erscheinen zwar freie Händler als leichter zugängliche Zielgruppe für herstellerunabhängige Finanzdienstleister. Ein grundsätzliches Interesse an einer Zusammenarbeit ist aber auch auf Seiten der Vertragshändler zu erkennen.

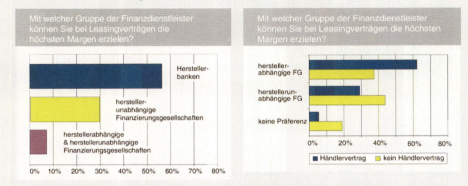

(Quelle: Manfred Steiner (Hrsg.): Leasing im Automobilhandel – Eine Studie des Lehrstuhls für Finanz- und Bankwirtschaft der Universität Augsburg, 2005, S. 14)

Nehmen Sie zu den oben dargestellten Ergebnissen der Leasingstudie Stellung. Weshalb sind die freien Leasinggesellschaften den bekannten Autoherstellern ein Dorn im Auge?

3 Weitere Dienstleistungen eines Kraftfahrzeugunternehmens

Mit neuen Geschäftsfeldern und Leistungsangeboten versprechen sich immer mehr Autohäuser zusätzliche Umsatzmöglichkeiten. Versicherungen, Mobiltelefone, elektronische Verkehrslenkung, Fahrertraining, Reisen, Theaterkarten, Fitness-Angebote, Mobilitätsgarantien – alles ist möglich. Die Entwicklung geht in Richtung des individuellen Kunden mit einem maßgeschneiderten Rund-um-Paket zusätzlich zum Auto.

„Über den Preis zu verkaufen ist der bequemste, aber auch der einfallsloseste Weg zu mehr Umsatz. Es ist aber auch der sicherste und schnellste Weg in den finanziellen Untergang", warnt Branchenspezialist Christian Zach in seinem Buch mit dem vielsagenden Titel „Begeisterte Kunden feilschen nicht – Wie Automobilverkäufer der Rabatt-Falle entkommen". „Barrabatte haben keinerlei Bindungswirkung. Der Naturalrabatt, also das in den Preis eingerechnete Servicebündel, z. B. die ersten fünf kostenlosen Wartungen, bindet den Kunden viel stärker ans Autohaus", betont Zach. Ein erfolgreiches Autohaus wartet heute nicht mehr, bis der Kunde kommt, es beginnt damit, ein immer dichter werdendes Beziehungsgeflecht zum Kunden aufzubauen. Dazu gehören die Grundpfeiler Kraftfahrtversicherungen und Zusatzgarantien.

3.1 Vermittlung von Kraftfahrtversicherungen

Berufsschülerin verursacht Verkehrsunfall – 10 000 Liter Benzin ausgelaufen

Sehr viel Glück hatten die Anwohner der B 8 in Höhe des Damaschkeweges gestern Morgen, als sich gegen 07:45 Uhr auf der Kreuzung der Hänger eines mit Super-Benzin gefüllten Tanklastzuges quer stellte und umkippte. Dabei ergossen sich ca. 10 000 Liter des Treibstoffes auf die Fahrbahn. Die sofort herbeigeeilte Feuerwehr konnte ein Entzünden verhindern.

Allerdings gelangten mehrere Tausend Liter in die städtische Kanalisation, sodass die Bewohner von vier Straßenzügen wegen der Explosionsgefahr evakuiert werden mussten.

Bei dem Unfall wurde der 42-jährige Fahrer eines entgegenkommenden Pkws schwer verletzt, der dem umstürzenden Hänger nicht mehr ausweichen konnte. Der Vater von zwei Kindern musste von der Feuerwehr aus dem total zerstörten Fahrzeug unter schwierigsten Umständen befreit werden, da das ausgelaufene Benzin den Einsatz von Schneidbrennern unmöglich gemacht hatte. Nach Aussagen des Lkw-Fahrers fuhr eine 18-jährige Schülerin mit ihrem Roller die B 8 stadteinwärts. In Höhe der Kreuzung B 8 Damaschkeweg änderte die Rollerfahrerin plötzlich, ohne ein Zeichen zu geben, die Richtung und bog nach links in den Damaschkeweg ein. Der die B 8 stadtauswärts fahrende Tankzug hätte die Frau unweigerlich überrollt, wäre der Fahrer nicht geistesgegenwärtig nach links ausgewichen. Dabei geriet der Hänger des Tankzuges auf regennasser Fahrbahn ins Schleudern, stellte sich quer und stürzte auf die Straße. Ein entgegenkommender Pkw fuhr in den umgekippten Hänger.

An beiden Fahrzeugen entstand ein Sachschaden von ca. 50 000,00 EUR. Die Schülerin kam mit leichten Verletzungen und einem Schock davon.

> Erläutern Sie die Notwendigkeit einer gesetzlichen Kraftfahrzeug-Haftpflichtversicherung anhand dieser Zeitungsmeldung. Die in der Zeitungsmeldung genannte Frau war die Auszubildende Frauke Matthes. Wie hätten die Haftungsverhältnisse ausgesehen, wenn Frauke mit dem Fahrrad unterwegs gewesen wäre?

3.1.1 Rechtliche Grundlagen des Versicherungsverhältnisses

Durch eine Versicherung überträgt der Versicherungsnehmer ein bestimmtes Risiko auf einen Versicherer gegen Zahlung einer Prämie. Wie für jeden anderen Vertrag gelten auch für den Versicherungsvertrag gesetzliche (z. B. Versicherungsvertragsgesetz **VVG**) und vertragliche Vereinbarungen (z. B. Allgemeine Bedingungen für die Kraftfahrtversicherung **AKB**).

Für die Zulassung des Fahrzeugs benötigt der Versicherungsnehmer eine **Versicherungsbestätigungsnummer** (VB-Nummer) von seiner Kfz-Versicherung (Versicherer). Nur mithilfe dieser VB-Nummer kann seine zuständige Zulassungsstelle (in der Regel das Landratsamt) das Neufahrzeug zulassen.

Autohäuser vermitteln in der Regel alle Sparten der Kraftfahrtversicherung. Dazu gehören die

- Kraftfahrzeug-Haftpflichtversicherung
- Fahrzeugversicherung (Teil- bzw. Vollkasko)
- Kraftfahrt-Unfallversicherung
- Kraftfahrt-Rechtsschutzversicherung
- Schutzbrief-Versicherung
- Kfz-Umweltschadensversicherung

Versicherungsdoppelkarte hat ausgedient

Die Versicherungsdoppelkarte hat ausgedient. Wer die Kfz-Versicherung wechselt, bekommt keine schriftliche Versicherungsbestätigung mehr.

Seit 2008 kann der Versicherungsnachweis nur noch elektronisch erbracht werden. Bei einem Versichererwechsel übermittelt die EDV des Versicherers nun einen Datensatz mit den Versicherungsdaten – über die GDV Dienstleistungs-GmbH und Kraftfahrt-Bundesamt – direkt an die Zulassungsbehörde. Dort wird der Datensatz verarbeitet und der neue Versicherer in die Fahrzeugakte eingetragen. Der Fahrzeughalter kommt mit diesem Übermittlungsvorgang nicht in Berührung.

Etwas anders als beim Versichererwechsel verhält es sich bei einer Neuzulassung eines Fahrzeugs. Vom Fahrzeughändler erhält der Kunde die Codierung seines Neuwagens. Der Kunde gibt diese Codierung an seinen Versicherer weiter und erhält eine siebenstellige **Versicherungsbestätigungsnummer** (VB-Nummer). Gleichzeitig stellt der Versicherer für seinen Kunden eine elektronische Versicherungsbestätigung in einer zentralen Datenbank bereit. Der Zulassungsstellenmitarbeiter überprüft dann mithilfe der VB-Nummer online, ob hier für den Kunden eine gültige Versicherungsbestätigung hinterlegt wurde.

In einem vollständig elektronischen Verfahren werden anschließend die notwendigen Daten für die An- oder Ummeldung eines Kraftfahrzeuges zwischen Versicherungsunternehmen, Kraftfahrtbundesamt und den örtlichen Zulassungsbehörden papierlos ausgetauscht.

3.1.2 Kraftfahrzeug-Haftpflichtversicherung

Der Abschluss einer Kraftfahrzeug-Haftpflichtversicherung ist **gesetzlich vorgeschrieben** (**Kontrahierungszwang** nach Pflichtversicherungsgesetz und Kfz-Pflichtversicherungsverordnung).

Nach § 1 PflVG ist der Halter eines Kraftfahrzeugs oder Anhängers mit regelmäßigem Standort im Inland verpflichtet, für sich, den Eigentümer und den Fahrer eine Haftpflichtversicherung zur Deckung der durch den Gebrauch des Fahrzeugs verursachten Personenschäden, Sachschäden und sonstigen Vermögensschäden abzuschließen und aufrechtzuerhalten, wenn das Fahrzeug auf öffentlichen Wegen oder Plätzen (§ 1 des Straßenverkehrsgesetzes) verwendet wird.

Der Antrag auf Abschluss eines Haftpflichtversicherungsvertrages für Zweiräder, Personen- und Kombinationskraftwagen bis zu 1 t Nutzlast gilt zu den Bedingungen des entsprechenden Versicherungsunternehmens als angenommen, wenn der Versicherer ihn nicht innerhalb einer Frist von zwei Wochen vom Eingang des Antrags an schriftlich ablehnt (**Annahmefiktion**, PflVG § 5 Abs. 3). Das Versicherungsverhältnis endet spätestens an dem nach Ablauf eines Jahres folgenden Monatsersten (PflVG § 5 Abs. 5). Es verlängert sich um jeweils ein Jahr, wenn es nicht spätestens einen Monat vor Ablauf schriftlich gekündigt wird.

Umfang der Versicherung

Die Kraftfahrzeug-Haftpflichtversicherung umfasst die *Befriedigung begründeter Schadenersatzansprüche* und die *Abwehr unbegründeter Schadenersatzansprüche*, die gegen den Versicherungsnehmer oder mitversicherte Personen[1] erhoben werden, wenn durch den Gebrauch des im Versicherungsvertrag bezeichneten Fahrzeugs

- Personen verletzt oder getötet werden,
- Sachen beschädigt, zerstört werden oder abhanden kommen,
- Vermögensschäden (z. B. Umsatzeinbußen, entgangener Gewinn) herbeigeführt werden, die weder mit einem Personen- noch mit einem Sachschaden zusammenhängen.

Ausgeschlossen sind Haftpflichtansprüche des Versicherungsnehmers

- gegen mitversicherte Personen wegen Sach- und Vermögensschäden,
- wegen Beschädigung, Zerstörung oder Abhandenkommens des versicherten Fahrzeugs oder der vom versicherten Fahrzeug beförderten Sachen,
- aus reinen Vermögensschäden, die auf Nichteinhaltung von Lieferfristen zurückzuführen sind.

Reparatur nicht zwingend nötig

Geschädigte haben nach einem Autounfall auch dann Anspruch, vom Verursacher die Reparaturkosten erstattet zu bekommen, wenn ihr Wagen gar nicht repariert wurde, urteilt das Amtsgericht Siegburg. In dem Fall wollte ein geschädigter Autofahrer vom Unfallverursacher den Ersatz der voraussichtlichen Reparaturkosten. Doch der weigerte sich zu zahlen, weil er glaubte, dass der Geschädigte sein Auto gar nicht zur Reparatur gegeben habe – und unterlag damit vor Gericht. Denn nach Ansicht der Richter ist es unerheblich, ob der Wagen tatsächlich repariert wurde. Der Unfallverursacher habe auf jeden Fall das Auto geschädigt und damit den Wert des Fahrzeugs gemindert. Dafür müsse er aufkommen. Zudem könne er dem Geschädigten nicht vorschreiben, wann und ob er sein Auto reparieren lasse (A: 109 C 368/05).

(Quelle: AP: Reparatur nicht zwingend notwendig, in: Südwestpresse 03.06.2006, S. 38)

Beitragshöhe

Die Beiträge zur Kraftfahrzeug-Haftpflichtversicherung richten sich nach

- der **Art des Fahrzeugs**. Es werden Personenkraftwagen, Zweiräder, Campingfahrzeuge und übrige Fahrzeuge unterschieden.
- der vereinbarten **Deckungssumme**.

Deckungssumme	Personenschäden je Person	Sachschäden	Vermögen
Gesetzlich	7 500 000,00 EUR	1 000 000,00 EUR	50 000,00 EUR
Unbegrenzt (nach AKB)	50 bzw. 100 Mio. EUR pauschal		
Andere	Begrenzung auf 8 Mio. EUR je geschädigter Person möglich.	z. B. 2 000 000,00 EUR	z. B. 100 000,00 EUR

Wer einen Mietwagen im europäischen Ausland nutzt, der muss damit rechnen, dass dessen Deckungssummen unter denen in Deutschland liegen. Mithilfe einer Zusatzversicherung kann der Mietwagennutzer die Deckungssummen auf deutsches Niveau erweitern („**Mallorca-Klausel**"). Meist ist eine solche Mallorca-Police nicht notwendig, da die Deckungssummen der eigenen Kfz-Haftpflichtversicherung auch im EU-Ausland gelten. Bei Reisen ins außereuropäische Ausland sollte darauf geachtet werden, dass die Kfz-Haftpflichtversicherung einen weltweiten Versicherungsschutz enthält („**Traveller-Police**").

---

[1] Mitversicherte Personen sind z. B. der Halter, der Eigentümer, der Fahrer, der **Beifahrer** (Beifahrer sind Personen, die im Rahmen ihres Arbeitsverhältnisses zum Versicherungsnehmer diesen zu seiner Ablösung oder zur Vornahme von Lade- und Hilfsarbeiten regelmäßig begleiten).

- der **Tarifgruppe**, der der Versicherungsnehmer zugeordnet wird.

Tarifgruppe A	Personenkraftwagen, die von landwirtschaftlichen Unternehmen zugelassen sind
Tarifgruppe B	Kraftfahrzeuge, die auf Körperschaften und Anstalten des öffentlichen Rechts, kirchliche Einrichtungen, als gemeinnützig anerkannte Einrichtungen und auf Beamte, Richter, Angestellte und Arbeiter dieser Körperschaften, Anstalten und Einrichtungen zugelassen sind
Tarifgruppe R	Personenkraftwagen, für die der Regionaltarif (Regionalklassen) gilt
Tarifgruppe N	alle übrigen Kraftfahrzeuge

- dem Bezirk, in dem das versicherte Fahrzeug zugelassen ist und der **Regionalklasse**, der der *Zulassungsbezirk*[1] entsprechend seinem *Schadenbedarfsindexwert*[2] zugeordnet ist.

Regionalklassen der Kraftfahrzeug-Haftpflichtversicherung

Regional-klasse	Schadenbedarfsindexpunkte			Regional-klasse	Schadenbedarfsindexpunkte		
1		unter	84,7	7	100,8	unter	103,9
2	84,7	bis unter	90,7	8	103,9	bis unter	106,9
3	90,7	bis unter	93,6	9	106,9	bis unter	111,1
4	93,6	bis unter	95,8	10	111,1	bis unter	115,4
5	95,8	bis unter	98,3	11	115,4	bis unter	120,0
6	98,3	bis unter	100,8	12		ab	120,0

- dem *Hersteller und Typ des Fahrzeugs* und der **Typklasse,** der dieses Fahrzeug entsprechend seinem Schadenbedarfsindexwert zugeordnet ist.

Typklassen der Kraftfahrzeug-Haftpflichtversicherung

Typklasse	Schadenbedarfsindexwerte			Typklasse	Schadenbedarfsindexwerte		
10		bis unter	49,5	19	110,4	bis unter	118,0
11	49,5	bis unter	61,9	20	118,0	bis unter	125,4
12	61,9	bis unter	71,6	21	125,4	bis unter	133,3
13	71,6	bis unter	79,8	22	133,3	bis unter	144,0
14	79,8	bis unter	86,6	23	144,0	bis unter	165,4
15	86,6	bis unter	92,0	24	165,4	bis unter	196,0
16	92,0	bis unter	97,7	25		ab	196,0
17	97,7	bis unter	103,7				
18	103,7	bis unter	110,4				

---

[1] Für die Zuordnung zu den Regionalklassen ist das amtliche Kennzeichen des versicherten Fahrzeugs maßgebend.

[2] Zum 1. Oktober eines jeden Jahres ermittelt ein unabhängiger Treuhänder durch Zusammenfassung einer genügend großen Zahl von Übersichten der Kraftfahrtversicherungsgesellschaften – für jede Art der Kfz-Versicherung – die Indexwerte der Schadenbedarfe der Fahrzeugtypen (Typenstatistik).

- der **Schadenfreiheits- bzw. Schadenklasse**, entsprechend der Dauer der Schadenfreiheit bzw. der Zahl der abgewickelten Schäden. Hier spielt auch die Zulassung als Erst- oder Zweitwagen eine Rolle.

Schadenfreiheitsklassen für Personenkraftwagen

in Schadenfreiheitsklasse (SF) in Schadenklassen (S und M)	Beitrags- sätze % KH[1]	FV[1]	in Schadenfreiheitsklasse (SF) in Schadenklassen (S und M)	Beitrags sätze % KH[1]	FV[1]
SF 23 bis SF 36	30	30	SF 7	50	60
SF 22	30	35	SF 5	55	65
SF 18 bis SF 21	35	35	SF 4	60	70
SF 16 bis SF 17	35	40	SF 3	70	80
SF 14 bis 15	40	40	SF 2	85	85
SF 12 bis 13	40	45	SF 1	100	100
SF 11	45	45	SF 1/2	140	115
SF 9 bis 10	45	50	S (Schadenklasse)	155	–
SF 8	50	55	O (Anfängerklasse)	230	125
			M (Malus-Klasse)	245	160

Der Versicherungsnehmer kann die Einstufung in SF $1/2$ verlangen, wenn auf ihn oder seinen Ehegatten bereits ein Personenkraftwagen zugelassen ist, der in eine Schadenfreiheitsklasse eingestuft ist. SF $1/2$ gilt auch für Versicherungsnehmer, die nachweisen können, dass sie aufgrund einer gültigen Fahrerlaubnis *seit drei Jahren* zum Führen eines Personenkraftwagens oder Kraftrades berechtigt sind. Die Klasse 0 gilt für „Führerschein-Neulinge", die ihre Fahrerlaubnis *weniger als drei Jahre* besitzen, ohne ein Fahrzeug angemeldet zu haben.

- der **jährlichen Fahrleistung (Kilometerklasse)** nach Angaben des Versicherungsnehmers. Der Versicherer ist berechtigt, entsprechende Nachweise zu verlangen.

Kilometerklassen der Kraftfahrzeug-Haftpflichtversicherung

Kilometerklasse	jährliche Fahrleistung	Nachlass	Zuschlag
1	≤ 9 000 Kilometer	15 %	
2	≤ 12 000 Kilometer	10 %	
3	≤ 20 000 Kilometer	0 %	
4	≤ 30 000 Kilometer		5 %
5	> 30 000 Kilometer		15 %

- den Angaben zur **Garagennutzung**. Der Beitrag ermäßigt sich um 10 %, wenn ausschließlich für den versicherten Personenkraftwagen ein Abstellplatz in einer abschließbaren Einzel-, Doppel- oder Sammelgarage vorhanden ist. Der Versicherer ist berechtigt, vom Versicherungsnehmer entsprechende Nachweise zu verlangen. Der Versicherungsnehmer darf nicht unter 25 Jahre alt sein und muss seinen Pkw nachts in der Garage abstellen.

---

[1] KH = Kraftfahrzeug-Haftpflichtversicherung, FV = Fahrzeugvollversicherung

- dem **Fahrzeugalter**, d. h. dem Zeitraum zwischen der Erstzulassung bis zum Erwerb des Fahrzeugs. Der Versicherer ist berechtigt, vom Versicherungsnehmer entsprechende Nachweise zu verlangen (nur bei Kraftfahrzeug-Haftpflichtversicherung möglich).

Altersklassen in der Kraftfahrzeug-Haftpflichtversicherung			
Altersklasse	Fahrzeugalter bei Erwerb	Nachlass	Zuschlag
1	Erstbesitz	10 %	
2	≤ 3 Jahre	6 %	
3	≤ 6 Jahre	0 %	
4	≤ 20 Jahre		5 %
5	> 20 Jahre	6 %	

- dem Besitz von **Jahres- oder Dauerfahrkarten** für den öffentlichen Personenverkehr. Diese Versicherungsnehmer erhalten einen Sondernachlass (maximal 10 %). Es darf sich dabei nicht um Schüler-, Auszubildenden- oder Studentenfahrausweise handeln. Bei übertragbaren Fahrausweisen muss der Versicherungsnehmer überwiegender Nutzer sein.

Treffen mehrere Nachlässe zusammen, dann ist in der Regel der zu gewährende Nachlass bei der Kraftfahrzeug-Haftpflichtversicherung auf maximal 50 % begrenzt (besondere Bedingungen zu AKB). Immer mehr Versicherer bieten zwei Tarife an, den billigen **Internettarif** und den „klassischen" Tarif.

3.1.3 Fahrzeugversicherung

Versicherungsumfang

Die Fahrzeugversicherung umfasst die *Beschädigung, die Zerstörung und den Verlust des versicherten Fahrzeugs* und seiner unter Verschluss verwahrten oder an ihm befestigten Teile einschließlich der Fahrzeug- und Zubehörteile (gemäß besonderer Liste).

Auszüge aus der Liste der mitversicherten Fahrzeug- und Zubehörteile:

Ohne Beitragszuschlag sind z. B. mitversichert:

Ablage-Vorrichtungen
Abschlepp-Vorrichtungen
Abschleppseil
Abstandswarner
Airbag-Gurtstrammer-Rück-
   haltesystem
Alarmanlage
Anhänger-Vorrichtung
Antiblockiersystem (ABS)
Antischlupfregelung (ASR) und
   vergleichbare Systeme
Auspuffblenden
Außenspiegel (auch mechanisch
   oder elektronisch einstellbar)
Außenthermometer
Autoapotheke
automatischer Geschwindigkeits-
   regler (Tempomat)

automatisches Getriebe
Batterien
Batterie-Starterkabel
Beinschilder für Mofa, Moped
Bootsträger (Dach)
Bordcomputer
Bremskraftverstärker
Cockpit-Personning
Cockpit-Verkleidung für Krafträder
Dachträger für Fahrräder, Skier
   und Surfbretter
Diebstahlsicherung einschließlich
   Zentralversicherung
Doppel- und Mehrfachvergaser-
   anlage, soweit zulässig
Drehzahlmesser
elektrische Betätigung für
   Schiebedach, Türfenster

elektronische Einparkhilfen
Ersatzbirnenset
Fahrtenschreiber
Feuerlöscher
Fotoapparat bis 35 EUR Neupreis
Fußbodenbelag
Gas-Anlage
Gasflasche für Wohnwagenanhän-
   ger und Wohnmobile
Gepäckabdeckung (Netz, Rollo
   oder dergl. zum Insassenschutz)
Gepäckträger (Dach)
Halogen-Lampen
Hardtop mit/ohne Haftlampen
heizbare Heckscheibe
Heizung (auch nachträglich
   zusätzlich eingebaut)
Holzausführung

Weitere Dienstleistungen eines Kraftfahrzeugunternehmens

hydraulische Strömungsbremse oder elektrische Wirbelstrombremse
Jod-Lampen
Katalysatoren und andere schadstoffverringernde Anlagen
Kennzeichen (auch reflektierende)
Kennzeichen-Unterlage
Kindersitz
Klappspaten
Klimaanlage
Kopf-/Nackenstützen
Kotflügel-Schmutzfänger
Kotflügelverbreiterung (soweit zulässig)
Kühlerabdeckschutz
Kühlerjalousie
Lederpolsterung
Leichtmetallfelgen
Leichtmetallräder
Leselampe
Liegesitze
Mehrklanghorn (soweit zulässig)
Navigationssystem (fest eingebaut)
Nebellampen (vorne und hinten)
Niveauregulierung
Packtaschen an Zweirädern (verschweißt oder mit integriertem Sicherheitsschloss am Träger befestigt)
Panoramaspiegel
Parkleuchten

Plane und Gestell für Güterfahrzeuge
Radzierkappen und -zierringe
Räder mit Winterbereifung (1 Satz)
Reifenwächteranlage
Reservekanister (einer)
Reserveräder (soweit serienmäßig)
Retarder
Rückfahrscheinwerfer
Rück-Sonnenschutzjalousie
Rückenstützen
Scheibenwischer für Heckscheibe
Scheinwerferwasch- und -wischanlage
Schiebedach
Schlafkojen in Güterfahrzeugen
Schneeketten
Schonbezüge – auch mit Bändern oder Gurten befestigte Sitzfelle (keine losen Decken und keine Edelpelze)
Schutzhelme für Zweiradfahrer, wenn über Halterung mit Zweirad verbunden, dass unbefugte Entfernung ohne Beschädigung des Helmes und/oder Fahrzeugs nicht möglich ist
Seitenschürze
Servolenkung
Signalhorn
Sitzheizung

Sitzhöhenverstellung
Skihalterung
Sondergetriebe (z. B. 5-Gang-Schaltung)
Sonnendach
Speichenblenden
Sperrdifferenzial
Spezial-Auspuffanlage
Spezialsitze
Spiegel
Spoiler
Sportlenkrad
Stoßdämpfer (verstärkte)
Stoßstangen (zusätzliche)
Sturzbügel für Krafträder
Suchscheinwerfer
Tankdeckel (auch abschließbar)
Taxameter
Taxibügel mit Taxischild
Trennscheibe bei Droschken und Mietwagen
Turbolader
Überrollbügel
Ventilator
Verbundglas
Vollverkleidung für Krafträder
Wagenheber (soweit serienmäßig)
wärmedämmende Verglasung
Warndreieck
Warnfackel
Warnlampe
Wegfahrsperre
. . .

Ohne Beitragszuschlag sind folgende Teile *bis zu einem Neuwert von 5 000,00 EUR* mitversichert, soweit sie im Fahrzeug eingebaut oder mit dem Fahrzeug durch entsprechende Halterungen fest verbunden sind:

– Radio- und sonstige Audiosysteme, Video-, technische Kommunikations- und Leitsysteme (z. B. fest eingebaute Navigationssysteme),

– zulässige Veränderungen an Fahrwerk, Triebwerk, Auspuff, Innenraum oder Karosserie (Tuning), die der Steigerung der Motorleistung, des Motordrehmoments, der Veränderung des Fahrverhaltens dienen oder zu einer Wertsteigerung des Fahrzeugs führen,

– individuell für das Fahrzeug angefertigte Sonderlackierungen und -beschriftungen sowie besondere Oberflächenbehandlungen,

– Beiwagen und Verkleidungen bei Krafträdern, Leichtkrafträdern, Kleinkrafträdern, Trikes, Quads und Fahrzeugen mit Versicherungskennzeichen,

– Spezialaufbauten (z. B. Kran-, Tank-, Silo-, Kühl- und Thermoaufbauten) und Spezialeinrichtungen (z. B. für Werkstattwagen, Messfahrzeuge, Krankenwagen).

Ist der Gesamtneuwert der ersten drei aufgeführten Teile höher als die genannte Wertgrenze, ist der übersteigende Wert nur mitversichert, wenn dies ausdrücklich vereinbart ist.

Lernfeld 12

Gegen Beitragszuschlag versicherbare Gegenstände

Bargeld	Kaffeemaschine	Vorzelt (als Einheit mit einem
Beschläge (Monogramm usw.)	Kühlbox	Wohnwagen/der Wiederbe-
Beschriftung (Reklame)	Panzerglas	schaffungswert ergibt sich auf
Dachkoffer	Speziallackierungen	Basis der Grundausstattung des
Diktiergerät	Rundumlicht (Blaulicht etc.)	Herstellers)
Doppelpedalanlage	Spezialaufbau	Wohnwageninventar
hydraulische Ladebordwand	Telefon mit Antenne	(fest eingebaut)
für Lkw	(fest eingebaut)	

Nicht versicherbar sind z. B.:

Atlas	Faltgarage, Regenschutzplane	Kühltasche
Autodecke oder Reiseplaid oder	Fotoausrüstung	Magnetschilder
Edelpelz	Funkrufempfänger	Maskottchen
Autokarten	Fußsack	mobile Navigationsgeräte
Autokompass	Garagentoröffner (Sendeteil)	Plattenkasten und Platten
Campingausrüstung (soweit nicht	Handys, Smartphones	Rasierapparat
fest eingebaut)	Heizung (soweit nicht fest	Staubsauger
Ersatzteile	eingebaut)	Vorzelt (sonstige)
Fahrerkleidung	Kassetten, CDs, DVDs, Sticks	

Die Fahrzeugversicherung kann als Teilversicherung (Teilkasko, Grundkasko[1]) oder als Vollversicherung (Vollkasko, künftig Unfallkasko) abgeschlossen werden.

Die **Teilversicherung** ist auf Schäden begrenzt, die verursacht wurden durch

- Brand oder Explosion,
- Entwendung (insbesondere Diebstahl, unbefugten Gebrauch durch fremde Personen, Raub und Unterschlagung),
- unmittelbare Einwirkung von Sturm (mindestens Windstärke 8), Hagel, Blitzschlag oder Überschwemmung (einschließlich der Schäden, die durch Gegenstände verursacht werden, die aufgrund dieser Naturgewalten auf oder gegen das Fahrzeug geworfen werden),
- einen Zusammenstoß des in Bewegung befindlichen Fahrzeugs mit Haarwild im Sinne von § 2 Bundesjagdgesetz,
- Marderbiss an Kabeln, Schläuchen und Leitungen (Folgeschäden sind ausgeschlossen),
- Kurzschluss (an der Verkabelung) und Glasbruch.

Die **Vollversicherung (Unfallkasko)** deckt *zusätzlich* Schäden ab, die verursacht wurden durch

- Unfall, d. h. durch ein unmittelbar von außen her plötzlich mit mechanischer Gewalt einwirkendes Ereignis (keine Unfallschäden sind Brems-, Betriebs- und reine Bruchschäden),
- mut- und böswillige Handlungen fremder Personen (Vandalismus).

Versicherungsleistung

Der Versicherer ersetzt Schäden bis zur Höhe des Wiederbeschaffungswertes des Fahrzeugs oder seiner Teile am Tage des Schadens. Unter dem **Wiederbeschaffungswert** ist nicht der Neuwert zu verstehen, sondern der Kaufpreis, der für ein gleichwertiges *gebrauchtes Fahrzeug* oder Teils aufgewendet werden muss. Tritt ein Schaden *innerhalb der ersten sechs Monate* (bei manchen Tarifen auch 12 Monaten) nach der Erstzulassung des Fahrzeugs ein, dann ersetzt der Versicherer den nachweislich bezahlten Kaufpreis abzüglich der pauschalen Abnutzung von einem Prozent pro gefahrene tausend Kilometer.

---

[1] Kasko (span.) = Fahrzeug

Beispiel Bernd Klüwer verursacht mit seinem PRIMOS einen selbst verschuldeten Unfall. Sein PRIMOS hat einen Totalschaden. Er ist bisher 5 000 Kilometer gefahren. Er hat für seinen PRIMOS 12 405,00 EUR bezahlt. Ein gleichwertiger gebrauchter PRIMOS kostet nach einem halben Jahr 10 500,00 EUR.
Die Vollversicherung erstattet ihm
– innerhalb der ersten sechs Monate: $12\,405,00 - (12\,405,00 \cdot 1/100 \cdot 5) = 11\,784,75$ EUR
– nach sechs Monaten: 10 500,00 EUR

Bei Zerstörung oder Verlust des Fahrzeugs durch Diebstahl vermindert sich die Ersatzleistung des Versicherers um 10 % (zusätzlich zur Selbstbeteiligung), es sei denn, das Fahrzeug war am Tage des Schadens mit einer elektronischen Wegfahrsperre ausgerüstet.

Beispiel Angenommener Wiederbeschaffungswert des Fahrzeugs: 10 000,00 EUR.
Ersatzleistung der Fahrzeug-Teilversicherung:

Fahrzeug	mit Wegfahrsperre	ohne Wegfahrsperre
Wiederbeschaffungswert – 10 % Abschlag – Selbstbeteiligung	10 000,00 EUR – 300,00 EUR	10 000,00 EUR – 1 000,00 EUR – 300,00 EUR
Ersatzleistung	9 700,00 EUR	8 700,00 EUR

Wird das Fahrzeug lediglich beschädigt, dann ersetzt der Versicherer die erforderlichen Kosten der Wiederherstellung einschließlich der notwendigen Transportkosten. Die Höchstgrenze für solche Reparaturen ist der Wiederbeschaffungswert.

Werden entwendete Gegenstände *innerhalb eines Monats* nach der Schadenanzeige wieder aufgefunden, dann muss der Versicherungsnehmer diese wieder zurücknehmen. Wird das Fahrzeug mehr als 50 Kilometer von seinem Standort entfernt aufgefunden, dann zahlt der Versicherer die Kosten einer Eisenbahnfahrkarte zweiter Klasse (Rückfahrkarte) bis zu einer Entfernung von 1 500 Bahnkilometern zu dem am Fundort nächstgelegenen Bahnhof.

Beitragshöhe

Die Beiträge zur Fahrzeugversicherung richten sich nach

- der **Art des Fahrzeugs.** Es werden Personenkraftwagen, Zweiräder, Campingfahrzeuge und übrige Fahrzeuge unterschieden.
- der **Tarifgruppe**, der der Versicherungsnehmer zugeordnet wird (siehe Kraftfahrzeug-Haftpflichtversicherung).
- dem Bezirk, in dem das versicherte Fahrzeug zugelassen ist und der **Regionalklasse**, der der *Zulassungsbezirk* entsprechend seinem Schadenbedarfsindexwert zugeordnet ist.

Regionalklassen der Fahrzeugversicherung:

Fahrzeugvollversicherung (Unfallkasko)					
Regional- klasse	Schadenbedarfsindexpunkte		Regional- klasse	Schadenbedarfsindexpunkte	
1		bis unter 86,8	7	112,6 bis unter 119,2	
2	86,8 bis unter 93,2		8	119,2 bis unter 127,4	
3	93,2 bis unter 98,0		9	127,4 bis unter 132,5	
4	98,0 bis unter 102,0		10	132,5 bis unter 142,5	
5	102,0 bis unter 107,0		11	ab 142,5	
6	107,0 bis unter 112,6				

Fahrzeugteilversicherung (Grundkasko)

Regional-klasse	Schadenbedarfsindexpunkte			Regional-klasse	Schadenbedarfsindexpunkte		
1		bis unter	64,1	9	113,8	bis unter	123,5
2	64,1	bis unter	71,7	10	123,5	bis unter	137,4
3	71,7	bis unter	77,4	11	137,4	bis unter	154,1
4	77,4	bis unter	83,1	12	154,1	bis unter	174,7
5	83,1	bis unter	89,4	13	174,7	bis unter	190,9
6	89,4	bis unter	95,2	14	190,9	bis unter	214,6
7	95,2	bis unter	104,5	15	214,6	bis unter	244,5
8	104,5	bis unter	113,8	16		ab	244,5

- dem *Hersteller und Typ des Fahrzeugs* und der **Typklasse**, der dieses Fahrzeug entsprechend seinem Schadenbedarfsindexwert zugeordnet ist.

Typklassen der Fahrzeugversicherung:

Fahrversicherung

Typklasse	Schadenbedarfsindexwerte			Typklasse	Schadenbedarfsindexwerte		
10		bis unter	39,5	23	145,3	bis unter	165,2
11	39,5	bis unter	53,1	24	165,2	bis unter	169,6
12	53,1	bis unter	62,7	25	169,6	bis unter	184,5
13	62,7	bis unter	69,0	26	184,5	bis unter	206,3
14	69,0	bis unter	74,3	27	206,3	bis unter	232,3
15	74,3	bis unter	80,2	28	232,3	bis unter	276,4
16	80,2	bis unter	88,3	29	276,4	bis unter	330,1
17	88,3	bis unter	96,8	30	330,1	bis unter	377,5
18	96,8	bis unter	105,5	31	377,5	bis unter	438,7
19	105,5	bis unter	116,5	32	438,7	bis unter	516,6
20	116,5	bis unter	125,2	33	516,6	bis unter	696,7
21	125,2	bis unter	135,9	34		ab	696,7
22	135,9	bis unter	145,3				

- der Höhe der **Selbstbeteiligung**. Um die Versicherungsprämien zu senken, vereinbaren die meisten Versicherungsnehmer eine Selbstbeteiligung, die bei der Teilkasko üblicherweise 150,00 EUR oder 500,00 EUR, bei der Vollkasko am häufigsten 300,00 EUR beträgt.
- **Schadenfreiheits- bzw. Schadenklasse**, entsprechend der Dauer der Schadenfreiheit bzw. der Zahl der abgewickelten Schäden (siehe Kraftfahrzeug-Haftpflichtversicherung, S. 219).
- der jährlichen Fahrleistung (**Kilometerklasse**).

Kilometerklassen der Fahrzeugversicherung

Kilometerklasse	jährliche Fahrleistung	Nachlass	Zuschlag
1	≤ 9 000 Kilometer	10 %	
2	≤ 12 000 Kilometer	5 %	
3	≤ 30 000 Kilometer		5 %
4	> 30 000 Kilometer		10 %

Weitere Dienstleistungen eines Kraftfahrzeugunternehmens

- den Angaben zur **Garagennutzung**. Der Beitrag ermäßigt sich um 10 % bei der Teilkasko und um 5 % bei der Vollkasko (sonstige Bedingungen siehe Kraftfahrzeug-Haftpflichtversicherung, S. 219).

- Einen Sondernachlass (maximal 10 %) erhalten Versicherungsnehmer, wenn sie im Besitz von **Jahres- oder Dauerfahrkarten** für den öffentlichen Personenverkehr sind.

Treffen mehrere Nachlässe zusammen, dann ist in der Regel der zu gewährende Nachlass bei der Kraftfahrzeug-Haftpflichtversicherung auf maximal 35 % begrenzt (besondere Bedingungen zu AKB).

3.1.4 Kraftfahrtunfallversicherung

Die Kraftfahrtunfallversicherung bietet eine finanzielle Absicherung des Fahrers und der Mitfahrer (Insassen) für den Invaliditäts- und Todesfall, auch wenn

- der Fahrer für die Unfallfolgen nicht haftet (z. B. bei höherer Gewalt),
- der Unfallverursacher Fahrerflucht begangen hat,
- die Haftpflichtversicherung des Unfallverursachers nicht zahlt.

Versicherungsarten

Die Kraftfahrtunfallversicherung kann abgeschlossen werden als

- **Insassenunfallversicherung nach dem Pauschalsystem:** Hier sind alle Personen versichert, die sich mit Wissen und Willen des Versicherungsnehmers in oder auf dem versicherten Fahrzeug befinden. Kraftfahrer und Beifahrer, die beim Versicherungsnehmer angestellt sind, gehören nicht zu den versicherten Personen. Jede versicherte Person ist mit dem der Anzahl der Versicherten entsprechenden Teilbetrag der vereinbarten Versicherungssumme versichert. Befinden sich zwei oder mehr Personen im Fahrzeug, dann erhöhen sich die versicherten Summen um 50 %.

  Beispiel Versicherungssummen: 50 000,00 EUR für den Todesfall; 100 000,00 EUR für den Invaliditätsfall. Zwei versicherte Insassen befinden sich zum Unfallzeitpunkt im Auto. Eine wird tödlich verletzt, die andere erleidet eine Invalidität von 100 %.
  Auszahlung der Insassenunfallversicherung:
  – für den Todesfall: (50 000,00 + 50 000,00 · 50 %) : 2 Personen = 37 500,00 EUR
  – für den Invaliditätsfall: (100 000,00 + 100 000,00 · 50 %) : 2 Personen = 75 000,00 EUR

- **Insassenunfallversicherung für eine bestimmte Zahl von Personen oder Plätzen:** Hier sind nur eine bestimmte Zahl von Mitfahrern oder bestimmte Plätze im Fahrzeug versichert. Sind im Versicherungsvertrag mehr Personen versichert als zum Zeitpunkt des Unfalls mitgefahren sind, dann wird die Entschädigung der einzelnen Person entsprechend gekürzt.

  Beispiel Versicherungssummen: 50 000,00 EUR für den Todesfall; 100 000,00 EUR für den Invaliditätsfall. Zwei versicherte Insassen befinden sich zum Unfallzeitpunkt im Auto. Eine wird tödlich verletzt, die andere erleidet eine Invalidität von 100 %. Der Versicherungsnehmer hat vier Personen versichern lassen.
  Auszahlung der Insassenunfallversicherung:
  – für den Todesfall: 50 000,00 · 2/4 Personen = 25 000,00 EUR
  – für den Invaliditätsfall: 100 000,00 · 2/4 Personen = 50 000,00 EUR

- **Berufsfahrerversicherung:** Diese bezieht sich auf den jeweiligen Kraftfahrer oder Beifahrer des im Vertrag bezeichneten Fahrzeugs. Unabhängig von einem bestimmten Fahrzeug können bestimmte namentlich bezeichnete Kraftfahrer oder Beifahrer oder ohne Namensnennung sämtliche angestellte Kraftfahrer oder Beifahrer des Versicherungsnehmers versichert werden.

- **Namentliche Versicherung sonstiger Personen:** Diese Versicherung ist unabhängig von einem bestimmten Fahrzeug. Namentlich versicherte Personen können ihren Versicherungsanspruch selbstständig geltend machen.

Versicherungsumfang

Die Kraftfahrtunfallversicherung bezieht sich auf Unfälle, die dem Versicherten zustoßen und mit dem Lenken, Benutzen, Behandeln, Be- und Entladen sowie Abstellen des Kraftfahrzeugs oder Anhängers in Zusammenhang stehen. Unfälle beim Ein- und Aussteigen sind mitversichert. Ein **Unfall** liegt vor, wenn der Versicherte durch ein plötzlich von außen auf seinen Körper wirkendes Ereignis oder durch eine erhöhte Kraftanstrengung (z. B. Zerrung, Verrenkung) unfreiwillig eine Gesundheitsschädigung erleidet.

Nicht versichert sind Unfälle, die

- *vom Fahrer* infolge von Bewusstseinsstörungen (z. B. Trunkenheit) oder
- von *Versicherten* aufgrund von Geistesstörungen, schweren Nervenleiden, Schlag-, Krampfanfällen, epileptischen Anfällen verursacht werden,
- dem Versicherten im Zusammenhang mit einer Straftat zustoßen.

Nicht versicherbar und trotz Beitragszahlung nicht versichert sind dauernd pflegebedürftige Personen sowie Personen mit psychischer Störung. Pflegebedürftig ist, wer für die Verrichtungen des täglichen Lebens überwiegend fremder Hilfe bedarf.

Versicherungsleistung

Die Leistungen des Versicherers richten sich nach der jeweiligen **Versicherungssumme**, die im Vertrag für den Fall der dauernden Beeinträchtigung der körperlichen oder geistigen Leistungsfähigkeit (Invalidität), als Tagegeld oder im Falle des Todes vereinbart wurde.

- **Todesfallleistung:** Führt der Unfall innerhalb eines Jahres zum Tode, dann wird die für den Todesfall versicherte Summe ausgezahlt. Bei Versicherten unter 14 Jahren beträgt die Leistung für den Todesfall höchstens 5 000,00 EUR. Bei mehreren Versicherten ist der Anteil des einzelnen Versicherten auf die im Vertrag vereinbarte Versicherungssumme begrenzt.
- **Invaliditätsleistung:** Sie richtet sich nach der vereinbarten Versicherungssumme und dem Grad der unfallbedingten Invalidität. Ohne einen Nachweis höherer oder geringerer Invalidität werden feste Prozentsätze der Versicherungssumme entgolten (*„Gliedertaxe"*).
  Als feste Invaliditätsgrade gelten bei Verlust oder Funktionsunfähigkeit

eines Armes im Schultergelenk	70 %	eines Beines bis unterhalb des Knies	50 %
eines Armes bis oberhalb des		eines Beines bis zur Mitte des	
Ellenbogengelenks	65 %	Unterschenkels	45 %
eines Armes unterhalb des		eines Fußes im Fußgelenk	40 %
Ellenbogengelenks	60 %	einer großen Zehe	5 %
einer Hand im Handgelenk	55 %	einer anderen Zehe	2 %
eines Daumens	20 %	eines Auges	50 %
eines Zeigefingers	10 %	des Gehörs auf einem Ohr	30 %
eines anderen Fingers	5 %	des Geruchs	10 %
eines Beines über der Mitte des		des Geschmacks	5 %
Oberschenkels	70 %		
eines Beines bis zur Mitte des			
Oberschenkels	60 %		

Bei Teilverlust oder Funktionsbeeinträchtigung eines dieser Körperteile oder Sinnesorgane wird der entsprechende Teil des Prozentsatzes angenommen.

- **Tagegeld:** Führt der Unfall zu einer Beeinträchtigung der Arbeitsfähigkeit, so wird für die Dauer der ärztlichen Behandlung, längsten für ein Jahr, Tagegeld gezahlt. Das Tagegeld wird je nach Grad der Beeinträchtigung abgestuft. Der Beeinträchtigungsgrad richtet sich nach der Berufstätigkeit oder Beschäftigung des Versicherten.

Beitragshöhe

Die Beiträge zur Kraftfahrtunfallversicherung richten sich nach

- der Höhe der **Versicherungssumme**; beim Todesfallrisiko üblicherweise 25 000,00 EUR, beim Invaliditätsrisiko üblicherweise 50 000,00 EUR,

- der **Versicherungsart.**

Viele Versicherer gewähren einen Bündelungsrabatt von z. B. 10 %, wenn der Versicherungsnehmer noch weitere Kraftfahrtversicherungen bei ihm abschließt.

3.1.5 Kraftfahrt-Rechtsschutzversicherung

Zweck der Rechtsschutzversicherung ist, dem Versicherungsnehmer die *Kosten der Wahrnehmung seiner rechtlichen Interessen* abzunehmen und ihm auf diese Weise zu seinem Recht zu verhelfen. Die Anwalts- und Gerichtskosten einer gerichtlichen Auseinandersetzung über mehrere Instanzen können sich bei Zivilprozessen je nach Streitwert schnell auf mehrere 10 000,00 EUR summieren. Auch Bußgeld- oder Strafverfahren können teuer werden.

Versicherungsarten

Die Allgemeinen Bedingungen für die Rechtsschutzversicherung (ARB) unterscheiden beim Kraftfahrt-Rechtsschutz zwischen *Verkehrs-, Fahrer- und Fahrzeug-Rechtsschutz.*

- **Verkehrs-Rechtsschutz:** Versicherungsschutz besteht für den *Versicherungsnehmer für jedes auf ihn zugelassene und von ihm gemietete Motorfahrzeug* (einschließlich Anhänger), das er zu Lande benutzt. Auch alle berechtigten Fahrer oder Insassen dieser Kraftfahrzeuge sind im Versicherungsschutz eingeschlossen.

- **Fahrzeug-Rechtsschutz:** Versicherungsschutz besteht für alle im *Versicherungsschein bezeichnete Motorfahrzeuge* (einschließlich Anhänger), die der Versicherungsnehmer zu Lande, zu Wasser oder in der Luft benutzt. Die Motorfahrzeuge müssen nicht auf den Versicherungsnehmer zugelassen sein.

- **Fahrer-Rechtsschutz:** Versicherungsschutz besteht für die *im Versicherungsschein genannte Person* als Fahrer jedes Motorfahrzeugs (einschließlich Anhänger), das der Versicherungsnehmer zu Lande, zu Wasser oder in der Luft benutzt. Das Motorfahrzeug muss dem Versicherungsnehmer nicht gehören und nicht auf ihn zugelassen sein. Der Versicherungsschutz besteht auch bei der Teilnahme am öffentlichen Verkehr als Fahrgast, Fußgänger und Radfahrer. Unternehmen können den Versicherungsschutz für alle angestellten Kraftfahrer und Beifahrer, Betriebe des Kraftfahrzeughandels und -handwerks für alle Betriebsangehörigen vereinbaren.

Versicherungsumfang

Bei allen Versicherungsformen umfasst der Rechtsschutz den

- **Straf-Rechtsschutz** für die Verteidigung wegen des Vorwurfes eines *verkehrsrechtlichen Vergehens.* Eingeschlossen sind alle Kosten einer Strafverteidigung, die beim Halten oder Führen des versicherten Fahrzeugs anfallen können, unter Einschluss von Sachverständigenkosten, Kosten der Nebenklage, Anwaltskosten usw.

- **Schadenersatz-Rechtsschutz.** Dieser deckt das *Kostenrisiko* bei der Geltendmachung von Schadenersatzansprüchen gegen Dritte ab.

- **Rechtsschutz im Vertrags- und Sachenrecht** (nicht beim Fahrer-Rechtsschutz) für die Wahrnehmung rechtlicher Interessen aus privatrechtlichen Schuldverhältnissen und dinglichen Rechten. Abgedeckt sind alle Kosten von Rechtsstreitigkeiten, die aus Verträgen erwachsen, die der Versicherungsnehmer in seiner *Eigenschaft als Fahrzeughalter* mit Händlern, Werkstätten und dergleichen abschließt.

- **Steuer-Rechtsschutz vor Gerichten** für die Wahrnehmung rechtlicher Interessen in *steuer- und abgabenrechtlichen Angelegenheiten* vor deutschen Finanz- und Verwaltungsgerichten.

- **Verwaltungs-Rechtsschutz in Verkehrssachen** für die Wahrnehmung rechtlicher Interessen *vor Verwaltungsbehörden und Verwaltungsgerichten.*

- **Ordnungswidrigkeiten-Rechtsschutz** für die Verteidigung wegen des Vorwurfs einer *verkehrsrechtlichen Ordnungswidrigkeit.*

Beitragshöhe

Die Beiträge zur Kraftfahrt-Rechtsschutzversicherung werden beeinflusst von

- der Höhe der **Versicherungssumme**, in der Regel 100 000,00 EUR,
- der Höhe der **Selbstbeteiligung**, keine oder üblicherweise 100,00 EUR,
- der **Art** und dem **Umfang** der Rechtsschutzversicherung.

Viele Versicherer gewähren einen Bündelungsrabatt von z. B. 10 %, wenn der Versicherungsnehmer noch weitere Kraftfahrtversicherungen bei ihm abschließt.

3.1.6 Schutzbrief-Versicherung

Der Schutzbrief kann nur zusammen mit dem Vertrag über eine *Kraftfahrzeug-Haftpflichtversicherung* für dasselbe Fahrzeug versichert werden. Versicherungsschutz besteht für den Versicherungsnehmer und die berechtigten Insassen. Versichert sind Fahrzeug einschließlich Anhänger und Gepäck.

Versicherungsumfang

Der Versicherer übernimmt alle Kosten, die dem Versicherungsnehmer dadurch entstehen, dass sein versichertes Fahrzeug nach einer *Panne oder einem Unfall auf einer Fahrt oder Reise* nicht mehr fahrbereit ist. *Fahrt oder Reise* ist jede Abwesenheit vom Wohnsitz des Versicherungsnehmers bis zu einer Höchstdauer von fortlaufend sechs Wochen innerhalb des Geltungsbereichs. Die Schutzbrief-Versicherung gilt für Europa und für die außereuropäischen Gebiete, die zum Geltungsbereich des AEUV[1] gehören. Unter *Panne* ist jeder Brems-, Betriebs- oder Bruchschaden zu verstehen, der verhindert, dass eine Fahrt oder Reise nicht begonnen oder fortgesetzt werden kann. *Unfall* ist jedes unmittelbar von außen her, plötzlich mit mechanischer Gewalt einwirkende Ereignis.

Folgende Leistungen gelten *auch* wenn der Schadenort weniger als 50 Kilometer Luftlinie von dem im Versicherungsschein genannten Wohnsitz des Versicherungsnehmers entfernt liegt:

Pannen- und Unfallhilfe	Der Versicherer übernimmt die Kosten für die Wiederherstellung der Fahrbereitschaft am Schadenort durch ein Pannenhilfsfahrzeug. Der Höchstbetrag für verwendete Kleinteile beläuft sich auf 100,00 EUR.
Bergen und Abschleppen des Fahrzeugs	nach Panne oder Unfall. Kann die Fahrbereitschaft am Schadenort nicht wieder hergestellt werden, dann vermittelt der Versicherer das Bergen und Abschleppen des Fahrzeugs und trägt die dadurch entstehenden Kosten bis höchstens 150,00 EUR.

---

[1] AEUV = Vertrag über die Arbeitsweise der Europäischen Union

Weitere Dienstleistungen eines Kraftfahrzeugunternehmens

Folgende Leistungen gelten nur, wenn der Versicherungsfall *nicht* durch eine Schwangerschaft oder eine bereits innerhalb sechs Wochen vor der Fahrt oder Reise aufgetretene und noch vorhandene Krankheit oder Verletzung verursacht war:

Fahrzeugabholung nach Fahrerausfall	Kann infolge des Todes oder einer länger als drei Tage andauernden Erkrankung oder Verletzung des Fahrers keine versicherte Person das Fahrzeug zurückfahren, dann organisiert der Versicherer die Abholung des Fahrzeugs und trägt die dadurch entstehenden Kosten.
Krankenrücktransport	Muss eine versicherte Person infolge einer Erkrankung an seinen Wohnsitz zurück transportiert werden, dann sorgt der Versicherer für den Rücktransport und trägt dafür die Kosten. Art und Zeitpunkt des Rücktransportes müssen medizinisch notwendig und ärztlich angeordnet sein.
Rückholung von Kindern	Kann keine versicherte Person die mitreisenden Kinder betreuen, dann vermittelt der Versicherer die Abholung der Kinder durch eine Begleitperson und die gemeinsame Rückfahrt zum Wohnsitz der Kinder und trägt die entstehenden Kosten der Bahnfahrt 1. Klasse.
Krankenbesuch	Muss sich eine versicherte Person länger als zwei Wochen in einem Krankenhaus aufhalten, vermittelt und bezahlt der Versicherer Fahrt und Übernachtung bis 500,00 EUR für Besuche des Erkrankten. Stirbt die versicherte Person, dann vermittelt der Versicherer die Überführung nach Deutschland und trägt die Kosten bis zu insgesamt 5 000,00 EUR.

Die folgenden Leistungen gelten *uneingeschränkt* innerhalb des Geltungsbereichs:

Fahrzeugunterstellung	Nach Fahrzeugausfall, Totalschaden, Diebstahl und Wiederauffinden. Muss das Fahrzeug bis zur Wiederherstellung der Fahrbereitschaft (bzw. bis zur Durchführung der Verschrottung) untergestellt werden, dann trägt der Versicherer die dafür anfallenden Kosten bis zur Höchstdauer von zwei Wochen.
Ersatzteileversand	Kosten für den Ersatzteileversand, nicht für die Teile selbst
Fahrzeugtransport	Kann das Fahrzeug am Schadenort nicht innerhalb von drei Werktagen fahrbereit gemacht werden, dann vermittelt der Versicherer den Transport des Fahrzeugs vom Schadenort zu einer Werkstatt am Wohnort oder am Zielort des Versicherungsnehmers.
Fahrzeugverzollung und -verschrottung	wenn ein Totalschaden vorliegt
Übernachtung	Der Versicherer übernimmt die Übernachtungskosten für höchstens drei Nächte beschränkt auf 50,00 EUR pro Übernachtung und Person.
Rückfahrt oder Weiterfahrt	nach Fahrzeugausfall; kann das versicherte Fahrzeug weder am Schadentag noch am darauffolgenden Tag fahrbereit gemacht werden oder liegt ein Diebstahl oder Totalschaden vor, dann vermittelt der Versicherer für den Versicherungsnehmer und die berechtigten Insassen die Fahrt entweder vom Schadenort zum Wohnsitz oder zum Zielort innerhalb des Geltungsbereichs

Mietwagen nach Fahrzeugausfall	Statt Übernachtung und Weiter- oder Rückfahrt übernimmt der Versicherer die Kosten eines gleichartigen Selbstfahrer-Vermietwagens bis zur Wiederherstellung des versicherten Fahrzeugs – höchstens für sieben Miettage zu je 50,00 EUR Mietpreis.
Autoschlüssel-Service	Kann die Fahrt oder Reise wegen des Verlusts des Fahrzeugschlüssels nicht fortgesetzt werden, dann trägt der Versicherer die Kosten für die Versendung von Ersatzschlüsseln; nicht für die Schlüssel selbst.
Versand von Arzneimitteln ins Ausland	Können der versicherten Person auf einer Auslandsreise mit dem versicherten Fahrzeug bestimmte verschreibungspflichtige Arzneimittel an Ort und Stelle nicht beschafft werden, dann übernimmt der Versicherer die Vermittlung und die Versandkosten.
Versand von Seh-hilfen ins Ausland	entsprechend dem Versand von Arzneimitteln (siehe oben)
finanzielle Notlage	Der Versicherer stellt den Kontakt zur Hausbank der versicherten Person her. Ist eine Kontaktaufnahme nicht möglich, dann stellt der Versicherer einen Höchstbetrag von 1 500,00 EUR für alle betroffenen Personen zur Verfügung. Der verauslagte Betrag ist binnen eines Monats nach Ende der Reise zurückzuzahlen.
Reiserückruf durch Rundfunkanstalten	im Falle von Tod, schwerem Unfall oder plötzlicher schwerer Erkrankung des Versicherungsnehmers oder seiner nahen Familienangehörigen oder im Falle eines Schadens am Eigentum des Versicherungsnehmers, sofern dieser erheblich ist
Rückreise in besonderen Fällen	Ist aus wichtigen Gründen (siehe unter Reiserückruf) einem der versicherten Personen die Fortsetzung der Fahrt oder Reise nicht zuzumuten, dann vermittelt der Versicherer die Rückreise und übernimmt die Fahrpreisdifferenz gegenüber der planmäßigen Rückreise (siehe auch unter Fahrzeugabholung).
Strafverfolgung im Ausland	Der Versicherer streckt die entstehenden Gerichts-, Anwalts- und Dolmetscherkosten bis zu 500,00 EUR sowie eine behördlich verlangte Strafkaution bis zu 2 500,00 EUR vor. Der verauslagte Betrag ist binnen eines Monats nach Ende der Reise zurückzuzahlen.
Rücktransport von Haustieren	Können mitgeführte Hunde und Katzen infolge eines Versicherungsfalles nicht mehr von den versicherten Personen versorgt werden, dann organisiert der Versicherer den Rücktransport und übernimmt ggf. die Weiterversorgung bis zu höchstens zwei Wochen.

Aufgaben

1. Berechnen Sie die Versicherungsleistung des Versicherers in den folgenden Fällen:
   a) Anke Wresner hat für ihren PRIMOS eine Fahrzeug-Vollversicherung mit 300,00 EUR Selbstbeteiligung einschließlich Fahrzeug-Teilversicherung mit 150,00 EUR Selbstbeteiligung abgeschlossen. Nach einem Zusammenprall mit einem Wildschwein kommt Anke von der Fahrbahn ab. Sie selbst ist nur leicht verletzt. Das Fahrzeug erleidet einen Totalschaden. Der PRIMOS hatte zum Unfallzeitpunkt einen Zeitwert von 6 500,00 EUR. Wie hoch ist die Ersatzleistung der Versicherung, wenn sich Anke wieder einen Neuwagen zulegt?
   b) Dem Angestellten Franz Hartmann wird sein fünf Jahre alter MAGNA-Kombi entwendet und nicht mehr aufgefunden. Es verfügt über eine codierte Wegfahrsperre. Franz Hartmann hat

eine Fahrzeug-Teilversicherung mit 150,00 EUR Selbstbeteiligung abgeschlossen. Der ursprüngliche Kaufpreis des MAGNA betrug 10 000,00 EUR, der Wiederbeschaffungswert beträgt 5 000,00 EUR, der Neupreis am Schadenstag 15 300,00 EUR. Wie hoch ist die Ersatzleistung der Versicherung?

Wie hoch wäre die Erstattung, wenn das Auto keine Wegfahrsperre gehabt hätte?

c) Angenommen, das Fahrzeug (siehe b) würde stark beschädigt wieder aufgefunden. Spielt es eine Rolle, wann das Fahrzeug aufgefunden wurde?

d) Uwe Wagner verursacht mit seinem LUXERA-Cabriolet einen selbst verschuldeten Unfall mit Totalschaden. Uwe ist bisher 10 000 Kilometer gefahren. Das Auto wurde erst vor fünf Monaten zugelassen. Uwe hat für seinen LUXERA 25 000,00 EUR bezahlt. Ein gleichwertiger gebrauchter LUXERA kostet nach einem halben Jahr 20 000,00 EUR. Uwe hat eine Vollversicherung mit 300,00 EUR Selbstbeteiligung und eine Teilkaskoversicherung mit 150,00 EUR Selbstbeteiligung. Berechnen Sie die Erstattungsleistung der zuständigen Fahrzeugversicherung.

e) Horst Berger ist Verursacher eines schweren Unfalls. In seinem MAGNA-Kombi befanden sich noch drei weitere Bekannte. Er selbst bleibt bei diesem Unfall unverletzt. Für einen der Insassen kommt jede Hilfe zu spät – er ist tot. Eine weitere Insassin verliert ein Auge, ein weiterer Insasse einen Daumen. Horst Berger hat eine Kraftfahrt-Unfallversicherung nach dem Pauschalsystem mit folgenden Versicherungssummen abgeschlossen: 50 000,00 EUR für den Todesfall; 100 000,00 EUR für den Invaliditätsfall. Welche Beträge zahlt die Kraftfahrt-Unfallversicherung für die verunglückten Insassen bzw. Erben aus?

f) Welche Beträge wären zur Auszahlung gekommen, wenn Horst Berger (siehe e) eine Insassenunfallversicherung für eine bestimmte Zahl von Personen (hier: vier Personen) abgeschlossen hätte?

2. Auszug aus einem Antrag auf Kraftfahrtversicherung mit allen versicherten Gefahren:

Beschreiben Sie die wichtigsten Merkmale (z. B. Arten, Leistungsumfang, Beitragshöhe) der im vorliegenden Versicherungsvertrag genannten Teilbereiche der Kraftfahrtversicherung.

Suchen Sie zuerst die Vergleichsmerkmale gemeinsam im Klassenverband. Bilden Sie dann fünf **Expertengruppen** A, B, C, D, und E mit je fünf Mitgliedern. Jede **Gruppe** befasst sich mit einem Teilbereich der Kraftfahrtversicherung (z. B. Gruppe A mit der Kraftfahrzeug-Haftpflichtversicherung). Tauschen Sie anschließend Ihre Informationen in fünf Puzzle-Gruppen aus. Die **Puzzle-Gruppen** bestehen aus je einem Mitglied jeder Expertengruppe; dieser jeweilige Experte berichtet jeweils über die Ergebnisse seiner Expertengruppe. Erstellen Sie in jeder Puzzlegruppe ein Plakat und vergleichen Sie die Plakate im Klassenverband.

3. Inwiefern ist das Versicherungsangebot der Automobilhersteller und -händler ein wichtiges Absatzinstrument?

4.

Nehmen Sie zu dieser Werbung und dem Verbot durch die Bundesanstalt für Finanzdienstleistungsaufsicht Stellung.

Einheits-Versicherung nicht erlaubt

Das Bundesaufsichtsamt für das Versicherungswesen (heute: Bundesanstalt für Finanzdienstleistungsaufsicht) hat 1995 einen Pauschaltarif in der Kfz-Haftpflicht untersagt, den die Gothaer Versicherung beim Kauf eines neuen Hyundai Lantra angeboten hatte. Die Begründung: Das Unternehmen verzichte mit dem Pauschalpreis auf eine angemessene Einstufung und gewähre ungerechtfertigt Beitragsnachlässe. Dies wiege umso schwerer, da der Versicherer mehrere risikogerechte Tarife anbiete. Nach dem untersagten Modell erhält der Lantra-Käufer für das erste Versicherungsjahr einen Kfz-Haftpflichtversicherungsschutz zu einem Pauschalpreis. Außer dem Verzicht des Versicherers auf risikogerechte Tarifierung und Einstufung in Schadenfreiheitsklassen liege der Beitrag deutlich unter dem sonstigen allgemeinen Tarif des Unternehmens.

(Quelle: dpa, in Südwestpresse vom 2.12.95, S. 2)

5.

a) Auf welchen Versicherungszweig der Kraftfahrtversicherung bezieht sich die Karikatur?
b) Welche Entwicklung dieses Versicherungszweigs nimmt die Karikatur aufs Korn?
c) Beschreiben Sie einige Beispiele.

3.2 Erwerbbare Garantieleistungen – Schlüssel zur Kundenbindung

1. Weshalb gewähren Hersteller und Händler zusätzliche Garantien? Finden Sie die Argumente mithilfe einer **Kartenabfrage**.
2. Beschreiben Sie das Garantiepaket Ihres Ausbildungsbetriebs. Bringen Sie hierzu ggf. Plakate, Garantiekarten, Garantiebedingungen und weitere Unterlagen mit. Präsentieren Sie das Garantieangebot Ihres Ausbildungsbetriebs.

3.2.1 Motive für Garantieleistungen

Durch den Kaufvertrag wird der Verkäufer einer Sache verpflichtet, dem Käufer die Sache **frei von Sach- und Rechtsmängeln** zu verschaffen (BGB § 433). Eine Sache ist frei von *Sachmängeln*, wenn sie bei **Gefahrübergang**[1] die *vereinbarte Beschaffenheit* hat (BGB § 434). Das ist der Fall, wenn die Sache für die vereinbarte oder für die zu erwartende *Verwendung* geeignet ist bzw. die *Eigenschaften* aufweist, die der Kunde aufgrund öffentlicher Äußerungen des Verkäufers, des Herstellers oder seines Gehilfen in der Werbung oder bei der Kennzeichnung der Sache erwarten kann (BGB § 434). Käufer können Rechte aus mangelhafter Lieferung (Nachbesserung, Ersatzlieferung, ggf. Schadenersatz) innerhalb von zwei Jahren geltend machen (BGB § 438). Im Falle des **Verbrauchsgüterkaufs** darf die Verjährungsfrist nicht auf weniger als zwei Jahre, bei **gebrauchten Sachen** auf nicht weniger als ein Jahr verkürzt werden (BGB § 475). Versäumt er diese **Gewährleistungsfrist**, dann verliert der Käufer seine Rechte und ist auf die *Kulanz* seines Vertragspartners angewiesen. *Kulanz*[2] bedeutet, dass ein Hersteller ohne Anerkennung einer Rechtspflicht freiwillig die Instandsetzungskosten insgesamt oder teilweise übernimmt.

Die meisten Autohersteller haben ihre Gewährleistungshaftung mittels ihrer **Allgemeinen Geschäftsbedingungen (AGB)** aus Gründen der Verkaufsförderung ohne Mehrpreis auf *drei Jahre* verlängert. Diese sogenannten **Herstellergarantien** beschränken die Rechte des Kunden jedoch meist auf die reinen Materialkosten für die zur Reparatur notwendigen Ersatzteile (die entsprechenden Lohnanteile trägt der Kunde). Weitergehende Herstellergarantien beschränken sich meist auf bestimmte Fahrzeugteile (z. B. 12 Jahre Durchrostungsgarantie) oder Leistungen.

---

[1] Der gewerbliche Verkäufer muss mindestens zwei Jahre für Mängel haften (bei gebrauchten Gütern mindestens ein Jahr).
[2] kulant (franz.) = entgegenkommend, großzügig

Immer mehr Kraftfahrzeughändler nutzen das Garantieversprechen heute als Verkaufsargument und bieten ihrerseits zusätzliche, über die Herstellergarantien hinausgehende, eigene **Händlergarantien** an.

Zusätzliche Hersteller- und Händlergarantien werden zurzeit in kaum überschaubaren Varianten und unter den verschiedensten Bezeichnungen und Garantiezusagen angeboten. Ob zwei oder drei Jahre oder 1000-Tage-Garantie und mehr, ob Baugruppen- oder Komplettversicherung, ob regionale, bundesweite oder europaweite Mobilitätsgarantie, jeder Autohändler bzw. Hersteller schnürt zusammen mit seinem Versicherungspartner (z. B. CarGarantie, Car Assistance) sein eigenes individuelles Leistungspaket.

Bedenkt man, dass sich mit solchen Garantieangeboten die Preisverhandlungen mit den Kunden anders gestalten lassen, dass damit zusätzliche Einnahmen aus Service und Ersatzteilen winken und dass die Kunden enger an das Autohaus gebunden werden, dann erscheinen die Mehrkosten dieser freiwilligen Garantien in einem anderen Licht. Nutzbare Kontaktchancen, Wiederverkaufsraten, Werkstattauslastung und Teileverkauf erhöhen sich.

Garantie – Schlüssel zur Kundenbindung

Eine zwölfmonatige Gebrauchtwagen-Garantie wird vom Kunden als Selbstverständlichkeit erwartet. 94 % aller Autohäuser bieten sie an. Nur 23 % der Unternehmen gewähren eine Zwei-Jahres-Garantie. Und nur drei Prozent offerieren Garantieleistungen, die über 24 Monate hinausgehen. Noch weniger verbreitet sind Neuwagen-Anschlussgarantien. Dies sind die Ergebnisse des von „kfz-betrieb" und der Deutschen Shell AG durchgeführten Kfz-Branchenindex (BIX). Grund genug für Werner A. Goss, Opel-Vertragshändler und Inhaber der Föller-Gruppe mit mehreren Autohäusern, die zwölfmonatige Gebrauchtwagengarantie durch die 1 000-Tage-Garantie zu ersetzen und gleichzeitig auch auf den Neuwagenbereich auszudehnen.

Ziel war es, eine längere Garantiezeit als Differenzierung und Abgrenzung gegenüber dem Wettbewerb zu nutzen. So bot die Föller-Gruppe ihren Kunden die 1 000-Tage-Garantie mit Einführung des „IQ-Gebrauchtwagenprogramms" an.

In Verbindung mit einer Mobilitätsgarantie signalisiert der Slogan „1 000-Tage-Garantie für Technik und Mobilität" einerseits Kundennutzen und unterstreicht andererseits die Ernsthaftigkeit im Bemühen um die Käufergunst. Mit der konsequenten Umsetzung des Garantieangebots in der Argumentation, Werbung, Gebrauchtwagen-Präsentation und im Kundenzentrum wurde ein wichtiger Schritt in Richtung eigenständige Händlerpersönlichkeit getan.

Vor dem Hintergrund geänderter Markensysteme und der Notwendigkeit, der Kundenzufriedenheit und Kundenbindung den höchsten Stellenwert einzuräumen, bietet die 1 000-Tage-Garantie einen passenden Schlüssel.

Nach 12, 18, 24 und 30 Monaten wird der Kunde schriftlich und ergänzend telefonisch zu einer Garantie-Inspektion mit Spezialservice (GIMS) aufgefordert. Diese Sichtkontrolle der versicherten Baugruppen und Teile ist Bedingung für die jeweils sechsmonatige Verlängerung der Garantie. Das setzt selbstverständlich eine glaubwürdige Argumentation gegenüber dem Kunden schon beim Kauf des Fahrzeugs voraus. Die Föller-Gruppe bietet außerdem die halbjährlichen Sichtkontrollen in Verbindung mit einem Öl- und Filterwechsel zum Festpreis und die jährlichen mit einer Festpreis-Inspektion an. Wird dieses System konsequent umgesetzt, liegen Kundenzufriedenheit und Kundenbindung nahe zusammen.

Die 1 000-Tage-Garantie ist im Sinne einer Wiederbelebung des Garantieversprechens das plakative Argument nach außen. Das integrierte Kundenbindungssystem ist der eigentliche Nutzen – auch für den Kunden. Wer jedoch glaubt, das Garantieversprechen lasse die Verkaufszahlen bei Neu- und Gebrauchtwagen sprunghaft steigen, liegt falsch. Zu beobachten ist eher eine leichte Steigerung, vor allem aber eine Stabilisierung und Kontinuität auf hohem Niveau. Vorausgesetzt, das GW-Geschäft wird professionell betrieben.

Wer bei ersten Überlegungen bisherige Garantiekosten mit denen der 1 000-Tage-Garantie vergleicht, sollte die höheren Prämien nicht dem Nutzen opfern. Standardkosten gibt es nicht. Die

Prämien orientieren sich an Schadensquote, Garantieleistungen und Stückzahlen. Sie müssen individuell mit dem Versicherungsunternehmen ausgehandelt werden. Grundlage sind allerdings eine Prämie für das erste Jahr und Folgeprämien für die jeweilige Verlängerung im 12., 18., 20. und 30. Monat.

Freilich ist die 1 000-Tage-Garantie kein Selbstläufer. Ihre Einführung kostet Mühe,

Aufwand und Geld. Sie muss vom ersten Tag an „gepflegt" werden, intern wie extern. Schulung der Mitarbeiter ist unerlässlich, ständige Kontrolle und permanenter Erfahrungsaustausch ebenso. Auch die Argumentation im Verkauf und Service braucht eine andere Ausrichtung. Die Kalkulation muss überdacht werden. Und nicht zuletzt muss diese Neuigkeit bekannt gemacht werden, konsequent und kontinuierlich.

(Quelle: Mayburg, Dieter: Schlüssel zur Kundenbindung, in: kfz-betrieb, Nr. 3, März 1998, S. 39 f.)

3.2.2 Neuwagenanschlussgarantie

Die konsequente Umsetzung von Qualitätsmanagementsystemen (ISO 9000 ff.) brachte viele Hersteller und Händler in die Lage, ihre Neuwagengarantien auszuweiten, ohne dabei übermäßige zusätzliche Risiken einzugehen. Sie bieten gegen Entgelt zusätzliche Garantiejahre nach Ablauf der Werksgarantie (z. B. 3 Jahre) quasi als Zusatzausstattung des Neufahrzeugs an (Neuwagenanschlussgarantie).

Gleichzeitig machen sie die Garantieansprüche des Kunden davon abhängig, dass das Fahrzeug ordnungsgemäß von Vertragsunternehmen gewartet worden ist. Die **ordnungsgemäße Wartung** muss im Serviceheft bestätigt sein.

Beispiel   Auszug aus einem Werbeflyer der UNICA United Cars:

Neuwagenanschlussgarantie Ihres UNICA Partners

Die heutigen UNICA Automobile besitzen einen hohen technischen Standard und bieten ein Höchstmaß an Zuverlässigkeit. Sollte es jedoch nach Ablauf der werkseitigen UNICA Garantie dennoch zu einem Defekt kommen, so schützt Sie die Anschlussgarantie vor unliebsamen und teuren Überraschungen – und das europaweit! Im Schadenfall brauchen Sie sich nur an Ihren

UNICA Servicepartner zu wenden. Er regelt alle weiteren Formalitäten, damit der Schadenfall für Sie schnell und unbürokratisch erledigt ist.

Je früher Sie sich für die UNICA Anschlussgarantie entschließen, desto günstiger ist der Tarif. Erwerben Sie also noch während der ersten 3 Jahre Ihre UNICA Neuwagen-Anschlussgarantie:

Tarifvarianten (Laufzeiten 12 oder 24 Monate):	
„Frühabschluss-Tarif"	bis 13 Monate nach Erstzulassung
„Ermäßigter Standardtarif"	von 14 bis 25 Monate nach Erstzulassung
„Standardtarif"	von 26 bis 34 Monate nach Erstzulassung

3.2.3 Gebrauchtwagengarantie

Bei guten Gebrauchtwagenhändlern gehört eine Gebrauchtwagengarantie heute zur Serienausstattung. In der Regel erfolgt die Qualitätsprüfung des Kunden bei einem Gebrauchtwagenkauf durch eine äußere Besichtigung sowie eine Probefahrt bzw. einen Probelauf. Der Käufer muss mit einer der Fahrleistung des Gebrauchtwagens und des Alters entsprechenden Abnutzung und Funktionsbeeinträchtigung rechnen. Auch Ansprüche auf Ersatzleistungen aus der Gebrauchtwagengarantie sind von der regelmäßigen Wartung durch eine Vertragswerkstatt abhängig. Die Laufzeit der Gebrauchtwagengarantie beträgt mindestens *ein Jahr*. Die Garantie beschränkt sich meist nur auf das Inland.

Beispiel Preise und Garantiebedingungen des UNICA Garantie-Schutzbriefs **für Neufahrzeuge**

für das 3. Jahr bis max. 100 000 km Gesamtfahrleistung	150,00 EUR
für das 3. und 4. Jahr bis max. 150 000 km Gesamtfahrleistung	300,00 EUR
für das 3. bis 5. Jahr bis max. 200 000 km Gesamtfahrleistung	600,00 EUR

Die UNICA, United Cars, übernimmt für das umseitig näher beschriebene Neufahrzeug folgende Garantie.

A. Garantie-Inhalt

Die UNICA-Werke Aktiengesellschaft garantiert bei Material- oder Herstellungsfehlern an dem Fahrzeug je nach Wahl des von Ihnen aufgesuchten UNICA-Vertragsunternehmens (und soweit notwendig, die Verbringung des Fahrzeugs dorthin) eine kostenlose Reparatur oder den kostenlosen Ersatz des betreffenden Teils, soweit es nicht unter den Garantieausschluss gem. Abschnitt B fällt.

Die Garantie erstreckt sich wahlweise

– auf das 3. Jahr bzw. 3. und 4. Jahr nach der Auslieferung des Fahrzeuges (es gilt jeweils der vereinbarte Zeitraum) höchstens jedoch bis zu einer Gesamtfahrleistung des Fahrzeuges von 100 000 bzw. 150 000 km.

– auf das 3. bis 5. Jahr nach der Auslieferung des Fahrzeuges, höchstens jedoch bis zu einer Gesamtfahrleistung des Fahrzeuges von 200 000 km.

Die Garantie wird dem Erstkäufer des Fahrzeuges gegeben und gilt innerhalb der genannten Garantiegrenzen auch für den Fall eines Weiterverkaufs.

Maßgeblich für den Beginn der Laufzeit des UNICA-Garantie-Schutzbriefes ist das Fahrzeug-Auslieferungsdatum gem. Service-Heft bzw. das amtliche Erstzulassungsdatum. Es gilt das früheste Datum.

Diese Garantie gilt in Deutschland und dem europäischen Ausland.

B. Garantie-Ausschlüsse

Von der Garantie ausgeschlossen sind:

– Schäden an Fahrzeugen, die vernachlässigt, missbraucht, verändert oder zu Sport- und Rallyefahrten verwendet werden

– Schäden an Fahrzeugen, die als Taxi, Miet- oder Leasingfahrzeuge eingesetzt werden; dieser Ausschluss gilt nicht für Leasingfahrzeuge, die länger als 6 Monate von einem Mieter benutzt werden, und für UNICA Rent a Car Fahrzeuge

– Schäden, die durch Unfall, Wasser- bzw. Ölmangel oder Frosteinwirkungen entstanden sind

– Schäden an Aggregaten und Teilen, die nicht dem werkseitigen Lieferumfang entsprechen

– vermeidbare Schäden, die als Folge von Defekten an Aggregaten oder Teilen auftreten, die nicht in diese Garantie eingeschlossen sind

– alle Einstell-, Auswucht- und Reinigungsarbeiten, das Entfernen von Verbrennungsrückständen sowie Diagnose- und Wartungsarbeiten

– Ansprüche auf Rückgängigmachung des Neuwagen-Kaufvertrages (Wandelung), Herabsetzung des Kaufpreises (Minderung) oder Ersatzlieferung

– Ansprüche auf Ersatz von mittelbaren Schäden

– Karosserie-, Lackreparaturen, Glas und Polster sowie Innenverkleidung

– Reparaturen an nachfolgend aufgeführten Verschleißteilen:
  Auspuffanlage   Luftfilter
  Bremsbeläge   Ölfilter
  Bremsscheiben   Räder/Reifen
  Federbeine McPherson   Sicherungen
  Glühlampen   Stoßdämpfer
  Keilriemen   Wischerblätter
  Kraftstofffilter   Zündkerzen
  Kupplungsreibscheibe

C. Garantie-Voraussetzungen

Garantieansprüche können nur bei einem UNICA-Vertragsunternehmen unter folgenden Bedingungen geltend gemacht werden:

– Das Fahrzeug muss gemäß den Vorschriften des UNICA Service-Heftes bei einem UNICA Vertragsunternehmen unter ausschließlicher Verwendung von UNICA Original- oder Motorcraft-Teilen gewartet worden sein.

– Die ordnungsgemäße Wartung muss im UNICA Service-Heft bestätigt sein.

– Der UNICA Garantie-Schutzbrief ist vorzulegen.

D. Garantie-Abwicklung

– Tritt ein Defekt auf, der im Rahmen dieser Garantie beseitigt werden soll, sollte dieser umgehend dem verkaufenden UNICA Vertragsunternehmen zur Beseitigung vorgeführt werden. Auf Reisen oder im europäischen Ausland soll das nächstgelegene UNICA Vertragsunternehmen aufgesucht werden.

– Das fehlerhafte Teil wird nach der Entscheidung des UNICA Vertragsunternehmens entweder repariert oder gegen ein UNICA Original- oder Austauschteil oder ein Motorcraft-Teil kostenlos ausgetauscht. Sollte es erforderlich sein, im Zweifelsfall ein defektes Teil an UNICA zur Untersuchung einzuschicken, muss die Reparatur in vollem Umfang bezahlt werden, sofern das UNICA Vertragsunternehmen dies verlangt. Wird der Garantiefall aufgrund der Prüfung anerkannt, erfolgt anschließend eine Gutschrift.

– Ersetzte Teile gehen in das Eigentum der UNICA-Werke Aktiengesellschaft über.

– Kosten, die durch Reparaturen in Werkstätten entstehen, die keinen UNICA-Vertrag besitzen, werden nicht ersetzt.

– Reparaturen im europäischen Ausland sind ebenfalls bei UNICA Vertragsunternehmen durchzuführen und werden wie folgt behandelt:

1. Reparaturen im westeuropäischen Ausland brauchen nicht bezahlt zu werden. Westeuropäische Länder sind: Andorra, Belgien, Dänemark, Finnland, Frankreich, Griechenland, Großbritannien, Irland, Italien, Liechtenstein, Luxemburg, Monaco, die Niederlande, Norwegen, Österreich, Portugal, Spanien, Schweden und Schweiz.

2. Reparaturen im restlichen europäischen Ausland sind zunächst zu bezahlen. Die Vergütung der Kosten muss anschließend unter Vorlage der Rechnung bei dem verkaufenden UNICA Vertragsunternehmen beantragt werden.

E. Totalschaden

Erleidet das Fahrzeug im ersten Jahr einen Totalschaden, so kann auf Antrag der Kaufpreis dieses UNICA Garantie-Schutzbriefes storniert werden. Der Antrag ist unter Nachweis des Totalschadens und Abgabe der Original-Urkunde bei dem verkaufenden UNICA Vertragsunternehmen zu stellen.

Beispiel Garantiebedingungen des UNICA Garantie-Schutzbriefs **für Gebrauchtwagen**

UNICA
Garantie-Schutzbrief

§ 1 Vertragsgegenstand
1. Gegenstand dieses Vertrages sind die nachstehend bezeichneten Teile der auf der Vorderseite dieses Vertrages genannten Baugruppen des Personenkraftwagens, für den dieser Vertrag abgeschlossen wird:

Baugruppe:	
Motor	Zylinderblock, Kurbelgehäuse, …
Schalt- und Automatikgetriebe	Getriebegehäuse und Innenteile, …
Achsgetriebe	Gehäuse einschließlich aller Innenteile
Kraftübertragungswellen	Kardanwellen, Achsantriebswellen, …
Lenkung	mechanisches oder hydraulisches Lenkgetriebe mit allen Innenteilen, …
Bremsen	Hauptbremszylinder, Bremskraftverstärker
Kraftstoffanlage	Kraftstoffpumpe, Einspritzpumpe, …
Elektrische Anlage	Lichtmaschine mit Regler, elektronische Zündanlage, Anlasser, Zündkabel, …
ABS	mechanisches ABS, vom elektronischen ABS das Steuergerät, Hydaulikeinheit, …
Kühlsystem	Kühler, Heizungskühler, …
Abgasanlage	Lambdasonde, Hosenrohr und Befestigungsteile in Verbindung mit der Lambdasonde.

2. Dichtungen, Dichtungsmanschetten, Simmeringe, … werden nur dann vom Vertrag erfasst, wenn sie im Zusammenhang mit Arbeiten gemäß Ziff. 1 zu ersetzen sind.
3. Nicht ersetzt werden:
   a) Teile die vom Hersteller nicht zugelassen sind;
   b) Betriebs- und Hilfsstoffe.

§ 2 Ausschluss von Leistungen
Ein Gewährleistungsanspruch besteht nicht für Schäden:
a) durch Unfall;
b) durch Böswilligkeit, durch Brand oder Explosion, durch Diebstahl, unbefugten Gebrauch, Raub oder Unterschlagung, durch unmittelbare Einwirkung von Sturm, Hagel, Blitzschlag, Erdbeben oder Überschwemmung;
c) durch Kriegsereignisse jeder Art, Bürgerkrieg, innere Unruhen, Streik, Aussperrung, Beschlagnahme und sonstige hoheitliche Eingriffe oder durch Kernenergie;
d) für die ein Dritter als Lieferant, Werkunternehmer aus Reparaturauftrag einzutreten hat;
e) an Teilen, die der Hersteller aufgrund seiner Garantie kostenlos repariert;
f) die aus der Teilnahme an Sportveranstaltungen entstehen;
g) die dadurch entstehen, dass das Fahrzeug höheren als den vom Hersteller festgesetzten zulässigen Achs- oder Anhängerlasten ausgesetzt wurde;
h) die durch Verwendung ungeeigneter Betriebsstoffe entstehen;
i) die durch die Veränderung der ursprünglichen Konstruktion des Fahrzeuges (z. B. Tuning) oder den Einbau von Fremd- oder Zubehörteilen verursacht werden, die nicht durch den Hersteller zugelassen sind;
j) durch Einsatz einer erkennbar reparaturbedürftigen Sache, es sei denn, dass der Fehler mit der Reparaturbedürftigkeit nachweislich nicht in Zusammenhang steht oder dass die Sache zur Zeit des Fehlers mit Zustimmung des Gewährleistungsträgers wenigstens behelfsmäßig repariert war;
k) an Fahrzeugen, die während der Vertragsdauer mindestens zeitweilig zur gewerbsmäßigen Personenbeförderung verwendet oder gewerbsmäßig an einen wechselnden Personenkreis vermietet worden sind.

Ist der Beweis für das Vorliegen einer der genannten Ursachen nicht zu erbringen, so genügt für die Ablehnung des Anspruchs die überwiegende Wahrscheinlichkeit, dass der Schaden auf eine dieser Ursachen zurückzuführen ist.

§ 3 Geltungsbereich
Die Gewährleistungszusage gilt für eingetretene Schäden im Bereich der Bundesrepublik Deutschland.

§ 4 Beginn und Ende des Gewährleistungsanspruchs
1. Die Gewährleistungszusage beginnt mit Zahlung des Entgeltes, frühestens jedoch mit dem vereinbarten Zeitpunkt.
2. Die Gewährleistungszusage endet mit dem vereinbarten Zeitpunkt.

§ 5 Vorübergehende Stilllegung, Veräußerung
1. Wird das Fahrzeug vorübergehend aus dem Verkehr gezogen (Stilllegung im Sinne des Straßenverkehrsrechts), so wird dadurch der Vertrag nicht berührt.
2. Der Vertrag ist auch im Falle der Veräußerung des Kraftfahrzeuges, das Gegenstand dieses Vertrages ist, übertragbar.

§ 6 Umfang der Gewährleistung
1. Der Gewährleistungsträger leistet Ersatz für die erforderlichen und tatsächlich angefallenen Kosten der Reparatur einschließlich aller notwendigen Ersatzteile, höchstens jedoch bis zu 1 500 EUR (einschließlich Mehrwertsteuer) je Gewährleistungsfall.
2. Die Leistungen gem. Ziff. 1 werden nur nach folgender Staffel ersetzt, und zwar ausgehend von der Betriebsleistung der betroffenen Baugruppe zum Zeitpunkt des Gewährleistungsfalles:

bis	50 000 km	100 %	bis	90 000 km	60 %
bis	60 000 km	90 %	bis	100 000 km	50 %
bis	70 000 km	80 %	über	100 000 km	40 %
bis	80 000 km	70 %		

3. Nicht ersetzt werden:
   a) Kosten für Test-, Mess- und Einstellarbeiten, soweit sie nicht im Zusammenhang mit einem erstattungspflichtigen Gewährleistungsfall entstehen;
   b) Abstellgebühren, Kosten für Luftfracht.
4. Werden gleichzeitig mit erstattungspflichtigen Leistungen andere Reparaturen oder Inspektionen durchgeführt, so wird die Dauer der erstattungspflichtigen Reparaturen mithilfe der Arbeitszeitwerte des Herstellers ermittelt.
5. Mehr als der Zeitwert des Fahrzeuges wird nicht ersetzt.

3.2.4 Mobilitätsgarantie

Zusätzlich zur Neuwagenanschluss- und Gebrauchtwagengarantie bieten die meisten Autohäuser sogenannte Mobilitätsgarantien an. Die Mobilitätsgarantie gilt in der Regel ein Jahr bis maximal zwei Jahre (sie orientiert sich an den Inspektionsintervallen) und soll die *Beweglichkeit* (*Mobilität*) des Kunden auch dann *sicherstellen, wenn er eine Panne* (Unfälle sind oft ausgeschlossen) mit seinem Neu- bzw. Gebrauchtwagen erleidet. Viele Autohäuser bieten Leistungen an, wie sie bei der Schutzbrief-Versicherung üblich sind. Bei Gebrauchtwagen sind die Garantieleistungen meist geringer als bei Neuwagen und an eine Gebrauchtwagengarantie gebunden.

Beispiele Auszug aus den Garantiebedingungen der UNICA **Mobilitätsgarantie für Neufahrzeuge**

UNICA EuroService: eine im 1. Jahr kostenlose Mobilitätsgarantie. Sie gilt rund um die Uhr und in fast allen Ländern Europas, sofern Ihr neuer UNICA PRIMOS in Deutschland erstzugelassen und hier von einem UNICA Vertragspartner verkauft wurde. Mit dem **UNICA Garantie-Schutzbrief plus** können Sie diesen Service verlängern.

für das 3. Jahr bis max. 100 000 km Gesamtfahrleistung inkl. UNICA EuroService	175,00 EUR
für das 3. und 4. Jahr bis max. 150 000 km Gesamtfahrleistung inkl. UNICA EuroService	350,00 EUR
für das 3. bis 5. Jahr bis max. 200 000 km Gesamtfahrleistung inkl. UNICA EuroService	700,00 EUR

UNICA Garantie-Schutzbrief plus (UGS plus)
Käufer des UNICA Garantie-Schutzbriefes plus erwerben zusätzlich zu Vorstehendem alle Leistungen der Mobilitätsgarantie UNICA EuroService, im Einzelnen:
Wenn Sie innerhalb des Vertragszeitraumes unterwegs sind und durch einen Schaden an Ihrem UNICA nicht weiterfahren können, benachrichtigen Sie bitte unbedingt zuerst den UNICA EuroService. Nur dann stehen Ihnen alle Leistungen des UNICA EuroService (UES plus) zur Verfügung. Sie können dann Ihr Fahrzeug kostenlos zum nächsten UNICA Vertragsunternehmen abschleppen lassen. Wenn der Schaden nicht am gleichen Tag behoben werden kann, haben Sie die Wahl zwischen folgenden Möglichkeiten: Auf Wunsch stellt Ihnen der UNICA EuroService einen Mietwagen zur Verfügung, den Sie bis zum Ablauf von 3 Werktagen* kostenlos benutzen können. Oder Sie reisen mit der Bahn in der 1. Klasse. Wenn die Bahnfahrt länger als 6 Stunden dauern würde, können Sie auch das Flugzeug benutzen. Hier übernimmt der UNICA EuroService die Kosten bis zur Höhe von 600,00 EUR pro Person. Oder wenn Sie die Reparatur abwarten wollen, können Sie auf Kosten des UNICA EuroService in einem 3-Sterne-Hotel (oder in einem Hotel mit einem vergleichbaren Standard) bis zum Ablauf von 3 Werktagen* wohnen. Die Angebote Bahn, Flugzeug und Hotel gelten für den Fahrer und alle weiteren Fahrzeuginsassen, bis zu maximal 9 Personen bei einem UNICA Van. Das Angebot Hotel gilt nur für den Fall, dass Sie weiter als 80 km von Ihrem Heimatort entfernt sind. Um Ihr Fahrzeug nach der Fertigstellung wieder abzuholen, haben Sie die Wahl zwischen Bahn oder Flugzeug, so wie es zuvor bereits beschrieben wurde. Dieses Angebot gilt jetzt aber nur noch für den Fahrer oder einen Vertreter, also für eine Person.

Die UNICA EuroService Leistungen können nicht in Anspruch genommen werden:
bei Unfällen, Brand und Diebstahl des Fahrzeuges, während des Fahrunterrichts, bei der Teilnahme an sportlichen Wettkämpfen, wenn das Fahrzeug wegen Wartung, Inspektion oder Einbau von Zubehör nicht zur Verfügung steht, beim Versagen eines Anhängers, bei Rückruf von Fahrzeugen, Mietwagen (Selbstfahrvermietfahrzeug und Vermietfahrzeug mit Fahrer), Fahrschulfahrzeuge und Taxis sind nur für die Leistungen Pannenhilfe und Abschleppen versichert.

Der UNICA EuroService haftet nicht bei:
höherer Gewalt, Kriegsrisiken, Streiks, Pfändungen oder staatlichen Zwangsmaßnahmen, offiziellen Verboten, Piraterie, nuklearen oder anderen Explosionen.
Der UNICA EuroService kommt nicht für Schäden auf, die aufgrund eines Fahrzeugschadens an Gepäck oder Fracht entstehen. Gleiches gilt für in diesem Zusammenhang entstehende Einkommensverluste.

* Samstag, Sonntag sowie Feiertage zählen insoweit nicht als Werktage und werden nicht von den 3 Tagen abgezogen.

Auszug aus den Garantiebedingungen der UNICA **Mobilitätsgarantie für Gebrauchtfahrzeuge:**

Mobilitätshilfen
Sollte ein ersatzpflichtiger Schaden weiter als 300 km vom Zulassungsort eintreten, werden Kosten für Telefon, Übernachtung, Abschleppdienst, Bahnfahrt und Mietwagen in tatsächlicher Höhe bis zu 50,00 EUR pro Tag, höchstens für 3 Tage ersetzt.

Alternativ werden Aufwendungen für Telefon, Abschlepp- und Mietwagenkosten bis insgesamt 50,00 EUR pro Schadenfall ersetzt, sofern es sich um einen ersatzpflichtigen Schaden handelt, der bis zu 300 km vom Zulassungsort entfernt eingetreten ist und dessen Reparatur mindestens 2 Tage in Anspruch nimmt.

Weitere Dienstleistungen eines Kraftfahrzeugunternehmens

Garantieangebote bekannter Markenhersteller/-händler im Vergleich

ADAC-Tabelle: Übersicht der Hersteller-Garantien

Hersteller	Neuwagen	Durchrostungs- oder Lackgarantie	Anschlussgarantie
Alfa Romeo	2 Jahre	**Durchrostung:** 8 Jahre **Lack:** 3 Jahre	12 oder 24 Monate
Audi	2 Jahre	**Durchrostung:** 12 Jahre **Lack:** 3 Jahre	unbegrenzt möglich
BMW	keine Garantie, aber 2 Jahre erweiterte Sachmängelhaftung	**Durchrostung:** 12 Jahre erweiterte Sachmängelhaftung **Lack:** 3 Jahre erweiterte Sachmängelhaftung	12 Monate
Citroen	2 Jahre	**Durchrostung:** 12 Jahre bei Pkw, 5 Jahre bei Nutzfahrzeugen **Lackgarantie:** 3 Jahre bei Pkw, 2 Jahre bei Nutzfahrzeugen	12 bis 36 Monate
Fiat	2 Jahre	**Durchrostung:** 8 Jahre **Lack:** 3 Jahre	12 oder 24 Monate
Ford	2 Jahre	**Durchrostung:** 6–12 Jahre, je nach Modell	12 bis 36 Monate
Hyundai	3 Jahre	**Durchrostung:** 6 oder 10 Jahre, je nach Modell **Lack:** 2 Jahre	24 Monate
Mazda	3 Jahre bzw. 100 000 km	**Durchrostung:** 12 Jahre **Lack:** 3 Jahre	12 oder 24 Monate weitere Verlängerungen bis zu 10 Jahren möglich
Mercedes	2 Jahre	**Durchrostung:** bis 30 Jahre bei Pkw, bis 12 Jahre bei Van	12 oder 24 Monate, weitere Verlängerungen bis zu 10 Jahren
Nissan	3 Jahre bzw. 100 000 km	**Durchrostung:** 6–12 Jahre **Lack:** 3 Jahre	12 bis 24 Monate
Opel	2 Jahre	**Durchrostung:** bis zu 12 Jahren (modellabhängig)	12 bis 24 Monate, weitere Verlängerungen bis zu 10 Jahren möglich
Peugeot	2 Jahre	**Durchrostung:** 12 Jahre bei Pkw, 5 Jahre bei Nutzfahrzeugen **Lack:** 3 Jahre bei Pkw, 2 Jahre bei Nutzfahrzeugen	12 bis 36 Monate
Porsche	2 Jahre	**Durchrostung:** 10 Jahre **Lack:** 3 Jahre	
Renault	2 Jahre, bei einigen Oberklassemodellen 3 Jahre bzw. 150 000 km	**Durchrostung:** 12 bei Pkw (Master 6 Jahre) **Lack:** 3 Jahre	bis zum 5. Jahr ab Erstzulassung

Hersteller	Neuwagen	Durchrostungs- oder Lackgarantie	Anschlussgarantie
Seat	2 Jahre	**Durchrostung:** 6–12 Jahre, je nach Modell **Lack:** bis 3 Jahre, je nach Modell	
Skoda	2 Jahre	**Durchrostung:** 10–12 Jahre, je nach Modell **Lack:** 3 Jahre (bei einigen Modellen)	24 oder 36 Monate
Smart	2 Jahre	**Durchrostung:** 6–12 Jahre, je nach Modell **Lack:** 2 Jahre	12 bis 36 Monate, weitere Verlängerungen bis zu 10 Jahren möglich
Toyota	3 Jahre bzw. 100 000 km	**Durchrostung:** 12 Jahre **Lack:** 3 Jahre	12 oder 24 Monate, weitere Verlängerungen bis zu 10 Jahren möglich
VW	2 Jahre	**Durchrostung:** 12 Jahre bei den meisten Modellen **Lack:** 3 Jahre	24 oder 36 Monate, weitere Verlängerungen möglich
Volvo	2 Jahre	**Durchrostung:** 8–12 Jahre, je nach Modell **Lack:** 2 Jahre	12 bis 36 Monate, weitere Verlängerungen bis zu 10 Jahren möglich

(Quelle: ADAC: Übersicht der Hersteller-Garantien, Juristische Zentrale München, Stand: 27.02.2009, abgerufen am 15.07.2011 unter www.adac.de/_mm/pdf/ADAC-Tabelle-Herstellergarantien_38082.pdf, gekürzt)

Eine zweijährige Neuwagengarantie mit oder ohne Kilometerbegrenzung verpflichtet den Hersteller/Händler zu nichts, da alle Verkäufer gegenüber privaten Käufern ohnehin zwei Jahre gesetzliche Gewährleistung geben müssen. Zu beachten ist, dass nur im ersten halben Jahr nach dem Kauf die Beweissituation für den Neuwagenkäufer günstig ist, wenn sie Mängel beim Verkäufer rügen. Der Verkäufer muss dann belegen, dass der Kunde Schuld hat oder dass das Auto bei der Übergabe in Ordnung war. Danach kehrt sich die Beweislast um und der Kunde muss beweisen, dass sein Fahrzeug Mängel aufweist. Ansprüche aus einer Anschlussgarantie knüpfen die Hersteller in der Regel an eine regelmäßige Scheckheft-Wartung des Fahrzeugs. Der Bundesgerichtshof sieht darin eine „unangemessene Benachteiligung" des Kunden und hat diese Klausel nach § 307 Abs. 1 BGB für unwirksam erklärt (BGH VIII ZR 293/10). Der Hersteller muss im Einzelfall nachweisen, dass der Garantiefall durch ein versäumtes Wartungsintervall verursacht wurde.

Aufgaben

1. Unterscheiden Sie die Begriffe gesetzliche Gewährleistung, Garantie, Kulanz.

2. Vergleichen Sie die drei Garantiemodelle Neuwagenanschluss-, Gebrauchtwagen- und Mobilitätsgarantie anhand ihrer wichtigsten Merkmale.

   Suchen Sie zuerst die Vergleichsmerkmale (z. B. Dauer, Leistungsumfang) gemeinsam im Klassenverband. Bilden Sie dann drei **Expertengruppen** A, B und C mit je sechs Mitgliedern. Gruppe A befasst sich mit der Neuwagenanschlussgarantie, Gruppe B mit der Gebrauchtwagengarantie, Gruppe C mit der Mobilitätsgarantie. Tauschen Sie anschließend Ihre Informationen in sechs Puzzle-Gruppen aus. Die **Puzzle-Gruppen** bestehen aus je zwei Mitgliedern jeder Expertengruppe; diese Experten berichten jeweils über die Ergebnisse ihrer Expertengruppe. Erstellen Sie in jeder Puzzlegruppe ein Plakat und vergleichen Sie diese im Klassenverband. Schildern Sie in einem **Blitzlicht** Ihre Gruppenerlebnisse.

3.

Beitrag von Global Press, 19.09.2007, 20:45

Renaissance der Neuwagen-Garantie

Mit mehr Garantie-Angeboten wollen die Automobilhersteller die zögerliche Neuwagenkundschaft wieder stärker zum Händler locken. Nur noch wenige Marken haben ausschließlich die gesetzlich vorgeschriebene Sachmängelhaftung im Programm. Für den Kunden ist das ein gewichtiges Kaufargument, denn nur die „echte" Garantie bewahrt wirklich zuverlässig vor Ärger in der Werkstatt.

Jüngstes Beispiel für die Wiedereinführung der Garantie ist Ford: Bei den Kölnern ersetzt die so genannte „Ford-Neuwagengarantie" die bisherige „Ford Partner Garantie", eine Art erweiterte Sachmängelhaftung. Bei dem neuen Angebot werden Mängel europaweit von allen Händlern der Marke bis zu zwei Jahre nach Kauf auf Kosten des Herstellers repariert. Eine europaweite Mobilitätsgarantie ist inklusive. Voraussetzung ist, dass alle Wartungsarbeiten gemäß den Herstellervorgaben durchgeführt worden sind.

Renault schickt seinen neuen Mittelklässler Laguna mit drei Jahren „echte" Garantie auf den Markt und reagiert damit auf Image-Schäden nach anfänglichen Qualitätsproblemen beim Vorgängermodell. Der Alfa Romeo 159 ist seit kurzem mit einer „echten" vierjährigen Garantie inklusive europaweiter Mobilitätsgarantie erhältlich.

Nur noch wenige Hersteller in Deutschland verzichten ganz auf diese Garantie und bieten stattdessen nur die gesetzlich vorgeschriebene Sachmängelhaftung von zwei Jahren an, teilweise mit erweitertem Umfang. Jedoch liegt die Beweislast für einen Herstellungsfehler nur ein halbes Jahr beim Händler; danach muss der Käufer beweisen, dass der Mangel schon bei der Übergabe des Fahrzeugs (so genannte „Gefahrenübergabe") vorhanden war – oft ein schwieriges Unterfangen.

Aktueller Spitzenreiter in Sachen Garantie ist zurzeit Kia. Die Koreaner geben bei ihrem Kompaktmodell Ceed fünf Jahre Garantie auf das gesamte Fahrzeug; auf Motor und Antriebsstrang sind es sieben Jahre. Chrysler bietet immerhin vier Jahre auf Neuwagen der Marken Chrysler, Jeep und Dodge an. Dabei sind selbst Verschleißteile wie Bremsscheiben und Wischerblätter eingeschlossen. Eine lebenslange Motorengarantie wie der Hersteller sie in den USA anbietet, wird hierzulande jedoch wahrscheinlich nie zu machen sein: Auf deutschen Autobahnen sind die Aggregate deutlich höheren Belastungen ausgesetzt als auf den geschwindigkeitslimitierten US-Highways. (Holger Holzer/mid)

(Quelle: www.ratschlag24.com/index.php/renaissance-der-neuwagengarantie-_66350/,
abgerufen am 25.10.2011)

Meist mit beschränkter Haftung:
Was Autohersteller garantieren

Garantieversprechen sollen beim Kunden Vertrauen schaffen. Sie sollen ihm die Sicherheit vermitteln, ohne Probleme Ersatz zu bekommen, wenn etwas kaputtgeht. Darauf setzen auch die Autohersteller – allerdings meist nicht ohne Einschränkungen.

Versprochen ist versprochen? Bei den Garantien der Autohersteller sollte genau aufs Kleingedruckte geschaut werden.

Autofahren ohne Sorgen, und wenn etwas kaputtgeht, einfach kostenlos zur Werkstatt: Das sind die Vorstellungen, die Opel kürzlich (5. August) in Rüsselsheim mit dem Vorstoß für eine „lebenslange Garantie" für Neuwagen bei Autofahrern geweckt hat. Die Hessen wollen länger für mögliche Fehler einste-

hen als alle anderen Hersteller und Importeure. Doch Experten mahnen zur Vorsicht: „Anders als die gesetzlich vorgeschriebene Gewährleistung ist eine Garantie immer eine freiwillige Angelegenheit, die jeder Hersteller an eigene Bedingungen knüpfen kann", erläutert Thomas Firmery von der Sachverständigen-Organisation KÜS in Losheim am See. „Deshalb muss man genau das Kleingedruckte studieren."

Dieser Rat gilt nicht nur für den Vorstoß von Opel, sondern zum Beispiel auch für die Garantien von Hyundai (fünf Jahre) und Kia (sieben Jahre), die bis dato die Spitze markiert haben. Denn vom Gesetzgeber vorgeschrieben sind lediglich zwei Jahre, in denen der Kunde den Hersteller für Mängel zur Kasse bitten kann.

Lernfeld 12

Reichlich Kleingedrucktes

Von diesem Kleingedruckten gibt es wie überall auch in den Garantiebedingungen von Opel reichlich. So muss man nach Angaben des Autoherstellers nicht nur eine jährliche „Aktivierungsgebühr" von 11,90 Euro bezahlen. Hinzu kommt eine weitere Einschränkung: Nach Ablauf der ersten zwei Jahre oder danach bis zu einer Laufleistung von 50 000 Kilometer muss der Opel-Kunde anders als bei den Koreanern einen Anteil an den Materialkosten leisten. Auch bedeutet „lebenslänglich" nicht für die Ewigkeit: „160 000 Kilometer sind das Limit", präzisiert Pressesprecher Christoph Birringer.

„Ein weiterer Knackpunkt aller Garantieangebote ist die Übertragbarkeit", sagt KÜS-Experte Firmery. Man muss sich genau informieren, ob man die Garantie mit seinem Auto weiterverkaufen kann oder ob sie nur für den Erstbesitzer gilt, mahnt er. Bei Kia und Hyundai ist der Vertrag übertragbar. Bei Opel dagegen geht das nach Werksangaben nur innerhalb der ersten sechs Jahre und bis zu einem Tachostand von 100 000 Kilometern. Und auch dann wird eine jährliche Gebühr von mindestens 150 Euro erhoben.

Schutz vor der „Katze im Sack"

Damit rückt das Opel-Versprechen nahe an eine Anschlussgarantie, die man bei vielen Neu- oder Gebrauchtwagen zusätzlich beim Händler oder einer Versicherung erwerben kann. Diese „erbringen Leistungen für speziell benannte Baugruppen wie den Motor", erläutert Herbert Engelmohr, Jurist beim Automobilclub von Deutschland (AvD). Auch dort werden allerdings Alter und die Laufleistung des Fahrzeugs bei der Erstattung der Reparaturkosten berücksichtigt, schränkt er ein. Wie bei der Opel-Garantie wird es deshalb für ein Auto mit geringem Restwert keine Reparatur geben, die teurer ist als der ganze Wagen. „Damit man nachher nicht enttäuscht ist, sollte man vorher klären, was wirklich von der jeweiligen Garantie abgedeckt wird", rät deshalb auch Engelmohr.

Egal wie viele Bestimmungen sie enthalten: „Verlängerte Garantien sollen dem Kunden die Angst vor unerwarteten Schäden nehmen", sagt Prof. Ferdinand Dudenhöffer von der Universität Duisburg-Essen. Je präziser Garantien seien, desto mehr schützten sie vor der sprichwörtlichen „Katze im Sack" und schafften Vertrauen. Mit jeder Einschränkung schrumpfe dieser Effekt allerdings, so der Experte für Automobilwirtschaft. Dudenhöffer stellt deshalb die Vertrauenswirkung der neuen Opel-Garantie in Frage: „Einen zufriedenen Golf-Fahrer wird man damit nicht anlocken können", sagt er.

(Quelle: dpa, in: www.n-tv.de/auto/Was-Autohersteller-garantieren-article1264941.html, 13.08.2010, abgerufen am 25.10.2011)

a) Erarbeiten Sie mithilfe der Zeitungsberichte die wesentlichen Unterschiede im Garantieangebot der genannten Hersteller.
b) Inwiefern ist das Garantieangebot der Automobilhersteller und -händler ein wichtiges Absatzinstrument? Nehmen Sie den Zeitungsausschnitt auf Seite 234 f. zu Hilfe.
c) Welche Wirkungen haben die Garantieangebote auf die Markttransparenz aus Sicht des Verbrauchers? Wer trägt die Garantiekosten letztendlich?
d) Diskutieren Sie über Vor- und Nachteile der zusätzlichen Garantien der Automobilhersteller aus betriebswirtschaftlicher, gesamtwirtschaftlicher (z. B. Wettbewerb auf dem Automobilmarkt) und ökologischer Sicht.
Finden Sie die Vor- und Nachteile mithilfe einer **Kartenabfrage**. Wenden Sie dabei Elemente der **Metaplantechnik** an (z. B. Clustering entsprechend der Sichtweisen Betriebswirtschaft, Gesamtwirtschaft, Ökologie).
e) Simulieren Sie ein Kundengespräch (kurzes Rollenspiel), in dem Sie die Vorteile der Garantieleistungen Ihres Autohauses herausstreichen und auf Einwendungen des Kunden (z. B. wer bezahlt das?) reagieren.

Lernfeldaufgabe:
Die neue Vermarktungsstrategie
des Autohauses Fritz

Materialien

Arthur Fritz, Geschäftsführer des UNICA-Autohauses Arthur Fritz GmbH, liest den folgenden Bericht in einer Autozeitschrift:

Erfolgreich
mit Privatkundenleasing

Opelhaus Reisner setzt in seiner Strategie auf das Privatleasing

Landauf, landab die selbe Meinung: Privatkundenleasing lässt sich nicht verkaufen! Wenn schon Leasing, dann bitte mit gewerblichen Kunden. Vorbehalte sind nicht nur bei der kritischen Kundschaft zu überwinden, sondern auch in den Autohäusern.

Dabei liegen Vorteile des Leasing für die Unternehmen auf der Hand und sind auch weitgehend bekannt. Nicht umsonst wird ein gutes Viertel der neu zugelassenen Fahrzeuge in Deutschland geleast. Vorteile für den Kfz-Handel sind unter anderem:

- hohe Kundenbindung,
- positive Effekte in der Werkstattauslastung,
- ein erhöhter Fahrzeugumschlag,
- die genaue Kenntnis des Zeitpunkts des Ersatzbedarfs,
- und die Tendenz der Kunden, vergleichsweise größere und besser ausgestattete Fahrzeuge zu ordern.

Die Unabhängigkeit von eigenen finanziellen Mitteln, die sichere und langfristige Kostenkalkulation und die Möglichkeit, stets ein neues Modell zu fahren – allesamt schlagkräftige Argumente für das Leasing beim Kunden.

Auch wenn auf das Privatleasing weitere Fakten wie etwa die Bilanzneutralität und steuerliche Absetzbarkeit der Raten im Gegensatz zum gewerblichen Leasing nicht zutreffen, gilt der Umkehrschluss eines Nachteils natürlich nicht!

„Man sollte sich doch darüber im Klaren sein, dass das Privatleasing im Grund genommen ein anderes Produkt ist", urteilt Hans-Heiner Lüdemann von der markenunabhängigen AutoLeasing D (ALD) aus Hamburg. Wenn es sich jedoch um ein anderes Produkt handelt, dann sollte man dies auch im Verkauf entsprechend berücksichtigen. Eine Strategie, die der Opel-Händler Falk Reisner aus Nordhausen am Südrand des Harzes verstanden und für sich und seinen Betrieb perfektioniert hat.

900 Neue, davon 400 privat geleaste

Die Vorteile des privaten Leasing werden in vielen Betrieben unterschätzt. So sieht es jedenfalls der Unternehmer Reisner. Schließlich ist der Opel-Händler der lebende Beweis, dass man Leasing an Private auch viel offensiver verkaufen kann. So vermarktete Reisner 1997 von mehr als 900 Neufahrzeugen über 400 als Privatkundenleasing – eine sehr beeindruckende Bilanz, die auch aus Sicht der ALD mit Blick auf deren Partnerbetriebe außergewöhnlich ist. Und dennoch stehen noch zu viele Autohäuser dem Privatkundenleasing nach wie vor (zu) skeptisch gegenüber. Das häufigste Gegenargument: Der Kunde glaubt noch immer, dass das Leasing für den Privatmann „zu teuer" ist. So zumindest wird es von den einschlägigen Verbrauchermagazinen propagiert.

Hier sehen sowohl Reisner als auch Lüdemann gleich einen wesentlichen Ansatzpunkt bei den Verkäufern und deren Vorgehensweise. Zu leichtfertig stimmen diese dem Kunden und dessen Bedenken gegen das Leasing zu – ganz nach dem Motto: Rede ich dem Kunden das Wort, ist er mein Freund. Ergo wird meine Geschäftsbeziehung leichter. Der Autoverkäufer neigt also zum Umschwenken.

Dies ist aber eine Argumentation und Vorgehensweise, die Reisner so nicht gelten lassen will. Er verkauft mit seinem Team Leasing an Private nach der Maxime: „Wir verkaufen dem Kunden eine Rate". Damit wird das Autohaus vom Verkäufer zum Finanzberater. Denn, so sein Credo: „In erster Linie will der Kunde doch ein möglichst neues Auto fahren. Diesen Wunsch kann ihm das Autohaus erfüllen." Dazu stehen im die drei klassischen Möglichkeiten – Barzahlung, Finanzierung oder Leasing – zur Verfügung.

Preisfeilscherei einschränken

Und hier setzen Reisner und seine Verkäufer an. Wird das Wunschauto mit einem Leasingangebot in den Mittelpunkt des Verkaufs- und Beratungsgesprächs gestellt, dann kann die leidige Preisfeilscherei auch besser eingeschränkt werden. „Das Problem ist, dem Kunden zu erklären, dass er kein Eigentum mehr zu erwerben braucht", meint Reisner mit Blick auf die Kundenbedenken. Hier kann die Argumentation – ähnlich wie beim gewerblichen Kunden – auf den Liquiditätsgewinn gelenkt werden.

Private Liquidität

So hält auch Lüdemann das Thema Liquidität im Zusammenhang mit dem Privatkundenleasing für wenig sachgerecht kommuniziert. Lediglich auf den Liquiditätsgewinn für Unternehmen hinzuweisen, ist falsch. Denn: Der private Kunde bindet beim Leasing ebenfalls nur wenig Kapital. Er gewinnt durch das Leasing finanzielle Spielräume, die er für andere Investitionen oder als Sicherheit in seinem Haushalt benötigt. Ein Umstand, der gerade auf die Kunden im Nordhäuser Umfeld zum Tragen kommt, da dort viel für den Erhalt des Wohneigentums getan werden muss. Die Komponente der Kapitalbindung ist also unabhängig von der Kundenklassifizierung und kann positiv verkauft werden. Unterschiede im Bundesvergleich sieht Lüdemann denn auch eher in der Höhe der Rate, nicht aber in der generellen Möglichkeit, Liquidität als Verkaufsargument erfolgreich zu platzieren.

Abgrenzung zur Finanzierung

Unabhängig von der Ausgestaltung von Konditionen seitens unterschiedlicher Leasing-Gesellschaften kann dem Kunden die Leasingrate näher gebracht werden. Dass das Autohaus dabei nicht auf der Strecke bleiben muss, weiß Reisner genau: „Bei jeder Finanzierung oder jedem Barverkauf verschenkt der Händler schließlich Erträge." Seine Argumentation ist stichhaltig. Denn ein Blick in Tageszeitungen und die Verkaufswerbung der Autohändler zeigt, dass die Rabattschlacht in vollem Gange ist. Die Vergleichbarkeit der Preise ist für den Opel-Händler einer der Hauptgründe für die Rabattschlacht im Handel – und ist damit gleichzeitig ein weiteres Argument für den offensiven Einsatz des Privatkundenleasing. Die Rabattfrage ist wegen der geringen Vergleichbarkeit für den Händler leicht beherrschbar. Dass Leasing in Konkurrenz zur Finanzierung nur unter bestimmten Bedingungen vorteilhaft angeboten werden kann, ist natürlich auch Reisner und Lüdemann klar. „Die ideale Laufzeit beträgt 36 Monate. Bei längeren Leasingzeiten funktioniert das nicht mehr." Die Argumentation kann sinnvoll auch auf den Vergleich von Leasingrate und anteiligem Wertverlust bei der entsprechenden Laufzeit gelegt werden. Auch hier lässt sich durchaus eine konkurrenzfähige Aussage gegen den Eigentumserwerb mittels Kauf oder Finanzierung aufmachen.

Verkäufermotivation

Einen wichtigen Punkt bei der internen Ausrichtung auf ein gesteigertes Leasinggeschäft mit Privatkunden sieht Reisner an der Schnittstelle zum Kunden – dem Verkäufer. Dass die Vertriebsmitarbeiter hinter dem Produkt Leasing stehen müssen, ist wohl klar. Dennoch scheint gerade dies in vielen Autohäusern im Argen zu liegen. Der Opel-Händler hat in seinem Betrieb durchgesetzt, dass seine fünf Verkäufer von Anfang an den Kunden zum Leasing hinführen. Die Gesprächsführung dreht sich nicht mehr um die Barzahlung oder die Finanzierung, er wird offen gefragt: „Wie hoch darf denn die Rate für ihr Wunschauto sein?"

Der Verkäufer muss in der Lage sein, die psychologische Hemmschwelle beim Kunden, aber auch bei sich selbst zu überwinden. Hier setzt Reisner auch auf eine Sogwirkung im Vertriebsteam. Der erfolgreiche Leasingverkäufer verdient bei Reisner mehr – die Verkäuferprovisionierung wird auf das Leasinggeschäft hin fix vorgenommen. Schließlich, so Reisner, ist die Arbeit des Verkäufers zu bezahlen, nicht die Leasingsumme. Und der Arbeitsumfang ist unabhängig von den verleasten Opel-Modellen, ob es nun ein Corsa oder Omega ist. Damit tut sich auch der Verkäufer leichter und fördert zugleich den Absatz der kleineren Fahrzeuge.

„Mittlerweile setzen wir einfach voraus, dass der Kunde least, wenn er zu uns kommt", umschreibt Reisner den heutigen Stand seines Verkaufsteams.

Leasing-Loyalität und Kundenbedenken

„Wer einmal erfolgreich geleast hat, der least wieder", so die gewachsenen Erfahrungen des Händlers. Die Überzeugungsarbeit, die im Vorfeld des ersten Abschlusses zu tätigen ist, entfällt beim zweiten Abschluss praktisch. Der Kunde gewöhnt sich eben schneller an andere geschäftliche Formen, als mancher Pessimist glauben mag. Außerdem setzt der Nordhäuser Händler auch auf die positiven Effekte innerhalb von Familien und Freundeskreisen. Beispiele, in denen eine Familie drei Corsa geleast hat, sind nicht die Ausnahme. Hier wird Mobilität, nicht Eigentum verkauft.

Der Beratungsaufwand beim „ersten Mal" ist zunächst umfangreicher – hier heißt es vor allem die bereits angesprochenen Kundenbedenken auszuräumen. Dies ist aber weder aus Sicht der ALD noch des Händlers kein unmögliches Unterfangen. Ein schneller Blick auf wesentliche Bedenken der Kunden beweist es. Die Bedenken sollten aber auf keinen Fall in den Vordergrund gestellt werden, auch wenn sie inhaltlich entkräftet werden können. Reisner zur Verkaufsstrategie: „Es ist unklug, den Kunden nur über das Ausräumen der Bedenken gewinnen zu wollen. Besser ist es, ihnen ihr Wunschauto über die Rate zu vermitteln." Die aufkommenden Fragen erklären sich dann viel angenehmer. Die meisten Bedenken richten sich auf zwei Punkte. Den Kunden interessieren vor allem die Unfallfrage und die daraus resultierende Problematik der Differenz von Neu- zu Zeitwert, so Lüdemann.

Lernfeldaufgabe: Die neue Vermarktungsstrategie des Autohauses Fritz

Dass das Fahrzeug Vollkaskoschutz haben muss, ist dem Kunden vermittelbar – hier unterscheidet sich Kauf und Finanzierung nicht. Im Gegenteil, Programme wie ALD's Fairlease schützen den Kunden sogar automatisch, da sie die Möglichkeit bieten, die Differenz im Eventualfall zu übernehmen.

GW-Geschäft mit einbinden

Ein weiterer wichtiger Punkt ist die Fragestellung, was nach Ablauf der drei Jahre passiert – eine Frage, der Reisner allerdings gelassen gegenüber steht. Er will schließlich mit seiner Strategie dem Kunden im Anschluss sofort den nächsten Neuen verleasen – Kauf des Leasingfahrzeugs durch den Kunden ist kein Verhandlungsziel.

Der grundsätzliche Vorteil beim Leasing besteht zunächst einmal in der Planbarkeit des Rücklauftermins. Positiv: ALD bietet die Wahlentscheidung über den Rücklauf dem jeweiligen Händler an.

Ein geschickter Händler sucht deshalb schon im Vorfeld nach Absatzmöglichkeiten für die Rückläufer, um den Gebrauchtwagen-Bestand nicht übermäßig aufzublähen. Reisner sieht sich auf dem richtigen Weg: Durchschnittlich 40 Tage stehen die Leasingrückläufer bei ihm, der natürlich weiß, dass die Priorität auf einem koordinierten Gebrauchtwagenabfluss – wegen der drückenden Zinsbelastung – liegt.

Vorteile hat das Autohaus nach Ansicht von Lüdemann in jedem Fall: „Der Rücklauf ist wegen der im Privatkundenleasing höheren Ausstattung der Autos und dem besseren Pflegezustand weniger problematisch."

Die Vermarktungsphilosophie der Hamburger Leasing-Gesellschaft sieht ohnehin den Fahrzeug-Kreislauf beim Händler. Eine Forcierung der Fahrzeugrücknahme steht dort nicht zur Debatte.

Ein Blick auf den Hof des Opel-Händlers macht dies auch deutlich. Im Schnitt liegen die Fahrzeuge bei 8 000,00 bis 10 000,00 EUR, einem für Opel sicherlich höheren Wert. Die höhere Ausstattung verkauft Reisners Team im übrigen auch über die Rate: wenn das Geld für Ausstattungspakete, Klimaanlagen etc. nicht ausreichen mag, in der Rate macht dies einen vergleichsweise nur geringen Aufschlag aus.

Dass in der Mischkalkulation der Gebrauchte besondere Beachtung genießen muss, ist bei Reisners Strategie unumgänglich. Aber der clevere Opel-Händler kann sich dies angesichts seines enorm gestiegenen Neugeschäfts auch erlauben. Hier erwirtschaftet er Potenziale, an die andere Kfz-Unternehmen nicht zu denken wagen. Wie man sieht, ist beim Nordhäuser Händler in Sachen Privatkundenleasing einiges anders. Wohl deshalb ist er auch in diesem Feld deutlich erfolgreicher.

(Quelle: Matthias Glotz: Erfolgreich mit Privatkundenleasing, in: kfz-betrieb 5/98, keine Seitenangabe)

Die in dem Bericht dargestellten Vorteile der Vermarktungsstrategie des Fahrzeug-Kreislaufes lassen Arthur Fritz nicht mehr los. Er denkt bei sich: „Das ist es – die einmal überzeugten Kunden kommen alle 36 Monate wieder, und ich verkaufe ihnen wieder eine neue Rate für ein neues Fahrzeug. In Zusammenarbeit mit unserer UNICA-Leasinggesellschaft oder einer herstellerunabhängigen Leasinggesellschaft müsste das doch ohne größere Schwierigkeiten zu bewerkstelligen sein. Ich muss nur mein Verkaufspersonal eingehend schulen. Eine größere Verkaufshalle brauche ich natürlich auch. Auch unser Autokreditangebot – das dem Leasing doch sehr ähnlich ist – müssten wir viel stärker bekannt machen."

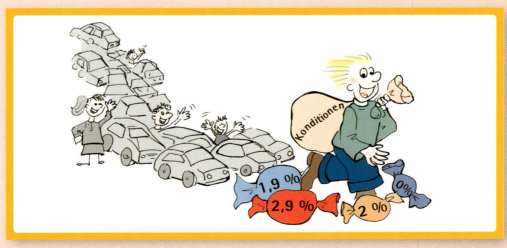

Gruppenaufträge

Gruppe 1	Tipp
Erstellen Sie eine Schulungsmappe für Verkaufsmitarbeiter, die alle Fakten enthält, die für ein erfolgreiches Privatkunden-Leasing erforderlich sind.	Führen Sie in Ihrer Gruppe zuerst eine **Kartenabfrage** durch. Clustern Sie die Antworten und vergeben Sie entsprechende Gruppenaufträge.

Gruppe 2	Tipp
Erstellen Sie eine Schulungsmappe für Verkaufsmitarbeiter, die alle Fakten enthält, die für einen erfolgreichen Autoverkauf auf der Grundlage eines Autokredits mit Privatkunden erforderlich sind.	Führen Sie in Ihrer Gruppe zuerst eine **Kartenabfrage** durch. Clustern Sie die Antworten und vergeben Sie entsprechende Gruppenaufträge.

Gruppe 3	Tipp
Die Verkaufshalle soll um 200 m² erweitert werden. Stellen Sie den notwendigen Kapitalbedarf fest. Machen Sie Finanzierungsvorschläge (auch Eigenfinanzierung). Erheben Sie dazu notwendige Daten (z. B. Finanzierungsangebote) und vergleichen Sie die Finanzierungsalternativen. Treffen Sie eine begründete Entscheidung auf der Basis einer Entscheidungsbewertungstabelle.	Vergleichen Sie die Finanzierungsvorschläge unter Liquiditäts-, Kosten- und steuerlichen Aspekten. Verwenden Sie ein **Tabellenkalkulationsprogramm** und präsentieren Sie Ihre Ergebnisse in ansprechender Form.

Gruppe 4	Tipp
Erstellen Sie einen Werbeplan mit allen wichtigen Angaben für das neue Vermarktungskonzept des Autohauses Fritz GmbH. Entwickeln Sie danach eine Zeitungsanzeige für die Regionalpresse, einen Flyer bzw. Folder und eine Internet-Webseite, mit deren Hilfe Sie Ihr Werbekonzept umsetzen.	Ermitteln Sie mithilfe einer **Kartenabfrage** die wesentlichen Inhaltspunkte des Werbeplans. Bei der Ideenfindung hilft Ihnen die Kreativitätstechnik **Brainstorming**.

Methoden- und Präsentationspool für die Arbeit mit dem Buch

Betriebserkundung

Eine Betriebsbesichtigung bietet Ihnen die Chance, anschauliche Informationen aus erster Hand zu erhalten. Sie wird für Sie und den Betrieb erfolgreich verlaufen, wenn das gastgebende Unternehmen auf Ihre Interessen vorbereitet ist.

- Formulieren Sie das Ziel Ihrer Besichtigung und die wichtigsten Fragen.
- Führen Sie ein Vorbereitungsgespräch.
- Treffen Sie präzise organisatorische Verabredungen (Uhrzeit, Wegbeschreibung . . .).
- Informieren Sie die Teilnehmer rechtzeitig über die getroffenen organisatorischen Verabredungen.

Brainstorming

Verfahren zur Ideenfindung und zur Problemlösung:

- geeignet für Gruppen bis zu zwölf Personen
- kreisförmige oder quadratische Sitzordnung
- möglichst ein Moderator/Moderatorin, um Ideen aufzunehmen
- Dauer bis zu 45 Minuten
- Fragestellung wird vorher festgelegt, in diesem Buch z. B. durch den Arbeitsauftrag.
  Grundregeln:
  – Jede Idee ist willkommen, je ausgefallener, desto besser.
  – Ideen können aufgegriffen und abgeändert werden.
  – Bewertung und Kritik der Beiträge sind nicht zugelassen, um Ideenfluss nicht zu behindern.
  – Ideen werden festgehalten, z. B. auf einem Flipchart oder auf Kärtchen an einer Pinnwand.
- Auswertung im Nachhinein durch Ordnung der Beiträge und ggf. Rangfolge

Debatte

Unter einer Debatte wird das „geregelte Aufeinandertreffen unterschiedlicher Meinungen" verstanden. Damit eine Debatte neue Erkenntnisse bringt, beachten Sie bitte Folgendes:

- Teilen Sie die Klasse in zwei Gruppen (pro und kontra) und legen Sie eine Rednerliste fest.
- Vereinbaren Sie eine maximale Redezeit pro Redner.
- Losen Sie aus, welche Gruppe mit der Debatte beginnt.
- Tragen Sie Ihre Meinung eindeutig und begründet vor.
- Setzen Sie sich mit den Meinungen der Gegenseite argumentativ auseinander.
- Vermeiden Sie „Killer-Sprüche" oder rhetorische Tricks.
- Klären Sie am Ende der Debatte, ob Gruppenmitglieder durch den Debattenverlauf ihre Meinungen geändert haben.

Es empfiehlt sich, einen „Moderator" zu wählen, der auf die Einhaltung der Debattenregeln achtet.

Gruppenarbeit

Die ideale Gruppengröße liegt bei vier bis sechs Teilnehmerinnen und Teilnehmern. Die Gruppen sollten von den Schülerinnen und Schülern, durchaus nach Sympathie, selbst gebildet werden; nur im Konfliktfall ist ein Eingreifen der Lehrkraft notwendig. Die Gruppen arbeiten selbstständig, d. h., sie planen selbst die Herangehensweise an die jeweiligen Handlungsweisen oder Arbeitsaufträge, deren Durchführung und Präsentation. Dabei kann die Gruppe entscheiden, Teilaufgaben in Einzel- oder Partnerarbeit durchzuführen, die Ergebnisse sollten zu einem gemeinsamen Endergebnis zusammengeführt werden.

Spielregeln:

- Jedes Gruppenmitglied ist für das Ergebnis mitverantwortlich.
- Die Gruppendiskussionen sollten sich immer am Sachziel orientieren.
- Der Einzelne darf in der Gruppe nicht untergehen.
- Das Eingehen auf den Einzelnen darf nicht vom Ziel abführen.
- Jeder ist für die von ihm übernommenen Aufgaben gegenüber der Gruppe verantwortlich.
- Diskussionsbeiträge dürfen nicht persönlich verletzend sein.
- Jeder darf ausreden. Die Gruppe vereinbart ggf. Redezeiten und greift bei „Langzeitrednern" ein.
- Jeder darf sich frei äußern. Die Meinungen der Gruppenmitglieder werden gegenseitig akzeptiert.
- Die Arbeitsatmosphäre in der Gruppe sollte von jedem bei Bedarf angesprochen werden.
- Vereinbarte Termine werden eingehalten.
- Protokoll und Moderation sollten von Sitzung zu Sitzung abwechseln.
- An der Ergebnispräsentation sollten möglichst alle Gruppenmitglieder teilnehmen oder diese zumindest gemeinsam vorbereiten und dann einen Sprecher wählen.

Interview

Das Interview ist eine besondere Form der Informationsbeschaffung. Bereiten Sie sich deshalb gründlich auf den Interviewpartner und auf das zu behandelnde Thema vor.

- Besorgen Sie sich Informationen über die Firma bzw. den Interviewpartner (Geschäftsberichte, Zeitungsartikel, Selbstdarstellungsbroschüre . . .).
- Halten Sie alle Fragen schriftlich fest (vgl. Mind-Map).
- Systematisieren Sie Ihre Fragen.
- Mit welcher Frage wollen Sie beginnen?
- Nehmen Sie das Interview mit einem Rekorder oder Diktiergerät auf.

Gestalten Sie Ihr Interview abwechslungsreich. Verwenden Sie unterschiedliche Fragetypen wie W-Fragen (z. B. wer, wo, warum …), offene oder geschlossene Fragen. Und noch eins: Vier Ohren hören mehr als zwei!

Kartenabfrage (Metaplantechnik)

Ziel dieser Methode ist es, alle Gruppenmitglieder an der Problemlösung zu beteiligen und möglichst viele Lösungsansätze zu erfassen.

Arbeitsschritte:

- Die Leitfrage wird an einer Pinnwand/Tafel notiert.
- Schreiben Sie Ihre Antworten auf die ausgeteilten Karten (max. sieben Worte).

- Beachten Sie, dass in großen und kleinen Druckbuchstaben geschrieben wird.
- Notieren Sie nur eine Aussage auf eine Karte.
- Die Karten werden eingesammelt, vorgelesen und an eine Pinnwand/Tafel geheftet.
- Jetzt werden die Karten zu gemeinsamen Oberbegriffen („Clustern") zusammengefasst. Kennzeichnen Sie Widersprüche (⚡) und heften Sie eventuelle Ergänzungen an.
- Erst danach werden die einzelnen Lösungsansätze diskutiert.

Sind sehr viele Stichworte vorhanden, bietet sich eine **Punktabfrage** an, um die Wertigkeit der Äußerungen festzulegen. Jeder Teilnehmer erhält dann drei bis fünf Klebepunkte und darf diese auf die für ihn wichtigsten Stichworte kleben.

Mindmapping
- Methode zum Aufschreiben oder Aufzeichnen von Ideen
- möglichst ein Moderator/eine Moderatorin, um Impulse zu geben
- halbkreisförmige Sitzordnung vor der Tafel sinnvoll

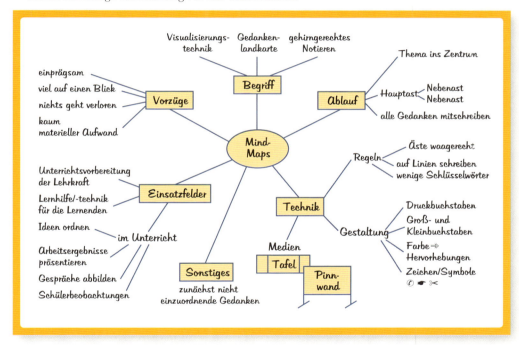

Regeln:
- Querformat und Waagerechte
- Thema als Kreis oder Ellipse im Zentrum
- Grobgliederung: Hauptäste = Hauptgedanken
- Feingliederung: Zweige und Zweiglein
- Ein Wort pro Ast/Zweig
- Druckschrift
- Pfeile, Einrahmungen und Farben für Verbindungen und Hervorhebungen
- Streichungen = grau schraffiertes Feld
- Ast „Sonstiges" für nicht zuordnungsfähige Ideen, alternativ: am Blattrand notieren

- am Schluss Äste nummerieren, wenn Reihenfolge wichtig
- evtl. Mind-Map auf eine Aktivitätenliste zur weiteren Bearbeitung übertragen

Rollenspiel

Definition: Lernspiel, bei dem unter fiktiven Umständen Realität simuliert wird; Koordination durch einen Spielleiter (muss nicht der Lehrer/die Lehrerin sein)

Merkmale:
- dynamisch
- Rollenidentifikation: Jeder Spieler beurteilt die Spielereignisse aus einer rollenspezifischen Perspektive.
- Rollenkonflikte: Aufgrund unterschiedlicher Interessenslagen kommt es zu Auseinandersetzungen und Diskussionen.
- Meinungsbildung: Im Spielverlauf werden Handlungsstrategien zur Durchsetzung der rollenspezifischen Interessen entwickelt.
- Handlungsergebnis: Die rollenspezifischen Interessen werden im Wege der Kompromissbildung durchgesetzt.

Ablauf:

1. Vorbereitung
   - Festlegen der Handlungssituation, Klärung der Zielsetzung: Was wird gespielt? (evtl. Drehbuch)
   - Basisinformationen (durch Spielleiter, Schulbücher oder Situationen/Tipps in diesem Heft)
   - Rollenverteilung (freie Wahl oder durch Spielleiter)
     Zu unterscheiden:
     – Hauptrollen/Schlüsselrollen: tragen das Geschehen
     – Stützrollen: dienen den Schlüsselrollen als Informanten, Berater usw.
     – Nebenrollen: z. B. Kameraleute, Protokollanten, Requisiteure usw.
   - Rollenanweisung (= Rollenbeschreibung durch Drehbuch oder Rollenkärtchen)
2. Durchführung
   - Organisation, z. B. Raumvorbereitung, Requisiten, Möbel beschaffen, evtl. Videokamera
   - ein- oder mehrmaliges Durchspielen der Situation
3. Auswertung
   - keine Beurteilung der schauspielerischen Fähigkeiten
   - Eindrücke, Erfahrungen auflisten; Beobachtungsbögen ausfüllen
   - Resümee

Präsentation

Aufbau:

1. *Einleitung*
- Begrüßung und namentliche Vorstellung der Vortragenden
- Thema, Ziele, Inhalt und Ablauf

2. *Hauptteil*
- Darstellung der Ergebnisse in sachlogischer oder zeitlicher Reihenfolge
- Rahmeninformationen, z. B. zur Arbeitsorganisation, Erfahrungen während der Projektarbeit

3. Schlussteil

- Zusammenfassung der wichtigsten Aussagen
- Fazit, evtl. auch zum Arbeitsablauf
- Aufforderung zur Diskussion

Grundregeln, Voraussetzungen:

- pünktlich beginnen, angekündigte Zeit einhalten
- Blickkontakt zum Publikum
- laut sprechen
- normales Sprechtempo
- Pausen machen
- Inhalte durch Gestik unterstreichen
- Wichtiges durch Medien visualisieren

Präsentation: Feedback/Rückmeldung

Grundregeln für Feedback:

- beschreiben, nicht bewerten oder interpretieren
- konkret an Beispielen, nicht pauschal
- nachvollziehbar
- realistisch, nicht utopisch
- konstruktiv, sachlich, für andere annehmbar, nicht verletzend
- unmittelbar, nicht verspätet
- Der Feedback-Gebende sollte nur für sich sprechen.
- Der Feedback-Annehmende sollte
  - den anderen unbedingt ausreden lassen
  - Kritik nicht persönlich nehmen, sondern als positive Anregung auffassen
  - durch Feedback seine Wirkung auf andere überprüfen
  - Feedback als Angebot sehen, das er annehmen kann oder nicht

Ziel von Feedback ist, dass sich die Beteiligten

- ihrer Verhaltensweisen bewusst werden,
- einschätzen lernen, wie ihr Verhalten auf andere wirkt,
- sehen, was sie bei anderen auslösen,
- sich also selbst und den anderen besser kennen- und verstehen lernen.

Stellen Sie zur Nachbearbeitung folgende Fragen und halten Sie die Antworten stichwortartig fest:

- Ist die **Zielsetzung** gelungen? Wenn nicht, woran lag es?
- Entsprach die Aufbereitung der Präsentation dem Thema?
- Wie sind die Phasen der **Präsentation** gelungen?
  1. **Eröffnung?**
  2. **Hauptteil?**
  3. **Schluss?**

Was muss verbessert werden? Gibt es Vorschläge?

- Wie war der **Diskussionsverlauf?**
- Wie war die **Organisation?** Was könnte hier verbessert werden?

- Ist der Einsatz der Medien gelungen? Falls es Schwierigkeiten gab, wurden diese behoben oder wie sind sie beim nächsten Mal zu beheben?
- Wie war die **Beziehung**, der Kontakt der **Präsentierenden** untereinander?
- Wie war der **Kontakt** zu den **Teilnehmerinnen und Teilnehmern?**

Visualisierung/Medieneinsatz

Grundregeln:
- nur Wesentliches prägnant darstellen
- Inhalte müssen für Zuhörer leicht erkennbar und lesbar sein
- sicherer Umgang mit technischen Medien, falls die Technik mal ausfällt, einfallsreich umdisponieren, z. B. anstatt Folien Flipchart (= dreibeiniges Metallgestell mit Papierblock)
- deutlich gliedern
- auf Sachverhalte mit Stift, Zeigestock oder Laserpointer, nicht mit dem Finger zeigen

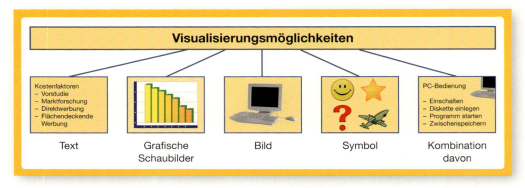

Anhang 253

Daten des Modellunternehmens
Autohaus Fritz GmbH

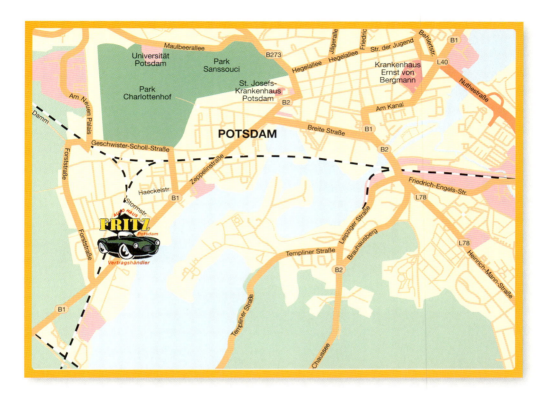

Autohaus	Importeur	Hersteller
Autohaus Fritz GmbH Am Templiner See 12 14471 Potsdam Tel.: 0331 903232 Fax: 0331 903230 E-Mail: autohaus_fritz@t-online.de Homepage: www.autohaus_fritz.de	**UNICA** **Importgesellschaft mbH** Weserstr. 84 28807 Bremerhaven Tel.: 0471 4698-0 Fax: 0471 4698-15 Ansprechpartner: Klaus Struck	**UNICA, United Cars Ltd.** 12–16, Milford Lane 70345 Cincinnati, OH U.S.A.
Bankverbindung: Mittelbrandenburgische Sparkasse Potsdam BLZ: 160 500 00 Ktonr.: 542 464 BIC: WELADED1PMB IBAN: DE34160500000000542464	**Bankverbindung:** Bremer Landesbank BLZ: 290 500 00 Ktonr.: 432 456 56 BIC: BRLADE22 IBAN: DE48290500000043245656	

Anhang

Organigramm

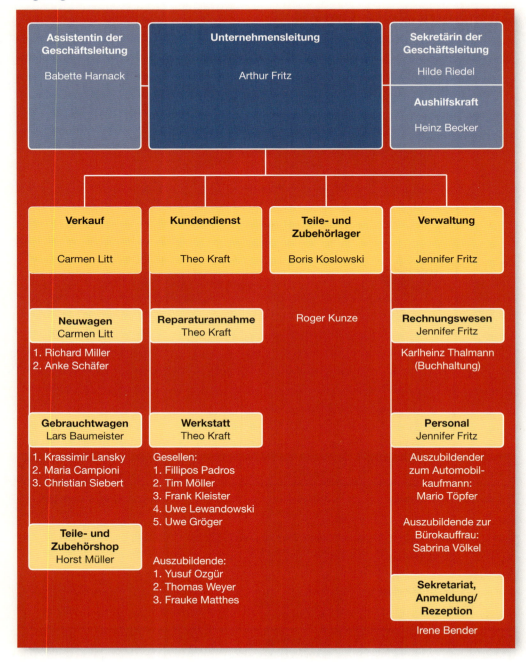

Anhang 255

Sortiment

Modell	UPE brutto EUR	UPE netto EUR	Händlerrabatt in %	Einkaufspreis netto EUR
PRIMOS Limousine 3/5-türig	10 200,00	8 793,10	13	7 650,00
PRIMOS Kombi	11 000,00	9 482,76	14	8 155,17
MAGNA Limousine 3/5-türig	14 800,00	12 758,62	14	10 972,41
MAGNA Kombi	15 300,00	13 189,66	15	11 211,21
MAGNA Van	15 700,00	13 534,48	16	11 368,97
LUXERA Limousine 3/5-türig	22 300,00	19 224,14	17	15 956,04
LUXERA Cabriolet	25 000,00	21 551,72	18	17 672,41

Kunden

Kunde	Anschrift	Bemerkung
Privatkunde	Otto Bauer, Lindenstr. 20, 14467 Potsdam, Tel.: 0331 134422	Fan von Hertha BSC
Firmenkunde	Teltower Beton GmbH, Oderstr. 4–6, 14513 Teltow, Tel.: 03328 53221 (= Fax)	immer Probefahrten einräumen
Privatkunde	Elly Hauser, Gartenstr. 35 14469 Potsdam, Tel.: 0331 903355	Automatik-Fahrerin
Privatkunde	Renate Baumgart, Luisenstr. 44, 14806 Belzig, Tel.: 033841 32435	Zweitwagen, Ehemann BMW-Fahrer
Firmenkunde	Elektro-Maurer GmbH, Preussenplatz 1–3, 14467 Potsdam, Tel.: 0331 4549-0, Fax: 0331 4549-31	Kombi-Kunde
Privatkunde	Dr. Rüdiger Hartmann, Bachstr. 5, 14542 Werder, Tel.: 03327 76541 (= Fax)	Cabrio-Fahrer
Privatkunde	Christian Pflanz, Deichstr. 40, 14797 Lehnin, Tel.: 03382 913	Führerscheinneuling
Privatkunde	Doris Deister, Im Park 4, 14548 Caputh, Tel.: 033209 864	Friseurmeisterin, plant Selbstständigkeit
Privatkunde	Sun-Ku Kang, Generalkonsulat der Republik Korea, Kurfürstendamm 190, 10780 Berlin, Tel.: 030 8859660, privat: Kastanienallee 35, 14471 Potsdam Tel.: 0331 613247	hat zwei Kinder und arbeitet bei der koreanischen Botschaft in Berlin, fährt Luxera

Lieferanten

Name	Produkte/Leistungen	Name	Produkte/Leistungen
Oliana AG Herr Kinkel Industriestr. 13 45454 Duisburg	**Schmierstoffe, Öle** Gründer und Inhaber: Wilhelm Kinkel	Pneus-AG Herr Gutjahr Elbchaussee 3–12 21215 Hamburg	**Reifen**
Cars & Fun GmbH Frau Anna Müller Grethe-Weiser- Weg 56 12380 Berlin	**Autoradio, Tuning** Inhaber: Heinz Krüger sen.	Merritt & Co. Mr. Torres Industriepark 3 71001 Stuttgart	**Autoelektrik, Batterien**
Czech KG Frau Ute Frisch August-Bebel-Str. 12–14 14470 Brandenburg	**Werkstatt- Ausstattungen** Inhaber: Thomas Czech	Der Büro-Profi GmbH Frau Pawlik Ottostr. 22 14469 Potsdam	**Büroausstattungen**
Tintulus AG Herr Czimballa Reinhardtplatz 1 12533 Berlin	**Trägersysteme**, **Behälter**	Kfz-Werkstatt Rolf Weber e. Kfm. Am Brunnen 2 14473 Potsdam	**Teilweise als Subunternehmer tätig**

Sachwortverzeichnis

A

Absatzkanäle 54
Absatzlogistik 62
Abtretungserklärung 164
Abzahlungsdarlehen 144
After-Sales-Betreuung 116
After-Sales-Markt 67
Agenturgeschäft 106
AKB 215
akzessorische Sicherheiten
  160
Allgemeine Geschäftsbedin-
  gungen 100, 114
allgemeine Zinsformel 147
Altauto-Verordnung 107
Altersklassen 220
Altfahrzeug-Verordnung 108
Andienungsrecht 195
Anlageinvestition 133
Anlagevermögen 132
Annahmefiktion 216
Annuitätendarlehen 144
Anschlussfinanzierung 188
Auflassung 169
Ausfallbürgschaft 161
Ausfuhr-Kennzeichen 112
Auslaufmodell 95
Außenfinanzierung 139
Ausstellungsfahrzeuge 95
Auszubildende 14
Automobilmarkt 7

B

Ballonratenfinanzierung 180
Bankkredit 143
Barwert (Wechsel) 164
Basiszinssatz 202
bedingtes Eigentum 168
Beifahrer 217
Beleihungssätze 167
Berufsfahrerversicherung
  225
Besitzkonstitut 168
Beteiligungsfinanzierung 139
Betriebserkundung 247
Blankokredit 160
Brainstorming 247
Bruttopreissystem 40
Bürgschaftskredit 161

C

Cashflow 153
Clienting 116
Closed-End-Leasing 195
Corporate Identity 46

D

Damnum 143
Darlehen 143
Darlehensantrag 184
Darlehensbedingungen 186
Debatte 247
Deckungsbeitragsrechnung 39
Deckungssumme 217
Dekorationen 66
Delkrederefunktion 166
Deutschen Automobil
  Treuhand (DAT) 106
Differenzbesteuerung 107
DIN 70011 92
direkter Absatz 54
direktes Leasing 193
Direktkommunikation 51
Direktmarketing 68
Disagio 143
Diskontierung 164
Diskontkredit 164
Dispositionskredit 160
Distributionspolitik 53
Diversifikation 32
Drei-Wege-Finanzierung
  180, 188

E

effektiver Jahreszins 183
effektiver Jahreszinssatz 142
Eigenfinanzierung 139
Eigenkapital 132
Eigentümergrundschuld 170
einfacher Personalkredit 159
Einlagenfinanzierung 139
Einzelzession 163
Energieverbrauchskennzeich-
  nungsverordnung
  (Pkw-EnVKV) 102
Ersatzinvestitionen 133
Erweiterungsinvestitionen 134
Eurozinsmethode 165

Event-Marketing 50
exklusives Vertriebssystem 86

F

Factoring 166
Fahrer-Rechtsschutz 227
Fahrt (Definition) 228
Fahrzeugarten 91
Fahrzeug-Rechtsschutz 227
Fahrzeugversicherung 220
Fälligkeitsdarlehen 142, 144
Finance Leasing 193
Finanzdienstleistungen 177
finanzielles Gleichgewicht
  135
Finanzierung 132
Finanzierung aus Abschrei-
  bungen 151
Finanzierung aus Rückstel-
  lungen 153
Finanzierungsarten 138
Finanzierungsmatrix 139
Finanzierungsservice 178
Finanzplanung 135
Fremdfinanzierung 139
Fremdkapital 132
Full-Service-Leasing 199

G

GAP-Deckung 199
Garagennutzung 219, 225
Garantieleistungen 233
Garantie-Schutzbrief 236, 237
Gebrauchtfahrzeugbewer-
  tung 106, 110
Gebrauchtwagen-Bewertung
  105
Gebrauchtwagengarantie
  111, 235
gedeckte Kredite 159
Geldkredite 141
gesicherte Kredite 159
Gliedertaxe 226
Global Brands 23
Globalzession 163
Großkundengeschäft 8
Grundbuch 169
Grundkasko 222
Grundkredit 169

Grundpfandrecht 169
Grundschuldbrief 171
Grundschuldkredit 170
Gruppenarbeit 248
Gruppenfreistellungsverord-
  nung 85

H

Handelsvertreter 57
Händlergarantien 234
Händlerstrategien 14
Händlervertrag 87
Haushaltskostenrechnung 180
Herstellergarantien 233
Herstellerstrategien 15
Höchstbetragsbürgschaft 161
horizontales Vertriebssystem 9
Hotlines 119
Hypothek 171, 173
Hypothekarkredit 171

I

Illiquidität 135
Immobilienleasing 193
indirekter Absatz 54
indirektes Leasing 193
Innenfinanzierung 139
Insassenunfallversicherung
  225
Instandsetzung 109
intensiverer Kundenkontakt
  zu alten Kunden 14
Internettarif 220
Interview 248
Investierung 132
Inzahlungnahme 106

K

Kalkulation 202
Kapitalbedarf 133
Kapitalbedarfsrechnung 131
Kapitalbindungsdauer 134
Kapitalerhöhung aus
  Gesellschaftsmitteln 152
Kapitalfreisetzung 152
Kapitalwiedergewinnungsfak-
  tor 145
Kartenabfrage (Metaplan-
  technik) 248
Käufermarkt 47
Kernbeschränkungen 86

Kilometerabrechnung 195 f.
Kilometerklasse 219, 224
Kommissionär 59
Kommissionslager 60
Kommunikationsziele 45
Kontokorrentkredit 145
Kontrahierungszwang 216
Kraftfahrt-Rechtsschutzver-
  sicherung 227
Kraftfahrtunfallversicherung
  225
Kraftfahrtversicherungen
  215
Kraftfahrzeug-Haftpflichtver-
  sicherung 216, 220
Kraftfahrzeug-Leasing 195
Krafträder 94
Kreditarten nach der
  Sicherung 159
Kreditfähigkeit 160
Kreditfinanzierung 141
Kreditgarantiegemeinschaf-
  ten 162
Kreditlimit 145
Kreditsicherungsmöglichkei-
  ten 159
Kreditsicherungsvertrag 160
Kreditvertrag 141
Kreditwürdigkeitsprüfung
  181
Kulanz 233
Kundendienst 34
Kundenkreditpolitik 42
Kurzzeitkennzeichen 112
Kurzzulassung 96

L

Laufzeit der Drei-Wege-
  Finanzierung 180
Leasing 42, 192
Leasingantrag 200
Leasingarten 192
Leasing (Bilanzierungsvor-
  schriften) 205
Leasingerlasse 205
Leasingfinanzierung 191
Leasing (Geschäftskunden)
  205
Leasing mit Restwertabrech-
  nung 196
Leasing mit Kilometerabrech-
  nung 195
Leasing (Privatkunden) 203

Leasing (Vor- und Nachteile)
  204
Leverage-Buy-out 140
Lieferantenkredit 42, 148
Liquiditätsstatus 136
Lombardkredit 166

M

Mallorca-Police 217
Management-Buy-in 140
Management-Buy-out 140
Mantelzession 163
Margen- und Bonussystem
  90
Marken 22
Markenrecht 24
Markenschutz 25
Markenstrategie 23
Marketingkonzept 8
Marketingstrategien 12
Marketingziele 12
Marktanteil 9
Marktbearbeitungsstrategie
  15
Marktsegmentierung 15
Marktstellung 9
materielle Kreditwürdigkeit
  160
Mehrerlöses 195
Mietfaktor 202
Mietkauf 192
Mindermengenzuschlag
  41
Mindestabnahmemenge 41
Mindestdiskont 165
Mindmapping 249
Mitdarlehensnehmer 181
Mobilienleasing 193
Mobilitätsgarantie 238

N

Nachschuldnerische Bürg-
  schaft 161
Nettopreissystem 40
Neuwagen 94
Neuwagenanschlussgarantie
  235
Neuwagen-Kaufvertrag 100
Neuwagentransport 102
Neuwert 222
Null-Leasing 203
Nutzfahrzeuge 93

O

offene Selbstfinanzierung 150
offene Zession 163
Online-Kommunikation 51
Open-End-Leasing 196
Operate Leasing 193
Ordnungswidrigkeiten-Rechtsschutz 228

P

Panne (Definition) 228
Penetrationsstrategie 18
Personalkredite 159
persönliche Kreditwürdigkeit 160
Pfandrecht 166
Portfolioanalyse 19
Präferenzen 22
Präsentation 102, 250
Präsentationshilfen 67
Preisangabenverordnung (PAngV) 77
Preisdifferenzierungsstrategie 37
Preisgegenüberstellung 78
Preispolitik 36
Preisstrategie 18
Prioritätsprinzip 164
Probefahrt 103
Produkteliminierung 33
Produktinnovation 31
Produktlebenszyklus 25
Produktprogramm 31
Produktstrategie 19
Produktvariation 33
Prüfprotokoll 112
Public Relations 49

R

Rabattpolitik 40
Rationalisierungsinvestitionen 134
Realkredite 159
Rechtsschutz im Vertrags- und Sachenrecht 228
regelmäßige Veranstaltungen für junge Erwachsene (Schüler 14
Reise (Definition) 228
Reisende 56

Restschuldversicherung 184
Restwert 202
Restwertabrechnung 196 f.
Rollenspiel 250
Rückkauf 188
Rücknahmewerte 196
Rückstellungen 153

S

Sachkredite 141
Sachmangelhaftung 111
Saison-Kennzeichen 112
Sale and Lease back 201
Schadenbedarfsindexwert 218
Schadenersatz-Rechtsschutz 227
Schadenfreiheits- bzw. Schadenklasse 219
Schlussratenfinanzierung 180
SCHUFA-Klausel 142
Schutzbrief-Versicherung 228
Selbstauskunft 181
Selbstbeteiligung 224
Selbstfinanzierung 150
selbstschuldnerische Bürgschaft 162
selektives Vertriebssystem 86
Sicherheiten 201
Sicherungsabrede 160
Sicherungsübereignungskredit 167
Skimmingstrategie 19
Sonderzahlung (Leasing) 202
Spezialleasing 193
Sponsoring 50
Standardkredit 180
Steuermesszahl 207
Steuer-Rechtsschutz 228
Stiftung Warentest 76
Stille Reserven 151
Stille Selbstfinanzierung 151
Stille Zession 163
Straf-Rechtsschutz 227

T

Tarifgruppe 218
Teilamortisationsvertrag 195
Teilversicherung 222
Telefonkontakte 118
Todesfall 226
Transparenzgebot 201

Traveller-Police 217
treuhänderische Sicherheiten 160
Typenstatistik 218
Typklasse 218

U

Überliquidität 135
Überziehungsprovision 146
um diese für künftige Käufe entscheidende Gruppe an das Autohaus zu binden 14
Umfinanzierung 152
Umlaufvermögen 132
Unfall 226
Unfallkasko 222
ungesicherter Kredit 159
unlauterer Wettbewerb 74
unverbindliche Preisempfehlung 78
UWG 75

V

Verbraucherberatungsstellen 76
Verbraucherpolitik 76
Verbraucherschutz 76
verdeckte Selbstfinanzierung 151
Verkäufermarkt 46
Verkaufsförderung 49
Verkaufsniederlassungen 56
Verkehrshypothek 171
Verkehrs-Rechtsschutz 227
Vermögens- oder Kapitalumschichtungen 152
Versicherungs-Doppelkarte 215
Versicherungsvertrag 215
verstärkte Personalkredite 159
Vertikales Vertriebssystem 9
Vertragshändlersystem 60
Vertriebsbindungssystem 56
Vertriebswege 86
Verwaltungs-Rechtsschutz 228
Verwertungsnachweis 108
Visualisierung 252
Vollamortisationsvertrag 194
Vollkostenrechnung 39
Vollversicherung 222

W

Wechsel 164
Wegfahrsperre 223
Werbearten 48
Werbebriefen 68
Werbemittel 47
Werbeplanung 48
Werbeträger 47
Werbung 46
Werkstattgeschäft 8
Wettbewerber 75
Wettbewerbsrecht 74
Wettbewerbsverbot 56
Widerrufsrecht 142, 201
Wiederbeschaffungswert 222

Z

zeitwertgerechte Instandsetzung 109
Zessionskredit 162
Zinsbindung 142
Zinsformel 147
Zinsrechnung 147
Zinssatz 142, 147
Zulassung 112
Zulassungsbezirk 218
Zusatzvereinbarung 188
Zwangsvollstreckung 169
Zweckerklärung 162

Bildquellenverzeichnis

Audi AG, Ingolstadt	92 unten rechts
BMW AG, München	88 oben
Daimler AG, Mercedes Car Group, Stuttgart	74
Ford Werke GmbH, Köln	103
Fotolia Deutschland GmbH, Berlin	72 (The Game; Dawn Hudson), 103 oben (moonrun), 194 (sky), 233 (Krone=Maruba; Hand=pdesign), 252 (Smiley=Michael Brown; Stern=JJAVA; Fragezeichen=Marco Birn; Flugzeug=picture-optimize)
Gothaer Finanzholding AG, Köln	231
Kraftfahrt-Bundesamt, Flensburg	113
MEV Verlag GmbH, Augsburg	131, 252 (Computer)
picture-alliance/dpa Infografik, Frankfurt	68, 181, 193
Project Photos GmbH & Co. KG, Augsburg	67
Publisuisse SA, Bern	29
Toyota Frey Retail GmbH, Salzburg	7
Volkswagen AG, Wolfsburg	88 unten, 91, 92 oben links, 92 oben rechts, 92 unten links

Zeichnungen

Angelika Brauner, Hohenpeißenberg/BV EINS GmbH, Köln	105, 253
Bettina Herm, Berlin/BV EINS GmbH, Köln	97, 126, 212, 232, 245

Lehrplansynopse – wo verstecken sich die Lernfelder

Lernfelder des Rahmenlehrplans	Ausbildungsjahr	Allgemeine Wirtschaftslehre für Automobilkaufleute 00750	Rechnungswesen und Controlling für Automobilkaufleute 00765	Automobilbetriebslehre – Service und Auftragsabwicklung 00770	Automobilbetriebslehre – Vertrieb und Finanzdienstleistungen 00771
1 – Das Unternehmen und seine Leistungen erkunden sowie die betriebliche Zusammenarbeit aktiv mitgestalten	1. Ausbildungsjahr	X		X (Technik)	
2 – Bestände und Wertströme erfassen und dokumentieren			X		
3 – Verkaufsgespräche im Teile- und Zubehörbereich führen und Kunden beraten				X	
4 – Teile- und Zubehöraufträge bearbeiten			X (Wareneinkauf, -verkauf)	X	
5 – Personalwirtschaftliche Aufgaben wahrnehmen	2. Ausbildungsjahr	X	X (Lohn- und Gehaltsabrechnungen)		
6 – Am Jahresabschluss und an der Kosten- und Leistungsrechnung mitwirken			X		
7 – Wartungs- und Reparaturaufträge bearbeiten			X (Zahlungsverkehr)	X	
8 – Kundenbezogene Maßnahmen im Rahmen einer Marketingstrategie entwickeln					X
9 – Rahmenbedingungen und Einflussgrößen bei wirtschaftlichen Entscheidungen in der Kfz-Branche berücksichtigen	3. Ausbildungsjahr	X			
10 – Erfolgskontrollen durchführen und Kennzahlen für betriebliche Entscheidungen aufbereiten			X		
11 – An Neu- und Gebrauchtfahrzeuggeschäften mitwirken			X (Fahrzeughandel)		X
12 – Finanzdienstleistungen und betriebsspezifische Leistungen vermitteln					X